NTOA 5

Ruckstuhl • Die literarische Einheit des Johannesevangeliums

NOVUM TESTAMENTUM ET ORBIS ANTIQUUS (NTOA)

Im Auftrag des Biblischen Instituts
der Universität Freiburg Schweiz
Herausgegeben von Max Küchler
in Zusammenarbeit mit Gerd Theissen

Zum Autor:

Eugen Ruckstuhl, 1914 geboren, studierte in Luzern und Freiburg (Schweiz) Theologie, wo er 1946 mit der vorliegenden Arbeit das Doktorat erwarb. Anschließend studierte er am Päpstlichen Bibelinstitut in Rom und machte dort das Lizentiat der Bibelwissenschaft. Zurückgekehrt, war er im Bistum Basel als Pfarrverweser tätig. 1950 wurde er an der Theologischen Fakultät Luzern Professor für Einleitung und Exegese des Neuen Testaments. Dreimal war er Rektor der Fakultät. 1974 hielt er am Ökumenischen Institut in Tantur (Jerusalem) ein wissenschaftliches Gastseminar über die Auferstehung Jesu. 1980 wurde er emeritiert, arbeitet aber immer noch in der wissenschaftlichen Forschung.

Die wichtigsten Veröffentlichungen sind:

Die Chronologie des Letzten Mahles und des Leidens Jesu (BiBe 4), Luzern 1963.
Die Auferstehung Jesu Christi, Luzern–München 1968 (mit J. Pfammatter).
Die johanneische Menschensohnforschung 1957–1969 (ThBe 1), Zürich 1972.
Jésus a-t-il enseigné l'indissolubilité du mariage? (Year Book 1973/74 Tantur), Jerusalem 1974.
Zur Aussage und Botschaft von Johannes 21 (FS H. Schürmann), Leipzig 1978.
Neue und alte Überlegungen zu den Abendmahlsworten Jesu (SNTU 5), Linz 1981.
Jesus als Gottessohn im Spiegel des markinischen Taufberichts (FS E. Schweizer), Göttingen 1983.
Kritische Arbeit am Johannesprolog (FS B. Reicke), Macon 1984.
Der Jakobusbrief / 1.-3. Johannesbrief (NEB 17/19), Würzburg 1985.
Zur Chronologie der Leidensgeschichte I/II (SNTU 10/11), Linz 1985/86.
Der Jünger, den Jesus liebte (SNTU 11), Linz 1986.

NOVUM TESTAMENTUM ET ORBIS ANTIQUUS 5

Eugen Ruckstuhl

Die literarische Einheit des Johannesevangeliums

Der gegenwärtige Stand
der einschlägigen Forschungen

Mit einem Vorwort von Martin Hengel

Im Anhang:

Liste der johanneischen Stilmerkmale mit allen Belegstellen
aus dem johanneischen Schrifttum

Sprache und Stil im johanneischen Schrifttum
Die Frage ihrer Einheit und Einheitlichkeit

UNIVERSITÄTSVERLAG FREIBURG SCHWEIZ
VANDENHOECK & RUPRECHT GÖTTINGEN
1987

Die Erstausgabe erschien in den Studia Friburgensia NF 3, Freiburg CH, 1951.

CIP-Kurztitelaufnahme der Deutschen Bibliothek

Ruckstuhl, Eugen:
Die literarische Einheit des Johannesevangeliums: d. gegenwärtige Stand d. einschlägigen Forschungen; im Anh.: Liste d. johanneischen Stilmerkmale mit allen Belegstellen aus d. johanneischen Schrifttum; Sprache u. Stil im johanneischen Schrifttum / Eugen Ruckstuhl. Mit e. Vorw. von Martin Hengel. – Freiburg, Schweiz: Univ.-Verl.; Göttingen: Vandenhoeck u. Ruprecht, 1988

(Novum testamentum et orbis antiquus; 5)
ISBN 3-525-53904-5 (Vandenhoeck u. Ruprecht)
ISBN 3-7278-0542-0 (Univ.-Verl.)
NE: GT

Veröffentlicht mit Unterstützung des Hochschulrates
der Universität Freiburg Schweiz

INHALTSVERZEICHNIS

1. HAUPTTEIL

ANHANG

VORWORT ZUM NEUDRUCK

Die Johannesforschung erlebte in den letzten Jahrzehnten eine besondere Blütezeit, und der Elan, sich um die Erhellung des Corpus Johanneum, der rätselhaftesten Schriftensammlung innerhalb der frühchristlichen Literatur, zu bemühen, hat bis heute nicht abgenommen, das Gegenteil ist der Fall: Die Flut johanneischer Untersuchungen nimmt noch weiter zu. Wenn man die Menge der Titel, die sich seit dem 2. Weltkrieg mit dem Evangelium und den drei Briefen befaßt haben, anhand der üblichen Bibliographien überschlägt, wird die Zahl 4000 noch zu gering sein. Sie ist auf jeden Fall unüberschaubar geworden, und es fällt immer schwerer, die Spreu vom Weizen zu sondern. Die Schwierigkeiten der Johannesexegese schrecken durchaus nicht ab: Gerade da, wo die Geheimnisse fast undurchdringlich zu sein scheinen, wächst die Hypothesenfreudigkeit und damit die Versuchung, das vielleicht noch gerade Mögliche als das überaus Wahrscheinliche auszugeben. Man vergißt im Eifer der Entdeckerfreude und des Wohlgefallens an den eigenen Konstruktionen, daß sich Gleichungen mit mehreren Unbekannten – und das Corpus Johanneum hat besonders viele – nicht lösen lassen; bestenfalls können wir hier «Annäherungsversuche» vornehmen.

Um so mehr gilt es, auf jene – leider relativ seltenen – Arbeiten zurückzugreifen und auf ihnen aufzubauen, die klare, eindeutige – und in ihrer Eindeutigkeit letztlich unanfechtbare – Beobachtungen und Ergebnisse enthalten.

Dies gilt vor allem, wenn solche Arbeiten einem herrschenden Modetrend der Forschung eher zuwiderlaufen und eben dadurch zu neuem Nachdenken und zu nochmaliger Prüfung verbreiteter Hypothesen zwingen. Eine solche Arbeit war – und ist – die 1951 erschienene Monographie von Eugen Ruckstuhl, Die literarische Einheit des Johannesevangeliums. Sie ist seit langer Zeit vergriffen und wurde im Gegensatz zu der älteren, ebenfalls verdienstvollen Untersuchung von E. Schweizer, Ego Eimi (Frlant 56, 1939; 2. Aufl. 1965), deren stilkritische Untersuchungen sie in überaus gründlicher Weise weiterführte, nicht wieder aufgelegt. Von allen neutestamentlichen Schriften haben das 4. Evangelium und der 1. Johannesbrief im Verhältnis zum Umfang den kleinsten Wortschatz und einen sehr auffälligen, einheitlichen Stil. Hinzu kommt bei allen sachlichen theologischen Differenzen innerhalb beider Schriften ein relativ einheitlicher religionsgeschichtlicher Gesamtrahmen, dessen Herkunft freilich nach wie vor heiß umstritten ist. Auf der anderen Seite enthalten das Evangelium, aber auch der 1. Brief zahlreiche Brüche und Unstimmigkeiten, die seit den grundlegenden Untersuchungen von E. SCHWARTZ und J. WELLHAUSEN auf verschiedene Quellen, Autoren und Redaktoren zurückgeführt werden. Eine wirkliche Einigkeit in den vielfältigen Versuchen, diesen Tatbestand befriedigend zu erklären, ist freilich bis heute nicht erzielt worden, und wer es unternimmt, das Rätsel des Corpus Johanneum vornehmlich auf literarkritische Weise zu lösen, der muß sich mit der auffallenden Einheitlichkeit von Stil und Gedankenwelt auseinandersetzen. Schon der glänzende RGG-Artikel von W. BOUSSET (1. Aufl. 1911, Bd. III Sp. 616), der selbst der literarkritischen Arbeit im Evangelium durchaus aufgeschlossen gegenüberstand, mahnt hier auf eine heute noch gültige Weise zur Vorsicht:

> «Man erhält den Eindruck, daß vielleicht neben unserer Evangelienerzählung eine ganze Reihe von predigtartigen Stücken und fragmentarischen Entwürfen vorhanden gewesen sei, die erst später mit dieser zusammengearbeitet wurden. Dabei bliebe es möglich, daß auch diese einzelnen Stücke aus der Feder des Verfassers selber stammen. Denn theologische Unterschiede, die uns durchaus zwingen, verschiedene Verfasser anzunehmen, sind innerhalb der einzelnen Stücke kaum nachzuweisen. Es ist aber immerhin auch möglich, daß verschiedene Hände an der Schrift gearbeitet haben. Namentlich für diejenigen, welche einen verschiedenen Verf(asser) für Ev(angelium) und I Johannesbrief annehmen, erhebt sich die Frage, ob nicht vielleicht der Verf(asser) des Briefes das Ev(angelium) überarbeitet habe. Es scheint sogar manchmal so, als wenn eine ganze Schule an unserem Ev(angelium) gearbeitet hätte; aber etwas Sicheres und Bestimmtes wird sich hier kaum noch ausmachen lassen.»

Die von Schweizer und Ruckstuhl in eindrücklicher Weise herausgearbeitete stilistische Einheitlichkeit des Evangeliums verleiht der von Bousset eingeräumten Möglichkeit *eines* – maßgeblichen – Verfassers zusätzliches Gewicht. Denn auch wenn man – wie es heute gerne geschieht – das Evangelium als Werk einer ganzen Schule betrachtet, so muß doch hinter dem so auffallenden Stil und der eigenwilligen Sprache ein prägendes *Schulhaupt* gestanden haben. Amorphe Kollektive sind weder sprachschöpferisch, noch kann man eindrückliche theologische Entwürfe von ihnen erwarten. Darum liegt es nahe, das Haupt der johanneischen Schule und den Schöpfer der Schulsprache mit dem in Joh 21,24 geheimnisvoll und allzu knapp hervortretenden Autor des Evangeliums zu identifizieren, dessen Werk dann von den Schülern herausgegeben wurde.

Die streng philologisch argumentierende Studie von Ruckstuhl hat zwar manchen Widerspruch erfahren, sie ist jedoch nie wirklich widerlegt worden. Darum haben wir auch heute noch allen Grund, auf ihre Argumente zu hören. Der Nachdruck dieses wertvollen Arbeitsinstruments war schon längst fällig. Um so mehr ist es zu begrüßen, daß es jetzt in ergänzter Form wieder zu Verfügung steht.

1.7.87   Martin Hengel

MATRI PULCHRAE DILECTIONIS

VORWORT

Meine ursprüngliche Absicht war es, die von der radikalen Bibel-kritik sozusagen einstimmig verneinte Frage neu aufzugreifen, ob der geschichtliche Jesus johanneisch gesprochen habe. Ich erkannte bald, daß die Lösung dieser Frage mindestens sehr schwierig, wenn nicht unmöglich sei. Es wurde mir aber auch klar, daß nur eingehende stil- und literarkritische Untersuchungen am johanneischen Stoff über den heutigen Stand der Frage hinausführen wie auch das johanneische Rätsel an sich einer allseitigen Lösung näherbringen könnten. So kam ich dazu, mich solchen Untersuchungen zu widmen, und wenn ich schließlich meine Arbeit auf den in der Überschrift genannten Gegen-stand eingrenzte, so blieb es doch mein letztes Ziel, Stil- und Literar-kritik am vierten Evangelium als solche zu üben, damit aber einen Ausgangspunkt für eine Gesamterfassung der johanneischen Frage zu schaffen. Ich versuchte auch, einige allgemeingültige Regeln der Stil- und Literarkritik zu erarbeiten, nahm ich doch mit Erstaunen wahr, daß solche bis jetzt, wenigstens für einschlägige Untersuchungen am Johannesevangelium, nur spärlich und mangelhaft formuliert und angewendet worden waren und daß gerade deswegen die johanneische Literarkritik manchmal merkwürdige Irrwege ging.

Ich gestehe indessen gerne, daß ich hier die stilkritischen Unter-suchungen Dr. Eduard Schweizers, die er 1939 in seinem «Ego Eimi» veröffentlichte, ausnehmen muß. Ihnen verdanke ich nicht nur einige Anregungen, sondern stete Führung und Wegleitung. Ich möchte an dieser Stelle Dr. Schweizer auch danken für die persönliche Unterstüt-zung, die er meiner Arbeit zuteil werden ließ, vornehmlich für die gütige Überlassung seiner Vorarbeiten zu den erwähnten Untersuchun-gen. Ebenso danke ich meinem verehrten Lehrer F.-M. Braun O. P. für die verständnisvolle Teilnahme, mit der er meinen Fortschritt förderte. Ich danke ferner Stiftspropst Dr. F. A. Herzog für seine wertvollen Anregungen, dann Dr. O. Cullmann und Dr. Ph.-H. Menoud und allen, die mir irgendwie ihre Unterstützung schenkten. Besonderer

Dank gebührt endlich der Kommission der Studia Friburgensia für die Aufnahme der vorliegenden Arbeit in ihre Sammlung.

Möge diese Arbeit ein Wegweiser und ein fernes Wegstück zum tiefern Verständnis des pneumatischen Evangeliums werden und möge man ihr als einer Erstlingsfrucht gütige Nachsicht schenken!

Luzern, an Weihnachten 1950

EUGEN RUCKSTUHL

ZUM NEUDRUCK

Der Neudruck dieses Werkes entspricht dem Wunsch von Fach-kollegen, die der Überzeugung sind, sein Erscheinen am Anfang der fünfziger Jahre habe zusammen mit dem quellenkritischen Teil der Untersuchung von Eduard Schweizer über die religionsgeschichtliche Herkunft der johanneischen Bildreden (Ego Eimi) eine Wende der johanneischen Literarkritik im deutschsprachigen Raum und darüber hinaus eingeleitet. Wir schlossen damals zwar die Möglichkeit, den Werdegang und die Struktur des vierten Evangeliums durch die Annahme von Quellen aufzulichten, keineswegs aus, hielten aber die Versuche, es auf verschiedene Hände aufzuteilen, für aussichtslos. Der Schreibende wies das auch für die literarkritischen Maßnahmen des denkwürdigen Johanneskommentars von Rudolf Bultmann nach, der ein Ereignis war und Geschichte machte. Die Ergebnisse unserer Arbeit dürften auch mitverantwortlich sein für mehrere brauchbare Versuche der letzten Jahrzehnte, die Entwicklungsgeschichte des vier-ten Evangeliums und allenfalls des gesamten johanneischen Schrift-tums – die Johannesoffenbarung ausgenommen – in den Rahmen und Horizont eines einzigen Verfasserlebens einzuzeichnen.

Es ist selbstverständlich, daß die genannte Wende auch Gegner fand. Sie knüpften fast ausnahmslos an die von uns erarbeitete Liste der johanneischen Stilmerkmale an, übersahen aber andere wichtige Er-gebnisse und Einzelnachweise des vorliegenden Werkes. Sie verkann-ten zudem, daß wir die genannte Liste nicht als das letzte Wort zur Sache verstanden, aber ihren Ansatz für richtig und entwicklungsfähig hielten. Widrige Umstände hinderten den Schreibenden lange daran, an dieser Entwicklung zu arbeiten. Er hat aber anhand von zahlreichen umfangreichen Stichproben seit langem einen Vergleich aller in unserer Liste aufgeführten Stilmerkmale mit dem zeitgenössischen hellenistischen Schrifttum durchgeführt. Dieser Vergleich bestätigt die Güte und Durchschlagskraft dieser Merkmale im Zusammenhang unserer stilkritischen Verfahren im großen und ganzen erstaunlich. Das Ergebnis dieses Vergleichs soll so bald als möglich im einzelnen veröffentlicht werden. Es wäre anderseits auch notwendig, die Umschreibungen und Abgrenzungen für die Aufnahme eines Stilmerkmals in unsere Liste weiter zu klären und vor allem in einer einzigen Arbeit zusammenzufassen; denn das vorliegende Werk setzt vielfach voraus, daß man auch die Untersuchungen von Schweizer nachschlägt.

Wenn man mich dennoch drängte, zunächst einmal den Neudruck an die Hand zu nehmen, so geschah das vor allem deswegen, weil die erste Auflage schon lange vergriffen war und manche Forscher und Studenten das Werk als Arbeitsgrundlage und Nachschlagehilfe gerne auch selbst erworben hätten.

Dem Neudruck wurde ein Verzeichnis ausgewählter einschlägiger Literatur seit 1950 und als erster Anhang eine Liste der johanneischen Stilmerkmale mit allen Belegstellen aus dem Evangelium und den Johannesbriefen hinzugefügt. Ein zweiter Anhang stellt die Übersetzung des Aufsatzes: Johannine Language and Style. The Question of their Unity, aus: M. DE JONGE (Hg), L'évangile de Jean. Sources, rédaction, théologie. (Betl 44), Leuven 1977, 125-147, dar.

Das Bild des Verfassers, das der Neudruck — der ersten Auflage entsprechend — vermittelt, sollte niemanden veranlassen, darin den Schreibenden von heute zu erkennen. Die Geschichte der Forschung wie auch die Geschichte der Welt und der Kirchen ist nicht spurlos an ihm vorübergegangen. Wenn der Verfasser einst in jugendlichem Feuereifer etwas zu kräftig in die Kerbe hieb und ökumenisches Denken damals noch recht ungewohnt war, so wird man ihm das heute gewiß verzeihen. Wer seine neueren Arbeiten kennt, weiß, daß sich sein Denken und sein Bild nicht unerheblich gewandelt und entwickelt haben.

An dieser Stelle danke ich dem Universitätsverlag Freiburg und dem Herausgeber der neuen Reihe wissenschaftlicher Monographien (Novum Testamentum et Orbis Antiquus), Dr. Max Küchler, ganz herzlich für den Neudruck meiner Untersuchung von 1951 und ihre

XVIII

Aufnahme in diese Reihe. Dr. Küchler hat sich durch seinen persönlichen Arbeitseinsatz um die Neuherausgabe besonders verdient gemacht. Ich danke ebenso herzlich auch den Fachkollegen, die diesen Neudruck schon lange gewünscht haben.

Luzern, an Pfingsten 1987

EUGEN RUCKSTUHL

ABKÜRZUNGSVERZEICHNIS

a. Biblische Bücher

AT: Makk = Makkabäer; Jb = Job; Spr = Sprüche; Weish = Weisheit;
      Sir = Sirach; Bar = Baruch.

NT: Mt Mk Lk Jh AG Rm Kr Gl Eph Php Kl Ths Tm Tt
      Phm Hb Jk Pt Jh Jd GO.

b. Zeitschriften, Lexika, Sammelwerke

AAS	Acta Apostolicae Sedis	Romae
ChrW	Die Christliche Welt	Marburg
DTh	Divus Thomas	Freiburg i. Ue.
Exp	The Expositor	London
FRL	Forschungen zur Religion und Literatur	
	des Alten und Neuen Testaments	Göttingen
HThR	Harvard Theological Review	Cambridge (Mass).
JBL	Journal of Biblical Literature	Philadelphia
JThSt	Journal of Theological Studies	London
RB	Revue Biblique	Paris
RGG	Die Religion in Geschichte und Gegenwart	Tübingen
RHE	Revue d'Histoire Ecclésiastique	Louvain
RHPh	Revue d'Histoire et de Philosophie	
	religieuses	Strasbourg
RThPh	Revue de Théologie et de Philosophie	Lausanne
ThB	Theologische Blätter	Leipzig
ThR	Theologische Rundschau	Tübingen
VD	Verbum Domini	Romae
ZKTh	Zeitschrift für katholische Theologie	Innsbruck
ZNTW	Zeitschrift für die neutestamentliche	
	Wissenschaft	Gießen
ICC	The International Critical Commentary on	
	the Holy Scriptures of the Old and New	
	Testament	Edinburgh

c. Andere Abkürzungen

aaO	am angegebenen Ort
Anm	Anmerkung
atlich	alttestamentlich
B.	Bultmann
bzw	beziehungsweise
dh	das heißt
dsAr	dieser Arbeit
ebd	ebenda
Ev	Evangelium
Evglist	Evangelist
f	folgend
Hg	Herausgeber
hsg	herausgegeben
J.	Jeremias
jh	johanneisch
Jhbr	Johannesbriefe
Jhev	Johannesevangelium
JsChr	Jesus Christus
κτλ	καὶ τὰ λοιπὰ
mE	meines Erachtens
nChr	nach Christus
NF	Neue Folge
Nr	Nummer
NT	Neues Testament
ntlich	neutestamentlich
OR	Offenbarungsreden
Par	Parallele(n)
S	Seite
syn	synoptisch
u	und
ua	und anderes, andere; unter anderem(n)
uä	und ähnlich, ähnliche(s)
uam	und andere(s) mehr
usw	und so weiter
Vf	Verfasser
vgl	vergleiche
zB	zum Beispiel
Zshg	Zusammenhang
zSt	zur Stelle

Weitere Abkürzungen werden im Literaturverzeichnis angegeben.

LITERATURVERZEICHNIS

Die Klammerabkürzungen werden für die Literaturhinweise in Text und Anmerkungen verwendet.

ABBOTT E. A., Johannine Vocabulary. London 1905 (bis § 1885).

– – Johannine Grammar. London 1906 (ab § 1886; beide Werke werden nach §§ angeführt).

ABEL F.-M. O.P., Grammaire du Grec biblique suivie d'un choix de papyrus. Etudes Bibliques. Paris ²1927. (GrecB)

ALLO E.-B. O.P., Aspects nouveaux du problème johannique à propos d'un commentaire récent de l'Apocalypse. RB 37 (1928) 37-62; 198-220; 512-528.

– – L'Apocalypse. Etudes Bibliques. Paris ⁴1933. (Apc)

BACON B. W., The Gospel of the Hellenists. Edited by C. H. Kraeling. New York 1933 (Gospel)

BAUER W., Johannesevangelium und Johannesbriefe. ThR NF 1 (1929) 135-160.

– – Das Johannesevangelium. Handbuch zum Neuen Testament hsg von H. Lietzmann 6. Tübingen ³1933. (Jhev)

– – Griechisch-deutsches Wörterbuch zu den Schriften des Neuen Testaments und der übrigen urchristlichen Literatur. Berlin ³1937. (WNT)

BERNARD J. H., A Critical and Exegetical Commentary on the Gospel According to St. John. Edited by M. Neile. ICC 28. 1928.

BLASS F., Grammatik des neutestamentlichen Griechisch bearbeitet von A. Debrunner. Göttingen ⁶1931. (GrNT)

BOISMARD M.-E., Le chapitre XXI de Saint Jean. RB 54 (1947) 473-501.

BOUSSET W., Ist das vierte Evangelium eine literarische Einheit? ThR 1909. 1-12; 39-64.

– – Johannesevangelium. RGG¹ III. 608-636.

BRAUN F.-M. O.P., Où en est le problème de Jésus? Bruxelles-Paris 1932. (Problème)

– – Le Lavement des pieds et la Réponse de Jésus à saint Pierre. RB 44 (1935) 22-33.

BROMBOSZCZ T., Die Einheit des Johannes-Evangeliums. Katowice 1927. (Einheit)

BROOKE A. E., A Critical and Exegetical Commentary on the Johannine Epistles. ICC 39. 1912. (Ep)

BROOME E. C., The sources of the Fourth Gospel. JBL 63 (1944) 107-121.

BÜCHSEL F., Zu den Johannesbriefen. ZNTW 28 (1929) 235-241.

– – Emanuel Hirschs literarkritische Lösung der johanneischen Frage? ThB 15 (1936) 143-152.

BULTMANN R., Der religionsgeschichtliche Hintergrund des Prologs zum Johannes-Evangelium. Eucharisterion (Hermann Gunkel dargebracht) II. FRL NF 19. 2. Teil. Göttingen 1923. 3-26. (BEuch; Euch)

– – Die Bedeutung der neuerschlossenen mandäischen und manichäischen Quellen für das Verständnis des Johannesevangeliums. ZNTW 24 (1925) 100-146.

– – Analyse des ersten Johannesbriefes. Festgabe für Adolf Jülicher. Tübingen 1927. 138-158. BFJül; FJül)

– – Das Johannesevangelium in der neuesten Forschung. ChrW 41 (1927) 502-511.

– – Die Eschatologie des Johannesevangeliums. Zwischen den Zeiten. München 1928. 4-22 = Glauben und Verstehen. Gesammelte Aufsätze. Tübingen 1933. 134–152. (BEsch; Esch)

– – Johanneische Schriften und Gnosis. Orientalistische Literaturzeitung. Leipzig 43 (1940) 150-175. (BOLit; OLit)

– – Das Johannes-Evangelium. Kritisch-exegetischer Kommentar über das Neue Testament begründet von H. A. W. Meyer 2. Göttingen [10]1941. (BJhev; Jhev)

BURNEY C. F., The Poetry of Our Lord. Oxford 1925.

CLEMEN C., Die Entstehung des Johannes-Evangeliums. Halle 1912. (Entstehung).

COLWELL E. C., The Greek of the 4th Gospel. A study of its Aramaisms in the light of Hellenistic Greek. Chicago 1931. (Greek)

CULLMANN O., Les récentes études sur la formation de la tradition évangélique. RHPh 1925. 459-477; 564-579.

– – Urchristentum und Gottesdienst. Abhandlungen zur Theologie des Alten und Neuen Testaments hsg von W. Eichrodt und O. Cullmann 3. Basel 1944. (Gottesdienst)

– – Christus und die Zeit. Die urchristliche Zeit- und Geschichtsauffassung. Zollikon-Zürich 1946.

DIBELIUS M., The structure and literary character of the Gospels. HThR 20 (1927) 151-170.

– – Johannesevangelium. RGG² III. 349-363.

VON DOBSCHÜTZ E., Zum Charakter des 4. Evangeliums. ZNTW 28 (1929) 161-177.

ENCHIRIDION BIBLICUM. Documenta ecclesiastica Sacram Scripturam spectantia auctoritate Pontificiae Commissionis de Re Biblica edita. Romae 1927. (EnchBibl)

ENCHIRIDION SYMBOLORUM Definitionum et Declarationum de rebus Fidei et Morum auctore H. Denzinger denuo compositum a C. Bannwart iteratis curis edidit J. B. Umberg S. J. Friburgi Brisgoviae [18-20] 1932. (EnchSymb)

FAURE A., Die alttestamentlichen Zitate im 4. Evangelium und die Quellenscheidungshypothese. ZNTW 21 (1922) 99-121.

FEINE P., Einleitung in das Neue Testament. Evangelisch-Theologische Bibliothek. Leipzig ⁴1929. (Einleitung)

GÄCHTER P. S. J., Der formale Aufbau der Abschiedsrede Jesu. ZKTh 58 (1934) 155–207.

– – Die Form der eucharistischen Rede Jesu. ZKTh 59 (1935) 419-441.

– – Strophen im Johannesevangelium. ZKTh 60 (1936) 99-120; 402-423.

GREGORY C. R., Wellhausen und Johannes. Versuche und Entwürfe 3. Leipzig 1910.

GOGUEL M., Le quatrième évangile. Introduction au Nouveau Testament II. Paris 1924. (Introduction)

– – La formation de la tradition évangélique d'après B. W. Bacon. RHPh 14 (1934) 415-439.

GUNKEL H. – ZSCHARNACK L., RGG. Handwörterbuch für Theologie und Religionswissenschaft. Tübingen ²1929.

HIRSCH E., Das vierte Evangelium in seiner ursprünglichen Gestalt verdeutscht und erklärt. Tübingen 1936. (Ev)

– – Studien zum vierten Evangelium. Beiträge zur historischen Theologie 11. Tübingen 1936. (Studien)

HOLTZMANN H. J. – BAUER W., Briefe und Offenbarung des Johannes. Hand-Commentar zum Neuen Testament IV 2. Tübingen ³1908. (Briefe)

HOLZMEISTER U., Prologi Johannei idea principalis et divisio. VD 11 (1931) 65-70.

HOWARD W. F., The Fourth Gospel in Recent Criticism and Interpretation. London ¹1931. (Criticism)

JEREMIAS JOACHIM, Johanneische Literarkritik. ThB 20 (1941) 33-46. (JhLkr)

JÜLICHER A. – FASCHER E., Einleitung in das Neue Testament. Grundriß der Theologischen Wissenschaften III 1. Tübingen ⁷1931. (Einleitung)

KITTEL G., Theologisches Wörterbuch zum Neuen Testament. Stuttgart 1933 ff. (ThWNT)

LABOURT J. – BATTIFOL P., Les Odes de Salomon. Traduction française et introduction historique. Paris 1911.

LAGRANGE M.-J. O. P., Où en est la dissection littéraire du quatrième évangile? RB 33 (1924) 321-342.

– – GÄCHTER P., Der formale Aufbau der Abschiedsrede Jesu. Recension. RB 44 (1935) 105-108.

– – Evangile selon Saint Jean. Etudes Bibliques. Paris ⁶1936. (Ev)

LOEWENICH W. v., Johanneisches Denken. ThB 15 (1936) 260 ff.

LOISY A., Le quatrième évangile. Paris ²1921. (Ev)

MASSON CH., Le Prologue du quatrième évangile. RThPh 28 (1940) 297-311.

MENOUD PH.-H., Les travaux de M. Emmanuel Hirsch sur le quatrième évangile. RThPh 25 (1937) 132-139.

– – L'évangile de Jean d'après les recherches récentes. Cahiers théologiques de l'actualité protestante 3. Neuchâtel-Paris ²1947. (Recherches)

MEYER A., Die Behandlung der johanneischen Frage im letzten Jahrzehnt. ThR 1899. 255-263; 295-305; 333-345.

– – Das Johannesevangelium. ThR 1906. 302-311; 340-359; 381-397.

MEYER E., Ursprung und Anfänge des Christentums I. Stuttgart-Berlin 1921. (Ursprung I)

MOFFAT J., An Introduction to the Literature of the New Testament. International Theological Library. New York 1927. (Introduction)

OVERBECK F., Das Johannesevangelium. Studien zur Kritik seiner Erforschung. Aus dem Nachlaß hsg von C. A. Bernoulli. Tübingen 1911. (Jhev)

PAPA PIUS XII., «Divino afflante Spiritu». Litterae Encyclicae de Sacrorum Bibliorum studiis opportune provehendis. AAS 35 (1943) 297-325.

RANEY W. H., The Relation of the Fourth Gospel to the Christian Cultus. Gießen 1933. (Relation)

REITZENSTEIN R., Das mandäische Buch des Herrn der Größe und die Evangelienüberlieferung. Sitzungsberichte der Heidelberger Akademie der Wissenschaften. Philologisch-historische Klasse. 1919. 12. Abhandlung.

– – Das iranische Erlösungsmysterium. Religionsgeschichtliche Untersuchungen. Bonn 1921.

– – Iranischer Erlösungsglaube. ZNTW 20 (1921) 1-23.

SCHIELE F. M. – ZSCHARNACK L., RGG. Handwörterbuch in gemeinverständlicher Darstellung. Tübingen ¹1910 ff.

SCHLATTER A., Der Evangelist Johannes. Wie er spricht, denkt und glaubt. Stuttgart 1930. (Evglist)

SCHMID L., Die Komposition der Samaria-Szene Joh 4,1-42. Ein Beitrag zur Charakteristik des 4. Evangelisten als Schriftsteller. ZNTW 28 (1929) 148-158.

SCHÜTZ R., Zum ersten Teil des Johannesevangeliums. ZNTW 8 (1907) 243-255.

SCHWARTZ E., Aporien im vierten Evangelium. Nachrichten der Gesellschaft der Wissenschaften zu Göttingen. Philologisch-historische Klasse. Berlin 1907. 342-372; 1908. 115-148. 149-188. 497-560. (Aporien)

SCHWEIZER E., Ego Eimi. Die religionsgeschichtliche Herkunft und theologische Bedeutung der johanneischen Bildreden, zugleich ein Beitrag zur Quellenfrage des vierten Evangeliums. FRL NF 38. Göttingen 1939. (Ego Eimi)

SIEVERS E., Der Textaufbau der griechischen Evangelien klanglich untersucht. Abhandlungen der sächsischen Akademie der Wissenschaften. Philologisch-historische Klasse. XLI 5. Leipzig 1930.

SMEND F., Die Behandlung alttestamentlicher Zitate als Ausgangspunkt der Quellenscheidung im 4. Evangelium. ZNTW 24 (1925) 147-150.

SPICQ C. O. P., Le Siracide et la structure littéraire du Prologue de Saint Jean. Mémorial Lagrange. Paris 1940. 183-195.

SPITTA F., Das Johannes-Evangelium als Quelle der Geschichte Jesu. Göttingen 1910. (Jhev)

STÄHLIN G., Zum Problem der johanneischen Eschatologie. ZNTW 33 (1934) 225-259.

THOMPSON J. H., Exp.
  a. Accidental Disarrangement in the Fourth Gospel. 1915 I. 421-437.
  b. Is John XXI. an Appendix? 1915 II. 139-147.

c. The Structure of the Fourth Gospel. 1915 II. 512-526.

d. The Composition of the Fourth Gospel. 1916 I. 34-46.

e. The Interpretation of John VI. 1916 I. 337-348.

f. Some Editorial Elements in the Fourth Gospel. 1917 II. 214-231.

TILLMANN F., Das Johannesevangelium. Die Heilige Schrift des Neuen Testaments hsg von F. Tillmann III. Bonn ⁴1931. (Jhev)

TOBAC E., Notes sur le IVᵉ évangile. RHE 22 (1926) 311-336.

TORM F., Die Psychologie des vierten Evangeliums: Augenzeuge oder nicht. ZNTW 30 (1931) 124-144.

VAGANAY L., La finale du quatrième évangile. RB 45 (1936) 512-528.

WEISS J., Das Urchristentum. Göttingen 1917. (Urchristentum)

WELLHAUSEN J., Erweiterungen und Änderungen im 4. Evangelium. Berlin 1907.

– – Das Evangelium Johannis. Berlin 1908. (Jhev)

WENDT H. H., Die Schichten im 4. Evangelium. Göttingen 1911.

WINDISCH H., Die katholischen Briefe. Handbuch zum Neuen Testament 15. Tübingen ²1930. (Briefe)

WREDE W., Charakter und Tendenz des Johannes-Evangeliums. Sammlung gemeinverständlicher Vorträge und Schriften. Tübingen 1903. (Charakter)

Bemerkung. – Wo in der vorliegenden Arbeit auf Stellen der Heiligen Schrift verwiesen wird, ohne daß sie in Text oder Anmerkung einzeln aufgeführt werden, ist vorausgesetzt, daß sie mit Hilfe der Konkordanz leicht zu finden sind. Gelegentlich sind die genauen Angaben auch wegen der zu großen Zahl der Stellen unterlassen.

NACHTRAG

AUSGEWÄHLTE EINSCHLÄGIGE LITERATUR SEIT 1950
(ausnahmsweise früher)

Grammatiken

BLASS F. – DEBRUNNER A. – REHKOPF F., Grammatik des neutestamentlichen Griechisch, Göttingen ¹⁵1979.

HOFFMANN E. G. – SIEBENTHAL H. von, Griechische Grammatik zum Neuen Testament, Riehen (Schweiz) 1985.

MAYSER E., Grammatik der griechischen Papyri aus der Ptolemäerzeit. Mit Einschluß der gleichzeitigen Ostraka und der in Ägypten verfaßten Inschriften. Nachdruck, teilweise bearbeitet von H. SCHMOLL, 2 Bände, Berlin 1970.

Kommentare

BARRETT C. K., The Gospel according to St. John. An Introduction with Commentary and Notes on the Greek Text, London ²1978.

BECKER J., Das Evangelium nach Johannes (OeTaBK, 4, 1/2), Gütersloh-Würzburg ²1984/85.

BOISMARD M. E. – LAMOUILLE A. – ROCHAIS G., L'évangile de Jean (Synopse des quatre évangiles, 3), Paris 1977.

BROWN R. E., The Gospel according to John. Introduction, Translation and Notes (AncB, 29/29A), Garden City 1966/70.

BUSSE U. (Hg) – HAENCHEN E., Johannesevangelium, Tübingen 1980.

LIGHTFOOT R. H., St. John's Gospel. A Commentary. Edited by C. F. Evans with the Text of the RV, London 1956.

LINDARS B., The Gospel of John (NCeB), London 1982.

MORRIS L., The Gospel according to John. The English Text with Introduction, Exposition and Notes (NIC), Grand Rapids 1971.

SANDERS J. N. – MASTIN B. A., A Commentary on the Gospel according to St. John (BNTC), London 1968.

SCHNACKENBURG R., Das Johannesevangelium (HThK, 1-4), Freiburg-Basel-Wien 1965/71/75/84 (Erstauflagen).

Weitere Arbeiten

BECKER H., Die Reden des Johannesevangeliums und der Stil der gnostischen Offenbarungsreden (FRLANT NF, 50), Göttingen 1956.

BECKER J., Aufbau, Schichtung und theologiegeschichtliche Stellung des Gebets in Johannes 17, in: ZNW 60 (1969) 56-83.

– – Die Abschiedsreden Jesu im Johannesevangelium, in: ZNW 61 (1970) 215–246.

– – Wunder und Christologie. Zum literarkritischen und christologischen Problem der Wunder im Johannesevangelium, in: NTS 16 (1969/70) 130-148.

– – Aus der Literatur zum Johannesevangelium, in: ThR 47 (1982) 279-301. 305-347.

BEUTLER J., Literarische Gattungen im Johannesevangelium. Ein Forschungsbericht 1919-1980 (ANRW II, 25/3), Berlin-New York 1985.

BEVERAGE J. M., The Preposition ἐκ in Johannine Literature (ThM thesis Dallas Seminary) 1953.

BLANK J., Krisis. Untersuchungen zur johanneischen Christologie und Eschatologie, Freiburg i. Br. 1964.

BOISMARD M. E., Un procédé rédactionnel dans le quatrième évangile, in: M. DE JONGE (Hg), L'évangile de Jean. Sources, rédaction, théologie (BETL, 44), Gembloux-Leuven 1977, 235-241.

– – et LAMOUILLE A., La vie des évangiles. Initiation à la critique des textes (Initiations), Paris 1980 = Aus der Werkstatt der Evangelisten. Einführung in die Literarkritik. Übertragen von M. T. WACKER, München 1980.

CARSON D. A., Current Source Criticism of the Fourth Gospel. Some Methodological Questions, in: JBL 97 (1978) 411-427.

– – Understanding Misunderstandings in the Fourth Gospel, in: TynB 33 (1982) 59-91.

COLWELL E. C., The Greek of the Fourth Gospel. A Study of its Aramaisms in the Light of Hellenistic Greek, Chicago 1931.

COTHENET E., Le quatrième évangile, in: GEORGE A. – GRELOT P., Introduction à la Bible, tome 3: Introduction critique au Nouveau Testament (vol. 4), Paris 1977, 95-292.

– – L'évangile de Jean, in. RThom 78 (1978) 625-633.

CULPEPPER R. A., The Johannine School. An Evaluation of the Johannine School Hypothesis based on an Investigation of the Nature of Ancient Schools (SBL DS, 26), Missoula 1975.

– – Anatomy of the Fourth Gospel. A Study in Literary Design (Foundations and Facets: NT), Philadelphia 1983.

DAUER A., Johannes und Lukas. Untersuchungen zu den johanneischen Parallelperikopen. Joh 4, 46-54 / Lk 7, 1-10 – Joh 12, 1-8 / Lk 7, 36-50; 10, 38-42 – Joh 20, 19-29 / Lk 24, 36-49 (FBi, 50), Würzburg 1984.

DE JONGE M., L'évangile de Jean. Sources, rédaction, théologie (BETL, 44), Gembloux-Leuven 1977.

DEKKER C., Grundschrift und Redaktion im Johannesevangelium, in: NTS 13 (1966/67) 66-80.

EASTON B. S., Bultmann's RQ Source, in: JBL 65 (1946) 143-156.

FORTNA R. T., The Gospel of Signs. A Reconstruction of the Narrative Source Underlying the Fourth Gospel (SNTS MS, 11), Cambridge 1970.

FREED E. D., Variations in the Language and Thought of John, in: ZNW 55 (1964) 167-197.

GOODWIN CH., How did John treat his Sources, in: JBL 73 (1954) 61-75.

HAENCHEN E., Aus der Literatur zum Johannesevangelium 1929-1956, in: ThR 23 (1955) 295-335.

HEEKERENS H.-P., Die Zeichen-Quelle der johanneischen Redaktion. Ein Beitrag zur Entstehungsgeschichte des vierten Evangeliums (SBS, 113), Stuttgart 1984.

HIRSCH E., Stilkritik und Literaranalyse im vierten Evangelium, in: ZNW 43 (1950/51) 128-143.

HOWARD W. F., The Fourth Gospel in Recent Criticism and Interpretation. New Edition revised by C. K. BARRETT, London 1955.

KONINGS J., De bemerkingsstof in het evangelie volgens Johannes (Diss. lic., Leuven 1967).

– – Het johanneisch verhaal in de literaire kritiek. Historiek. Dossier van Joh., I-X. Redactiestudie van Joh., VI, 1-21 (Diss. doct., Leuven 1972).

KUEMMEL W. G., Einleitung in das Neue Testament, Heidelberg [17]1973, 162-183.

LANGBRANDTNER W., Weltferner Gott oder Gott der Liebe. Der Ketzerstreit in der johanneischen Kirche. Eine exegetisch-religionsgeschichtliche Untersuchung mit Berücksichtigung der koptisch-gnostischen Texte aus Nag-Hammadi, Frankfurt a.M.-Bern-Las Vegas 1977.

LÉON-DUFOUR X., Trois chiasmes johanniques (Jn 12, 2-32; 6, 35-40; 5, 19-30), in: NTS 7 (1960/61) 249-255.

– – Bulletin d'exégèse du Nouveau Testament. L'évangile de Jean, in: RSR 75/1 (1987) 77-96, surtout II. Etudes d'ensemble: 5. (= Compte rendu: VAN BELLE G., Les parenthèses dans l'évangile de Jean. Aperçu historique et classification. Texte grec de Jean, Leuven 1985), 86f.

LINDARS B., Behind the Fourth Gospel (Studies in Creative Criticism, 3) London 1971.

MAC GREGOR G. H. C. – MORTON A. Q., The Structure of the Fourth Gospel, London 1961.

MAHONEY R., Two Disciples at the Tomb, The Background and Message of John 20, 1-10 (TW, 6), Bern-Frankfurt a.M. 1974.

MENDNER S., Johanneische Literarkritik, in: ThZ 8 (1952) 418-434.

NEIRYNCK F., Jean et les Synoptiques. Examen critique de l'exégèse de M.-E. BOISMARD. Avec la collaboration de J. DELOBEL, T. SNOY, G. VAN BELLE et F. VAN SEGBROECK (BETL, 49), Leuven 1979.

– – L'epanalepsis et la critique littéraire. A propos de l'évangile de Jean, in: ETL 56 (1980) 303-338.

– – De Semeia-bron in het vierde evangelie. Kritiek van een hypothese, in: Academiae Analecta. Mededelingen van de Koninklijke Academie voor Wetenschappen, Letteren en Schone Kunsten van België 45 (1983) 1-28.

– – John 4, 46-54: Signs Source and/or Synoptic Gospels, in: NTS 30 (1984) 161-187.

NICHOLSON G. C., Death as Departure. The Johannine Descent-Ascent Schema (SBL DS, 63), Chico 1983.

NICOL W., The Semeia in the Fourth Gospel. Tradition and Redaction (NT. S, 32), Leiden 1972.

NOACK B., Zur johanneischen Tradition. Beiträge zur Kritik an der literarkritischen Analyse des vierten Evangeliums, Kopenhagen 1954.

OLSSON B., Structure and Meaning in the Fourth Gospel. A Text-Linguistic Analysis of John 2:1-11 and 4:1-42 (CB.NT, 6), Lund 1974.

ONUKI T., Die johanneischen Abschiedsreden und die synoptische Tradition, in. AJBI 3 (1977) 157-208.

O'ROURKE J. J., Asides in the Gospel of John, in: NT 21 (1979) 210-219.

PAINTER J., Glimpses of the Johannine Community in the Farewell Discourses, in: ABR 28 (1980) 21-38.

REIM J., Probleme der Abschiedsreden, in. BZ NF 20 (1976) 117-122.

RIESENFELD H., Zu den johanneischen ἵνα-Sätzen, in STL 14 (1965) 213-220.

ROBERGE M., Notices de conclusion et rédaction du quatrième évangile, in: LTP 31 (1975) 49-53.

ROWE T. T., Science, Statistics and Style, in: LQHR 33 (1964) 231-235.

RUCKSTUHL E., Johannine Language and Style. The question of their unity, in: M. DE JONGE (Hg), L'évangile de Jean. Sources, rédaction, théologie (BETL, 44), Gembloux-Leuven 1977, 125–147.

– – Kritische Arbeit am Johannesprolog, in: W. C. WEINRICH (Hg), Essays in honor of Bo Reicke, Macon 1984, vol. II, 442-452.

– – Der Jünger, den Jesus liebte, in: SNTU 11 (1986) 131-167.

– – Zur Antithese Idiolekt – Soziolekt im johanneischen Schrifttum, in: SNTU 12 (1987) 141-181.

SCHNACKENBURG R., Logos-Hymnus und johanneischer Prolog, in: BZ NF 1 (1957) 69-109.

– – Tradition und Interpretation im Spruchgut des Johannesevangeliums, in: Begegnung mit dem Wort (FS H. Zimmermann, BBB, 53), Bonn 1980, 141-159.

– – Entwicklung und Stand der johanneischen Forschung seit 1955, in: M. DE JONGE (Hg), L'évangile de Jean. Sources, rédaction, théologie (BETL, 44), Gembloux-Leuven 1977, 19-44 = Das Johannesevangelium (HThK, 4) 1984, 9-32.

SCHULZ S., Untersuchungen zur Menschensohn-Christologie im Johannesevangelium, Göttingen 1957.

– – Komposition und Herkunft der johanneischen Reden, Stuttgart 1960.

SCHWEIZER E., Ego Eimi. Die religionsgeschichtliche Herkunft und theologische Bedeutung der johanneischen Bildreden, zugleich ein Beitrag zur Quellenfrage des vierten Evangeliums (FRLANT NF, 38), Göttingen ²1965.

SMITH D. M., The Composition and Order of the Fourth Gospel. Bultmann's Literary Theory (YPR, 11), New Haven-London 1965.

STANLEY D. M., Bulletin of the NT. The Johannine Literature, in: ThST 17 (1956) 516-531.

TEEPLE H. M., Methodology in Source Analysis of the Fourth Gospel, in: JBL 81 (1962) 279-286.

– – The Literary Origin of the Gospel of John, Evanston 1974.

TENNEY M. C., The Footnotes of John's Gospel, in: BS 117 (1960) 350-364.

THYEN H., Entwicklungen innerhalb der johanneischen Theologie und Kirche im Spiegel von Joh 21 und der Lieblingsjüngertexte des Evangeliums, in: M. DE JONGE (Hg), L'évangile de Jean. Sources, rédaction, théologie (BETL, 44), Gembloux-Leuven 1977, 259-299.

– – Aus der Literatur zum Johannesevangelium, in: ThR 39 (1974) 1-69. 222-252. 289-330, 42 (1977) 211-270, 43 (1978) 328-359, 44 (1979) 97-134.

TURNER N., Grammatical Insights into the New Testament, Edinburgh 1965, dort: Saint John 135–154.

VAN BELLE G., De Semeia-bron in het vierde evangelie. Ontstaan en groei van een hypothese (Studiorum NT Auxilia, 10), Leuven 1975.

– – Les parenthèses dans l'évangile de Jean. Aperçu historique et classification. Texte grec de Jean (Studiorum NT Auxilia, 11), Leuven 1985.

WAHLDE U. C. von, A Redactional Technique in the Fourth Gospel, in: CBQ 38 (1976) 520–533.

WEAD D. W., The Literary Devices in John's Gospel (Theologische Dissertationen, 4), Basel 1970.

WILKENS W., Die Entstehungsgeschichte des vierten Evangeliums, Zollikon 1958.

– – Evangelist und Tradition im Johannesevangelium, in: ThZ 16 (1960) 81 ff.

EINLEITUNG

Wie zu allen Zeiten der Kirchengeschichte Irrtum und Glaubens-spaltungen letztlich den Absichten Gottes und der Entfaltung der gött-lichen Wahrheit dienen mußten, so hat auch die freie Bibelkritik des letzten und dieses Jahrhunderts die katholische Wissenschaft zu leben-diger Auseinandersetzung und wirksamer Abwehr, damit aber auch zu tieferem Eindringen in Gehalt und Gestalt der Heiligen Bücher ge-zwungen. Es dürfte eine Pflicht der christlichen Gerechtigkeit sein, überdies anzuerkennen, daß die andersgläubige Wissenschaft auch manche sachliche Schwierigkeit in den biblischen Schriften aufspürte, die man zuvor nicht gesehen hatte, und daß nicht wenige ihrer Ver-treter, ausgerüstet mit glänzenden Vorkenntnissen, in redlichem Ringen um den wahren Sinn der Offenbarung, das allgemeine Wachstum des Schriftverständnisses gefördert haben. Es wäre nicht klug, an ihrem Werk achtlos vorüberzugehen und von ihnen nichts als auflösende Zer-setzung zu erwarten, ganz abgesehen davon, daß sich die Arbeit in manchen Hilfsfächern der Auslegung hüben und drüben seit langem nur glücklich ergänzt hat [1]. Es gibt heute auch in der Tat kaum katho-lische Bibelkommentare von wissenschaftlichem Gewicht, deren Vf nicht eine gründliche Kenntnis des einschlägigen nichtkatholischen Schrifttums verraten. Freilich darf unsere Auslegung nie den Stand-punkt, den uns die Treue zur ganzen und einen göttlichen Wahrheit anweist, verlassen und wird darum der analogia fidei als Quelle der Schrifterklärung einen grundsätzlich weitern Spielraum zugestehen als die Andersgläubigen, aber sie wird von ihnen hie und da lernen können, die menschliche Eigenart eines Heiligen Vf und seiner Schrift deutlicher zu erkennen und sich damit eine andere Quelle der Erklärung zugäng-licher zu machen [2].

---

[1] Vgl das Rundschreiben Leos XIII. « Providentissimus Deus » vom 18. Nov. 1893. EnchBibl 98 ; ferner das Apostolische Schreiben desselben « Vigilantiae » vom 30. Okt. 1902 ebd 134 f.

[2] Die Kirche hat als amtliche Deuterin des Wortes Gottes verhältnismäßig nur wenige biblische Einzelstellen verpflichtend ausgelegt, und auch die Glaubens-

So dürfte es nicht trügerische Meinung sein, von einer Untersuchung protestantischer kritischer Arbeiten zum Jhev nicht nur eine Festigung überlieferter katholischer Anschauungen, sondern auch ein reiferes Verständnis dieses Ev zu erwarten und zudem zu hoffen, im Laufe der Untersuchung unter weniger edlem Stoff manches Korn der

überlieferung gibt uns nicht weit darüber hinaus eindeutigen Aufschluß über den Sinn der Heiligen Schrift (vgl das Rundschreiben Pius' XII. «Divino afflante Spiritu» vom 30. Sept. 1943). Deswegen sind wir zu ihrer Erklärung meistens auf andere Quellen angewiesen. Da uns nun die Heiligen Bücher in irdischer Hülle, als menschliche Gestaltungen und menschliche Schrifterzeugnisse vorliegen, haben wir die Aufgabe, auf ihre Eigenart als solche in der Erklärung die notwendige Rücksicht zu nehmen. Diese Eigenart hängt nicht nur vom Stoff einer Schrift und ihrem Zweck, sondern auch von ihrer literarischen Gattung und Form und damit auch von der eigentümlichen Veranlagung und Bildung des Schriftstellers ab. Ohne alle diese Umstände zu kennen, kann man manchmal kein abschließendes und einigermaßen sicheres Urteil über den genauen Sinn einer Stelle, zumal einer dunklen, abgeben. Die biblische Wissenschaft hat nun gerade in den letzten Jahrzehnten wertvolle Untersuchungen geliefert, um die Eigenart der einzelnen biblischen Schriften als menschlicher Erzeugnisse herauszuarbeiten. Das Ohr der Ausleger ist darum heute hellhöriger für den eigenen Klang, der das Wort eines Heiligen Schriftstellers von dem eines andern unterscheidet. Leider wurden von protestantischen Forschern dann manchmal die verschiedenen biblischen Bücher gegeneinander ausgespielt, als ob sie in ihrer Verschiedenheit einander widersprächen. Das aber ist eine innere Unmöglichkeit, da der göttliche Geist, der auctor principalis der Heiligen Schrift, sich nicht selber widersprechen kann. Trotz der vorhandenen Unterschiede machen die einzelnen Bücher das eine Wort Gottes aus. Deswegen kann seinen Auslegern das Recht nicht abgesprochen werden, zur Erklärung einer einzelnen biblischen Schrift auch die andern Schriften heranzuziehen, und zwar nicht nur als religionsgeschichtliche und literarische Parallelerscheinungen, sondern eben als Werke des einen göttlichen Geistes. Wer diesen Grundsatz anerkennt, der findet es ganz in Ordnung, wenn man etwa versucht, die Übereinstimmung der Botschaft des Jhev mit derjenigen der syn Ev nachzuweisen. Die katholische Bibelwissenschaft geht aber folgerichtig noch einen Schritt weiter, indem sie die volle Offenbarung zu einer Quelle der Schrifterklärung und des Schriftverständnisses macht, das heißt nicht nur die ganze Heilige Schrift, sondern auch die Glaubensüberlieferung als solche und alles, was die Kirche aus diesen Glaubensquellen geschöpft und als Glaubensgut vorgelegt hat. Wir lesen also die Heilige Schrift mit den Augen des Glaubens und im Lichte, unter der Führung unseres Glaubens. In der Mehrzahl der Fälle wird diese Führung die einer regula externa, einer Grenznorm, sein, häufig auch der Veranschaulichung und Verdeutlichung dienen ; selten wird sie die genaue Einzelerklärung bieten können. Das dürfte die Rolle der analogia fidei in der Bibelauslegung sein. Der katholische Ausleger mag allerdings der Gefahr nicht immer entgehen, sich von dieser analogia zu weit führen zu lassen und in Heilige Texte etwas hineinzulesen, was nicht darin enthalten ist. Gerade darum ist es unumgänglich, jede biblische Schrift zunächst aus ihrer Eigenart und Umwelt zu erklären. — Vgl zum Ganzen «Providentissimus Deus» passim. EnchBibl 94 ; 96 ; 109 f ; «Divino afflante Spiritu» 314-319 ; 310.

Wahrheit, vielleicht sogar die eine und andere wesentliche Erkenntnis zur Lösung der jh Frage zu finden.

Von einer jh Frage zu reden, ist nicht ungerechtfertigt. Jeder, der unsere Ev liest und kennt, empfindet die ganz andere Art, die das vierte von den übrigen drei unterscheidet [1]. Schon der erste Satz des Prologes zum vierten Ev tönt dem, der mit den syn vertraut ist, seltsam entgegen, und dieser Eindruck verstärkt sich, wenn er weiterliest. Es hebt sich der Schleier von einer neuen, fremden Welt. Keines der früheren Ev hatte vom Logos geredet noch vom vorzeitlichen Sein und Wirken des Messias noch vom Licht, das vergeblich in die Finsternis hineinschien. Soll dieser Prolog wirklich Einleitung zu einem geschichtlichen Werk, zu einem Leben Jesu sein, oder vielleicht zu einer gewaltigen symbolischen Dichtung? Was der Prolog andeutet, das entrollt sich nachher vor allem in den Reden des Ev. Der syn Christus war ein schlichter einfacher Volksredner gewesen und sein Wort voll Kraft, satter Farbe und Erdgeruch. Der Christus des Jhev trägt allgemeine, unanschauliche, erdentrückte hohe Lehren vor, die niemand versteht, nicht einmal der Kreis der Nächsten. Jener hatte die Botschaft von Gott, dem Vater aller Menschen, der Gerechten und der Sünder, die Botschaft vom Reiche Gottes, von der Parusie, vom Gericht am Jüngsten Tage verkündet und zu einem vollkommenen sittlichen Tugendleben gemahnt. Dieser predigt von seiner göttlichen Sendung, von der Einheit mit *seinem* Vater, von seinem Richteramt in der Gegenwart, von seinem Gegensatz zur Welt. Wer ewiges Leben haben will, um so ins Gottesreich einzugehen, muß wiedergeboren werden, an ihn glauben und die Mitgläubigen lieben.

Der Gegensatz wird nicht geringer, wenn wir die Erzählungen der syn und des vierten Ev vergleichen. Nach jenen hatte Jesus, wie es zunächst scheinen mag, etwa ein Jahr unter dem galiläischen Volke gewirkt, um erst in der letzten Woche vor seinem Leiden erstmals nach Jerusalem zu kommen. Nach dem Jhev wirkt er über drei Jahre lang, kommt gleich anfänglich nach Jerusalem und nachher mindestens noch dreimal, und was er lehrt und tut, spielt sich meistens hier in der Hauptstadt oder in Judäa ab. Aber er heilt keinen einzigen Aussätzigen, und nie treibt er Dämonen aus. Wenn der syn Christus Wunder wirken

---

[1] Gute Zusammenstellungen der Unterschiede bieten WREDE, Charakter 4-9; TOBAC, RHE 1926, 327-329; JÜLICHER-FASCHER, Einleitung 374-379; 407-414.

soll, müssen die Leute erst vertrauend an ihn glauben ; im vierten Ev aber soll das Wunder den Glauben gerade erzeugen. Dort sind die Wunder vor allem Wohltaten, hier will Jesus mit ihnen seine göttliche Sendung erweisen. Unverständlich scheint es, daß die Synoptiker nichts wissen von der Auferweckung des Lazarus, trotzdem sie nach dem vierten Ev das entschlossene Vorgehen der Juden zur Gefangennahme und Hinrichtung Jesu veranlaßt hat. Ebenso seltsam ist es, daß sie die Fußwaschung nicht erwähnen, Jh aber seinerseits die Einsetzung der Eucharistie übergeht [1].

An solche und ähnliche Gegensätze und scheinbare Widersprüche hielt sich nun die Kritik, als sie die Sonde an das vierte Ev ansetzte [2], und erklärte, es sei, wenn das Leben Jesu nach den Synoptikern Glauben verdiene, unmöglich, daß dann auch das Leben Jesu des Jhev geschichtlich sei ; an der Glaubwürdigkeit der Synoptiker aber wurde im allgemeinen zunächst noch nicht gezweifelt. Es schien darum klar, daß sie jenem abgesprochen werden müsse, es also nicht von einem Augenzeugen und Apostel geschrieben sein konnte ; die Überlieferung von

---

[1] Die Unterschiede zwischen Jh und den Synoptikern erscheinen milder und versöhnlich, sobald man, ohne etwas zu übergehen, alle Aussagen der Texte prüft und nirgends vorschnell verallgemeinert, sondern jeden Einzelfall untersucht und mit den Parallelen vergleicht. Man hat ferner darauf zu achten, was für ein Ziel die Evglisten mit ihrer Darstellung anstreben, daß sie *nicht vollständig* sein wollen, daß Jh die syn Berichte voraussetzt uam. Auf diesem Wege kommt man zu einer zufriedenstellenden, wenn auch nicht vollständigen Lösung der Frage. Eine solche wäre nur möglich, wenn wir aus neuen Quellen die Wirksamkeit Jesu und die Geschichte der Ausbreitung des Christentums im ersten Jahrhundert genauer kennen lernen und die Anfänge der östlichen Gnosis und ihre Zusammenhänge mit dem Jhev verfolgen könnten. — Vgl die Lösung von LAGRANGE, Ev CXXXIV-CLXXII ; dazu TOBAC, RHE 1926, 331-336.

[2] Es folgt hier als Einleitung in den Gegenstand dieser Arbeit eine kurze Übersicht über die Geschichte der radikalen Kritik am Jhev. Da diese Geschichte schon mehrmals geschrieben wurde, zeichnet der Abriß eher die gedankliche Entwicklung der kritischen Zersetzung und sucht möglichst rasch engern Anschluß an unsern Gegenstand. Namen und Verweise werden nur ausnahmsweise gegeben und erst da, wo dieser Gegenstand ins Blickfeld rückt. — Zur Geschichte der genannten Kritik vgl MEYER, ThR 1899 ; 1906 (381-397) ; BOUSSET, ThR 1909 ; OVERBECK, Jhev 1-122 ; MOFFAT, Introduction 550-563 ; CLEMEN, Entstehung 1-47 ; LOISY, Ev 18-39 ; GOGUEL, Introduction 14-80 ; LAGRANGE, RB 1924 ; TOBAC, RHE 1926 ; ALLO, RB 1928 ; BAUER, ThR 1929 ; BROMBOSZCZ, Einheit 9-20 ; HOWARD, Criticism 33-105 ; 109-177 ; JÜLICHER-FASCHER, Einleitung 379-383 ; MENOUD, Recherches. — Der erste vereinzelte Angriff auf das Ev erfolgte nicht aus der Fragestellung Jh-Synoptiker heraus, sondern aus der : Jhev-Apokalypse. Jene Frage trat in den Vordergrund einer allgemeinen Auseinandersetzung, als C. TH. BRETSCHNEIDER seine « Probabilia de evangelii et epistolarum Joannis Apostoli indole et origine » vorlegte (1820).

seinem Ursprung und Vf mußte unzuverlässig und falsch sein. So hieb die Kritik den gordischen Knoten entzwei, ohne zu überlegen, daß sie damit nur neue Rätsel schuf.

Es erhob sich nämlich jetzt die Frage, wie es dann komme, daß gerade im vierten Ev, nicht aber in den andern, der Vf eindringlich für die Wahrheit seiner Worte Zeugnis ablege [1], sich ausdrücklich als Augenzeugen ausgebe [2], daß am Schluß des Ev andere im gleichen Sinne für ihn bürgen und daß endlich die Überlieferung eben nur den Apostel Johannes als Vf des Ev kenne und nenne. — Dank dieser Tatsachen fand das Ev auch in den protestantischen Reihen immer wieder scharfe Gegner der Kritik und Verteidiger seines apostolischen Ursprungs wie seiner geschichtlichen Glaubwürdigkeit. Andere leugneten diese teilweise, gaben aber zu, daß das Ev aus dem Schülerkreis um den Apostel Johannes hervorgegangen sei und mindestens persönliche Erinnerungen dieses mitenthalte. Andere aber suchten das einstimmige Zeugnis der Überlieferung durch mehr oder weniger sorgfältige Untersuchungen möglichst als unzuverlässig zu erweisen, zu entkräften und die Zeugnisstellen des Ev anders zu deuten, als sie dem klaren Wortsinn nach gedeutet werden konnten. So war es dann möglich, die Entstehung des Ev so weit ins zweite Jahrhundert hinein zu verlegen, als es nötig schien, um seine Geschichtlichkeit entwerten und sein Gedankengut aus Zeitströmungen und späterer Entwicklung ableiten zu können.

Später fand man neue Wege, um den Tatsachen auszuweichen. Man glaubte, der Vf des Ev sei so eigenartig veranlagt gewesen, daß er zwischen Dichtung und Wahrheit, zwischen Gesichten und Geschichte nicht zu unterscheiden vermocht habe ; man könne darum, wenn er nicht der Apostel selber gewesen sei, annehmen, daß er tatsächlich der Meinung gelebt habe, Augenzeuge, ja der apostolische Lieblingsjünger gewesen zu sein. Andere erklärten das ganze Ev als symbolische Dichtung ; alle Erzählungen seien allegorisch gedacht ; der Lieblingsjünger sei das Bild des idealen Jüngers Jesu. Erst das später angefügte

---

[1] Eine Ausnahme macht Lukas im Prolog ; aber seine Worte machen einen erheblich nüchterneren Eindruck als die Zeugenaussagen Jh 1,14 ; 19,35 ; 20,30 f.

[2] Vgl 1 Jh 1,1-5. Diese Stelle ist der unerschütterliche Rückhalt für die Annahme, daß unser Ev von einem Augenzeugen geschrieben ist. Sie spottet jeder nicht buchstäblichen Auslegung und kann vom Zeugnis des Ev nicht getrennt werden. Die Kritik suchte darüber hinwegzukommen, indem sie teils den ersten Jhbr nicht vom Vf des Ev geschrieben sein ließ oder von offener Fälschung redete. — Vgl zu den jh Zeugenstellen und zur Frage der Augenzeugenschaft des Vf den vorzüglichen Aufsatz von TORM, ZNTW 1931.

Kapitel 21 und die interpolierte Stelle 19,35 hätten ihn als geschichtliche Gestalt aufgefaßt und mit dem Vf des Ev gleichgesetzt. Das sei
entweder fromme Selbsttäuschung der Urheber oder aber absichtliche
Fälschung gewesen, um dem Ev das nötige Ansehen zu geben und es
auf diese Weise in die Kirche einzuführen. Die Fälschung habe denn
auch ihr Ziel erreicht, die auf sie gestützte Überlieferung aber teile notwendig ihre Haltlosigkeit. — Andere endlich wiesen darauf hin, daß
der Vf des Ev tatsächlich nicht die Absicht gehabt habe, Geschichte
zu schreiben und das wirkliche Leben Jesu von Nazareth zu schildern.
Das zeige Anlage und Art des Ev wie auch die Zielangabe des Vf
(20,30 f). Es handle sich in Wirklichkeit um eine Apologie des Christentums und der Kirche vor der griechischen Welt. Der Vf schreibe auch
als Dogmatiker und Theologe [1]. Die Erzählungen des Ev seien farblos
und blaß und hätten nur den Zweck, als Hintergrund der Reden zu
dienen und gelegentlich ihren Inhalt bildlich darzustellen.

Noch ein Weg war im Laufe des neunzehnten Jahrhunderts von
der Kritik eingeschlagen worden, um die Überlieferung von der Entstehung des Jhev zu erklären, ohne rückständig und altmodisch zu
erscheinen. Man hatte sich nämlich überzeugen lassen, daß auch die
syn Ev geschichtlich nicht durchaus ernst zu nehmen seien. Vor allem
wurden ihre Wunderberichte verworfen, aber auch sonst fand man nach
dem Vorgang von Strauß manche « mythischen » Elemente darin. So
kam man dazu, die drei ersten Ev nur noch als Sammlungen mehr oder
weniger ausgeschmückter volkstümlicher Geschichten aufzufassen. Für
Mk und Lk wies die Kritik darauf hin, daß ihr Zeugnis auch nach der
Überlieferung nur mittelbar sei ; dem Mtev aber wurde der apostolische
Ursprung einfach aberkannt. Es schien nun aber einigen Kritikern, daß
man dafür im vierten Ev, wenigstens teilweise, mit apostolischer
Vfschaft rechnen dürfe. Die einen hielten die Reden für ursprünglich
und die Erzählungen für nachträglich zugefügt ; denn die hohe Geistigkeit dieser Reden zog « ein spekulativ gestimmtes Zeitalter » [2] (das

---

[1] Die Annahme, daß ein Schriftsteller mit apologetischen oder dogmatischen
oder kerygmatischen Absichten nicht geschichtstreu erzählen könne, ist im Laufe
der Zeit wie durch Überlieferung unter den radikalen Kritikern (wenigstens
deutscher und französischer Zunge) zu einem kaum je erörterten Axiom geworden.
Auch heute wird an ihm durchweg festgehalten. Ein ähnliches « kritisches » Axiom
läßt keine erzählte Tatsache mit einem symbolischen Sinn als geschichtliche Tatsache gelten.

[2] BOUSSET, ThR 1909, 2.

Schleiermachers und Ritschls) nicht wenig an. Andere Kritiker entschieden sich eher für die Ursprünglichkeit der Erzählungen, lehnten aber außer den Reden doch auch gewisse Wundererzählungen ab. So entstanden die *literarischen Teilungsversuche* zum Jhev, und trotzdem man ihnen ziemlich allgemein heftigen Widerstand entgegensetzte, gewöhnte man sich allmählich daran, wenigstens mit ihrem Dasein zu rechnen.

Diese Teilungsversuche verdienten nun kaum den Namen Literarkritik im eigentlichen Sinne. Denn Literarkritik muß von literarischen Tatsachen ausgehen und vorwiegend mit sprachlich-stilistischen Mitteln arbeiten. Die Wurzel dieser Teilungen aber waren « dogmatische » Überzeugungen und apologetische Absichten [1]. Das ließe sich zwar grundsätzlich rechtfertigen, vorausgesetzt, es handle sich um vernünftige Überzeugungen und Absichten. Aber die Aufgabe bliebe, die Frage auch nach literarischen Gesichtspunkten zu prüfen ; dazu waren jedoch hier nur dürftige Ansätze vorhanden.

Erst in den Jahren 1907/08, mehr als hundert Jahre nach dem ersten Teilungsversuch, unterzogen sich zwei Gelehrte erstmals jener Aufgabe. Es waren die Göttinger Philologen JULIUS WELLHAUSEN und EDUARD SCHWARTZ. Zwar waren auch ihre Untersuchungen nicht sprachlich-stilistisch durchgeführt, aber sie setzten doch wenigstens da ein, wo der Text als solcher Unstimmigkeiten der Form, des Aufbaus, des gedanklichen Zusammenhangs aufwies oder aufzuweisen schien. Diese Art des Vorgehens prägte die Arbeit beider Gelehrten so sehr, daß Schwartz seine Veröffentlichungen überschreiben konnte « *Aporien im vierten Evangelium* » und das Wort vom « *Anstoß* » in der Literarkritik zum Jhev ein geflügeltes Wort wurde. Beiden Arbeiten war dann gemeinsam, daß sie nicht mit Quellen rechneten, die der Evglist zum einheitlichen Werk verwoben hätte, sondern mit einer sogenannten *Grundschrift*, das heißt mit einem ursprünglichen Ev, das durch « Redaktoren » und « Interpolatoren » überarbeitet, erweitert und um seine ursprüngliche Form und Anlage gebracht worden sein sollte. Diese Annahme hatte Wellhausen veranlaßt, seine erste Schrift zur Frage « Erweiterungen und Änderungen im vierten Evangelium » zu nennen [2].

Im Anschluß an die Kritik der beiden Göttinger entspann sich eine lebhafte und heftige Auseinandersetzung um die literarische Aufspaltung

---

[1] BOUSSET aaO 1-7.

[2] Die zweite wichtigere Schrift Wellhausens zur Sache hieß : « Das Evangelium Johannis ».

des Jhev. Tatsächlich verschob sich das ganze Schwergewicht der
kritischen Arbeit zum Ev von der Frage nach seiner Echtheit und
Glaubwürdigkeit hierher, und es erschien im folgenden Jahrzehnt auf
protestantischer Seite kaum eine längere Arbeit oder ein Aufsatz über
das vierte Ev, ohne das literarkritische Problem wenigstens zu streifen.
Auch jene, die es ablehnten, auf den Spuren von Wellhausen und
Schwartz zu wandeln, fanden doch da und dort im Ev Glossen, kleinere
Zusätze, Nachträge.

Dieser Erfolg — soweit von einem solchen geredet werden kann —
war nicht dem Ansehen, das die genannten Gelehrten schon vorher
genossen hatten, zuzuschreiben, sondern vornehmlich jener Tatsache,
die sie (nach Bretschneider) erstmals wieder ganz scharf und deutlich
hervorgehoben hatten : daß unser Ev wirklich « Anstöße » enthält, das
heißt Unebenheiten des Zusammenhangs und des Aufbaus, die man mit
Nähten und Rissen zu vergleichen geneigt ist. Das kann nicht geleugnet
werden, auch wenn Wellhausen und Schwartz weit mehr Flickwerk vor
sich zu haben glaubten, als es tatsächlich der Fall war. Es seien von
diesen schon manchmal zusammengestellten Rissen nur zwei erwähnt :
1) 14,30 f lesen wir : « Ich werde nicht mehr viel mit euch reden ...
Auf ! laßt uns von dannen gehen ! » Dann folgen die langen Reden der
Kapitel 15-17, und erst in 18,1 wird, wie es scheint, an 14,31 ange-
knüpft. — 2) 20,30 f ist klar der Abschluß des Ev. Trotzdem wird
nochmals ein Kapitel mit μετὰ ταῦτα an das vorausgehende angeschlossen.

Solche und ähnliche Erscheinungen sind nun verschiedenen Erklärungen zugänglich und jedenfalls trotz unsern Göttingern nicht unvereinbar mit der Abfassung des Ev durch einen einzigen Vf. Das geht
schon daraus hervor, daß zwar manche Wissenschaftler den Versuchen
jener zustimmten oder durch sie angeregt eigene Versuche anderer Art
zur Aufspaltung des Ev machten, daß aber die Ansicht, das Ev sei
einheitlich, von Anfang an entschiedene Verteidiger fand und nach und
nach die Stimmen fast aller Fachleute auf sich vereinigte. Sie ließen
sich von der Erwägung leiten, daß trotz jener Unebenheiten das Ev
eine gedankliche, bauliche, sprachlich-stilistische Einheit bildet, wie sie
keinem der andern Ev eignet. Wellhausen selber hatte seltsamerweise
in seiner zweiten Schrift zur Frage [1] das Geständnis gemacht, daß,
geschichtlich gesehen, das Jhev eine Einheit darstelle. Auch BOUSSET,

---

[1] Ev 119 ; 111 f ; 117.

der den literarkritischen Arbeiten von Wellhausen und Schwartz sehr gewogen war, gab zu, daß das ganze Buch vom religionsgeschichtlichen Standpunkt aus eine unteilbare Einheit sei [1]. THOMPSON, der eine Redequelle und eine Erzählungsquelle unterscheiden zu können glaubte, schrieb : « But this much is clear at the outset — that we are not dealing with a compilation of source of the crude kind found elsewhere, but with a book which has been thoroughly edited, and whose unity is at least as remarkable as its diversity. » [2] Zum Nachweis der sprachlich-stilistischen Einheit des Ev könnte das eine argumentum ex silentio genügen, daß bis in die neuste Zeit kaum ein Literarkritiker, der die einheitliche Vfschaft des Ev anfocht, einen ernsten Versuch machte, Sprache und Stil seiner Teilstücke eingehend und im einzelnen zu prüfen und auf diesem Wege die Mehrheit der Vf nachzuweisen. Das ist ein klares Zugeständnis, daß dies nicht möglich ist und daß damit zwingende Gründe fehlen, mehrere Vf oder Quellen anzunehmen. Arbeiten, die auf die geradezu ungewöhnliche Einheit von Sprache und Stil des Ev hinwiesen, gab es hingegen schon vor Schwartz und Wellhausen [3].

Unter diesen Umständen war es ganz natürlich, daß, nachdem einmal die Frage nach der Einzahl oder Mehrzahl der Vf in aller Schärfe gestellt worden war, nicht nur die Einzahl immer mehr Anhänger gewann, sondern daß auch die Vertreter der Mehrzahl die Form, in der sie ihre Ansicht vortrugen, immer mehr milderten, bis schließlich, von seltenen Ausnahmen abgesehen, von manchen kaum mehr gesagt werden konnte, auf welche Seite sie sich eigentlich schlugen.

Schon Schwartz hatte darauf verzichtet, die Grundschrift des Ev wiederherzustellen, und vom Versuch Wellhausens in dieser Richtung schrieb Bousset : « Mein Eindruck ist in der Tat der, daß die Zeit zu einer solchen Zusammenfassung der Resultate, wie W. sie a. a. O. gibt, noch lange nicht gekommen ist, vielleicht niemals kommt. » [4] Bald aber gab man den Gedanken an eine eigentliche Grundschrift, die einer einschneidenden redaktionellen Bearbeitung zum Opfer gefallen wäre, überhaupt auf, rechnete nur noch mit verhältnismäßig wenigen Eingriffen

---

[1] RGG¹ 617.

[2] Exp 1915. II 516. — Zu vergleichen sind noch die Urteile von WEISS, Urchristentum 612 ; MEYER, Ursprung I. 315 f ; 321 f ; GOGUEL, Introduction 79 ; FEINE, Einleitung 99 ; DIBELIUS, RGG² 354-356 ; JÜLICHER-FASCHER, Einleitung 382 f.

[3] In Frage kommen : Johannine Vocabulary und Johannine Grammar von ABBOTT ; vgl etwa 1892.

[4] ThR 1909, 42.

des Redaktors, dafür aber mit einem für das uns vorliegende Werk verantwortlichen Evglisten, um jetzt die *Quellen*, die er verwendet haben sollte, herauszuschälen. Das könne allerdings, erklärten einige, nur in groben Zügen geschehen ; die Verarbeitung, die den Quellen zuteil geworden sei, mache es unmöglich, sie im einzelnen wiederherzustellen. Doch glaubte man immer noch, man könne wenigstens zeigen, daß der Vf vor allem eine oder zwei Quellenschriften verwendet habe, die im ganzen Ev immer wieder greifbar wären. BAUER aber, der überzeugt ist, das Ev sei, trotzdem es von einem und demselben Vf stamme, weitgehend von schriftlichen Quellen abhängig, gibt am Ende seines Kommentars der Ansicht Ausdruck, es sei ein vergebliches Unterfangen, im Jhev eine zusammenhängende Quellenschrift ermitteln zu wollen. Es sei im Gegenteil, wenn man die Freiheit erwäge, mit der der Evglist vorgeformten Stoff nutze, « wenig glaubhaft, daß er sich auf weite Strecken hin der Führung einer 'Grundschrift' (dasselbe gilt nach Bauer von einer Quellenschrift) sollte anvertraut haben. » [1] Ähnlich äußert sich DIBELIUS, empfindet aber die literarische Einheitlichkeit des Ev noch stärker als Bauer [2].

Wie seinerzeit im protestantischen Raume vor der literarkritischen Frage die Frage nach dem Ursprung und dem Geschichtswert des Jhev eher in den Hintergrund gerückt war, so trat um die Mitte der Zwanzigerjahre jene vor der Frage nach der inhaltlichen Tragweite und dem echten Sinn der jh Gedankenwelt und ihrer Wertzeichen, vor allem der Ego-eimi-Worte, zurück. Man zog jetzt zu ihrer Erklärung in einem bis dahin ungekannten Maße die Zeugnisse der religionsgeschichtlichen Umwelt des Ev heran, und Walter Bauer konnte es sich in der zweiten Auflage seines Jh-Kommentars leisten, sozusagen nur mit religionsgeschichtlichen Parallelen zu arbeiten, ohne mit einem Mangel an Nach-

---

[1] 249 f ; vgl ThR 1929, 138.

[2] Vgl RGG 354-356 ; HThR 1927, 169. — 1927 erschien in Katowice das Buch von TEOFIL BROMBOSZCZ : Die Einheit des Johannesevangeliums, das sich auf katholischer Seite erstmals ausführlich und gründlich mit den Teilungsversuchen zu unserm Ev auseinandersetzt. Bromboszcz weist dessen literarische Einheitlichkeit aus seinem überall klar angestrebten einheitlichen Zweck (23-55), aus der Einheit zwischen Erzählung, Rede und Reflexion (56-69), aus dem einheitlichen Aufbau (70-75) und Sprachcharakter (76-106) überzeugend nach, um dann die kritischen Aussetzungen im Gang durch das ganze Ev einzeln zu prüfen. Leider ist dieses Buch von bleibendem Wert sehr wenig verbreitet und ebenso wenig beachtet worden, auf katholischer wie vor allem auf protestantischer Seite.

frage rechnen zu müssen. Im Gegenteil ! Das Buch erlebte nur acht Jahre später die dritte Auflage, für einen Kommentar jedenfalls ein nicht allzuhäufiges Ereignis.

Schon um die Jahrhundertwende waren Versuche gemacht worden, das Jhev in die religionsgeschichtliche Umwelt hineinzustellen und so seine Entstehung und seinen Lehrgehalt verständlich zu machen. Diese Umwelt sollte, der Überlieferung vom ephesinischen Ursprung des Ev entsprechend, der Kreis der hellenistischen Mysterienreligionen gewesen sein. Diese Ansicht hielt das Feld bis zu den Zwanzigerjahren. Im Anschluß an die manichäischen Quellen und in deutscher Übersetzung zugänglich gewordene mandäische Schriften schrieb damals REITZENSTEIN eine Arbeit über « Das Mandäische Buch des Herrn der Größe und die Evangelienüberlieferung » und sein Buch über « Das Iranische Erlösungsmysterium ». Hier zog er die Umrisse, nach denen das urchristliche Schrifttum von vorchristlicher orientalischer Gnosis bzw Mythologie abhängig sein sollte [1]. Aus diesen Aufstellungen zogen in den folgenden Jahren Walter Bauer und RUDOLF BULTMANN die Folgerungen für die Auslegung des vierten Ev, während die Auseinandersetzung über die Anfänge der orientalischen Gnosis und ihrer Literatur und über das Verhältnis beider zum Urchristentum und seiner Literatur immer lebhaftere Formen annahm und weit über den engen Kreis der eigentlichen Fachleute hinaus Wellen schlug. Es lag das einerseits daran, daß die Ursprünglichkeit und Erhabenheit des Christentums mehr denn je in Frage zu stehen schien, anderseits daran, daß manche nun endlich den Schlüssel gefunden zu haben glaubten, der das Rätsel um die Entstehung des Jhev und das Rätsel dessen, was es im Unterschied zu den syn Ev letztlich sagen wollte, voll und ganz erschließen konnte. Man darf ruhig gestehen, daß die Früchte dieser Auseinandersetzung teilweise recht erfreuliche waren, nicht nur, weil man erkannte, wie hoch das Jhev über aller gnostischen Mythologie steht und wie rein es den christlichen Offenbarungsgedanken verkündet, sondern auch, weil der Streit das Verständnis der Eigenart der jh Botschaft förderte wie keine der früheren Auseinandersetzungen über das Ev.

Die literarkritische Arbeit ruhte indessen auch in dieser Zeit nicht ganz, und trotzdem man sich, wie oben gesagt wurde, zur Frage der Aufspaltung des Ev im allgemeinen immer vorsichtiger äußerte, wurde doch gelegentlich auch das Wiegemesser wieder gehandhabt. Auch neue

---

[1] Vgl auch Reitzensteins Aufsatz ZNTW 1921.

Wege wurden eingeschlagen, um die verschiedenen Hände, die am Ev
gearbeitet hätten, nachzuweisen. So veröffentlichte 1933 W. H. RANEY
eine Schrift, die auf Grund einer gewissen Verwandtschaft des Ev
mit orientalischer Hymnenliteratur mündlichen Überlieferungsstoff und
diesen ausdeutende Prosahymnen voneinander schied. Mehr Aufsehen
machten die « schallanalytischen » Untersuchungen von E. SIEVERS
und JOH. JEREMIAS ; sie wurden allerdings allgemein abgelehnt. Nach
ihnen wäre das Ev aus zwei Quellen- und zwei Redaktorenschichten
zusammengefügt.

Ebenfalls 1933 erschien das Werk « The Gospel of the Hellenists » von
B. W. BACON, worin der Vf ua auch seine schon 1900 und 1910 vorgetragene
Ansicht von der literarischen Aufteilung unseres Ev neu darlegte, allerdings
in etwas veränderter Gestalt. Während Bacon früher drei Hände unter-
schieden hatte, nämlich das Zeugnis des Lieblingsjüngers, das Werk des
Presbyters, der die kleinen Jhbr verfaßt hatte, und die Zusätze und Nach-
träge eines Bearbeiters [1], schrieb er jetzt das ganze ursprüngliche Ev dem
Presbyter zu.

Der literarische Werdegang des Ev wäre nach Bacon [2] folgender
gewesen : Der Presbyter hatte ursprünglich eine Reihe von Predigtvorträgen
zu den Festen verfaßt, die der Ablauf des jüdischen Jahres enthielt. Diese
Vorträge waren freie Entfaltungen von Gegenständen, die aus der Predigt
Jesu stammten. Jeder Vortrag wurde eingeleitet mit der Erzählung eines
Wunderzeichens Jesu, das zum jeweiligen Fest und der darauf abgestimmten
Predigt paßte. So hätte die Erzählung von der Brotvermehrung die Rede
über das Himmelsbrot eingeleitet, die dem Fest der ungesäuerten Brote
entsprach.

Die verschiedenen so gearteten Predigten waren zunächst voneinander
unabhängig, wurden dann aber vom Vf gesammelt und später zu einer
Geschichte des Lebens Jesu erweitert, deren Hauptanhaltspunkte, wie es
diese Sammlung nahelegte, die Reisen Jesu zu den jüdischen Festen in
Jerusalem bildeten. Zu diesem Leben Jesu verwendete der Presbyter vor
allem die Überlieferungen der christlichen Gemeinde in Jerusalem, die dem
Glauben der kleinasiatischen Kirchen zugrunde lagen, verschmähte aber
auch die syn Angaben über Wort und Werk Jesu nicht. Aus dem ihm zur
Verfügung stehenden Stoff wählte er aus, was ihm paßte, und baute sein
Ev auf, indem er diesen nach der Art der rabbinischen Schrifterklärung
« with masterful and sovereign freedom » [3] umgestaltete und erweiterte, wie
es seiner Absicht, die Botschaft Jesu in ein griechisches Gewand zu kleiden
und der hellenistischen Gedankenwelt anzupassen, entsprach.

Die dritte Stufe im Werdegang des Ev stellt nach Bacon seine Über-

---

[1] Siehe HOWARD, Criticism 44-46.
[2] Gospel 133-140 ; dazu 143-302 ; 111-119.
[3] AaO 182 ; vgl dazu 156 f ; 189 ; 236 ua.

arbeitung durch den Redaktor dar. Da es in der Gestalt, die ihm der
Presbyter gegeben hatte, nur auf Glauben und Herkommen der kleinasiatischen Gemeinden zugeschnitten und *ihr* Ev war, der Redaktor es aber
für die Gesamtkirche wertvoll erachtete und ihm daselbst Eingang verschaffen wollte, nahm er zuerst einige Änderungen an Gestalt und Gehalt
des Werkes vor. Er fügte Kapitel 21 an, machte einige Umstellungen,
schob mehrere Zusätze ein und erreichte so eine Angleichung an die syn
Evangelienform und einen gewissen Ausgleich der im Ev vorliegenden
jh-jerusalemitisch-hellenistischen mit der in den Synoptikern enthaltenen
galiläisch-petrinischen Überlieferung. Außerdem fügte er auch einige
Stücke aus dem literarischen Nachlaß des Presbyters hinzu, so den ersten
Entwurf der Abschiedsreden (Kapitel 15 f).

1936 nahm EMANUEL HIRSCH eine weitere Aufteilung des Ev vor [1].
Ein kleinasiatischer Theologe hatte nach ihm das Ev in seiner Urgestalt,
das Werk eines unbekannten Antiocheners, kennen gelernt und es für
so wertvoll erachtet, daß er sich entschloß, es in den Gebrauch der
kleinasiatischen Kirche überzuführen. Zu diesem Zweck schuf er die
Gestalt des Lieblingsjüngers — nur ein solcher konnte mit den Augen
des Glaubens Jesu tiefste Wirklichkeit erschaut haben —, machte ihn
zu einem der Zwölfe und setzte ihn willkürlich mit dem Johannes von
Ephesus, diesen aber mit dem Zebedäussohn gleich. Dann arbeitete er
das Ev auch sonst um, trug den Schriftbeweis für Jesu Messianität nach,
nahm einen Ausgleich mit der syn Überlieferung vor, sicherte gewisse
Stellen gegen gnostische Mißdeutungen und setzte endlich dem Ev einen
chronologischen Rahmen auf. So ausgerüstet konnte es seinen Weg in
die kirchliche Öffentlichkeit Kleinasiens nehmen [2]. Neu mutete die
Literarkritik von Hirsch nicht an. Sie hielt sich in manchen Stücken
an die fast dreißig Jahre früher erschienenen Arbeiten von Wellhausen
und Schwartz. Wie diese setzte sie überall da an, wo Anstöße gesehen
wurden. Auch die Art und Weise, wie Hirsch das Ev und das Werden
seiner heutigen Gestalt mit der Frühgeschichte der Kirche verknüpfte,
zeigte sich kaum auf der Höhe der protestantischen Forschung. — Einer
sorgfältigen Prüfung hält die Arbeit von Hirsch keineswegs stand. Sie
fand darum auch im allgemeinen keine günstige Aufnahme [3]. Tatsäch-

---

[1] Hirsch gab zuerst einen Kommentar « Das vierte Evangelium ... » heraus,
der die Ergebnisse seiner Literarkritik voraussetzte. Bald darauf erschien das
Buch « Studien zum vierten Evangelium », worin Hirsch seine literarkritischen
Anschauungen über Jh entwickelte und zu rechtfertigen suchte.

[2] Vgl HIRSCH, Ev 92-97 ; Studien 185-190.

[3] Vgl die Kritiken von BÜCHSEL, ThB 1936 ; MENOUD, RThPh 1937.

lich hatte sich der Kritiker seine Aufgabe sehr leicht gemacht. Zum großen Teil baut er seine Sonderungen auf stilistische und bautechnische Aussetzungen, die alle von der Annahme ausgehen, der Evglist sei « ein Künstler von Gottes Gnaden » gewesen und habe darum nur richtig, schön, eindrucksvoll, großartig — natürlich nach abendländischem und modernem Empfinden — schreiben und gestalten können. Was da herauskommen mußte, kann man sich denken. Für alles, was diesen Anforderungen nicht entspricht, wird der Redaktor verantwortlich gemacht [1]. Hirsch stellt dann nicht selten urteilslos jenen literarkritischen Grundsatz — der keiner ist — recht kräftig heraus [2]. Starke Ausdrücke liegen ihm übrigens [3]. Er ist seiner Sache auch häufig unglaublich sicher [4]. Gerade da, wo jeder andere mindestens ein Fragezeichen aufrichtet, ist nach Hirsch nicht der leiseste Zweifel möglich [5]. Seine Art, sich auszudrücken, ist gelegentlich burschenhaft.

Nur ein Jahr nach dem Erscheinen des literarkritischen Versuches von Hirsch wurde in Göttingen die Herausgabe des schon lange angekündigten und mit Spannung erwarteten Kommentars von RUDOLF BULTMANN « Das Johannes-Evangelium » in Angriff genommen und die erste Lieferung des Werkes versandt. Man wußte aus früheren Aufsätzen [6] Bs., daß sein Johanneskommentar nicht nur von der Religionsgeschichte her zum Verständnis des vierten Ev vordringen, sondern auch von literarkritischen Scheidungen ausgehen würde, für die der Vf seinen ganzen Fleiß und Scharfsinn aufgewendet hatte. In der Jülicher-Festgabe hatte B. 1927 eine literarkritische Analyse des ersten Jhbr

---

[1] Von den zahlreichen Stellen dieser Art seien zum Vergleich erwähnt; Studien 47 f zu Jh 2,14 f. 16. 25 ; 53 f zu 4,21-24 ; 85 zu 10,28 ; 90 zu 11,9 : 99 zu 13,1-4 ; 102 zu 13,23 ; 106 zu 14,13-15 ; 128 zu 20,18. — Zur Entschuldigung von Hirsch könnte man darauf hinweisen, daß auch Wellhausen und vor allem Schwartz ähnlich denken. Nur verstanden sie es, geschickter als Hirsch zu formulieren.

[2] Vgl etwa Studien 45 f zu Jh 1,20 ; 51 zu 3,16 ; 62 zu 6,35 f ; 68 zu 7,19-24 ; 72 f zu 8,16. 23 f ; 81 f zu 9,1-41 ; 93 zu 11,49.

[3] Vgl die schon angeführten Stellen in den beiden vorausgehenden Anmerkungen.

[4] Vgl etwa Studien 42 : « Beobachtungen, die absolut sicher sind » ; 54 zu Jh 4,39 : « Es hebt sich rein klanglich und nach der Wortstellung mit unbedingter Sicherheit als Interpolation heraus » ; 83 zu 10,11-18 : « Eine Zufügung R's in diesen Versen ist ganz selbstverständlich klar ... ».

[5] Vgl Studien 42 f.

[6] In Frage kommen Euch ; ZNTW 1925 ; 1928 ; 1930 ; FJül ; ChrW 1927 ; Eschatologie.

durchgeführt, die eine Quellenvorlage und homiletische Erläuterungen und Anwendungen des Briefschreibers unterschied. Diese Quelle sollte « *Offenbarungsreden* » enthalten haben, die orientalischer Herkunft gewesen wären und « in den Anschauungskreis eines kosmologischen und religiösen Dualismus » gehört hätten [1]. Die gleiche Quelle hatte B. nach seiner Aussage [2] schon vorher im vierten Ev entdeckt. Man war also darauf gefaßt, daß sein Kommentar dazu zwischen jener Quelle und den Erläuterungen des Evglisten scheiden und wenigstens die Jesusreden des Ev auf zwei Vf aufteilen würde. Man konnte aber kaum erstaunt sein, daß B., wie gleich die erste Lieferung seines Werkes zeigte, auch in den erzählenden Abschnitten ältere und jüngere Schichten, Quellenstücke und Zusätze voneinander trennte. Er glaubte dann endlich, im vierten Ev auch eine Anzahl von Nachträgen und Glossen eines Herausgebers oder Redaktors gefunden zu haben. Dieser hatte das Ev in einem Zustande gänzlicher Unordnung und Zerstückelung aus dem Nachlaß des Vf gerettet und es zunächst, so gut er es vermochte, wieder geordnet, um es dann, durch einige Zusätze vermehrt, zu veröffentlichen [3].

Neu waren diese Scheidungsversuche Bs. grundsätzlich auch nicht. Seine Leistung liegt aber darin, daß er — im Gegensatz zu Hirsch — sich unausgesprochen die Aufgabe stellte, die einschlägigen Forschungen einer ganzen Reihe früherer Literarkritiker zusammenzufassen, ihre groben Fehler, vornehmlich ihre gekünstelte Einseitigkeit zu vermeiden und ihr Anliegen mit dem Aufwand aller kritischen Gelehrsamkeit in ein gültiges Ergebnis zu verwandeln. Ob ein solches vorhanden ist, möchte der erste Hauptteil der vorliegenden Untersuchung nachprüfen. Jedenfalls ist die Arbeit, die B. geleistet hat, gewaltig und erscheint zunächst in einem günstigen Lichte. Anderseits ist Bs. Erklärung zum Ev, trotz ihrer protestantischen Grundhaltung und untragbarer Verzeichnungen, in manchen Einzelheiten sehr erwägenswert und wirkt als Ganzes kühn und großartig [4]; in den Anmerkungen des Kommentars aber ist eine wahre Überfülle von Stoff und Literatur zu allen Fragen, die das Ev aufwirft und aufgibt, zusammengetragen, verarbeitet und gedeutet, so daß künftige Forschung gezwungen sein wird, ihren Weg über dieses Werk zu nehmen. Es scheint darum unumgänglich, auch

---

[1] FJül 156.   [2] Ebd 138.

[3] Vgl BJhev 4 Anm 2. — B. versucht, die « ursprüngliche » Ordnung des Ev wiederherzustellen, indem er eine große Zahl von Umstellungen vornimmt. Der Kommentar setzt diese Neuordnung voraus.

[4] Siehe den Exkurs zur Theologie und Exegese Bs. S 34-37 dsAr.

seine literarkritischen Ergebnisse gründlich zu überprüfen. Sollte sich herausstellen, daß B. nicht im Recht ist, dann dürfte allein schon diese Tatsache zeigen, daß jede literarkritische Arbeit am vierten Ev zum Scheitern verurteilt sein muß, daß dessen Einheit und Geschlossenheit jeder zersetzenden Aufteilung widersteht.

Noch während das «Johannes-Evangelium» am Erscheinen war, im Jahre 1939, wurde in Göttingen eine Dissertation der Basler Theologischen Fakultät gedruckt, in der EDUARD SCHWEIZER, ein Schüler Bs., heute Professor an der Universität Zürich, unter anderm einige literarkritische Teilungsversuche zum Jhev stilkritisch untersuchte und zum Ergebnis kam, daß keiner davon haltbar ist, daß hingegen auf Grund der von ihm zusammengestellten jh Stileigentümlichkeiten die literarische Einheit des vierten Ev nachgewiesen werden kann. Schweizer stellt meines Erachtens die Literarkritik zum Jhev auf den Boden, der allein tragfähig ist, und sein Vorgehen scheint mir ein Novum zu sein, das den einzig richtigen Weg für jede Literarkritik auf biblischem oder profanem Gebiete weist, wenn sie die Frage nach der literarischen Einheit oder Zusammensetzung einer Schrift lösen will. Den stilkritischen Untersuchungen Schweizers wird der zweite Hauptteil dieser Arbeit gewidmet sein. Er soll jene nicht nur darstellen — was keinen Sinn hätte —, sondern ihren Wert und ihre Tragweite aufzeigen, um sie zugleich in etwa zu ergänzen und zu erweitern.

1941 machte ein Aufsatz von JOACHIM JEREMIAS in den «Theologischen Blättern» auf die stilkritische Methode Schweizers aufmerksam und wandte sie auf die Scheidungen Bs., soweit sie anfangs vorlagen, an. PH. H. MENOUD, Professor an der Theologischen Fakultät Neuchâtel, dehnte diese stilkritische Prüfung dann auf die literarkritische Arbeit des ganzen Kommentars von B. aus, indem er zugleich vierzig jh Stileigentümlichkeiten vornahm [1]. Jeremias wie Menoud stellten gegenüber B. die literarische Einheit des Jhev fest, nahmen aber an, daß es, auch nach dem Ausscheiden von 7,53-8,11, doch einige kleine Glossen und Zusätze enthalte. Der größte davon wäre nach Jeremias Jh 6,51c-58, die eucharistische Rede im engern Sinne. Er versuchte zu zeigen, daß sie vom Herausgeber des Ev, der 21,24 schrieb, stamme. Der dritte Hauptteil dieser Arbeit will nachweisen, daß das Vorgehen von Jeremias

---

[1] Recherches 12-21.

nicht einwandfrei ist, daß im Gegenteil mit stilkritischen Mitteln die Echtheit des Stückes sichergestellt werden kann.

Ein letzter Versuch, den Quellen des Jhev nachzugehen, wurde 1944 von EDWIN C. BROOME [1] gemacht. Mit dem Bs. ist er kaum zu vergleichen. Von dessen Sorgfalt und Kleinarbeit ist hier nichts zu finden. Der Evglist soll nach Broome mindestens sieben Quellen (S = source 1, 2 usw) verwendet haben. Auf die genaue Ausscheidung der einzelnen Quellenstücke wird verzichtet, wenn sie sich nicht « von selbst » ergibt.

S 1 soll alle Worte Jesu enthalten haben, die im Ev mit dem doppelten ἀμήν eingeleitet werden. Diese Einleitungsformel stand auch in der vermutlich aramäisch geschriebenen Quelle. Die einzelnen Sätze sind inhaltlich abgeschlossen und konnten darum unabhängig voneinander überliefert werden, ehe sie gesammelt wurden. Als Quellenstücke verraten sich diese Aussprüche im Ev vor allem dadurch, daß sie künstlich mit der Textumgebung verflochten sind, ohne auf sie abgestimmt zu sein. So sollen etwa 5,24. 25 ; 8,34. 51 ; 10,1 ; 12,24 ; 13,16 mit dem Vorausgehenden nicht oder falsch verbunden sein. An dieser letzten Stelle verwende der Evglist einen Satz der Quelle falsch, da die Apostel, die einander die Füße waschen sollen, alle gleichgestellt seien. In 1,51 sei statt des λέγω σοι, das hier stehen müßte, noch das λέγω ὑμῖν der Quelle erhalten ; ἄνωθεν finde sich nur 3,3. 6. — Gegen diese Aufstellungen ist folgendes zu sagen. Tatsächlich findet sich ἄνωθεν auch 3,31 ; 19,11. 23, an den ersten zwei Stellen im gleichen Sinne wie 3,3. 7. Wenn das ὑμῖν 1,51 der Vergeßlichkeit oder Ungeschicktheit des Evglisten zuzuschreiben wäre, warum lesen wir dann 3,3. 5. 11 ; 13,38 ; 21,18 das jeweils notwendige σοί ? 1,51 ist eben mindestens noch ein anderer Jünger (Philippus) zugegen, den Jesus in Nathanael mitanredet. Eine solche Wendung des Gespräches ist ganz natürlich und muß nicht lange erklärt werden. Was 13,16 angeht, so macht sich Broome einer groben Mißdeutung des Textes schuldig. Wie in 15,20 und in Mt 10,24 f geht es hier darum, daß die Apostel ebenso wie ihr Meister Erniedrigung auskosten müssen. — Daß die fraglichen Sätze mit dem Vorausgehenden manchmal wenig verbunden erscheinen, liegt in ihrer Art, etwas Neues einzuführen oder einen wichtigen Gedanken herauszuheben. Häufig ist aber die Verbindung nach vor- und rückwärts gut, auch in Fällen, die Broome für das Gegenteil anführt. Man muß eben auch auf die innere Verknüpfung, nicht nur auf den leeren Wortlaut achten. — Daß die ἀμήν-ἀμήν-Quelle nie vorhanden war, geht dann eindeutig aus der Tatsache hervor, daß eine Reihe der Sätze innig mit der geschichtlichen Lage des Zshgs verbunden sind und von ihr nicht abgelöst werden können, so 6,26 ; 13,21. 38 ; 21,18. Die übrigen Sprüche aber sind häufig so stark der Theologie eines Abschnittes verpflichtet, daß man, wenn sie aus einer Quelle stammten, annehmen müßte, Jh habe seine Lehre erst aus diesen wenigen Sätzen geschöpft und entwickelt.

---

[1] JBL 1944.

S 2 enthielt nach Broome andere Aussprüche Jesu, die geeignet waren, zunächst unabhängig voneinander weitergegeben zu werden. Sie unterscheiden sich von den Sätzen der Quelle S 1 nur durch das Fehlen der ἀμὴν-ἀμήν-Formel. Broome schlägt für sie den Namen « Greek Logia » vor. Aporien, die aus ihrem Einbau in einen sachfremden Text entstanden, weisen sie als Quellensätze aus. — So gehöre 2,4 nicht zur ursprünglichen Erzählung, da Jesus das Weinwunder wirke, trotzdem er hier sage, seine Stunde sei noch nicht gekommen. Allein das Rätsel, wenn es eines ist, liegt doch darin, daß der Evglist dem das Wunder wirkenden Jesus die Worte von 2,4 überhaupt in den Mund legt. Ob sie aus einer Quelle stammen oder nicht, ist ganz gleichgültig, und die Annahme einer solchen erklärt rein nichts, im Gegenteil! — Ähnlich liegt der Fall 4,48. Wenn Jh diesen Satz einer Quelle entnahm und, wie Broome glaubt, in die ebenfalls einer Quelle (S 5) entnommene Erzählung einfügte, so ist das weit rätselhafter, als wenn die Geschichte eine ursprüngliche Einheit darstellt. — 7,16 sei keine Antwort auf 7,15, folglich handle es sich um einen Quellensatz! Offenbar versteht Broome die Dialektik des Jhev nicht. 7,16 ist eine durchaus treffende Antwort auf die Frage der Juden, wie Jesus ohne Schulung lehren könne; sie sagt nämlich aus, daß er seine Lehre von Gott empfangen habe. Zugleich wird aber das Gespräch auf jene höhere Ebene hinaufgehoben, auf der Jesus als Offenbarer steht, und die Antwort wird zu einer Enthüllung seines Amtes und seiner Sendung. — Ebenso ist 11,9 eine gute Antwort auf 11,8, und es sollte auch für Broome nicht allzuschwer sein, die Bildworte Jesu aufzulösen. — Es ist dann darauf hinzuweisen, daß Broome nicht den geringsten Versuch macht zu zeigen, daß die fraglichen Sätze einer einzigen Quelle entstammen.

S 3 sei eine aramäisch geschriebene Quelle gewesen, die kaum mehr aus dem Ganzen des Ev herausgelöst werden könne. Nur an zwei Stellen sei sie noch erkennbar : 5,34 und 8,56 ; 5,34 stehe im Widerspruch zu 5,33 ; 8,56 vertrage sich nicht mit 8,57. Nehmen wir an, dies sei der Fall, so ist es aber doch nicht weniger merkwürdig, wenn der Evglist einer Quelle Sätze entnimmt, die zu seinen Ausführungen im Widerspruch stehen, als wenn er sich in einer Darstellung, die als Ganzes von ihm stammt, widerspricht. Woher will Broome ferner beweisen, daß diese zwei Sätze zu einer einzigen Quelle gehören und daß der Evglist noch mehr Stoff aus ihr verwendet hat ?

S 4 war eine Sammlung von aramäischen ἐγώ-εἰμι-Worten Jesu. Aus dem Ev gehören acht oder sieben Sätze dazu ; die übrigen ἐγώ-εἰμι-Worte sind Varianten des Evglisten. — Hier gibt sich Broome kaum Mühe, die Quelle nachzuweisen. 8,12 und 15,1 seien ohne Verbindung nach rückwärts. Allein! Einschnitte und Absätze, wie sie hier vorliegen, ergeben sich in jedem längern Schriftstück notwendig. Auch Broomes Abhandlung weist solche auf, ohne daß man auf Quellen schließen möchte! Im übrigen wird hier zugegeben, daß die Quellensätze mehrmals vorbereitet oder im Anschluß kommentiert seien, während die Sätze der ersten drei Quellen sich gewöhnlich durch Unterbrechung des Zshgs zu erkennen gaben. Merkwürdig!

S 5 enthielt eine Reihe von Wundergeschichten. Der Evglist entnahm ihr seine sieben Zeichen, ließ aber manches weg, anderes formte er um, so daß sich schlechte Übergänge, unerklärliche Lagen und Haltungen, zusammenhanglose Geschehnisse und ursachlose Vorgänge ergaben. Wenn aber der Evglist hier unter Verwendung einer Quelle so schlecht sich reimende Erzählungen herstellen konnte, war er dann nicht auch imstande, ohne Quellenverarbeitung solche aufzubauen ? Übrigens nimmt Broome für Kapitel 6 an, Jh erzähle die vorgefundene Geschichte mit eigenen Worten neu !

S 6 war eine Sammlung von Anekdoten aus dem Leben Jesu. Ihr entnahm der Evglist die Geschichte der Frau von Sychar. Was sonst dazu gehörte, sei kaum zu sagen.

S 7 umfaßte den Stoff zu Abschiedsmahl, Fußwaschung, Gefangennahme, Verurteilung und Kreuzigung. Der Stil dieser Geschichten sei deutlich verschieden vom Stil der übrigen Erzählungen des Ev, lebendiger und konkreter ; die Darstellung verrate einen Augenzeugen. Dieser Stil und das wiederholte Auftreten des Lieblingsjüngers zeige, daß es sich um eine einzige Quelle handle. Wir sehen, Broome arbeitet mit ganz allgemeinen Merkmalen, die nichts beweisen. Von Aporien zu reden, die doch nach andern Quellenteilern sich gerade auch in diesen Teilen des Ev finden, vermeidet er. Und warum soll der Evglist nicht selber der Augenzeuge und Lieblingsjünger gewesen sein ?

Die literarkritische Aufteilung des Johannesevangeliums durch R. Bultmann

Versuchen wir zunächst, uns ein genaues Bild vom Vorgehen [1] und den Scheidungen Bs. zu machen und die Eigentümlichkeiten der von ihm unterschiedenen Schichten festzuhalten (A), um dann in einem spätern Abschnitt seine Gründe zu prüfen und über die vorgelegten Ergebnisse uns ein Urteil zu formen (B).

A. Darstellung

1. Grundlinien

Das Entscheidende, die Art des vierten Ev eigentümlich Prägende sind nach B., wie sein ganzer Kommentar zeigt, der *Prolog* und die *Reden*. Ihr Gehalt und Sinn ist Gehalt und Sinn des ganzen Ev; sie bilden seine Einheit; die erzählenden Abschnitte sind ihnen zugeordnet, stehen im Dienste der Reden, müssen in ihrem Sinne gedeutet werden oder sind selber Deutungen dazu, Bilder mit der Aufgabe, die Worte Jesu anschaulich zu machen [2]. Sicher kann B. für diese Auffassung eine gute Zahl von Gründen geltend machen, mag sie auch etwas einseitig und starr sein und nur für einen Teil der Erzählungen zutreffen.

Von daher kam es nun für ihn von vornherein nicht in Frage, die schon von CHR. H. WEISSE und E. RENAN, aber auch von Literarkritikern unseres Jahrhunderts gemachte Scheidung zwischen Reden

---

[1] B. hat es leider versäumt, sein Vorgehen und die Ergebnisse seiner Literarkritik selber zusammenzufassen und zu rechtfertigen. Das ist ein empfindlicher Mangel in der Anlage seines Buches und erschwerte es sehr, sich ein richtiges Urteil über seine kritischen Auffassungen zu bilden.

[2] Vgl zu dieser Auffassung vom Ev BJhev 69; 75; 78 f; 85; 93; 152; 161; 252 Anm 1; 301; 301 Anm 3; 321 f; 346; 535 f; 539 f; 541.

und Erzählungen als aneinandergeklebten Stücken verschiedener Vf durchzuführen. Auch der nicht unwesentliche stilistische Zusammenhang beider wäre für den feinsinnigen Sprachkenner B. ein entscheidender Gegengrund gegen eine solche Annahme gewesen. Aber hätte er nicht an eine *Grundschrift* denken können, die zuerst allein dagewesen und später von einem Redaktor erweitert worden wäre, der entweder die Jesusreden in einen geschichtlichen Zusammenhang gerückt oder die in den Erzählungen schon vorhandenen Ansätze zu Streitgesprächen ausdehnend ergänzt hätte?

Kaum! Zunächst muß nämlich die Grundschrift als etwas Einheitliches, das ganze Ev Durchziehendes erwiesen werden können; B. aber glaubt, für einzelne Erzählungen verschiedenartige Unterlagen festgestellt zu haben[1]. Eine Grundschrift setzt dann auch eine starke Eigenständigkeit gegenüber den Erweiterungen und Nachträgen voraus; wird sie durchgängig umgearbeitet und mit den Zusätzen innig zusammengeschlossen, so ist sie eben auch nicht mehr Grundschrift, sondern *Quelle* des endgültigen Werkes. Darum gerade hatte man schon lange erkannt, daß die Annahme einer Grundschrift der unleugbaren Einheitlichkeit des Jhev widerstreite. Die gegenseitige Zueinanderordnung von Reden und Erzählungen konnte B. deswegen nur an einen Vf denken lassen, der zuerst eine innere Einheit vor Augen hatte und dann von dem diese Einheit wirkenden Ordnungsgrund aus ihm vorliegende *Quellen* aufteilte, überarbeitete, erweiterte und zu einem Ganzen zusammenfügte, indem er einerseits die Erzählungen durch Zusätze auf die Reden hin anlegte, sie zu deren Deutungen machte oder schon enthaltene Hinweise unterstrich und heraushob, anderseits die Reden in die Erzählungen hineinverflocht und ihnen den Bezug auf die « geschichtliche » Lage gab[2]. Auch die Tatsache, daß sich in allen Teilen des Ev mit den gleichen Stilmerkmalen ausgezeichnete Erläuterungen und Anmerkungen von den übrigen Sätzen und Satzgruppen abhoben, schien B. nur so deutbar, daß der gleiche Vf seine Unterlagen als Quellen zu einem einheitlichen Werk verarbeitet hatte[3].

So kann nun B. wirklich von einem *Evangelisten* reden, der dem vierten Ev als Ganzem verantwortlicher Urheber war. Auf einen Redaktor gehen nur sehr wenig Sätze zurück. Die Quellen sind, wie B. glaubt, manchmal mit Sicherheit, manchmal mit geringerer oder grös-

---

[1] Siehe S 28-32 dsAr.
[2] Vgl BJhev 86 Anm 2 ; 91 ; 91 Anm 3 ; 93.
[3] Vgl Anm 1 S 30 dsAr. Siehe ferner BJhev 29 Anm 1.

serer Wahrscheinlichkeit erkennbar. Jedenfalls hat sie die Hand des
Evglisten gewöhnlich nicht ganz umgeformt, nicht umgeschmolzen,
sondern sie nur zerkleinert, um mit den gewonnenen Bausteinen, sie
ordnend und bindend, sein Haus aufzuführen [1]. Vollkommen war diese
Bauarbeit des Evglisten nicht ; das Ev zeigt trotz seiner Einheit Unebenheiten und Nähte, Lücken und kleine Risse, und gerade diese
sollen durch Bs. Annahme erklärt werden [2].

2. Die Aufteilung der Reden

Schon Wellhausen und Schwartz, dann SPITTA, FAURE, VON DOB-
SCHÜTZ, Hirsch ua hatten die Reden unseres Ev, obgleich das gewöhnliche Auge sie am ehesten von allen Teilen für einheitlich ansehen
möchte, nicht für eine ursprüngliche Einheit gehalten. Spitta und
Hirsch, ähnlich aber auch Faure, unterscheiden, in Übereinstimmung
mit ihren literarkritischen Ansichten vom Ev im allgemeinen, in diesen
Reden eine ältere « undogmatisch » gehaltene Schicht und Zusätze,
welche die kirchliche Lehre des zweiten Jahrhunderts in sie eintrugen [3].
Nach Spitta stammen diese Zusätze vom Bearbeiter der Grundschrift,
nach Hirsch vom Redaktor des Ev. Die sprachliche Masse der Reden
bleibt auf diese Weise mehr oder weniger einheitlich und unversehrt.
Anders ist es in der Annahme von Dobschütz', der jene wie die übrigen
Abschnitte des Ev, ohne daß er die Aufteilung für das ganze Ev durchführt, in eine Reihe von Bausteinen verschiedenster Überlieferung auflösen möchte. Die Einheit der Reden ist nach ihm eine Art Täuschung,
wie sie — um einen Vergleich zu brauchen — entstehen mag, wenn
« man verschiedenfarbige Fäden zu einer bunten Schnur zusammen-
dreht, durch deren rasche Umdrehung man den Eindruck einer Einheits-
farbe erreichen kann » [4].

B. geht, von weitem gesehen, einen ähnlichen Weg wie von Dobschütz, indem auch er die Reden auflöst in eine Menge einzelner Sätze
und Satzgruppen verschiedener Herkunft. Die einen sollen, vom Evg-

---

[1] Vgl etwa die kritischen Ausführungen und Anmerkungen Bs. zu den
Stücken Jh 4,1-42 ; 6,27-51 ; 5,19-47.
[2] Die Stellen, wo diese Absicht klar vorliegt, sind zahlreich. Vgl BJhev 68 ;
122 ; 127 f ; 155 ; 301 Anm 3 ; 321 ; 351 ; 497 ; 502 ; 525 Anm 4. — Siehe auch
S 7 dsAr.
[3] SPITTA, Jhev 436 (445) - 452 ; HIRSCH, Ev 92-97 ; FAURE, ZNTW 1922,
119 f.
[4] ZNTW 1929, 164 ; vgl 161-168.

listen auf mannigfache Weise zusammengefügt, aus den schon genannten
« *Offenbarungsreden* » stammen, die andern von ihm gemachte *Anmerkungen* und *Erläuterungen* darstellen, welche die Quellenstücke durch-
setzen [1]. Die Einheit ist aber hier nicht eine Täuschung ; der Evglist
hat die Sätze der Quelle zwar manchmal nicht in dem Sinne verwendet,
den sie ursprünglich hatten [2], aber seine Anmerkungen und Erläuterungen sind mit ihnen nicht einfach unvereinbar [3]. Wenn man die
Reden unter ihrer Führung liest, sind sie durchaus einheitlich, vom
gleichen Geiste getragen. Zudem hat der Evglist die « Begrifflichkeit »
seiner Quelle, ihre mythische Sprache sich auch selber angeeignet [4] und
in den Reden wie im ganzen Ev auch ihr Grundanliegen, nämlich die
« aus dem Erlebnis der Weltfremdheit erwachsende Frage nach dem
überweltlichen Heil » [5] aufgenommen, um es « auf neuer geschichtlicher
Stufe zu reinerem Ausdruck zu bringen » [6].

[1] Vgl BJhev 3 f ; 93 ; 177 ; 273 ; 474.

[2] Vgl ebd 4 ; 106 ; 110 Anm 3 ; 401 Anm 5 ; 478.

[3] B. stellt im Gegenteil mehrmals fest, daß die Anmerkungen und Erläuterungen des Evglisten zu den Sätzen aus den OR sie sachlich richtig deuten oder
homogen erweitern, so ebd 37 ; 39 Anm 5 ; 263 ; 287 ; 292 ; 411 Anm 1 ; 414 Anm 1.

[4] Vgl BJhev 354 Anm 3 ; 4 ; 39 Anm 5 ; 119 Anm 1 ; 220 Anm 1. 5 ;
239 Anm 4 ; 263 Anm 4 ; 264 Anm 5 ; 271 Anm 2 ; 287 ; 292 ; 395 Anm 2 ;
411 Anm 1. Vgl ferner OLit 152 f ; 158 ; 171 f.

[5] OLit 159.

[6] OLit 153. — Dieses Grundanliegen ist, wie B. in einem Aufsatz der OLit
(153 ; 159) ausführt, das der mandäischen Religionsgemeinschaft. Die OR müssen
nach ihm aus einem gnostischen Kreis herausgewachsen sein, der dieser Gemeinschaft nahe stand (OLit 151 f ; 167 ; FJül 156). Vermutlich war es eine Täufergemeinde, die Johannes den Täufer als Offenbarer und Heiland verehrte (Jhev 4).
Ihr dürfte der Evglist nach B. selber einmal angehört haben (Jhev 4 f ; vgl 69 ; 122),
um dann später Christ zu werden. Schon vorher und erst recht als solcher läuterte
er nach und nach seine gnostischen Anschauungen und seine gnostische Sprache
im reinigenden Feuer atlich-jüdischer und urchristlicher Überlieferung (OLit 158 ;
152 f), bis sie « reiner Ausdruck des (christlichen) Offenbarungsglaubens geworden »
waren (FJül 156). Der Vf des vierten Ev hat also nach B. aus dem gnostischen
Mythos alle Lehren herausgebrochen, die mit jenem Glauben unvereinbar sind.
Er weiß nichts mehr von einem urzeitlichen kosmischen Verhängnis, das die
Seelen aus der Lichtwelt in die Welt der Finsternis gebannt hat ; diese haben in
seiner « Weltanschauung » kein Dasein vor der Geburt, und durch eigene Schuld
liefern sie sich der Macht der Finsternis aus, indem sie sich der Offenbarung ungläubig verschließen. Der (kosmologische) Dualismus der Gnosis ist so Ausdruck
der Willensentscheidung für oder gegen den im Offenbarer begegnenden Gott
geworden. Die Erlösung geschieht darum nicht, indem die Seele nach ihrem Tode
vom Erlöser zum kosmischen Lichtort heimgeholt wird (Himmelfahrt, Himmels-
reise), von dem sie jenes Verhängnis hinabgeworfen hat ; diese Erlösung wird
vielmehr durch die genannte Entscheidung im gegenwärtigen Daseinsvollzug angeeignet. BJhev 41 f ; OLit 157.

Wie unterscheiden sich nun die Stücke aus den OR von den Sätzen des Evglisten ? Mit andern Worten : Welches sind die Eigentümlichkeiten der beiden Schichten, aus denen die Reden (wie der Prolog) des vierten Ev zusammengefügt sein sollen ? Es seien zuerst diejenigen der OR angeführt :

a. « Ähnlich wie in den Oden Salomons gehören je zwei kurze Sätze als Glieder eines Doppelverses zusammen, und zwar teils so, daß die beiden Glieder *einem* Gedanken Ausdruck geben, teils so, daß das zweite Glied das erste ergänzend weiterführt, teils so, daß die Glieder in Parallelismus oder Antithese stehen. »[1] In antithetischen Doppelversen ist das zweite Glied oft einfach die Umkehrung des ersten[2].

b. Diese Sätze sind gewöhnlich reine Aussage- und Behauptungssätze, sentenzartig, apodiktisch, begründungslos ; Nebensätze sind eher verpönt[3].

c. Jede Verszeile enthält gewöhnlich zwei Haupttonwörter (eher inhaltlichen Gewichtes)[4] und ein Zeitwort[5].

d. Die Verse sind in poetischer Form gehalten, nicht in Prosasprache abgefaßt[6].

e. Sie tragen die Spuren von Übersetzung aus dem Aramäischen[7].

f. Durchweg sind sie durch die gnostische « Begrifflichkeit » geprägt[8].

---

[1] Jhev 2.   [2] FJül 141 ; Jhev 100 Anm 2.

[3] Jhev 100 Anm 2 ; 51 Anm 4 ; 110 Anm 3 ; 304 Anm 1 ua ; FJül 141.

[4] Das ergibt sich aus der Art, wie B. die Stücke aus den OR, die er abdruckt, in Verszeilen aufteilt ; vgl die im Text folgenden Beispiele ; eintonige Glieder sind sozusagen ausnahmslos vermieden, zweitonige werden von der Nikodemusszene weg wenigstens nach Möglichkeit erstrebt. Jhev 2 ; 18 Anm 3 ; 37 Anm 5 ; 53 Anm 5 ; 385 Anm 5.

[5] Vgl ebd 164 Anm 5.

[6] Die Worte « poetisch », « Poesie » werden in diesem Zshg von B. geflissentlich vermieden. Gelegentlich hat man den Eindruck, daß er mit dem Gegensatz zu Prosa nur das Fehlen der von ihm für die OR festgehaltenen Rhythmus meine. Unter diesem versteht er, wie es scheint, die natürliche Verteilung der Sätze auf zwei kurze Glieder von ungefähr gleicher Länge (siehe oben a. und c.) und wohl auch ein gewisses leichtes Dahinfließen der Sprache. Als Hauptmerkmal der OR als einer Nichtprosa wird aber im Sinne Bs. die Abwesenheit von Nebensätzen jeder Art, vor allem von Begründungs- und Absichtssätzen gelten müssen, ferner das Fehlen des nach B. den Evglisten kennzeichnenden betonten ἐκεῖνος, auch gewisser « prosaischer » Wendungen wie ταῦτα λέγω ἵνα uam. — Zu vergleichen sind etwa : a. (Prosa als Gegensatz zu Rhythmus und Gliederung) Jhev 37 Anm 4. 5 (Jh 1,12c. 13) ; 170 Anm 2 (Jh 6,49 f) ; b. (als Gegensatz zu « apodiktischen » Sätzen usw) ebd 110 Anm 3 ; 170 Anm 2 ; 198 Anm 8 ; 199 Anm 7.

[7] Jhev 5 ; 31 Anm 6 ; 194 Anm 3 ; 206 Anm 1.

[8] FJül 156 ; QLit 158. B. sucht im ganzen Kommentar die von ihm angenommenen Texte der OR mit gnostischen Parallelen zu veranschaulichen.

g. Verallgemeinernde Partizipien mit oder ohne πᾶς sind häufig [1].

h. Die Quellenstücke lassen sich (vorkommendenfalls) auch an den betonten Ego-Eimi-Aussagen des Offenbarers erkennen [2].

B. hebt nun aus dem Jhev folgende Verse und Versgruppen als den OR entnommen und durch diese Eigentümlichkeiten gekennzeichnet heraus [3] :

1. Kapitel : 1-5. 9-12b. 14. 16. — 3. Kapitel : 6. 8 (bis οὕτως κτλ). 11 (bis καὶ τ. μαρτ. κτλ). 12 f. 18 (ohne den ὅτι-Satz). (20 f). 27. (31). 32-34a. 35 f. — 4. Kapitel : 13 f. 23a. 24. — 5. Kapitel : 19. 20a (bis καὶ μείζονα κτλ). 21. 24-26. 30-32. 37b. 39a. 40-44. — 6. Kapitel : 27 (bis ἦν ὁ υἱὸς κτλ). 35. 37b. 44 (ohne κἀγὼ ἀναστήσω κτλ). 45b (πᾶς ὁ ἀκούσας κτλ). 47 f. — 7. Kapitel : 7. 16-18 (ohne καὶ ἀδικία κτλ). 28 f (von καὶ ἀπ᾽ ἐμαυτοῦ an). 33 f. 37b. — 8. Kapitel : 12. 14. 16. 19. (21). (23). (28). 29. 31 f. (34 f). 38. (42-46). 50 f. 54 f. — 9. Kapitel : 4 f. 39. — 10. Kapitel : 1-4. 8. 10-12. 14-15a. 27-30. — 11. Kapitel : (9 f). 25 f (ohne πιστεύεις τοῦτο ;). — 12. Kapitel : 23. 27 (f). 31 f. 35 f (von περιπατεῖτε an bis 36b). 44 f. 47a. 48a. (49 f). — 13. Kapitel : 31 f (ohne καὶ εὐθὺς κτλ). — 14. Kapitel : 1. (2). 3 f. 6. (7a). 9b. (10). 14. (16 f). 18. 19 (ohne den ὅτι-Satz). 26b (von ὑμᾶς διδάξει an). 27. — 15. Kapitel : 1 f. 4a. 5 (ohne den ὅτι-Satz). 6 (bis καὶ συνάγουσιν κτλ). 9. (10). 14. 16 (ohne den zweiten ἵνα-Satz). 18. 19a. 20b. c. 22. 24 (ausgenommen ἃ οὐδεὶς ἄλλ. ἐπ.). (26). — 16. Kapitel : (8). 12. (13 f). 16. 20. 22. 23a. 24b (nur der ἵνα-Satz). 28. — 17. Kapitel : 1b. (4 f). 6. (9). 10. (11 f). 13 (ohne καὶ ταῦτα λαλῶ κτλ). 14 (ohne den ὅτι-Satz). 16 f.

Einige typische Beispiele von solchen Versen, die aus den OR stammen sollen, mögen die vorhin genannten Eigentümlichkeiten veranschaulichen :

1,1 f :   Ἐν ἀρχῇ ἦν ὁ λόγος,
        καὶ ὁ λόγος ἦν πρὸς τὸν θεόν,
      καὶ θεὸς ἦν ὁ λόγος.
        οὗτος ἦν ἐν ἀρχῇ πρὸς τὸν θεόν.

---

[1] FJül 144 f ; 146 ; vgl Jhev 413 Anm 1.

[2] Jhev 276 Anm 5.

[3] Im folgenden eingeklammerte Verse sind nach B. zwar aus der Vorlage geschöpft, aber vom Evglisten verändert eingefügt worden. — Eingangswendungen wie ἀπεκρίθη (᾽Ιησοῦς) καὶ εἶπεν und ähnliche, ebenso das feierliche ἀμὴν ἀμὴν λέγω ὑμῖν stammen nach B. immer vom Evglisten. Verse mit diesen Wendungen wurden nicht eingeklammert.

3,6 :   τὸ γεγεννημένον ἐκ τῆς σαρκὸς σάρξ ἐστιν,
         καὶ τὸ γεγεννημένον ἐκ τοῦ πνεύματος πνεῦμά ἐστιν.

4,13 :   πᾶς ὁ πίνων ἐκ τοῦ ὕδατος τούτου
         διψήσει πάλιν.
         ὃς δ' ἂν πίῃ ἐκ τοῦ ὕδατος οὗ ἐγὼ δώσω αὐτῷ,
         οὐ μὴ διψήσει εἰς τὸν αἰῶνα.

6,45b :   πᾶς ὁ ἀκούσας παρὰ τοῦ πατρὸς καὶ μαθὼν
         ἔρχεται πρὸς ἐμέ,
+ 37b :   καὶ τὸν ἐρχόμενον πρός με
         οὐ μὴ ἐκβάλω ἔξω.

8,14b :   οἶδα πόθεν ἦλθον καὶ ποῦ ὑπάγω ·
         ὑμεῖς δὲ οὐκ οἴδατε πόθεν ἔρχομαι ἢ ποῦ ὑπάγω.

8,42 :   ἐγὼ ἐκ τοῦ θεοῦ ἐξῆλθον καὶ ἥκω,
         ὑμεῖς ἐκ τοῦ πατρὸς τοῦ διαβόλου ἐστέ.

15,1 :   ἐγώ εἰμι ἡ ἄμπελος ἡ ἀληθινή,
         καὶ ὁ πατήρ μου ὁ γεωργός ἐστιν.

Nun die Haupteigentümlichkeiten des Evglisten im Gegensatz zu denen der OR :

a. Die Sätze des Evglisten stellen gewöhnlich Anmerkungen zu den Versen der Quelle oder Erläuterungen und Begründungen dazu dar [1].
b. Deswegen finden sich in den fraglichen Stücken häufig erläuternde (epexegetische) und definierende ἵνα- und ὅτι-Sätze, begründende Sätze mit ὅτι, καθώς oder γάρ, Absichtssätze, zurückblickende und wiederaufnehmende Fürwörter (ἐκεῖνος, οὗτος, αὐτός), gelegentlich Selbstzitate und Rückverweisungen [2].
c. Die Sätze des Evglisten stören manchmal den Zusammenhang oder den Rhythmus [3].

---

[1] BJhev 3 ; 3 Anm 4 ; 4 ; 29 ; 29 Anm 1 ; 93 ; 177 ; 262 Anm 7 ; 282 Anm 3 ; 284 Anm 3 ; 287 Anm 7 ; 292 ; FJül 141 ; 143.
[2] Vgl zu b. BJhev 29 Anm 1 ; 53 Anm 5 ; 110 Anm 3 ; 113 Anm 7 ; 170 Anm 3 ; 173 Anm 1 ; 174 Anm 8 ; 198 Anm 8 ; 262 Anm 5. 7 ; 263 Anm 4 ; 291 Anm 3 ; 304 Anm 1 ; 378 Anm 1 ; 389 Anm 4 ; 416 Anm 9 ; 417 Anm 1 ; FJül 142.
[3] Vgl Jhev 3 ; 4 ; 29 ; 37 Anm 4. 5 ; 282 Anm 3 ; 284 Anm 3 ; 286 f ; 292.

d. Sie sind immer reine Prosa, also durch prosaische Satzbildungen und Wendungen (siehe unter b.) gekennzeichnet ; sie weisen auch nicht den eigentümlichen Versrhythmus der OR auf [1].

e. Der Stil des Evglisten zeigt häufig atliche oder rabbinische Redeweise [2].

f. Typisch für den Evglisten ist es, daß er gerne dem positiven Satz das negierte Gegenteil vorausschickt [3].

Aus einem Vergleich dieser Merkmale untereinander ist leicht ersichtlich, daß sich aus dem ersten fast alle andern ableiten ; auch die rabbinische Redeweise könnte darauf zurückgehen (die atliche wohl nicht). Das letzte Merkmal entspringt dem exegetischen Streben, die Begriffe durch Abgrenzung zu verdeutlichen [4]. — Es seien noch einige typische Beispiele für die Redeweise des Evglisten angeführt, die mehrere der genannten Merkmale aufweisen :

1,6-8 in 1,5-9 : καὶ τὸ φῶς ἐν τῇ σκοτίᾳ φαίνει,
καὶ ἡ σκοτία αὐτὸ οὐ κατέλαβεν.
'Εγένετο ἄνθρωπος, ἀπεσταλμένος παρὰ θεοῦ, ὄνομα αὐτῷ 'Ιωάννης.
οὗτος ἦλθεν εἰς μαρτυρίαν, ἵνα μαρτυρήσῃ περὶ τοῦ φωτός, ἵνα πάντες πιστεύσωσιν δι' αὐτοῦ . οὐκ ἦν ἐκεῖνος τὸ φῶς, ἀλλ' ἵνα μαρτυρήσῃ περὶ τοῦ φωτός.
ἦν τὸ φῶς τὸ ἀληθινόν,
ὃ φωτίζει πάντα [ἄνθρ.] ἐρχόμενον εἰς τ. κ.

8,24 nach 8,23 : ὑμεῖς ἐκ τῶν κάτω ἐστέ,
ἐγὼ ἐκ τῶν ἄνω εἰμί ·
ὑμεῖς ἐκ τούτου τοῦ κόσμου ἐστέ,
ἐγὼ οὐκ εἰμὶ ἐκ τοῦ κόσμου τούτου.
εἶπον οὖν ὑμῖν ὅτι ἀποθανεῖσθε ἐν ταῖς ἁμαρτίαις ὑμῶν · ἐὰν γὰρ μὴ πιστεύσητε ὅτι ἐγώ εἰμι, ἀποθανεῖσθε ἐν ταῖς ἁμαρτίαις ὑμῶν.

16,21 in 16,20-22 : κλαύσετε καὶ θρηνήσετε ὑμεῖς,
ὁ δὲ κόσμος χαρήσεται.
ὑμεῖς λυπηθήσεσθε,
ἀλλ' ἡ λύπη ὑμῶν εἰς χαρὰν γενήσεται.

---

[1] Vgl zu d. ebd 3 ; 29 Anm 1 ; 37 Anm 5 ; 53 Anm 5 ; 110 Anm 3 ; 170 Anm 2 ; 198 Anm 8 ; 199 Anm 7 ; 376 Anm 1.

[2] Vgl ebd 29 Anm 1 ; 50 Anm 3. 6. 7 ; 53 Anm 3 ; 101 Anm 2 ; 143 Anm 1 ; 144 Anm 6 ; 145 Anm 2 ; 201 Anm 4 ; 208 Anm 4 ; 264 Anm 3 ; 389 Anm 1 ; 445 Anm 4.

[3] Vgl ebd 29 Anm 1 ; 110 Anm 3 ; 173 Anm 1.

[4] Siehe ebd 111 Anm 1.

ἡ γυνὴ ὅταν τίκτῃ λύπην ἔχει, ὅτι ἦλθεν ἡ ὥρα αὐτῆς · ὅταν δὲ
γεννήσῃ τὸ παιδίον, οὐκέτι μνημονεύει τῆς θλίψεως διὰ τὴν χαρὰν
ὅτι ἐγεννήθη ἄνθρωπος εἰς τὸν κόσμον.
   καὶ ὑμεῖς οὖν νῦν μὲν λύπην ἔχετε,
    πάλιν δὲ ὄψομαι ὑμᾶς,
   καὶ χαρήσεται ὑμῶν ἡ καρδία,
   καὶ τὴν χαρὰν ὑμῶν οὐδεὶς αἴρει ἀφ' ὑμῶν.

3. Die Aufteilung der Erzählungen

Wie oben gesagt wurde, sieht B. zwischen den Reden des vierten
Ev und seinen Erzählungen einen innigen Zusammenhang. Beide sind
aufeinander hingeordnet, aber so, daß es vor allem auf die Reden ankommt. B. stellt sich vor, daß der Evglist für diese einen « *historischen* »
Rahmen schuf, indem er sie einerseits mit frei erfundenen Zeit- und Ortsangaben verflocht [1], andererseits in Leben-Jesu-Geschichten hineinstellte,
die zur Veranschaulichung seines Christusglaubens dienen konnten [2].
Diese Geschichten entnahm er vorgeformter, schriftlicher Überlieferung [3].
Die eine oder andere Szene dürfte er nach B. vollkommen neu geschaffen
haben, so vor allem die Nikodemusszene [4]. Von ihm stammen auch die
zur Dialogisierung der Reden verwendeten Szenenstücke in den Kapiteln
6-12 und in den Abschiedsreden [5]. So gibt er also, wie B. sagt, seinem
Ev « den Schein einer historischen Erzählung » [6]. Das darf aber nicht
etwa in dem Sinne verstanden werden, als ob der geschichtliche Rahmen
nur ein literarisches Aufputzmittel wäre oder nur Symbol. Gegen eine
solche Deutung würde B. wohl scharfen Einspruch erheben. Er dürfte
überzeugt sein, daß der Evglist die OR « historisierte », um seine Leser
anzuleiten, im geschichtlichen Jesus von Nazareth den fleischgewordenen
Offenbarer und Heiland zu erkennen ; das Ev gehört in die Kategorie

---

[1] Siehe Anm 2 S 21 dsAr. — Der erste, der die Ansicht äußerte, das chrono-
logische Schema des Jhev sei erfunden, war R. Schütz (ZNTW 1907). Wellhausen
griff das alsbald auf (Jhev), ebenso Schwartz (Aporien). Für die radikale Bibel-
kritik gilt der Satz seither als ausgemacht. In ähnlicher Weise wird über die
Ortsangaben geurteilt.
[2] Siehe Anm 2 S 20 dsAr.
[3] Vgl was im Text folgt.
[4] BJhev 93 ; vgl 121 f zu Jh 3,22-30 ; 321 zu Jh 12,20-22 ; 340 Anm 1 zu
Jh 6,60-71.
[5] Ebd 93 ; 217 Anm 2 ; 273 ; 301 ; 321.
[6] Ebd 91 ; vgl 93.

des Zeugnisses von Jesus als dem Christus [1]. Das heißt in der Sprache modernster Bibelkritik und nach der Auffassung Bs. freilich nur, daß der Evglist sich damit von vornherein den Weg verbaute, zum tatsächlichen Jesus der Geschichte vorzudringen, mögen auch Einzelheiten aus dem Leben Jesu in seinem Werk zufällig treu erhalten sein [2].

Wenn nun die Literarkritik am Jhev vor und um 1900 noch von der Absicht getragen war, durch Sonderungen aus dem Erzählungsgut einen geschichtlichen Kern zu retten [3], so ist es jedenfalls zum vornherein klar, daß B. mit einer solchen Absicht gar nicht an die kritische Aufgabe, die er sich hier stellte, herangehen konnte. Ihm ist es zunächst nur darum zu tun, die « *Anstöße* », die Unebenheiten und Nähte der Geschichten, die er entdeckt, *literarkritisch zu erklären* [4] und die Tatsache zu erhellen, daß auch hier jene Technik der Anmerkungen und Erläuterungen vorliegt, wie er sie in den Reden festgestellt hat [5]. Der Unterschied zwischen reiner Aussage einerseits und erklärenden, nachtragenden, rückverweisenden Zusätzen anderseits scheint B. nur dann vernünftig gedeutet zu sein, wenn man annimmt, daß der Evglist in den Reden wie in den Erzählungen Vorlagen verwendete und mit seinen

---

[1] Vgl Jhev 44-46 ; 346-348 ; 540-542.

[2] Die Hauptvertreter der *Formgeschichte* halten unter der Führung Bs. durchaus daran fest, daß uns die Ev nicht hinter den Christus des Gemeindeglaubens oder des Kultes, von dem sie zeugen, zurückführen. CULLMANN, der heute der Ansicht ist, ihr Zeugnischarakter hindere nicht, zum tatsächlichen Jesus der Geschichte vorzudringen, muß als Einzelerscheinung unter den Formgeschichtlern gewertet werden, mögen auch manche Kritiker und gläubigen Protestanten, die nicht die formgeschichtliche Betrachtungsweise pflegen, mit ihm einig gehen. Cullmann hat seit seiner Arbeit über die Formgeschichte in der RHPh 1925 eine deutliche Entwicklung durchgemacht, trotzdem sich seine heutige Haltung wohl dort schon ansatzweise findet. Diese Entwicklung scheint in seinem Anfang 1946 erschienenen Buch « Christus und die Zeit. Die urchristliche Zeit- und Geschichtsauffassung » im Wesentlichen zum Abschluß gelangt zu sein. Hier nimmt Cullmann durchgehend und unzweideutig den Standpunkt ein, daß « jenes Glaubenszeugnis, das in der Evangelientradition zum Ausdruck kommt, die *Geschichte selbst zum Gegenstand* hat ; denn es besagt ja, daß Jesus von Nazareth der Christus Israels ist ». So S 26 des Buches, wo sich Cullmann gegen den Formgeschichtler Bultmann wendet. Der angeführte Satz ist also nicht so zu verstehen, wie ihn B. schließlich auch niederschreiben könnte, als ob nämlich diese Absicht des Glaubenszeugnisses nicht erreicht würde. Übrigens ist das Buch Cullmanns der unmißverständliche Kommentar zu diesem Satz. Solcher Formgeschichte aber können auch wir zustimmen. — Vgl noch BRAUN, Problème 223-227.

[3] Siehe S 6 f dsAr.

[4] Siehe Anm 2 S 22 dsAr.

[5] Vgl Jhev 86 (Jh 2,17. 21 f) ; 157 Anm 1 (6,6) ; 218 Anm 6 (7,5) ; 366 (13,28 f).

Anmerkungen versah [1]. Hätte Jh 1800 Jahre später gelebt, so hätte er nach B. diese Anmerkungen zweifellos alle unter die Quellentexte gesetzt [2].

Während nun W. Bauer, wie früher erwähnt, in seinem Kommentar zum vierten Ev die Überzeugung ausgesprochen hat, Jh habe für seine Erzählungen zwar schriftliche Vorlagen gehabt, diese hätten aber kaum einer einzigen Quelle angehört, und wir müßten « mannhaft den Wunsch unterdrücken », aus den in Einzelfällen gewonnenen Materialien eine zusammenhängende Quellenschrift rückaufzubauen [3], ist B. hier doch wieder den Fußstapfen früherer Literarkritiker gefolgt, ohne freilich den Weg mit ihnen zu Ende zu gehen. Eine zusammenhängende Quelle anzunehmen, scheint ihm zunächst nur für die Berichte von den Wundern Jesu, den σημεῖα, das Naheliegende zu sein [4]. Er stützt sich da auf die Untersuchungen von A. Faure, der schon von der Quelle des *Wunderbuches* gesprochen hatte [5]. B. nennt sie « *σημεῖα-Quelle* » [6]. Für die andern Erzählungen unternimmt er keinen weitern Versuch, den Zusammenhang ihrer Quellen nachzuweisen, ausgenommen für die Stücke der Passions- und Ostergeschichte [7], wo er aber immerhin mit seinem Urteil zurückhält.

Was für *Merkmale* kennzeichnen die Stücke der Semeia-Quelle ? Ihre Sprache ist ein einfaches, leicht semitisierendes Griechisch : häufig steht das Zeitwort am Satzeingang ; kurze Sätze werden verbindungslos oder nur mit καί, δέ, οὖν aneinandergereiht ; überflüssiges αὐτοῦ (-ῆς) oder ἡμεῖς kommt nicht selten vor ; es finden sich semitisierende Wendungen. Spuren von Übersetzung aus dem Aramäischen (wie vor allem grobe Semitismen oder Übersetzungsfehler) sind nicht vorhanden [8]. — Diese gleichen Merkmale zeichnen nicht nur die Semeia-Quelle, sondern auch die andern Einzelvorlagen, die B. aus den Erzählungen des Ev herausschält, nicht ausgenommen die Quelle für die Kapitel 18-20 sowie diejenige für 21 [9]. Erstaunlich ist, daß auch die Einschaltungen des

---

[1] Vgl ebd 3 f ; 93 ; 177 ; 276 Anm 5 ; 491.
[2] Ebd 4.
[3] BAUER, Jhev 249 f.
[4] BJhev 78 f.
[5] ZNTW 1922. — BJhev 78 Anm 4. Vgl S 107-111 dsAr.
[6] Jhev 78.
[7] Ebd 491 ; 502 ; 515 ; 528 ; 534 ; 537.
[8] Für alle diese Merkmale vgl BJhev 68 Anm 7 ; 131 Anm 5 ; 155 Anm 5 ; 177 Anm 4 ; 250 Anm 1 ; 301 Anm 2.
[9] Vgl ebd 86 Anm 1 ; 352 Anm 3 ; 491 f ; 542 f.

Evglisten selber das gleiche stilistische Gepräge tragen [1], vermehrt allerdings um eine Reihe von Eigentümlichkeiten, die ihm allein oder fast allein gehören, darunter auch solche, welche die Sprache des Evglisten schon von den Versen der OR abhoben. Dazu kommen nun ua überleitendes ὡς δέ, ὡς οὖν, ὅτε οὖν, τότε οὖν, μετὰ ταῦτα; anknüpfendes οὖν (sehr häufig); Satzanfänge mit ἤδη; αὐτὸς δέ, αὐτὸς γάρ, διὰ τοῦτο, μέντοι; Wendungen wie οἴδαμεν ὅτι, ἤδει γάρ, τοῦτον οὐκ οἴδαμεν πόθεν ἐστίν [2]. Die Stücke und Zusätze des Evglisten verraten sich nach B. häufig auch durch das *literarische Mittel* des *Mißverständnisses* [3].

B. weist der Semeia-Quelle (gelegentlich zögernd) folgende Abschnitte zu: 1,35-51 (ohne 50 f), ein Stück, welches die Einleitung des Wunderbuches gewesen wäre. — 2,1-12 (ohne καὶ οὐκ ἤδει ... τὸ ὕδωρ in 9 und ohne den Schluß von 11: καὶ ἐφανέρωσεν κτλ). — 4,5-42 (ohne 8. 10-15. 20-27. 31-39. 41 f). — 4,46-54 (ohne 46a. 48 f; 47 nur teilweise). — 5,2-18 (ohne 4; 16-18 aber soll in der Quelle gelautet haben: καὶ ἐζήτουν οἱ Ἰουδαῖοι ἀποκτεῖναι τὸν Ἰησοῦν, ὅτι ταῦτα ἐποίει ἐν σαββάτῳ). — 6,1-26 (ohne 2b. 4. 6. 14 f. 18. 23 f). — 7,2-13 (ohne 4b. 5. 6b. 7. 8b. 10b-13). — 9,1-38 (ohne 3b-5. 16b. 17b. 22 f. 29-33; 35-38 sind stark bearbeitet). — 11,1-44 (ohne 2. 4. 7-10. 13. 16. 20-32. 35-37. 40-42). — 12,37 f. — 20,30 f.

Andern schriftlichen Quellen sollen folgende Stellen des Ev entnommen sein: 2,14-22 (ohne 17. 20-22; 15 nur teilweise). — 6,60-71 (stark überarbeitet). — (7,53-8,11 gilt nicht als ursprünglicher Teil des Ev.) — 12,1-19 (ohne 6. 9-11. 16-18). — 13,1-20 (ohne 1-3. 6-11. 15. 18 f). — 13,21-30 (ohne 21a. 27b-29. 30b; auch ὃν ἠγάπα ὁ Ἰησοῦς in 23 fällt weg). — 18,1-11 (ohne 1-3. 6-9; in 4 stammt das εἰδώς mit Ergänzung vom Evglisten). — 18,12-27 (ohne 13b. 14. 24). — 18,28-19,16a (ohne 18,28b. 30-38a; 19,4-14. 15b). — 19,16b-37 (ohne 20-22. 26 f. 34b. 35; auch ohne den Schlußsatz von 24 und das εἰδὼς ὁ Ἰησοῦς mit Ergänzung in 28). — 19,38-42. — 20,1-18 (ohne 2-10. 14-18). — 20,19-23 (ohne 21 f). — 20,24-29 (ohne 29). — Kapitel 21

---

[1] Vgl ebd 122 Anm 1; 128 Anm 4; 301 Anm 4; 309 Anm 2; 352 Anm 3; 491 f; 542 f.

[2] Zu allen diesen Eigentümlichkeiten vgl BJhev 91 Anm 3; 122 Anm 1; 143 Anm 1; 148 Anm 3; 157 Anm 1; 160 Anm 6. 7; 177 Anm 5; 221 Anm 8; 251 Anm 4; 254 Anm 10; 255 Anm 5; 302 Anm 7; 361 Anm 1; 491 f.

[3] Ebd 89 Anm 2. — Daß die Mißverständnisse der Worte Jesu durch die Hörer im Jhev nur literarisches Mittel, nicht geschichtliche Tatsachen seien, ist seit der Jahrhundertwende ebenfalls ein locus communis der Kritik. Vgl BAUER, Jhev zu Jh 2,20.

ist als Ganzes nach B. ein Nachtrag von fremder Hand. Einer Quelle
hätten aber auch da angehört : 1-4a. 5 f. 8b. 9a (bis βλέπουσιν κτλ).
10-12 (11 ohne die Zahl der Fische). Geformte Überlieferung soll wahrscheinlich auch in 15-17 zugrunde liegen.

4. Der Anteil des Redaktors

Die letzte Scheidung, die B. im Jhev vornimmt, ist die zwischen
dem Ev, wie es aus der Hand seines Vf hervorging, und den Zusätzen
eines *Redaktors* [1]. Dieser soll dem abgeschlossenen Werk nach dem
Tode des Evglisten Kapitel 21 angehängt haben, griff aber nach B.
auch an mehreren Stellen des Ev selber ein, um teils einen Ausgleich
mit der syn Überlieferung herzustellen, teils die *kirchliche* Eschatologie
und Sakramentenlehre einzutragen. Der Evglist hatte die « recht-
gläubige » Lehre von den letzten Dingen nach B. gänzlich umgebogen,
indem er im Ev die Anschauung geltend machte, daß das ewige Leben
wie auch das Gericht über die Welt schon Gegenwart geworden sei ;
aber auch der sakramentalen Frömmigkeit war er kritisch gegenüber
gestanden, wenn er seinen Jesus lehren ließ, daß der Mensch durch das
bloße Wort der Offenbarung rein werde. Der Redaktor erreichte also
mit seinen Zusätzen, daß das Ev *kirchlich tragbar* wurde und seine Leser
nicht mehr um den kirchlichen Glauben bringen konnte. Außerdem
gab er dem Ev die jetzige Folge und Ordnung ; denn so wie er es im
Nachlaß des Vf vorgefunden hatte, im Zustande gänzlicher Unordnung
und Verwirrung, hätte es nicht veröffentlicht werden können [2].

Von dieser Neuordnung der einzelnen Teile abgesehen spielt der
Redaktor, den B. annimmt, für das vierte Ev kaum eine andere Rolle
als die Redaktoren und Bearbeiter, die von der älteren Literarkritik
erfunden worden waren, mögen auch im einzelnen gewisse Unterschiede
da sein. Schon die Bearbeitung, die Wellhausen dem Ev hatte zuteil
werden lassen, hatte das Ev an die syn Überlieferung angelehnt, der
Grundschrift die Sakramente angefügt und die kirchliche Eschatologie

---

[1] « Daß das Evg uns nicht so vorliegt, wie der Evglist es verfaßt hat, sondern
von einer Redaktion herausgegeben ist, geht 1. daraus hervor, daß sich Unord-
nungen im Texte finden ; 2. daraus, daß Kap. 21 ein Nachtrag des Herausgebers
(bzw. der Herausgeber) ist. Einige Glossen dieser Redaktion lassen sich hin und
wieder mit mehr oder weniger Sicherheit feststellen. » BJhev 4 Anm 2.

[2] Zum Ganzen dieser Redaktion vgl BJhev 58 ; 62 Anm 6 ; 63 Anm 1 ;
98 Anm 2 ; 161 f ; 166 Anm 10 ; 174-176 ; 193 f ; 195-197 ; 292 ; 302 Anm 1 ;
359 f ; 360 Anm 5 ; 543.

nachgetragen [1]. Der Bearbeiter, den uns Spitta am Werk zeigt, macht den *Jesus der Geschichte*, von dem die Grundschrift erzählte, zum *Christus der Dogmatik* des zweiten Jahrhunderts ; er hat das Ev dogmatisch stilisiert [2]. Auch die Bearbeiter, die LOISY einführt, haben vor allem das Ev kirchlich annahmefähig und brauchbar machen wollen [3]. Nach Faure finden sich im vierten Ev unter den Zusätzen, an denen es so reich ist, auch « solche, die eine unfreiere, dogmatisch-kirchlich mehr gebundene Auffassung verraten als ihre Umgebung ». Sie tragen « im Interesse einer irgendwie sich bedroht fühlenden handgreiflichen Rechtgläubigkeit » ebenfalls die Sakramente und die volkstümlich grobe Eschatologie nach. Das Ev ist also « letztmalig von jemandem bearbeitet worden, der dogmatisch befangen war, dazu wenig unterrichtet und wenig geschickt » [4]. — Am wenigsten kirchlich fand das ursprüngliche Ev von den Redaktoren der Kritik vor B. wohl derjenige von Hirsch vor. Dieser mußte es tiefgreifend umgestalten, ehe es gute Christen des zweiten Jahrhunderts ohne Anstoß und Mißverständnis neben den syn Ev lesen konnten [5]. Es zeigte hohe Geistigkeit nicht nur in der Eschatologie [6], sondern ließ auch die praktische kirchliche Alltagsmoral und den Bezug auf die Einsetzung der Hierarchie und die Grundlegung der Kirchenorganisation vermissen [7]. All das mußte darum neu eingefügt werden. Dann war endlich der kirchliche Schriftbeweis nachzutragen, der das Leben Jesu und seinen messianischen Anspruch (unkritisch) in atlichen Weissagungen verankerte ; fast alle atlichen Schriftstellen in Jh stammen nach Hirsch vom Redaktor [8].

Die Aufgabe, die B. seinem Redaktor zuweisen konnte, war demgegenüber, wie aus dem schon Gesagten hervorgeht, nicht so schwer. Dessen Zusätze nehmen darum auch einen weit geringeren Raum ein als die, welche Hirsch entdeckt zu haben glaubte. Nach B. hat der Redaktor an folgenden Stellen des Ev eingegriffen [9] :

1,19-34 : Hier gehen auf ihn zurück die Verse 22-24. 27. 32, ferner in 26 der Zusatz ἐγὼ βαπτίζω ἐν ὕδατι, in 31 und 33 das ἐν ὕδατι, in 33 ὁ βαπτίζων ἐν πνεύματι ἁγίῳ. Auf diese Weise wurde die überlieferte

[1] EvJh 105 f ; 114 ; 119.   [2] Jhev 445 f.
[3] Ev 63-71.   [4] ZNTW 1922, 119 f.
[5] Ev 92-97. Vgl S 13 f dsAr.
[6] Studien 57 zu Jh 5,28-30 ; 109 f zu 14,26 ; 111 zu 15,1-3.
[7] Ebd 82 f zu Jh 10,7. 9.
[8] Ev 93.
[9] Siehe BJhev zu den betreffenden Stellen.

Charakteristik des Täufers eingebracht und die Angleichung an die Synoptiker vollzogen. — 3,5 : ἐξ ὕδατος macht die Taufe nachträglich zum Ursprung der Wiedergeburt. — 3,24 : Ausgleich mit der syn Überlieferung. — 4,2 ist eine Korrektur von 4,1 und 3,22. — In 4,22 geht wenigstens der ὅτι-Satz auf den Redaktor zurück. — In Kapitel 5 sollen die Verse 28 f von ihm eingefügt sein, vielleicht auch 27. Er suchte damit der gefährlich klingenden Aussage 24 f den Stachel zu nehmen, den sie für kirchliche Ohren hatte. — Den größten Zusatz, den der Redaktor machte, stellt (abgesehen von Kapitel 21) die eucharistische Rede 6,51b-58 dar. Jener versuchte zudem, schon die vorausgehende Rede vom Lebensbrot unter die Anschauung seines Nachtrages zu bringen und die Leser anzuleiten, sie auf die Eucharistie zu deuten. In dieser Absicht erweiterte er Vers 27 um das ἣν δώσει ὑμῖν κτλ : der *erhöhte* Menschensohn *wird* als bleibende Speise die Eucharistie geben. Aus dem gleichen Grunde setzte er in 39 f. 44 an : ἀναστήσω αὐτὸ(ν) ἐν τῇ ἐσχάτῃ ἡμέρᾳ ; das sollte wie in 54 an das φάρμακον ἀθανασίας, das die Eucharistie in der kirchlichen Lehre war, denken lassen. — 7,38 gehört dem Redaktor von καθὼς εἶπεν weg. — 10,16 muß die Weissagung der Mission und der Weltkirche nachtragen. — 11,2 verfolgt den Zweck, die in der Überlieferung gegebenen Daten zu einer dem Leser vertrauten Welt zu verknüpfen. — Vom Redaktor stammen auch 12,33 ; 18,9. 32. — 19,34b. 35 stellt nochmals einen sakramentalen Zusatz dar : Taufe und Eucharistie sollen als Zugang zu den Heilswirkungen des Todes Jesu erscheinen. — Kapitel 21 geht als Ganzes auf den Redaktor zurück ; er hat aber eine oder zwei Quellen verwendet.

Stilistische Erkennungsmarken kann B. für den Redaktor des Ev nicht geltend machen. Das Nachtragskapitel weist einige wenige Wörter und Konstruktionen auf, die im übrigen Ev nicht vorkommen oder zu seinem Sprachgebrauch in Gegensatz stehen sollen. Im übrigen trägt es genau das gleiche Gepräge. Die Zusätze in den Kapiteln 1-20 sind entweder stilistisch nicht ausgezeichnet oder ahmen die Redeweise des Evglisten nach, wie vor allem 6,51b-58 [1].

Exkurs zur Exegese Bultmanns [2] — B. sieht im Jhev eine einzige Absicht durchgeführt. Der Evglist wollte nach ihm Zeugnis ablegen von dem in die Welt gekommenen Worte Gottes. Dieses, die ewige Fülle aller gött

---

[1] BJhev 174 ; 175 Anm 5.

[2] Die in den folgenden Anmerkungen zum Exkurs angegebenen Stellen aus Jh verweisen auf den Kommentar dazu in BJhev ; die Stellen sind nicht vollständig angeführt. Die Wörter entsprechen den Schlagwörtern der Register ebd.

lichen Offenbarung, die je geschah und geschehen kann [1], hatte sich unter der sterblichen Fleischeshülle des Menschen Jesus von Nazareth verborgen [2], um die Menschenwelt wieder zu dem ihr verloren gegangenen Verständnis ihres wahren Woher und Wohin zu führen [3]. Dieses Verständnis ist die Erhelltheit des menschlichen Daseins, sein wahres Licht und Leben, sein einziges Heilsgut und Glück, dem gegenüber alles irdische, weltliche, durch eigene Anstrengung erraffbare Glück nur Schein und Nichtigkeit sein kann [4]. In Jesus von Nazareth erhebt der göttliche Logos, der Offenbarer und Heiland, seinen Anspruch auf den Glauben der Welt, daß in ihm das Heil der endzeitlichen Offenbarung Ereignis geworden sei [5]. Aber seine Offenbarung ist nichts anderes als Enthüllung seiner selbst als des Wortes, der Anrede Gottes an die Menschen, die sie aufruft, sich und ihr Dasein wieder von ihm her zu verstehen [6], von Gott, mit dem der Offenbarer ein und derselbe ist (Vater und Sohn nicht nur eines, sondern auch einer), nur eben als Wort, als erscheinendes Wirken (nach dem Vorbild von שֵׁם יהוה und יהוה) von ihm unterschieden [7].

So sich verstehen heißt nun : an den Offenbarer als den Lebensspender glauben [8]. Dieser Glaube ist von Seite Gottes ein Ziehen und Aneignen [9], von Seite des Menschen aber ein gehorsames Sich-Gott-erschließen-lassen, das nicht Leistung und Werk ist, aber doch als verantwortliche Tat eigener Entscheidung erfahren wird [10], in der der Mensch sein Verlangen nach Daseinssicherung kühn überwindet. Kühn ist diese Tat des Glaubens, weil Gott in der Hülle eines gewöhnlichen Menschen seinen Anspruch erhebt, ohne anders als durch eben diesen Anspruch, seine Rede, Zeugnis für sich selber abzulegen [11]. Solches Reden und Gebaren muß notwendig Anstoß erregen ; denn es erscheint widersinnig, einem gewöhnlichen Menschen ohne Unterlagen zu glauben, er sei von Gott ausgegangen als Wort des endzeitlichen Lebens und Heils [12]. Aber Gott, das göttliche Wort, kann und darf nicht anders begegnen ; denn es muß notwendig dartun, daß Gott der ganz Andere ist, der sich nicht in menschlichen Erscheinungsweisen und Erkenntnisformen einfangen läßt [13], über den man auch nicht durch die Sicherheit

---

[1] Jh 1,1 f ; 3,34 f ; 13,3 ; 14,6. 10 f ; Offenbarungsgedanke.

[2] Jh 1,14 ; 3,35 ; 6,41 f ; 8,28 ; 17,1 f ; σάρξ.

[3] Jh 1,3-12 ; 3,4-8. 20 f ; 4,16-19 ; 5,24 ; 12,37-47 ; 14,11. 20 ; 17,4 ; Schöpfungsgedanke.

[4] Jh 1,3-13 ; 3,6 f ; 4,10-14 ; 6,27 ; 12,34 ; 14,6 ; 15,1 ; ἀλήθεια ; ζωή ; φῶς.

[5] Jh 1,9. 14 ; 3,17-21. 34 f ; 4,20-26 ; 5,19 f ; 6,41 ; 17,1 f ; ἐγώ ; Eschatologie.

[6] Jh 3,34 f ; 4,16-19 ; 6,35 ; 7,37 ; 8,12 ; 9,39 ; 13,10 ; ἐγώ ; Offenbarungsgedanke ; Wort.

[7] Jh 1,1 f ; 3,34 f ; 5,19 f ; 8,17 f.

[8] Jh 4,10-14 ; 5,24-26 ; 8,44 ; 11,25 f ; ζωή ; πιστεύειν.

[9] Jh 6,37a. 40. 44 f. 65. 70 f ; 15,4.

[10] Jh 3,18 ; 6,37b. 45b. 70 f ; 12,37-42 f ; 15,4.

[11] Jh 3,11-15. 31-36 ; 5,31-40 ; 6,60-71 ; μαρτυρεῖν ; σάρξ.

[12] Siehe Kommentar zu den Stellen der vorausgehenden Anm ; dazu 3,16-19 ; 10,22-26 ; μαρτυρεῖν ; σάρξ ; Glaube.

[13] Jh 3,11-19. 31-36 ; 5,31-40 ; 6,42 f ; 8,17 f.

eines Wunders verfügen kann. Wunder werden nicht den Ungläubigen, sondern erst den Glaubenden oder zum Glauben Kommenden, nach freiem göttlichen Ermessen, gelegentlich, gewährt, als Stütze der Schwachen, aber vor allem und zuerst als Sinnbilder der geoffenbarten Wahrheit und des im Glauben geschenkten Lebens [1]. Der Mensch muß also, um den Widersinn und Anstoß der Offenbarung zu überwinden, glaubend eigentlich sich selber aufgeben, um in dieser Aufgabe von Gott zu seinem Kinde angenommen zu werden, aus ihm als Glaubender geboren zu sein [2]. Doch darf auch das Wissen um seine Gottgeburt den Menschen nicht in falsche Sicherheit wiegen, als ob Gott jetzt doch endlich für ihn verfügbar geworden wäre. Er muß im Gegenteil immer neu sich über den Anstoß hinwegsetzen ; er lebt nie angeeigneter Gegenwart, sondern immer nur anzueignender, zu erkämpfender Glaubenszukunft [3]. Das geschieht, indem die gottfeindliche Welt die Gläubigen stets zur Preisgabe ihres Glaubens verlockt und zwingen will, sie stets verfolgt, wie sie den Offenbarer verfolgte und scheinbar über ihn Macht gewann, um so das scandalum der Offenbarung zu vollenden [4].

Aber dieser Machtgewinn war eben nur Schein. In Wirklichkeit war der Kreuzestod des fleischgewordenen Logos sein endgültiges Unverfügbarwerden für die Welt, seine Erhöhung und Wiederaufnahme zur angestammten Gottherrlichkeit [5], die er freilich in seiner Erdenzeit nicht verloren, sondern in seiner Ehrung und Anerkennung durch die Glaubenden immer ausgeübt hatte [6]. Als die Welt Jesus von Nazareth kreuzigte, versteifte sie sich so auf ihre Bosheit, daß sie nicht mehr wie zuvor seinem Anspruch, der Offenbarer und das Heil zu sein, erschlossen werden konnte. Ihre Untat und Verwerfung wirkte ein Zu-spät der Verworfenheit, das nicht mehr rückgängig zu machen war. Durch freie Entscheidung hatte sie sich von den Gläubigen und Gottgeborenen für immer geschieden, die Teufelsgeburt zu ihrem endgültigen Wesen und Woher gemacht und so sich selber das letzte Urteil gesprochen [7]. Die Offenbarung aber ist auf diese Weise, trotzdem sie aus dem Liebeswillen Gottes hervorging, gegen ihre Absicht, für einen Teil der Menschen zum unwiderruflichen endzeitlichen Gericht geworden und wird es immer da, wo die Welt die Kreuzigung Jesu billigt und die für den Offenbarer Zeugnis ablegende Gemeinde der Gläubigen verfolgt [8].

---

[1] σημεῖον.

[2] Jh 6,60-71.

[3] Jh 6,70 f ; 8,34-37 ; 13,33 f ; 15,2 f ; 16,7. 12 ; 17,1 f. 12. 24.

[4] Jh 12,27-33 ; 15,18-16,4a ; 17,14.

[5] Jh 6,62 ; 8,28 ; 12,23-33 ; δόξα ; σάρξ ; ὑψοῦν.

[6] Jh 8,50. 54 f ; 17,10. 22 f ; δόξα.

[7] Jh 3,20 f. 36 ; 7,32-36 ; 8,21-24. 28. 41-44 ; 9,41 ; 12,34-36 ; 15,24 ; 16,8-21 ; κρίσις ; Eschatologie. — Aus der Gesamtauffassung Bs. wie aus der einen und andern Stelle seines Kommentars (zB 232 f ; 45 f) scheint sich zu ergeben, daß er die Verwerfung und das Zu-spät nicht absolut versteht, sondern annimmt, das Ev lasse die Möglichkeit zu, daß an solche, die sich dem Offenbarer gänzlich verschlossen hätten, durch abermalige Verkündigung des Wortes ein neuer Anruf ergehe, auf den sie doch endlich die Antwort des Glaubens gäben.

[8] Jh 3,14-19 ; 8,28 ; κρίσις ; Eschatologie.

So großartig die Auffassung Bs. von der Botschaft des Jhev ist, sie enthält, wie sich teilweise schon aus der obigen Darstellung ergibt, erhebliche Irrtümer. Zunächst ist es klar, daß B. im vierten Ev das Geheimnis der Dreifaltigkeit nicht finden will. Man könnte B. als Deuter des Jhev füglich eine Art Monarchianer nennen; damit wäre zugleich auch eine gewisse Nähe zum Nestorianismus ausgesprochen. Als echten Protestanten erweist sich B. durch seine Ablehnung einer von Gottes überweltlichem Sein kündenden Offenbarung[1], ebenso mit seiner Ablehnung des den Menschen mitgeteilten göttlichen Lebens als eines überweltlichen Soseins, einer Form, die Gott ähnlich macht. Überall, wo sich die Möglichkeit einer solchen Deutung ergibt, weicht er der Frage aus und führt die Vergöttlichung des Menschen als ein von Gott Bestimmtsein ausschließlich auf die hier und jetzt getroffene Glaubensentscheidung für den göttlichen Offenbarer zurück[2]. Die Offenbarung enthüllt nach B. Gott nur mittelbar und nur als Schöpfer. Ihr unmittelbarer Gegenstand ist das Heil des Menschen, der sich wieder als von Gott ausgegangen und zu Gott hingewiesen verstehen soll[3]. Kann er das aber nicht mit seinen natürlichen Kräften, ohne Offenbarung schon tun? Jedenfalls steckt hier im Hintergrund die protestantische Lehre von der gänzlichen Verderbtheit der menschlichen Natur; nur darum kann diese Offenbarung doch als überweltlich, als für den Menschen gänzlich unverfügbar aufgefaßt werden. B. redet allerdings nicht ausdrücklich davon, weil ihm das Ev keinen unmittelbaren Anlaß dazu bot. — Unverkennbar ist dann Bs. Nähe zur dialektischen Theologie (Unerkennbarkeit, Unverfügbarkeit Gottes). Er hat auch das Credo-quia-absurdum Kierkegaards (auf den er nicht selten verweist) bis zur letzten Folgerung durchgeführt, das heißt ins Jhev hineingelesen. Er ist ferner offenbar auch moderner Philosophie verpflichtet, vornehmlich wenn er das ganze Sein und Wesen des Menschen, außerhalb dessen er nichts ist, in seine hier und jetzt getroffene Entscheidung für oder gegen die Offenbarung hineinverlegt[4].

Dem biblischen Rationalismus bleibt B. dann, trotzdem er ihn scheinbar ablehnt, verfallen, wenn er das Wunder als geschichtliches Ereignis nicht annimmt[5] und im vierten Ev nicht den Jesus findet, der einmal über die Erde Palästinas schritt, sondern nur den Christus des Glaubens, für den der Evglist mit seinem Werke wirbt. Wie sich aber dieser Glaube von Dichtung oder Einbildung noch unterscheide, kann man sich nach dem Studium des Kommentars Bs. ehrlich fragen und wird vom Eindruck nicht loskommen, daß B. dem Zeugnis des Ev den Ernst nimmt, den es widerspiegelt, und diesen Glauben letztlich abwertet zu einer menschlichen Mißbildung unter allen andern, welche die Religionsgeschichte aufweist, zu einer Mißbildung, in der Gott nicht gegenwärtig sein kann und konnte.

---

[1] Jh 1,1-4; δόξα; Gottesgedanke.

[2] Jh 1,12; 3,1-8; 17,22. 24 (1 Jh 3,2); ζωή; Glaube.

[3] Jh 1,1-4; ἐγώ; ζωή; Gottesgedanke; Offenbarungsgedanke; Schöpfungsgedanke.

[4] Siehe ua Jhev 240.

[5] Vgl die literarkritischen Analysen Bs. zu den Wunderberichten, wie etwa zu Jh 4,46-54; 6,1-26; ferner Jhev 79 ua.

B. Kritik

I. Zur Aufteilung der Redestücke

1. Allgemeines

Es ist nun unsere Aufgabe, die Gründe zu untersuchen, die B. dazu führten, im Jhev verschiedene Quellen und Hände anzunehmen und auszuscheiden. Wieder nehmen wir zuerst die Aufteilung des Prologes und der Jesusreden auf die OR und den Evglisten vor. — Schon 1922 hatte B. in einem Aufsatz der *Gunkel-Festschrift* den Nachweis versucht, daß der Prolog zum Ev (ohne die Verse 6-8. 15. 17) einen Weisheitsmythos voraussetze, der auch in den Weisheitsbüchern des AT enthalten, aber älter als sie und nicht-israelitischen Ursprungs sei. Dieser Mythos dürfte sich nach B. in der Gestalt und Fassung des Prologs in einer Schrift aus dem Kreise der Johannesjünger gefunden haben, die den Täufer als Offenbarer (Logos) und Erlöser verehrt haben sollen. Der Evglist hätte den Prolog dieser Schrift entnommen, ihn durch seine Zusätze polemisch gegen den Täufer gewendet und die gemachten Aussagen vom fleischgewordenen Logos auf Christus übertragen [1]. Dafür, daß die Verse 6-8. 15 nicht von der gleichen Hand stammen können wie ihre Umgebung, verweist B. auf die Gründe, die Wellhausen gegeben hatte [2]. Daß auch Vers 17 eine nachträgliche Einschaltung ist, erhellt für ihn daraus, daß er « eine etwas pedantische exegetische Bemerkung » darstelle, « in der 1) 'Ιησοῦς Χριστός, der bisher nicht genannt war, ebenso plötzlich wie beiläufig auftaucht, und 2) χάρις durch die Antithese zum νόμος eine fremde, paulinische Nuance erhält im Unterschied von V. 14 und V. 16 » [3].

Diese Vereinigung literarkritischer und *religionsgeschichtlicher* Gesichtspunkte kennzeichnet das Vorgehen Bs. auch in seinen weitern Aufsätzen, die der Herausschälung der OR, wie sie im « Johannes-Evangelium » an die Hand genommen wird, vorarbeiten oder sie ankünden. *1925* stellt B. aus den einschlägigen Quellen in der *ZNTW* ausführlich die Stücke zusammen, an denen die enge gedankliche und nicht selten auch gestaltliche Verwandtschaft des Jhev und der *mandäischen* Schriften

---

[1] Euch 24 ; 26.   [2] Ebd 3.   [3] Ebd 3.

sowie der « *Oden Salomons* » und einiger *manichäischer* Texte deutlich
sichtbar ist. B. glaubt, diese Verwandtschaft nur so erklären zu können,
daß unser Jhev von einem ältern Mythos abhänge, der uns in den
genannten Schriften, ungeachtet ihres spätern Ursprungs in der vorliegenden Form, noch erhalten sei [1]. Damit ist noch nicht eine literarische Abhängigkeit ausgesprochen. Wiederum ist aber B. überzeugt,
daß auch eine solche aufgewiesen werden kann [2]. Hier spricht er nun
erstmals von *Offenbarungsreden* « in der Art einiger Oden Salomons »,
die der vierte Evglist in sein Werk eingearbeitet hätte. Er wolle später
den Nachweis im einzelnen vorlegen. In welcher Richtung dies geschehen solle, zeigt er an der Szene Jh 12,23-36. Hier müsse auf eine
schriftliche Quelle geschlossen werden, da im Text des Ev ja gar nicht
vom Menschensohn die Rede gewesen sei, wie die Frage des ὄχλος in
Vers 34 voraussetze [3].

1927 gibt B. in « *Der Christlichen Welt* » einen Überblick über die
neueste Forschung zum Jhev. Von den Versuchen, durch Quellenscheidungen das literarische Problem des Ev zu lösen, sagt er da :
« Keiner dieser Versuche hat überzeugende Kraft ; und wenn sie auch
alle wertvolle Einzelbeobachtungen gemacht haben, so haben sie im
Grunde nur zu einer gewissen Resignation gegenüber dem Problem
geführt. » [4] Trotzdem glaubt B., man könne auf quellenkritische Analysen in der Sache nicht verzichten. Es sei aber der Grundfehler der
alten Versuche gewesen, daß sie « fast gänzlich jeder stilkritischen Fun-
dierung » entbehrten. Man müsse « in sorgfältiger Arbeit stilistische
Merkmale » sammeln, « durch die Kriterien für die Unterscheidung von
Tradition und Redaktion, von Quellen und Verfasser geliefert werden » [5].
« Es ist merkwürdig », schreibt B. weiter, « daß niemand meines Wissens
das nächstliegende Mittel zu diesem Zweck ergriffen hat, nämlich die
Johannesbriefe, die ja im engsten Zusammenhang mit dem Evangelium
stehen, und an denen eine stilkritische Analyse verhältnismäßig leicht
zu vollziehen ist. Ich habe deshalb in der Jülicher-Festgabe diese
Analyse durchzuführen versucht ; und dem Kundigen wird gleich ein-
leuchten, welche Konsequenzen eine solche Arbeit für die Analyse des
Evangeliums hat. » [6] Im gleichen Aufsatz orientiert B. auch über die
Arbeiten, die für das vierte Ev eine aramäische Urschrift nachweisen

---

[1] 139-141. [2] 141 f. [3] 141 f.
[4] 502. [5] 503. [6] 503.

wollten und äußert zum erstenmal die Ansicht, daß ihm für das Quellen-
material des Evglisten — und damit meint er die OR — die Annahme
einer Übersetzung aus dem Aramäischen oder Syrischen « mindestens
sehr erwägenswert » scheine, trotzdem sie für das Ev als Ganzes nicht
in Frage komme [1].

Die Analyse des *ersten Jhbr*, die B. in der *Jülicher-Festgabe* durch-
führte, ist die erste eingehende literar- und stilkritische Untersuchung
am jh Stoff, die B. vorgelegt hat. Was vorher nur Vermutung für ihn
gewesen war, daß nämlich der Johannesevangelist eine Quelle von OR
verarbeitet habe, wird ihm durch diese Untersuchung zur festen Überzeugung, als er zu seinem Erstaunen entdeckt, « daß auch der Vf des
ersten Briefes jene Redesammlung benutzt hat » [2].

B. setzt mit seiner kritischen Prüfung des ersten Jhbr ein bei den
Versen 1,5b-10 ; hier vermutet er zunächst eine Quelle. Er vergleicht
den Stil dieses Stückes mit dem Stil der folgenden Verse 2,1 f und ebenso
den Inhalt beider Stücke [3]. 1,5b-10 ist ein inhaltlich und formal fest
zusammenhängender Abschnitt [4]. Die Seinsweise des Christen und des
Nichtchristen werden einander gegenübergestellt [5]. « Parallele Glieder
sind je zu zweien verbunden ; jeweils ein Paar steht (nach der Überschrift 1,5a) zum folgenden bzw. vorhergehenden in Antithese, und zwar
enthält die Antithese jeweils nicht einfach einen Gegensatz zur These,
sondern ist deren einfache Umkehrung. Die Formulierung, durchweg
in der 1. Pers. plur., ist sentenzartig, apodiktisch ; Begründungen werden
nicht gegeben. » [6]

Demgegenüber ist der Stil des Verfassers der eines Homileten [7].
Was in 1,5b-10 gesagt war, wird jetzt in 2,1 f erläutert. « An Stelle
der festgefügten sentenzartigen Formulierungen ... treten locker ge-
baute homiletisch-paränetische Sätze, in denen 2. und 1. Person wechseln.
Zum formalen Unterschied kommt aber ein sachlicher. » Während im
ersten Stück paradox gesagt sei, daß sittlicher Wandel und Sünden-
bekenntnis die Gemeinschaft mit Gott ermöglichen, werde im zweiten
die « tröstliche Auskunft » gegeben : Solltet ihr einmal sündigen, so habt
ihr ja einen Fürbitter vor Gott. Der Vf des Briefes mache sich also
einer falschen Exegese schuldig. « In offenbarem Mißverständnis von
1,8-10 wird die Warnung, sich sündlos zu fühlen, umgebogen in den
Trost für Sünder. » [8]

---

[1] 508. [2] 138. [3] 138-143. [4] 139.
[5] 141. [6] 141. [7] 142. [8] 140 f.

Aus diesem formalen und sachlichen Gegensatz — in den Augen von B. ist es ein Widerspruch — schließt er, daß 1,5a-10 eine vom Vf des Briefes benutzte Vorlage sei, die in 2,1 f « homiletisch glossiert » werde [1]. Von den gefundenen Unterschieden ausgehend sucht B. dann auch im übrigen Brief Quelle und Vf zu scheiden. Er vervollständigt im Laufe der Untersuchung vor allem die Charakteristik des Vf, indem er eine ganze Reihe von *Stilmerkmalen* aufzeigt [2], die nur « außerhalb der in jenem Antithesenstil gehaltenen Sätze » [3] vorkommen ; fast alle hängen mit der inhaltlichen Eigenart seiner Stücke als predigtartiger Erläuterungen und Mahnungen zusammen. Außerdem ist es B. daran gelegen, zwischen Quelle und Vf sachliche Unstimmigkeiten und Widersprüche aufzudecken, um so zur vollen innern Gewißheit zu gelangen, daß der erste Jhbr geschichtet sei [4]. — Aber warum muß die Quelle des Briefschreibers gerade jene Sammlung von OR gewesen sein, die auch dem Prolog und den Reden des vierten Ev zugrunde liegen soll ? Das schließt B. aus der engen sachlichen und formalen Verwandtschaft, die er zwischen den Sätzen der Quelle im Brief und jenen Sätzen festgestellt hat, die er im Ev den OR zuweisen möchte. Auch sei der eigentümliche Stil der Briefvorlage « von dem der alttestamentlichen und synoptischen Meschalim, die auch den parallelismus membrorum und die Antithese kennen, fundamental verschieden » und gehöre « in den Anschauungskreis eines kosmologischen und religiösen Dualismus », der nur orientalischer Herkunft sein könne [5]. Das läßt sich nach B. aber ebenso von manchen Stücken aus den Reden des Ev sagen.

Erst zehn Jahre nach dem Aufsatz in der Jülicher-Festgabe erscheint die erste Lieferung des « Johannes-Evangeliums », wo B. seine damals geleistete Arbeit neu aufnimmt und am Prolog und den Jesusreden durchführt. Seine literar- und stilkritischen Grundsätze haben sich nicht geändert. Nur dringt er noch mehr ins Einzelne vor. Wieder fallen vornehmlich drei Tatsachen ins Gewicht, wenn er OR und Evglist scheidet :

---

[1] 141.   [2] Vgl 142.   [3] 143.   [4] 144 ; 146-148 ; 155 f.
[5] 156. — In seiner Kritik des literarkritischen Versuches Bs. in der Jülicher-Festgabe zeigt Fr. Büchsel (ZNTW 1929) ua sehr gut, daß sich in der jüdischen Traditionsliteratur, Mischna und Midrasch, genaue Parallelen zum antithetischen Stil des ersten Jhbr finden und daß dieser Stil als Stil und Form mit dem Dualismus Licht-Finsternis nichts zu tun hat. « Dieser religiös-ethische Dualismus : Licht - Finsternis usw. hat sich mit dem Anthithesenstil nur wie mit andern Ausdrucksformen, z. B. dem Ichstil, verbunden. » (238)

a. Zunächst findet B. im Prolog und den Reden eine Reihe von Sätzen, die sich nicht nur durch «gnostische Begrifflichkeit» auszeichnen, sondern auch durch jenen eigenartigen oben dargestellten *Rhythmus*, während andere Sätze aus ihm herausfallen. Jene sind spruchartige *Poesie*, diese gewöhnlich *Prosa*. Die erstern entsprechen den Antithesen der Briefe [1].

b. Die rhythmischen Sätze des Prologs und der Reden sind häufig mit *Anmerkungen* und *Erläuterungen* versehen [2]. Diese Technik läßt sich nach B. vernünftigerweise nur als glossierende *Exegese* einer Vorlage, einer Quelle verstehen [3]. Im großen Brief gesellten sich zu den Antithesen in ähnlicher Weise homiletische Ausdeutungen und Ermahnungen.

c. Die Anmerkungen und Erläuterungen des Evglisten *stören* manchmal nicht nur den Rhythmus, sondern auch den gedanklichen Zusammenhang, *den organischen Aufbau* des Ganzen und weisen auch dadurch auf andern Ursprung als die Umgebung [4]. Im ersten Jhbr sind es Widersprüche und Mißverständnisse, die sich der Vf gegenüber der Vorlage zuschulden kommen läßt.

d. Wie B. schon in der Jülicher-Festgabe anhand der zuerst ausgeschiedenen Stücke sogleich Stilmerkmale der einen und der andern Schicht des ersten Briefes festgestellt hatte [5], um sie nachher ebenfalls literarkritisch zu verwerten, so macht er es nun auch im Kommentar zum Ev. Rein zahlenmäßig scheidet er hier sogar häufiger auf Grund dieser Merkmale als auf Grund der eben angeführten Tatsachen, greift aber doch immer wieder auch auf diese zurück. Jedenfalls findet sich nirgends ein Zeichen, daß er den Stilmerkmalen unabhängig von ihnen Wert zuerkennt, und man darf jene wohl im Sinne von B. als Scheidungsgründe zweiter Ordnung ansehen. Es sei auch jetzt schon darauf hingewiesen, daß es sich sozusagen ausschließlich um Kennzeichen des Evglisten handelt. Fehlen sie, so kann man nach B. schon fragen, ob ein Satz den OR entnommen sei. Sind sie vorhanden, so stammt das Stück sicher nicht aus der Quelle, es sei denn vom Evglisten umgearbeitet worden. Nachdem B. sich dann einmal zur Annahme ermächtigt glaubt, die Quelle der OR sei erwiesen und es sei eine Schrift aus dem gnostischen Kreise

---

[1] Vgl zu a. S 24-28 dsAr.   [2] Vgl Anm 1 S 26 dsAr.
[3] Vgl Anm 5 S 29 ; 1 S 30 dsAr.   [4] Vgl Anm 3 S 26 dsAr.
[5] 141 f.

der Johannesjünger gewesen, kann er auch jene Stellen der Reden, die aus sich einen Bezug auf die Geschichte Jesu oder des atlichen Bundesvolkes haben, für den Evglisten ausscheiden [1].

Wie sollen wir über diese Scheidungsgründe von B. denken ? Sind sie wirklich ent-scheidend, schlüssig ? Führen sie vielleicht nur zu Wahrscheinlichkeiten oder nicht einmal das ?

a. *Das Kriterium des Rhythmus* (« Poesie »). — Jedenfalls macht der von B. für die OR gefundene Rhythmus und Versbau, die nicht-prosamäßige Eigenart der so ausgezeichneten Sätze, ihr Unterschied zu den Sätzen des Evglisten auch auf den nüchternen Urteilenden, vor allem wenn er sie in der Druckanordnung des Kommentars sieht, zunächst einen starken Eindruck. Könnte man wirklich in den Redestücken des Ev sauber trennen zwischen Sätzen, die immer gleich gebaut und vom selben Rhythmus getragen wären und nicht prosaisches Gepräge aufwiesen, und zwischen Sätzen, die weder rhythmisch noch spruchartig wären, so läge die Frage gewiß nahe, ob der Vf eine Quelle verwendet habe. Aber die Trennung, die B. durchführt, ist gekünstelt, nicht sauber ; sie täuscht über den wahren Sachverhalt hinweg. Die Eigenart der Reden unseres Ev ist damit nicht erfaßt, sondern verwischt.

Es kann allerdings nicht geleugnet werden, daß sich eine Anzahl rhythmischer Gebilde, wie sie B. charakterisiert, in den genannten Stücken finden [2]. Aber es muß schon auffallen, wie verschieden sie manchmal voneinander und vor allem von den antithetischen Rhythmen der Briefe sind. Man vergleiche einmal folgende Sätze miteinander :

Jh 1,1 f : 'Εν ἀρχῇ ἦν ὁ λόγος,
            καὶ ὁ λόγος ἦν πρὸς τὸν θεόν,
            καὶ θεὸς ἦν ὁ λόγος.
            οὗτος ἦν ἐν ἀρχῇ πρὸς τὸν θεόν.

---

[1] Vgl BJhev 109 Anm 1 (Jh 3,14 f) ; 205 Anm 2 (5,39b. 45-47). Das sind die einzigen Stellen, wo B. sich ausdrücklich auf diesen Sonderungsgrund stützt. Doch dürfte er mehrmals auch anderswo Scheidungen mitveranlaßt haben, so zB Jh 1,17 ; 3,16 und an verschiedenen Stellen in den Kapiteln 7 und 8, wo teilweise gar keine Gründe angeführt werden.

[2] Wo nichts angemerkt ist, sind hier und im folgenden die Rhythmen in der Anordnung, die B. ihnen gibt, dargestellt. Siehe Jhev (bzw FJül) zu den einzelnen Stellen.

1 Jh 1,6 f :

ἐὰν εἴπωμεν ὅτι κοινωνίαν ἔχομεν μετ' αὐτοῦ καὶ ἐν τῷ σκότει περι-
ψευδόμεθα καὶ οὐ ποιοῦμεν τὴν ἀλήθειαν ·   [πατῶμεν,
ἐὰν δὲ ἐν τῷ φωτὶ περιπατῶμεν ὡς αὐτός ἐστιν ἐν τῷ φωτί,
κοινωνίαν ἔχομεν μετ' αὐτοῦ [1].

Der eigenartige Bau dieser letztern Verse aus dem großen Brief würde
auch eine Aufteilung nach dem Schema von Jh 1,1 f verhindern. Jedenfalls ergäben sich nicht je zwei gleichwertige Glieder. Freilich ließe sich
das mit einigen Versen aus den Briefen machen. Damit aber wird
deutlich, daß sie auch unter sich nicht von einheitlicher rhythmischer
Gestalt sind [2].

Man vergleiche weiter die folgenden Rhythmen aus dem Ev :

3,8 :   τὸ πνεῦμα ὅπου θέλει πνεῖ,
                 καὶ τὴν φωνὴν αὐτοῦ ἀκούεις,
             ἀλλ' οὐκ οἶδας πόθεν ἔρχεται
                 καὶ ποῦ ὑπάγει.

3,12 :   εἰ τὰ ἐπίγεια εἶπον ὑμῖν καὶ οὐ πιστεύετε,
                 πῶς ἐὰν εἴπω ὑμῖν τὰ ἐπουράνια πιστεύσετε ;

8,50 :   ἐγὼ δὲ οὐ ζητῶ τὴν δόξαν μου ·
                 ἔστιν ὁ ζητῶν καὶ κρίνων.

8,54a :   ἐὰν ἐγὼ δοξάσω ἐμαυτόν,
                 ἡ δόξα μου οὐδέν ἐστιν.

12,47 f :   καὶ ἐάν τίς μου ἀκούσῃ τῶν ῥημάτων καὶ μὴ φυλάξῃ,
                 ἐγὼ οὐ κρίνω αὐτόν.
             ὁ ἀθετῶν ἐμὲ καὶ μὴ λαμβάνων τὰ ῥήματά μου
                 ἔχει τὸν κρίνοντα αὐτόν.

---

[1] αὐτοῦ statt ἀλλήλων nach der Annahme Bs. FJül 139 Anm 1.

[2] Rhythmen nach einem so kunstvollen parallelismus membrorum (Verbin-
dung von antitheticus und synonymus) gebaut wie 1 Jh 1,6 f kommen (mit Abweichungen im einzelnen) im ersten Brief noch einige vor : 1,8-10 ; 2,4 f. 9-11
(bis περιπατεῖ), während sich im ganzen Ev kaum ein einziges so reich entwickeltes
Gebilde in dieser Strenge findet. Zu vergleichen sind Jh 3,20 f ; 7,18 ; 12,47 f.
Auch Parallelismen in der Art und Strenge der übrigen Rhythmen, die B. als
Quellenstücke aus dem ersten Brief herausschält, sind in den OR des Ev selten.
Man könnte etwa folgende dazu rechnen : 3,6. (12.) 18. 31. 36 ; 4,13 f ; 10,1 f ;
11,9 f ; (12,44 ;) 15,2. 5b +6. 19. — Merkwürdigerweise streicht B. (aus rhythmischen Gründen !) in 7,18 das zu ἀληθής ἐστιν synonyme Glied καὶ ἀδικία ἐν
αὐτῷ οὐκ ἔστιν, trotzdem gerade es die formale Entsprechung der Stelle zu jenen
besonders reichen Rythmen des ersten Briefes steigern würde, damit aber die
Möglichkeit gleicher Herkunft. Es ist also klar, daß Bs. Literarkritik ihn zu ganz
ungeschickten Eingriffen zwingt.

Das sind nur wenige Beispiele. Sie könnten leicht vermehrt werden. — Ein deutliches Zeichen, wie B. selber die Schwierigkeit spürt und ihrer nicht Herr wird, ist die verschiedene Art und Weise, wie er in gleichen Fällen anders aufteilt, so etwa in folgendem Beispiel :

15,2 : πᾶν κλῆμα ἐν ἐμοὶ μὴ φέρον καρπόν,
        αἴρει αὐτό ·
      καὶ πᾶν τὸ καρπὸν φέρον,
      καθαίρει αὐτὸ ἵνα καρπὸν πλείονα φέρῃ.

5,21 : ὥσπερ γὰρ ὁ πατὴρ ἐγείρει τοὺς νεκροὺς καὶ ζωοποιεῖ,
      οὕτως καὶ ὁ υἱὸς οὓς θέλει ζωοποιεῖ.

Würde B. 15,2 wie 5,21 aufteilen, so ergäben sich drei Glieder statt vier, also ein überzähliges [1]. Wenn drei Glieder in Schlußstücken vorkommen, so verweist er auf die in solchen Stücken ebenfalls « überschießenden» Glieder der « Oden Salomons » [2]. Aber dieses Mittel ist nicht überall anwendbar. Auch wäre die Willkür zum Grundsatz gemacht, wenn man einfach sagen wollte, der Evglist habe ein Glied gestrichen [3]. Statt dessen findet B. den Ausweg, anders aufzuteilen. Gelegentlich spielt er in schwierigen Fällen auf die Übersetzung aus dem Aramäischen an [4]. Allein er macht als Beweis dafür, daß die OR-Stücke aramäisch geschrieben waren, eine einzige Möglichkeit geltend, und es ist leicht, an jener Stelle mit B. nicht einig zu gehen [5]. Wir können also Hinweise dieser Art nicht ernst nehmen.

[1] Es ist allerdings zu sagen, daß die Stelle 15,2 auch nach der Anordnung, die B. ihr gibt, rhythmisch unebenmäßig ist, und man wundert sich, warum B. den ἵνα-Satz nicht gestrichen hat. Dieser bildet eben natürlicherweise ein drittes Glied. Aber auch dann, wenn man es striche, könnte man immer noch auf die verschiedenen Längen der Glieder hinweisen ; das zweite und vierte entsprächen kaum dem Grundschema der OR, das B. sonst anstrebt. Auch der oben angeführte Vers 5,21 stimmt nicht damit überein. Offenbar wollte B. dessen Glieder nicht zweiteilen, weil sich das weder rhythmisch noch inhaltlich empfiehlt. Würde man den Einschnitt hinter νεκρούς und θέλει ansetzen, so ergäben sich ungleiche Längen, und mindestens die Trennung von οὓς θέλει und ζωοποιεῖ wäre künstlich. Würde man aber schon nach πατήρ und υἱός abtrennen, so fehlte den zwei so entstehenden Vordergliedern das Zeitwort (siehe S 24 dsAr).

[2] ZB Jhev 51 Anm 5 ; 203 Anm 5.

[3] B. greift allerdings einigemal auch zu diesem Mittel, so Jh 1,10. 12 ; 7,18 ; 8,28 f ; 14,19 ua. Siehe auch S 47 f dsAr.

[4] Jhev 194 Anm 3 ; 206 Anm 1 ; 224 Anm 1 ua.

[5] Es handelt sich um das ἦν in Jh 1,9. Nach BJhev 31 Anm 6 soll dieses ἦν Wiedergabe von הוא sein ; dieses הוא hätte den Logos gemeint. Der Evglist habe es nicht mit οὗτος ἦν übersetzen können, da dieser Anschluß nicht zu seinem Einschub 1,6-8 paßte. Hier wird von B. vorausgesetzt, τὸ φῶς τὸ ἀληθινόν 1,9

Wie sehr sich B. durch die Not des Augenblicks leiten läßt, zeigt auch das Beispiel der Verse 15,4a. 5, wo er unmittelbar nacheinander anders einteilt :

15,4a : μείνατε ἐν ἐμοί,
        κἀγὼ ἐν ὑμῖν.

15,5 : ἐγώ εἰμι ἡ ἄμπελος,
       ὑμεῖς τὰ κλήματα.
       ὁ μένων ἐν ἐμοὶ κἀγὼ ἐν αὐτῷ,
       οὗτος φέρει καρπὸν πολύν.

In den folgenden Beispielen (ua) ergäbe die gewöhnliche Aufteilung Glieder mit nur einem Tonwort oder andere Unebenheiten :

5,39 f : ἐραυνᾶτε τὰς γραφάς,
       ὅτι ὑμεῖς δοκεῖτε ‖ ἐν αὐταῖς ζωὴν αἰώνιον ἔχειν,
       καὶ οὐ θέλετε ἐλθεῖν πρός με,
       ἵνα ζωὴν ἔχητε.

8,12 : ὁ ἀκολουθῶν μοι ‖ οὐ μὴ περιπατήσῃ ἐν τῇ σκοτίᾳ,
       ἀλλ' ἕξει τὸ φῶς τῆς ζωῆς.

11,9 f : ἐάν τις περιπατῇ ἐν τῇ ἡμέρᾳ, ‖ οὐ προσκόπτει ·
       ἐὰν δέ τις περιπατῇ ἐν τῇ νυκτί, ‖ προσκόπτει.

12,49 f : ὅτι ἐγὼ ἐξ ἐμαυτοῦ οὐκ ἐλάλησα,
       ἀλλὰ καθὼς εἴρηκέν μοι ὁ πατήρ, ‖ οὕτως λαλῶ [1].

sei Aussage, nicht Gegenstand des Satzes. S 75-77 dsAr wird gezeigt, daß diese Annahme falsch ist. Damit fällt die Möglichkeit weg, hier ein aramäisches Original nachzuweisen. Sie wäre zwar ebenso fragwürdig, wenn τὸ φῶς τὸ ἀληθινόν Aussagenomen von 1,9 wäre. Ein οὗτος (oder τοῦτο) ἦν wäre nämlich nach 1,6-8 (als Gegensatz zu ἐκεῖνος) ganz gut einsetzbar, wenn im Sinne des Evglisten gesagt sein sollte, daß nur der (dieses) das wahre Licht war, das (der) jeden Menschen erleuchtet. Er hätte darum auch zweifellos, wäre in seiner Quelle ein הוא gestanden, es mit οὗτος wiedergegeben ; ein solches הוא hätte dann diese Übersetzung sozusagen erzwungen, wäre kein Hindernis vorgelegen. Außerdem hätte sie ganz dem jh Stil entsprochen, der epexegetische Wendungen, die ein pronomen demonstrativum erklären, liebt (vgl FJül 142 ; Jhev 29 Anm 1). — Wenn wir nun aber annehmen, der Evglist hätte (was nach 6-8 angesichts der zwei andern Möglichkeiten unglaublich ist) einfach sagen wollen : Er (unbetont) (nämlich der Logos) war das wahre Licht, und dieses erleuchtet jeden Menschen, dann wäre es freilich möglich, daß in 1,9 das ἦν die Übersetzung eines הוא wäre ; aber es wäre eben nur möglich. B. macht auch nicht einen einzigen Grund geltend, daß diese Möglichkeit Wirklichkeit war. Und doch wagt er am Ende der in Frage stehenden Anmerkung den kühnen Satz : « An dieser Stelle scheint mir die Hypothese, daß ein aram. (oder syr.) Original zugrunde liegt, den stärksten Beweis zu erhalten. »

[1] B. hat diesen Vers « wiederhergestellt », indem er zwei Sätze und ein kleineres Satzstück des jetzigen Wortlautes von 12,49 f gestrichen hat (vgl Jhev

Für die Hirtenrede verzichtet B. zum voraus auf eine Aufteilung in rhythmische Glieder und sagt dazu : « Zugrunde liegt ein Stück der Offenbarungsreden, wie es für die ἐγώ-εἰμι-Rede von vornherein wahrscheinlich ist, und wie es durch die kommentierenden Zusätze V. 6. 7-10. 15b-18 erwiesen wird ... Da die Rede in der Gleichnisform verläuft, ist der Versbau recht locker.» [1] — Von rund 180 Zweizeilern, die Hirtenrede nicht gerechnet, die B. aus dem Ev den OR zuweist, sind mindestens 50 mit dem Versmaß, wie es B. charakterisiert [2], durchaus nicht in Übereinstimmung. Von 28 Rhythmen aus den Briefen könnten höchstens 11 im Sinne von B. in der Art jener aus dem Ev gelesen werden [3].

Aus all dem kann jetzt schon geschlossen werden, daß der Rhythmus der OR-Stücke nicht erlaubt, diese seinetwegen als Quellenvorlage auszuscheiden. Wir können dafür noch eine Reihe weiterer Gründe heranziehen. — Zunächst ist die Zahl der OR-Rhythmen, die B. nur durch Ausscheiden von kleinern und größern Textstücken und ähnliche Verfahren gewinnt, nicht sehr gering im Vergleich zur Gesamtzahl aller OR-Verse. Das Verhältnis ist ungefähr 1 : 6. B. stellt also, wenn es ihm notwendig scheint, die Rhythmen selber her. Mitgerechnet wurden auch einige Fälle, wo B. vornehmlich begründende Nebensätze mit dem Hinweis auf die Eigenart der OR einfach als Zusätze des Evglisten erklärt und wegschneidet [4]. Auch das ist Willkür, wenigstens im Lichte

---

263 Anm 4). Seltsamerweise streicht er dann später in 8,28 f (vgl auch 14,31) ein Satzstück, das Wort für Wort dem zweiten Glied des 12,49 f neugeschaffenen Verses entspricht, aber den Ausdruck leicht ändert. Man wird im allgemeinen nicht fehlgehen, wenn man eine solche Änderung als Zeichen gleicher Vfschaft nimmt, wie das Brooke (Ep V ; XV f ; LXXV) schon getan hat, um die Jhbr dem Vf des Ev zuweisen zu können. Die Wiederholung gleicher Gedanken in leicht veränderter Form ist geradezu ein jh Kennzeichen. Das Verfahren Bs. erscheint jedenfalls kaum einwandfrei. — Beispiele der genannten Wiederholung sind : 1,15 +30 (ἦν ὅν ‖ ἐστιν ὑπὲρ οὗ ἐγώ) ; 3,3 +5 (ἄνωθεν ‖ ἐξ ὕδ. καὶ πνεύμ. ; ἰδεῖν ‖ εἰσελθεῖν). 13 + 31 (καταβάς ‖ ἐρχόμενος) ; 5,30c + 6,38 (ζητῶ ‖ ποιῶ) ; 6,48 + 51a (τῆς ζωῆς ‖ ζῶν). 50 + 58 (καταβαίνων ‖ καταβάς) ; 7,34b + 8,21b (εἰμὶ ἐγώ ‖ ἐγὼ ὑπάγω) ; 8,14b + c (ἦλθον καὶ ‖ ἔρχομαι ἤ). 32 +33b + 36 (ἐλ. ὥσει ‖ ἐλ. γενήσεσθε ‖ ἔσεσθε) ; 9,21b + 23 ἐρωτήσατε ‖ ἐπερωτήσατε) ; 15,12 + 17 (αὕτη ἐστὶν ἡ ἐντολὴ ἡ ἐμή ‖ ταῦτα ἐντέλλομαι ὑμῖν). Vgl auch HOWARD, Criticism 120 f ; appendix B I 3 ; ausführlicher ABBOTT 2544 ; 2546-2551 (Beispiele) ; auch 2570-2586.

[1] Jhev 276 Anm 5.
[2] Siehe S 24 dsAr.
[3] Vgl die Zusammenstellung der von B. den OR zugewiesenen Verse aus den Jhbr am Schluß des Artikels in der FJül.
[4] Jh 3,18. 20 f ; 6,27 ; 8,28 f ; 14,16 f. 19 ; 15,5 ; 17,4.

der Tatsache, daß ein durchgehender, einheitlicher Rhythmus der fraglichen Verse nicht erkennbar ist.

Anderseits gibt es nun eine schöne Anzahl von Sätzen aus den Reden des vierten Ev, die B. nicht zu den OR rechnet, die aber häufig ohne Schwierigkeit, in andern Fällen mindestens mit jenem guten Willen, den auch B. nicht selten an den Tag legt, im OR-Rhythmus gelesen werden können. B. scheidet sie jeweils für den Evglisten aus, entweder weil sie « Prosa » seien oder aus sich mit der Geschichte Jesu verknüpft, oder weil sie auf das AT Bezug nähmen, oder weil sich im gnostischen Mythos, der im Hintergrund des Jhev stehe, keine Parallelen zu den enthaltenen Gedanken fänden. Das ist nun aber ein unmißverständliches Zeichen der Schwäche des rhythmischen Kriteriums. Entweder ist es quellenscheidend oder darf in keinem Fall zur Scheidung herangezogen werden. Wenn auch der Evglist solche Rhythmen bildet, und zwar nicht selten, dann können auch alle andern Rhythmen der gleichen Art von ihm stammen, ja diese Annahme liegt sogar am nächsten.

Von den rund 80 Zweizeilern im OR-Rhythmus, die B. vom Evglisten stammen läßt, seien einige angeführt :

4,32 :   ἐγὼ βρῶσιν ἔχω φαγεῖν,
           ἣν ὑμεῖς οὐκ οἴδατε.

4,38 :   ἐγὼ ἀπέστειλα ὑμᾶς θερίζειν,
           ὃ οὐχ ὑμεῖς κεκοπιάκατε ·
           ἄλλοι κεκοπιάκασιν,
           καὶ ὑμεῖς εἰς τὸν κόπον αὐτῶν εἰσεληλύθατε.

8,47 :   ὁ ὢν ἐκ τοῦ θεοῦ
           τὰ ῥήματα τοῦ θεοῦ ἀκούει ·
           διὰ τοῦτο ὑμεῖς οὐκ ἀκούετε,
           ὅτι ἐκ τοῦ θεοῦ οὐκ ἐστέ.

9,41 :   εἰ τυφλοὶ ἦτε,
           οὐκ ἂν εἴχετε ἁμαρτίαν ·
           νῦν δὲ λέγετε ὅτι βλέπομεν ·
           ἡ ἁμαρτία ὑμῶν μένει.

13,20 :   ὁ λαμβάνων ἄν τινα πέμψω
           ἐμὲ λαμβάνει,
           ὁ δὲ ἐμὲ λαμβάνων
           λαμβάνει τὸν πέμψαντά με.

Es wurde oben schon angedeutet, daß man, wenn die OR-Rhythmen in einer durchaus fremdartigen Umgebung von Prosasätzen ohne Rhythmus vorkämen, eher geneigt wäre, dem Kriterium quellenscheidende Kraft zuzuerkennen. Wenn man aber die Reden des vierten Ev unvoreingenommen liest und auf sich wirken läßt, so erkennt man bald, daß sie in *freien Rhythmen* gehalten sind [1]; zwei-, drei- und mehrtonige Zeilen wechseln da ab, wie es sich gerade ergibt. Daß gelegentlich gehäufte Nebensätze und holperige Nichtrhythmen den Fluß unterbrechen und den Eindruck der Einheit stören, muß im vierten Ev nicht wundernehmen; die Kunst seines Vf ist nicht ausgeklügelte Absicht [2]. —

[1] Nach dem Urteil der Fachleute kennt der Rhythmus im Schrifttum des vordern Orients in der christlichen Frühzeit wie im semitischen Schrifttum überhaupt *keinen regelmäßigen Wechsel* zwischen tontragenden und tonlosen Silben. Die Zahl der letztern ist also nicht festgelegt, wohl aber die Zahl der tontragenden; sie ist die gleiche in rhythmisch parallelen Gliedern. Tontragende und tonlose Silben wechseln aber doch so miteinander ab, daß ein wirkliches Fließen entsteht, dh keine natürlichen Töne unmittelbar und pausenlos aufeinander folgen; Stauungen werden also vermieden. Von gebundener Rhythmik kann man hier nun reden, wenn eine Schrift oder eine geschlossene Einheit innerhalb eines Schriftganzen parallele Bildungen gleichgearteter rhythmischer Glieder aufweist, die sich zu Versen und Strophen verbinden und eine Gedankenfolge abschließend einfangen. Von freien Rhythmen aber muß man reden, wenn der Wortsatz zwar einerseits so fließt, daß es nicht zu Stauungen kommt und durch eine gewisse Regelmäßigkeit der Tonverteilung Schönheit in der Ordnung entsteht, anderseits aber doch keine durchgehende straffe Gliederung und Zusammenfassung gleicher rhythmischer Einheiten erstrebt und erreicht wird. In diesem Sinne soll die Formulierung hier gebraucht sein. Sie ist Abgrenzung sowohl gegen die Ansicht, die Reden des vierten Ev seien Prosa mit eingelegten Versen desselben rhythmischen Schemas wie auch Abgrenzung gegen eine Auffassung, die in den genannten Reden eine mehr oder weniger das Ganze erfassende Vers- und Stropheneinteilung finden möchte. — Vgl die in manchen Stücken ausgezeichnete Schrift von BURNEY, The Poetry of Our Lord (besonders 22-62; 100-146), ferner die Arbeit von RANEY, The Relation of the Fourth Gospel to the Christian Cultus; zu den Arbeiten von GÄCHTER in der ZKTh siehe Anm 3 S 52 f dsAr.

[2] Wie gerade die Literarkritik am Jhev es deutlich gemacht hat, weist das Ev viele Mängel des Aufbaus und der Einzelgestaltung auf. Man ist angesichts der Tatsachen versucht zu sagen, Jh erzähle und schreibe nicht nur ohne künstlerische Absichten, zwanglos, sondern eher ohne künstlerisches Vermögen, nachlässig, häufig ungeschickt, ohne die Fähigkeit zu formen und formulieren. Starke künstlerische Wirkungen, die trotzdem von seinem Buch ausgehen, würde man dann der schmucklosen Einfachheit des Stils als der angemessenen Form der niedergelegten überweltlich erhabenen Gedanken einerseits und der innern Wärme, Anteilnahme, ja tiefen Leidenschaft, mit der der Vf und sein Jesus reden, anderseits zuschreiben, einer Leidenschaft, denen die ungebändigte Form der Reden und Erzählungen nur noch Relief leiht. — Allein dieses Urteil ist einseitig und darum verzeichnet. Es ist gewiß merkwürdig, aber wahr, daß Jh trotz eines gewissen Mangels an schriftstellerischer Gestaltungsfähigkeit doch einige künstle-

Würde sich nun B. nicht schon vom Prolog weg auf sein Schema fest-
legen, so könnte er außer seinen Zweizeilern mühelos auch eine statt-
liche Anzahl von zwei- und dreitonigen Dreizeilern in unsern Reden
finden [1]. Dieses Schema überschneidet hie und da auch dasjenige von
B. oder deckt sich mit dem seinen, wenn er ein « überschießendes »
Glied zuläßt [2]. Sogar im Prolog finden sich solche Dreizeiler, was B.
nicht ganz entgangen ist. Es handelt sich um die Verse 1, 9 und 10.

1,1 :   ἐν ἀρχῇ ἦν ὁ λόγος,
          καὶ ὁ λόγος ἦν πρὸς τὸν θεόν,
          καὶ θεὸς ἦν ὁ λόγος.

Nun setzt Vers 2 wiederholend und zusammenfassend neu an :

          οὗτος ἦν ἐν ἀρχῇ πρὸς τὸν θεόν.

B. hat gesehen, daß dieser Vers kein reiner Zweitöner mehr ist, und hat
darum die Vermutung ausgesprochen, er sei Zusatz des Evglisten, der

---

rische Ausdrucksmittel in einem geradezu ungewöhnlichen Maße angewandt hat,
so zB den *Gedankenparallelismus* in verschiedenen Abwandlungen. Das Buch ist
auch reich an *Chiasmen.* So wäre noch einiges zu nennen. Jh verwendet diese
Mittel mit einer verschwenderischen Einseitigkeit, die gerade den scheinbar un-
greifbaren und geheimnisvollen Reiz seines Buches ausmacht. Möchte man das
Geheimnis fassen, so stößt man zunächst nur auf langweilige Einförmigkeit. Erst
sorgfältigste Untersuchung deckt die Mannigfaltigkeit in ihr auf. Aber ein durch-
gebildeter und absichtsvoll gestaltender Künstler ist Jh doch nicht, sondern eine
ungewöhnlich starke, aber ebenso einseitig begabte Schriftstellerpersönlichkeit,
die, ohne zu wägen und zu zählen, alles hergibt, was sie von Natur aus hat. —
Vgl LAGRANGE, Ev XCIII-CI ; FAURE, ZNTW 1922, 112-119 ; BAUER, JhEv
251-253 ; ABBOTT, Vocabulary VII f ; 2544 ; 2546-2551 ; 2554-2557 ; 2565 ua.
    [1] Kommentar und Anmerkungen des « Johannes-Evangeliums » zum Prolog
scheinen darauf hinzuweisen, daß B. anfänglich hoffte, das rhythmische Schema
des Prologs, wie er es sah, ziemlich rein auch aus dem übrigen Ev auskristallieren
zu können. Von der Nikodemusszene an hält er aber den Grundsatz nicht mehr
aufrecht, daß nur zweitonige Glieder aus den OR stammen. Trotzdem sucht er,
wenn immer möglich, solche zu erzielen und vermeidet jedenfalls geflissentlich
eintonige Zeilen. In Wirklichkeit ist es so, daß rein zweitonige Zeilen im vierten
Ev außerhalb des Prologs selten sind. Die Beispiele von Dreizeilern, die hier
folgen, sind darum auch meistens nicht zwei-, sondern drei- und gelegentlich mehr-
tonig. Es gibt auch Dreizeiler (wie vor allem Zweizeiler), deren Einzelzeilen un-
gleichtonig sind. Dann ist auch darauf hinzuweisen, daß es häufig gar nicht möglich ist, genau zu sagen, wieviele rhythmische Schläge ein Satz enthält, da wir
weder wissen, wie ihn der Vf oder ein Grieche der damaligen Zeit gelesen hätte,
noch ihn nach unserm Verstehen und Empfinden immer eindeutig rhythmisch
aufzufassen vermögen. — Jh 3,13. 34. 36 ; 4,34 ; 5,46 ; 6,35. 39. 46 ; 7,8 ; 8,29.
37. 44b. c. 49 ; 10,8 ; 12,36 ; 13,32 ; 15,11. 24 ; 16,13b ; 17,11a ; ua.
    [2] Vgl 3,36 ; 5,32. 44 ; 14,1.

das zweite Glied des zweiten Zweizeilers aus irgend einem Grunde so ersetzt habe [1].

1,9 : ἦν τὸ φῶς τὸ ἀληθινόν,
    ὃ φωτίζει πάντα ἄνθρωπον,
    ἐρχόμενον εἰς τὸν κόσμον.

Diese rhythmische Gliederung bliebe auch dann, wenn man ἐρχόμενον mit ἄνθρωπον verbinden wollte. B. aber muß die ganze Kunst seiner Literarkritik aufbieten, um aus dem Dreizeiler einen Zweizeiler herzustellen, ohne indes verhindern zu können, daß dann die zweite Zeile dreitonig wird :

    ἦν τὸ φῶς τὸ ἀληθινόν,
    ὃ φωτίζει πάντα ἐρχόμενον εἰς τὸν κόσμον.

1,10 : ἐν τῷ κόσμῳ ἦν,
    καὶ ὁ κόσμος δι' αὐτοῦ ἐγένετο,
    καὶ ὁ κόσμος αὐτὸν οὐκ ἔγνω.

Hier hat es B. leichter : er streicht das erste Glied. In gleicher Weise fährt er dann weiter, um dem Prolog sein rhythmisches Schema aufzuzwingen, statt anzuerkennen, daß dem Prolog kein einheitliches Schema zugrunde liegt. Aber damit wäre natürlich das πῆ στῶ erschüttert, an dem B. zur Aushebung der OR aus dem Gefüge des vierten Ev ansetzte.

Außer solchen zwei- oder dreitonigen Dreizeilern treffen wir in den Reden manchmal auch drei- oder mehrtonige Zweizeiler. Es seien zwei angeführt, die B. für die OR in Anspruch nimmt :

5,26 : ὥσπερ γὰρ ὁ πατὴρ ἔχει ζωὴν ἐν ἑαυτῷ,
    οὕτως καὶ τῷ υἱῷ ἔδωκεν ζωὴν ἔχειν ἐν ἑαυτῷ.

14,6 : ἐγώ εἰμι ἡ ὁδὸς καὶ ἡ ἀλήθεια καὶ ἡ ζωή ·
    οὐδεὶς ἔρχεται πρὸς τὸν πατέρα εἰ μὴ δι' ἐμοῦ.

Im übrigen aber ist es am natürlichsten, nirgends ein reines Schema zu suchen [2]. Der Evglist legt seine erhabenen Gedanken, gemessen schreitend, in einfachster Sprache nieder, so daß sich, meistens wohl ungewollt, der freie Rhythmus ergibt. Zweitonige Zweizeiler entstehen

---

[1] Jhev 18 Anm 3.

[2] Das machen vor allem auch die vielen Verse Bs. klar, deren Glieder verschiedentonig sind. Vgl 1,9. 16 ; 4,14 ; 5,42. 44 ; 8,14b. 29 ; 12,47 f ; 11,25 f ; 14,1 ; 15,2 ; ua.

manchmal deswegen, weil der Evglist das Grundschema der Satz-
bildung, das den Gegenstand mit der Aussage verknüpft, sozusagen
ohne Erweiterungen anwendet und dann, was er noch zu sagen hat,
in der gleichen Art dazufügt ; im Prolog fällt das vielleicht am meisten
auf [1]. Anderseits ist oft auch der *Parallelismus* Ursache *zweigliedriger*
Rhythmen, mögen dann die einzelnen Zeilen Zwei- oder Mehrtöner sein [2].

Der freie Rhythmus unserer Reden ist einerseits der angemessene
Ausdruck ihres Inhaltes und entspricht anderseits ihrer literarischen
Gattung. In der Frage, ob und wie diese Reden schichtenmäßig aufzuteilen seien, scheint es nun der Grundfehler von B. zu sein, diese
Gattung verkannt und mißdeutet zu haben. Wir haben es, vom Prolog
abgesehen, wirklich mit *Reden* im eigentlichen Sinne zu tun. Man kann
sie gewiß Offenbarungsreden nennen, aber, was die literarische Gattung
angeht, weder als Ganzes noch in Teilen mit den « Oden Salomons »
vergleichen. Diese sind eben Oden, hymnische Lieder, jedoch nicht
Reden. Als Reden sind die fraglichen Stücke unseres Ev *Prosa* und
wollen auch nichts anderes sein. Jedenfalls ist es nicht ihre Absicht,
auskostend zu schauen und lobend zu preisen, sondern aufzurufen und
aufzurütteln, zu überzeugen und zu widerlegen, zu mahnen und zu
tadeln, zu trösten und zu stärken. Auch das Schlußgebet Jh 17 hat
eher rhetorisches als hymnisches Gepräge. Naturgemäß arbeitet nun
diese Prosa mit rhetorischen Mitteln, die den poetischen allerdings nahe
verwandt sind. Eines dieser Mittel aber ist der mehr oder weniger
gebundene Satzfluß, der freie Rhythmus. Das Schema von B. übersieht ihn geflissentlich und, was schlimmer ist, vergewaltigt ihn [3].

---

[1] Andere Beispiele finden wir 3,8. 10. 18. 35 f ; 7,33 f ; 8,15. 55 ; 9,37 ;
10,3. 18 ; 14,18 ; 15,5 ; 16,22. 28 f ; 17,16. 25 ua.

[2] So ua 1,3. 5. 11. 17 f ; 3,6 ; 7,7 ; 8,15. 18 f. 23. 55 ; 16,16. 20 ; 17,14b. 18 f.

[3] PAUL GÄCHTER versuchte seinerzeit (ZKTh 1934-1936) in mehreren Aufsätzen über Form und Aufbau des Prologs und einer Reihe von Jesusreden einen
feststehenden gleichartigen Rhythmus dieser Stücke und ihre durchgehende Abteilung in rhythmisch einander entsprechende Glieder nachzuweisen. Diese faßte
er dann zu « Strophen » zusammen, hob aber hervor, daß sie nicht nach einem
wiederkehrenden Plan gebaut seien und der Ausdruck « Strophe » nicht im strengen
Sinne verstanden werden dürfe (1934, 160 ; 196). Gächter versuchte weiterhin,
die untersuchten Reden in Teilstücke aufzulösen, die sich durch eine symmetrische
Anordnung der einzelnen Strophen auszeichneten und im allgemeinen eine mitt-
lere Länge nicht überschritten. Endlich gab er eine literarhistorische und literarkritische Deutung des erkannten Aufbaues.

Es ist nicht möglich, im Rahmen meiner Arbeit näher auf die Untersuchungen
Gächters einzugehen. Sicher ist die Deutung der angenommenen Erscheinungen

Es kann nicht geleugnet werden, daß es zwischen den *Oden Salomons* und den Reden des vierten Ev Ähnlichkeiten gibt. Gemeinsam ist beiden der soteriologische Dualismus und ihm entsprechende Ausdrücke wie Licht-Finsternis usw. Beide brauchen mit Vorliebe den parallelismus membrorum. Beide sind rhythmisch angelegt; der Rhythmus der Oden ist freilich strenger als der unserer Reden. Die Unterschiede gehen aber tiefer. Klar gibt das genus dicendi der Oden sich als das hymnische zu erkennen. Dem schauenden, genießenden, zu Lob aufwallenden Erleben, dem Sinnen über das erlangte Heil und Glück entsprechen die frohlockenden Rufe und Seligpreisungen, die Aufrufe zu Dank und Preis, Wörter, die Glück, Freude und Heilsgenuß ausdrücken, dann vor allem die zahlreichen Bilder und Vergleiche. Demgegenüber kennen die Reden des vierten Ev keine Erlebnissprache. Sie sind nicht Ergüsse eines Mystikers, geben nicht seelische Zuständlichkeiten wieder. Sie sind ganz auffallend arm an Bildern und Vergleichen (vgl. JÜLICHER-FASCHER, Einleitung 378 f). Auch Oden wie die achte und die neunte verraten noch mehr Erlebnis als unsere Reden. Die Form der Ermahnung und des Aufrufs könnte hier teilweise auch einfach

fragwürdig. P. Lagrange äußerte sich dazu durchaus ablehnend (RB 1935). Wertvoll war der Nachweis verschiedener technischer Mittel zur Gliederung der Reden, wie vor allem der « Inklusionen » (umrahmende Wiederholungen). Diese zeigen, daß die jh Reden wirklich häufig in Teilstücke zerfallen. Daß einige solche Stücke symmetrisch aufgebaut sind, wird ebenfalls nicht von der Hand zu weisen sein ; die jh Reden enthalten eine Art « Strophen » im Sinne Gächters, und diese sind einander manchmal « räumlich » zugeordnet. Es ist allerdings eine Frage, ob diese räumliche Anordnung als solche gewollt war und nicht eine Wirkung anderer angewandter Mittel des jh Stiles ist. Hier hätten vor allem die jh Wiederholungen eingehend untersucht werden müssen, was Gächter gerade am meisten vernachlässigt hat.

Am wenigsten kann ich der rhythmischen Einteilung in zwei- oder dreitonige Stichen, wie Gächter sie vorlegt, folgen. Der Hauptmangel dieser Abteilung ist die Tatsache, daß sie unterschiedslos starke und schwache rhythmische Pausen für gleichwertig nimmt. Vgl allerdings ZKTh 1935, 420. Gächter übersieht auch, daß manche Verse der jh Reden einfach unrhythmisch sind, so von denen, die er untersuchte, ua Jh 5,20 (ZKTh 1936, 112). 38 (ebd 115). 39 f (ebd 116) ; 6,49 (1935, 423). 58a +b (ebd 424) ; 8,17 (1936, 403). 24 (ebd 405). 40 (ebd 406). Mehrmals kreuzt Gächter auch den rhythmischen Aufbau von unzweifelhaft *absichtlich* gebildeten Parallelismen usw, so ua 5,19 (1936, 112). 43 (ebd 116) ; 6,53 (1935, 424) ; 8,14b +c. 18 (1936, 403). Der unregelmäßige Bau mancher jh Parallelismen usw zeigt auch, wie sehr der Evglist trotz seinem Formempfinden von inhaltlichen Forderungen abhängig war und nicht nur an solchen Stellen, sondern im allgemeinen kaum ein rhythmisches Schema anstrebte. Man vgl etwa 3,20 f. 36 ; 4,13 f ; 5,21. 31 f ; 7,18 ; 12,24 usw. — Diese und andere Tatsachen zwingen mich darum, an dem auf den letzten Seiten oben formulierten Urteil über die jh Reden festzuhalten : es handelt sich um *freie* Rhythmen, die sich mehr oder weniger ungesucht ergeben. Man kann, wie das ebenfalls in der Linie des Gesagten liegt, hinzufügen : eine Neigung, zwei- und dreitonige Zeilen zu bilden, ist unverkennbar ; aber sie ist vom Vf des Ev kaum willentlich und jedenfalls nicht durchgehend angewandt worden. Vgl noch den Exkurs S 86-88 dsAr.

Mittel sein, das Heil darzustellen und zu preisen. — Wenn Raney (Relation) unsere Reden in noch größerem Ausmaße als B. als Hymnen verstehen will, so ist zu sagen, daß er mit einem Begriff von Hymnus arbeitet, der nicht mehr das meint, was man auch in einem weitern Sinn gewöhnlich darunter versteht. Das verrät deutlich sein Ausdruck « Prosahymnus » (aaO 13). Anderseits mangelt unsern Reden Verschiedenes, was Raney auch von seinen Hymnen verlangt, so eigentliche dichterische Schönheit (aaO 18), persönliche Empfindung und Andacht, Reichtum an Bildvorstellungen und Farbengebung (ebd 64). Raney übersieht auch offensichtlich, daß manche Sätze unserer Reden überhaupt nicht rhythmisch sind.

Daß es sich bei unsern Reden tatsächlich um Prosa handelt, dafür zeugt auch die *Nüchternheit*, die ihnen manchmal eignet. Auch von den Sätzen, die B. den OR zuteilt, sind manche nüchtern und « prosaisch », und nur der durch die Druckanordnung vermittelte Eindruck täuscht darüber hinweg. Beispiele sind :

7,7 : οὐ δύναται ὁ κόσμος μισεῖν ὑμᾶς,
         ἐμὲ δὲ μισεῖ,
         ὅτι ἐγὼ μαρτυρῶ περὶ αὐτοῦ
         ὅτι τὰ ἔργα αὐτοῦ πονηρά ἐστιν.

7,17 : ἐάν τις θέλῃ τὸ θέλημα αὐτοῦ ποιεῖν,
         γνώσεται περὶ τῆς διδαχῆς,
         πότερον ἐκ τοῦ θεοῦ ἐστιν
         ἢ ἐγὼ ἀπ' ἐμαυτοῦ λαλῶ.

16,12 : ἔτι πολλὰ ἔχω ὑμῖν λέγειν,
          ἀλλ' οὐ δύνασθε βαστάζειν ἄρτι.

Man muß allerdings gestehen, daß man sozusagen allen diesen Sätzen einen Schimmer von Schönheit abgewinnen kann, wenn man sie langsam und rhythmisch liest. Aber das gleiche gilt auch von den Sätzen des Evglisten. Das hängt eben einerseits von ihrem erhabenen Inhalt, anderseits von der im allgemeinen einfachen, schmucklosen und gerade darum eindringlichen Sprache und eben von jenem freien Rhythmus ab, der die Reden des Ev weitgehend durchdringt.

b. *Das Kriterium der Erläuterungstechnik.* — Ein weiteres quellen-scheidendes Kriterium, das B. aufstellt, ist, wie wir gesehen haben [1], die Technik der *Anmerkungen* und *Erläuterungen*, die dem Vf des

---

[1] Vgl S 42 dsAr.

vierten Ev eigen ist. Sie fällt vornehmlich in den *erzählenden* Stücken auf, und wir werden am gegebenen Ort noch näher darauf eingehen müssen. In den Reden kommt es seltener vor, daß der Redende oder der Evglist etwas nachträgt oder erklärend etwas hinzufügt, was nicht streng in den Zusammenhang gehört. Merkwürdigerweise aber versteht hier B. unter Anmerkungen und «kommentierenden Zusätzen» jede Begründung und Erläuterung, die gegeben wird [1]. Und das Axiom, an das B. glaubt, daß nämlich da, wo jene Technik sichtbar wird, auch Quellenscheidung notwendig und möglich sei [2], wenn nicht stärkste Gründe dagegen geltend gemacht werden könnten, dieses Axiom wird nun von ihm für die Reden auf alles angewendet, was irgendwie nach Begründung aussieht. Zweifellos ist ein Mitgrund für diese Ausdehnung die Annahme, die B. willkürlich macht, daß die Quelle der OR nur reine Aussagesätze enthielt [3].

So unerschütterlich nun das genannte Axiom für B. feststeht, so klar muß gesagt sein, daß es dem gesunden Menschenverstand widerstreitet, vor allem in dem Umfang, den ihm B. in den Reden zugesteht. Er sagt einmal, der Evglist habe eben die moderne Art, Anmerkungen unter den Text zu setzen, nicht gekannt [4]; er habe sie darum in den Text eingeflochten. Damit spricht sich B. das Recht zu seinem Vorgehen selber ab; denn gewöhnlich macht ein Schriftsteller Anmerkungen zu seinem eigenen Text. Und warum? Weil es in der Natur menschlichen Redens liegt, unfertig zu sein, immer wieder der Ergänzung, des Hinweises, der Verknüpfung mit Früherem zu bedürfen. — Gewiß! wer Quellentexte herausgibt, der schreibt Anmerkungen zu fremdem Schriftgut; aber dann ergibt sich aus seiner unpersönlichen oder gar kritischen Haltung der Quelle gegenüber die Verschiedenheit der Stücke von selber. Im vierten Ev aber kann man keinen Unterschied machen zwischen dem Anliegen einer Quelle und dem des Evglisten. Er stellt nicht einen Text zur freien Verfügung der Leser, sondern das eine Ziel der Jesusreden ist der einzige Gegenstand seiner Verkündigung, der Inhalt seines eigenen Zeugnisses. Mit andern Worten: Die Technik der Anmerkungen ist in unserm Fall kein Grund zur

---

[1] Vgl die dem Evglisten zugewiesenen Sätze und Satzstücke der Reden mit den Bemerkungen Bs. Jhev 93 ; 111 Anm 3 ; 113 Anm 7 ; 141 Anm 1 ; 177 ; 262 Anm 7 ; 276 Anm 5 ; 282 Anm 3 ; 284 Anm 3 ; 286 f ; 287 Anm 7 ; 376 Anm 1 ; 378 Anm 8 ; 411 Anm 1 ; 464 ; 474 ; 476 Anm 2.

[2] Vgl Anm 1 S 30 dsAr.

[3] Vgl Anm 3 S 24 dsAr.   [4] BJhev 4.

Quellenscheidung. Sie wäre zwar nicht unvereinbar mit der Annahme, daß ein Quellentext zur Verwendung gelangt sei. Aber dies wäre *anderswoher*, nicht aus dieser Technik nachzuweisen. Solange dies nicht geschieht, sind wir gezwungen, für alle Teile der Reden die gleiche Vfschaft vorauszusetzen.

Soweit es sich nun aber in den Reden unseres Ev nicht um mehr oder weniger den Fluß des Textes unterbrechende Anmerkungen handelt, sondern um jene einfachen Erläuterungen und Begründungen, die dem *folgernden Denken* des Menschen entsprechen, sei noch ein anderer Grund gegen B. angeführt. Es liegt nämlich durchaus in der Eigenart der literarischen Gattung, in die der einfache Sachverhalt die Reden des Ev einzureihen zwingt, daß mit spruchartigen, apodiktischen Sätzen Begründungen und Erläuterungen verknüpft sind. Wären diese Reden Bilder, Schauungen, Psalmgebete oder Preislieder, so könnte man mit B. verhandeln. Da es aber Reden sind mit dem oben angegebenen praktischen Ziel, wäre es unvernünftig, aus der Tatsache, daß begründungslose, begründete und begründende Sätze miteinander abwechseln, auf verschiedene Vf zu schließen. Zudem tragen, wie oben angeführt wurde, alle Teile der Reden den gleichen rhythmischen Charakter. Auch dies spricht gegen eine Trennung im Sinne Bs. — Er selber kommt übrigens trotz allem Fleiß, der von ihm zur Aussonderung seiner OR aufgewendet wird, nicht ganz darüber hinweg, daß begründende und begründete Sätze in den Reden ex natura rei miteinander verbunden sind, so wenig wahr er das auch haben möchte. Auch in den OR finden sich nämlich noch 13 begründende ὅτι-Sätze, und nur zweimal zweifelt B. daran oder leugnet, daß das ὅτι ursprünglich sei. Dazu kommen 12 ἵνα-Sätze und 6 Fälle von γάρ, gegen die B. keinen Einspruch erhebt.

c. *Das Kriterium der Aporien.* — Was den ersten Brief angeht, ist B. in der Lage, zwischen der « Vorlage » und dem Vf inhaltliche und formale *Unstimmigkeiten*, gelegentlich sogar *Widersprüche* ausfindig zu machen [1]. Der Vf hat seine Vorlage an einigen Stellen nicht ganz verstanden, und deren Geistigkeit steht über ihm. Natürlich gewinnt die Quellenscheidung auf diese Weise an Sicherheit. Wenn man allerdings der Sache auf den Grund geht, so lösen sich die Unstimmigkeiten und Widersprüche überraschend schnell auf. Der oben [2] angeführte Wider-

---

[1] FJül 140 f ; 144 ; 146-148 ; 154-156.
[2] Vgl S 40 f dsAr.

spruch zwischen 1,8-10 und 2,1 f, den B. aufdecken möchte, als ob
nämlich « die Warnung, sich sündlos zu fühlen, umgebogen » werde « in
den Trost für Sünder » — und dieses Mißverständnis ist die stärkste
Unstimmigkeit zwischen Quelle und Vf — ist durchaus kein Widerspruch und gibt kein Recht zu einer Schichtenscheidung. Auch in 1,9
handelt es sich um einen Trost, sogar dann, wenn man mit B. den
letzten Teil des Verses als Zusatz des Vf zur Vorlage erklärt. Nur
wird — in ganz « harmonischem » Gegensatz zu 2,1 f — noch überdies
gesagt, daß man sich nur dann mit der Vergebung trösten könne und
dürfe, wenn man die Sünden auch eingestehe [1].

Es ist verständlich, daß B. auch die Schichten im Prolog und den
Reden des Ev in formalen und sachlichen Gegensatz zu bringen sucht [2].
Merkwürdigerweise kann er nirgends einen eigentlichen Widerspruch
zwischen der Quelle der OR und dem Evglisten aufzeigen. Nirgends
weist er auf Fehldeutungen oder Mißverständnisse hin. Im Gegenteil !
Mehrmals hebt er nachdrücklich die innere Einheit zwischen den Gedanken der OR und denen des Evglisten und die Richtigkeit seiner
Erläuterungen hervor [3]. Nicht umsonst gelingt es B., einen so einheitlichen Kommentar zu den beiden Schichten zu schreiben ! Diese Übereinstimmung ist nicht nur merkwürdig, weil sie im ersten Brief fehlen
soll, sondern auch weil nach B. der Evglist die OR zuerst ihrer mytho-
logischen Kosmologie entkleiden mußte, damit sie seinen Absichten
dienstbar wurden [4].

B. versucht nun aber zu zeigen, wie die Erklärungen des Evglisten
zu den OR-Sätzen manchmal deren Rhythmus oder Gedankenfortgang
stören, ihren Zusammenhang unterbrechen und ihnen in diesem Sinne
wie Fremdgestein eingelagert sind [5]. Das ist vor allem im Prolog der
Fall, dessen literarkritische Prüfung B. zum Ausgangspunkt seiner
Scheidungen macht. Weiter unten soll auf die dort vorgebrachten
Schwierigkeiten im einzelnen eingegangen werden. Hier aber sei ganz
allgemein die Frage gestellt, die man den meisten Literarkritikern am
Jhev vorlegen müßte, ob denn wirklich der Mangel an gedanklicher

---

[1] Büchsel äußert sich in seiner schon genannten Kritik der Analyse Bs. ausführlicher zu den « Widersprüchen » zwischen Vf und Vorlage der Jhbr (ZNTW
1929, 239-241).
[2] Vgl BJhev 3 f ; 29 ; 284 Anm 3 ; 285 ; 292 ua.
[3] Vgl Anm 3 S 23 dsAr.
[4] Vgl Anm 6 S 23 dsAr.
[5] Vgl Anm 3 S 26 dsAr ; siehe ferner BJhev 394 Anm 1 ; 413 Anm 1 ;
414 Anm 1 ; 424 Anm 1 ua.

Folgerichtigkeit, an Zusammenhang in einem Schriftstück die Aufteilung auf verschiedene Vf notwendig mache oder auch nur nahelege,
wenn es im übrigen einen so einheitlichen Eindruck macht wie das
vierte Ev. Wenn schon wissenschaftliche Arbeiten und künstlerische
Schriftwerke unserer Zeit nicht immer, wie man es wünschen möchte,
ausgearbeitet sind, sondern Gedankensprünge und Risse im Aufbau
zeigen, wie sollten wir es da für unmöglich halten, daß ein Schriftsteller
ohne literarische Bildung und Ziele, der nur um einer Sendung willen
schreibt und Zeugnis geben, einen Glauben verkünden will, daß ein
solcher Vf da und dort den klaren Aufbau vermissen läßt und sich
ungeschickt durch « Anmerkungen » unterbricht ! Wie manche gute
Predigt, die an unser Ohr drang, ließ schon die Einheitlichkeit vermissen, wies Flicken und Nähte auf, und das umso eher, je weniger
sie ganz oder teilweise aus einem Predigtbuch stammte ! Stört übrigens
eine Anmerkung nicht von Natur aus den Zusammenhang ? Und wie
mancher gute Wissenschaftler versteht die Kunst nicht, alle Anmerkungen und Abschweifungen aus seinem Text nach unten zu verbannen !
Wie gerne schweift man auch vom Gegenstand ab, wenn man an einer
Aussprache teilnimmt, ein Zeichen, daß es nicht so leicht ist, den guten
alten roten Faden sichtbar durch ein Stoffstück hindurchzuziehen, ohne
ihn abzureißen oder zu verlieren !

Fügen wir hinzu, was Lagrange 1924 in der Revue Biblique schrieb :
« ... des incohérences, des redites, des traces de lacunes dissimulées par
des sutures artificielles, des apparences de contradiction, en un mot
tout ce qui peut suggérer une composition composite. Avant tout on
devrait se demander si ces phénomènes sont vraiment inconciliables
avec l'unité d'auteur. Peut-être en effet n'a-t-il pas digéré suffisamment
sa matière, peut-être y a-t-il ajouté lui-même des suppléments, peut-
être a-t-il laissé son œuvre inachevée, étant mort avant d'avoir enlevé
les disparates. » [1]

Die Kritik der drei Grundtatsachen, von denen aus B. seine Sonderungen zwischen OR und Evglist durchführt, ist etwas scharf und streng
ausgefallen. Um aber B. gegenüber nicht ungerecht zu sein, muß gesagt
werden, daß er sich nicht ausschließlich auf eine einzige dieser Tatsachen stützt, sondern im allgemeinen erst ihrer Verbindung quellenscheidende Kraft zuerkennt, und zwar je nach dem Fall mehr oder

---

[1] 323.

weniger. Aber es war natürlich nicht möglich, die drei Scheidungsgründe in dieser Verbundenheit zu widerlegen, vielmehr mußte jeder für sich vorgenommen und grundsätzlich, ohne Rücksicht auf den Einzelfall, geprüft werden.

d. *Das Kriterium der Stilmerkmale.* — Wie schon erwähnt wurde [1], urteilt B. in « Der Christlichen Welt », es sei der Grundfehler der früheren literarkritischen Versuche am Jhev gewesen, daß sie nicht mit *stilistischen Merkmalen* gearbeitet hätten. Der Ruf nach solchen stil-kritischen Unterlagen für Scheidungsversuche im vierten Ev war auch schon von Lagrange im erwähnten Aufsatz erhoben worden [2]. Er ist freilich überzeugt, daß derartige Versuche letztlich nur die Einheitlich-keit des Ev neu erhärten könnten [3]. 1931 schärfte Howard in seinem Buch « The Fourth Gospel in Recent Criticism and Interpretation » seinen Fachgenossen ein, daß die Geschichte der literarkritischen Miß-erfolge am Jhev dazu mahne, endlich « to apply so obvious an objective test as a comparison of linguistic characteristics » [4]. « Only the most careful literary examination of style could hope to prove a distinction of authorship. » [5] Howard selber ist zwar wie Lagrange überzeugt, daß unser Ev das Werk eines einzigen Vf sei [6].

Tatsächlich scheinen nur sprachlich-stilistische Unterschiede einen festen Boden legen zu können für den Nachweis verschiedener Hände, die am Zustandekommen einer Schrift mitgewirkt haben sollen. Da jeder Schriftsteller irgendwie seine Individualität verraten wird, wenn er schreibt, muß eine peinliche sprachliche Prüfung eines längern Schrift-stückes entweder seine Einheit oder seine Zusammensetzung aus Teilen verschiedener Herkunft erweisen, falls nicht etwa eine Hand die Züge der andern auf das sorgfältigste nachahmte. Inhaltliche Widersprüche, Mangel an Zusammenhang und ähnliche Unstimmigkeiten sollen gewiß der Anlaß sein, die Frage nach der Einheit zu stellen und die Möglich-keit einer Zusammensetzung zu untersuchen, aber abgesehen davon, daß sie aus sich noch nichts ergeben, ist das Dasein solcher Wider-sprüche und Risse häufig nur ein Schein und das Urteil darüber je nach Vorbildung, Eigenart und Geschmack des Urteilenden verschieden. Man muß also verlangen, daß alle auf nicht-stilkritische Gründe hin ge-

---

[1] S 39 dsAr. [2] 324 ; 329 ; 337 ; 340.
[3] 323 ; 341 f. [4] 111.
[5] 115 ; vgl auch BAUER, Jhev 249. [6] 174 u passim.

machten Scheidungsversuche wenigstens sprachlich-stilistisch *nachge-prüft* werden.

Zweifellos hat B. jenen drei Tatsachen, die er zur Grundlage seiner Sonderungen zwischen OR und Evglist machte, an sich schon quellenscheidende Kraft zuerkannt. Trotzdem ist nicht zu verkennen, daß er es doch als *Prüfstein* dieser Sonderungen anschaute, für die gefundenen Schichten sich ausschließende Stilmerkmale erheben zu können. Auch verwendet er sie sehr häufig zu Einzelausscheidungen. Wir haben darum zu untersuchen, ob sie dazu tauglich und auch geeignet sind, unabhängig von ihnen gemachte Scheidungen sicherzustellen.

In der Jülicher-Festgabe unternimmt es B. gleich eingangs, kaum daß er zwei Schichten sichtbar gemacht zu haben glaubt, deren stilistische-sprachliche Eigenart darzustellen, um aus dem Vergleich ihre vollständige Verschiedenheit zu ermitteln. Diese Verschiedenheit geht ziemlich unvermischt durch den ganzen Brief hindurch. Auf der einen Seite haben wir jene antithetischen Sätze, wie sie hier schon gezeichnet wurden ; auf der andern Seite stehen die *homiletischen* Erläuterungen des Briefschreibers. Da finden wir die Anrede τεχνία im Wechsel mit ἀγαπητοί. « Der Verfasser nimmt häufig darauf Bezug, daß er zu seinen Lesern schreibt », mehrmals « in rückblickender Wendung ». Charakteristisch sind hinweisende Fürwörter, die durch einen ἵνα- oder ὅτι-Satz, durch einen Hauptsatz oder sonstwie *erklärt* werden. Nicht selten wird ein Begriff dadurch erläutert, daß ihm das negierte Gegenteil vorausgeschickt wird. Bezeichnend ist auch das χαὶ ἐάν τις, « mit dem der Homilet einen möglichen Einzelfall einführt », ferner « die durch die Wendung χαθώς formulierte homiletische Verwendung der Person Jesu»[1].

Alle diese Wendungen « sind charakteristisch sowohl für den Stil des Verfassers wie für den Stil der erklärenden, explizierenden homiletischen Darlegung »[2]. Mit diesem Satz hat B., wie mir scheint, über die stilistische Sicherung seiner Aufteilung des Briefes wie der Reden des Ev auf OR und Vf ungewollt selber das Urteil gefällt. Wenn sich auch in der Jülicher-Festgabe wie im « Johannes-Evangelium » Ansätze finden, um den *individuellen* Stil des Evglisten, seine *persönlichen* Spracheigentümlichkeiten zu erfassen, so wird doch im allgemeinen nur das ausgehoben, was den Homileten oder den Exegeten *als solchen* kennzeichnet. Diese Kennzeichnung aber vermag so wenig zu erweisen,

---

[1] Diese Kennzeichnung der beiden Schichten findet sich FJül 141-144.
[2] Ebd 143.

daß er der Vf der OR-Stücke nicht ist, wie es die Technik der Erläuterungen und Anmerkungen aus sich vermag. Es handelt sich da in Wirklichkeit nur um eine Entfaltung dieses letztern Beweisgrundes; notwendig teilt sie darum auch seine innere Schwäche.

Daß nämlich die spruchartigen, straffen Antithesen des großen Briefes sich von den «locker gebauten» homiletischen Sätzen des Briefschreibers [1] stark unterscheiden, liegt in der Natur der Sache, wie es etwa in der Natur der Sache liegt, daß sich die Anrede τεκνία von der Anrede ἀγαπητοί unterscheidet, ohne daß man daraus auf verschiedene Hände schließen dürfte, wie das seinerzeit (wenigstens mit dem Anspruch auf Wahrscheinlichkeit) Hirsch getan hat [2]. Man kann zB nicht erwarten, daß sich in jenen apodiktischen Sätzen eine erläuternde Wendung wie ἐν τούτῳ ... ὅτι finde. Daß sie aber in den erklärenden Sätzen vorkommt, ist ganz natürlich. Nur wenn die Antithesen an sich nicht vom gleichen Vf wie die Erläuterungen stammen könnten, wären auch jene stilistischen Unterschiede — nicht aus sich — quellenscheidend. Das gleiche gilt unverändert auch von den parallelen Unterschieden zwischen OR und Vf im Ev. Auch da geht es sozusagen ausschließlich um Merkmale, die nur mit der Wesensart zweier Schichten gegeben sind, die ohne weiteres vom gleichen Vf stammen können [3].

Nun hätte aber B. für Ev und Brief in beiden Schichten Wörter und Wendungen, Formen und Konstruktionen ermitteln müssen, die tatsächlich nur als sicheres Zeichen verschiedener Schriftstellerpersönlichkeiten gedeutet werden könnten. Es ist vielleicht ein Ansatz dazu, wenn B. im «Johannes-Evangelium» zeigen will, daß atliche und rabbinische Redeweise vornehmlich dem Evglisten eigen sei. Allein der Versuch ist als mißlungen zu werten, da der Evglist nur schwach 1,24 mal mehr solcher Wendungen hat als die OR [4]. Dieses Verhältnis

---

[1] FJül 140.

[2] Studien 171. — Büchsel weist darauf hin, daß auch « in der jüdischen Traditionsliteratur die Stilmittel, die Bultmann auf die Vorlage und den Verfasser der Johannesbriefe verteilt, die kontradiktorischen Antithesen und die homiletisch-paränetischen Wendungen, oftmals nebeneinander stehen ... Beides ergänzt sich gegenseitig, schließt sich aber nicht aus. » (ZNTW 1929, 238 f)

[3] Vgl S 26 f dsAr. Es sei hier auch auf die *erstaunliche Tatsache* hingewiesen, daß B. stilistische Merkmale wie Wendungen, Wörter und Konstruktionen sozusagen *ausschließlich in der Schicht des Evglisten* gefunden hat. Die Schicht der OR unterscheidet sich hierin von dieser nur durch die Abwesenheit jener. Zur Erklärung dieser Tatsache siehe S 104-106 dsAr.

[4] 8 Fällen aus den OR stehen 29 Fälle des Evglisten gegenüber. Jene verteilen sich auf rund 320, diese auf rund 520 Zeilen (Merk). Dem Evglisten wurden

sagt nichts aus. Auch die stilistische Gewohnheit, daß dem positiven Satz das negierte Gegenteil vorausgeschickt wird, kommt nicht nur auf Seite des Evglisten, sondern ziemlich häufig auch in den OR vor. Das Verhältnis ist 26 : 14 [1]. Das wiederaufnehmende οὗτος, ἐκεῖνος (αὐτός) aber findet sich immerhin noch 6 mal in den Stücken, die aus den OR genommen sein sollen [2]. — Es ergibt sich also, daß auch diese Eigentümlichkeiten die angenommenen Schichten nicht genügend voneinander abheben. Umso weniger ist es gerechtfertigt, wenn B. mit ihrer Hilfe, ohne andere Gründe, wie das häufig geschieht, Scheidungen durchführen will.

dabei alle Stücke der Jesusreden zugewiesen, die organisch mit OR-Sätzen verknüpft sind ; außerdem die entsprechenden Dialogsätze und die eng mit beiden verbundenen (einleitenden und überleitenden) Erzählungsteile. — Es wäre natürlich auch noch zu untersuchen, inwieweit die rabbinischen Wendungen einfach exegetische Wendungen sind, ob es sich manchmal nicht einfach um allgemeingebräuchliche semitische Redensarten handelt usw. Dadurch, daß ein Ausdruck in rabbinischen Schriften vorkommt, ist er gewiß noch nicht als eigentümlich rabbinisch erwiesen.

[1] Es handelt sich hier nur um die Wendung οὐ (μή) ..., ἀλλά. Das Vorkommnis in den OR-Stücken macht 7/8 der Fälle aus, die auf den Evglisten entfallen (320 : 520 Zeilen !), gewiß ein überaus günstiges Verhältnis.

[2] Jh 3,32 ; 5,19 ; 7,18 ; 10,1 ; 15,5. 26. Nach B. soll das wiederaufnehmende Fürwort in allen diesen Fällen vom Evglisten in den Quellensatz eingefügt worden sein (Jhev 53 Anm 5 ; 5,19 ist allerdings nicht ausdrücklich genannt). Allein diese Annahme ist reine Willkür. Sie hängt zusammen mit der Auffassung, die OR hätten solche «prosaischen» Wendungen streng vermieden, was sich ohne Kreisschluß nicht nachweisen läßt. Es ist auch an den Stellen 3,32 ; 7,18 ; 10,1 ; 15,5 durchaus nicht wahrscheinlich, daß der Evglist ein in der Quelle nicht vorhandenes Fürwort zugesetzt hätte, umso weniger, als sich ein solcher Zusatz mindestens in 7 weitern Fällen ebenso empfohlen hätte (3,21. 31c. 36b ; 5,24 ; 8,29. 38a ; 12,35c ; vgl zu 3,21 die Stellen 3,20 + 2 Jh 9 ; zu 8,38 die Lesart von WD !). — Den 6 Fällen aus den OR stehen nun 17 Fälle (aus den genannten 520 Zeilen) gegenüber, wo der Evglist das wiederaufnehmende Fürwort setzte ; dabei hatte er an 4 Stellen keine andere Wahl (5,38 ; 9,37 ; 14,12. 21). Das zu vergleichende Verhältnis ist also zunächst 6 : 13. Nun hätte allerdings in der Quelle, wie gesagt, das Fürwort in 7 andern Fällen leicht hinzugefügt werden können, während der Evglist nur an 5 andern Stellen eine solche Möglichkeit überging (5,23 ; 6,32b ; 12,25b ; 15,16b. 23). Der angenommene Vf der Quelle hätte also von 13 freien Möglichkeiten 6, der Evglist von 18 (17 — 4 + 5) 13 ausgenützt. Also hätte dieser das wiederaufnehmende Fürwort schwach 3/5 mal häufiger verwendet als der Vf der Quelle. Dieses Verhältnis liegt weit *unter* der Zufallsgrenze.

2. Der Prolog und seine Aufteilung
auf die Offenbarungsreden und den Evangelisten

a. *Die literarkritischen Aufstellungen Bultmanns.* — Nachdem im allgemeinen erwiesen sein dürfte, daß die Grundlagen für die Scheidung zwischen einer Quelle von OR und Stücken des Evglisten nicht tragfähig sind, soll wenigstens für den Prolog das Vorgehen von B. auch noch im einzelnen geprüft werden. Das ist umso wichtiger, als B. den Prolog als eine Art Schlüsselstellung zum Verständnis des ganzen Ev anschaut und im gleichen Sinne auch zum Ausgangspunkt seiner literarkritischen Arbeit am Ev gemacht hat. Schon in seinem Aufsatz in der Gunkel-Festschrift [1] wie im « Johannes-Evangelium » gibt B. seiner Überzeugung Ausdruck, es sei schlechthin unmöglich, den Prolog als eine literarische Einheit aufzufassen. So läßt er die Verse 6-8. 10a. 12c. 13. 15. 17 f vom Evglisten in seine Quelle eingefügt sein. Die Gründe für diese Sonderungen und für die gesamte Literarkritik, die B. am Prolog übt, seien hier zusammengestellt.

« Die Form (nämlich des Prologs) ist keine zufällige, sondern eine feste, die auch im einzelnen ihre Gesetzlichkeit hat. Ähnlich wie in den Od. Sal. gehören je zwei kurze Sätze als Glieder eines Doppelverses zusammen ... Diese Form ist der semitischen Poesie nicht fremd und kehrt vielfach in den Reden des Evgs wieder ; sie ist aber im Prolog noch durch ein besonderes Kunstmittel ausgestaltet. In den einzelnen Gliedern tragen in der Regel zwei Wörter den Ton, und vielfach kehrt das zweite dieser Tonwörter als das erste betonte Wort des nächsten Gliedes wieder ; und zwar sind so nicht nur die Glieder eines Doppelverses, sondern gelegentlich auch einzelne Verse verbunden, so daß eine kettenartige Verschlingung der Sätze entsteht ... Nun ist freilich diese Form im Prolog nicht rein durchgeführt ; versucht man ihn im Sinn des charakterisierten Versrhythmus zu lesen, so treten V. 6-8. 13. 15 störend dazwischen. Aber diese Verse widersprechen auch dem Charakter des Ganzen als eines Liedes der Gemeinde, die die Offenbarung preist ; sie sind teils prosaische Erzählung mit deutlich polemischem Zweck (V. 6-8. 15), teils haben sie den Charakter einer dogmatischen Definition (V. 13). Das führt zur kritischen Analyse. » [2]

« Ehe der Evglist im Anschluß an seine Quelle das Thema (nämlich vom Kampf zwischen dem Licht und der Finsternis) in V. 9-13 andeutend erläutert, fügt er in V. 6-8 eine Anmerkung ein über das Zeugnis des Täufers für das Licht, auch damit ein thematisches Motiv vorausnehmend, das in der ersten Hälfte des Evgs mehrfach widerklingt. Die Einfügung beweist, wie wichtig dies Zeugnis ihm ist ; je weniger sie mit dem Gedanken-

---

[1] 3 f.   [2] Jhev 2 f.

gang organisch verbunden ist (eben als « Anmerkung »), desto deutlicher, daß das Motiv der Einfügung ein aktuelles und persönliches ist : die Polemik gegen diejenigen, die freilich auch vom φῶς des Logos und seiner Erscheinung in einer geschichtlichen Gestalt zu reden wissen, die aber eben den Täufer als den fleischgewordenen Logos verehren. »[1]

Die Verse 6-8 sind also ein unorganisches Einschiebsel. Wären sie « ursprünglich im Text, so müßte V. 9-13 darauf in der Weise Bezug nehmen, daß gesagt würde : trotz dieses Zeugnisses fand der Logos keinen Glauben. Es heißt aber : obgleich die Welt durch den Logos geschaffen und sein Eigentum war ... ; d. h. es wird auf V. 3 f. Bezug genommen. » Mit andern Worten : « V. 9 muß sich an V. 5 anschließen. »[2]

« Die Einfügung ist einmal durch ihren absolut prosaischen Stil charakterisiert, der sich vom Stil der Quelle deutlich abhebt ; sie zeigt sodann den charakteristischen Stil des Evglisten, und zwar 1. darin, daß er alttestamentliche Redeweise, die seiner Quelle fremd ist, nachahmt, 2. in sprachlichen Eigentümlichkeiten, die für die rabbinische Redeweise bezeichnend sind, 3. in sprachlichen Eigentümlichkeiten, die für den Evglisten selbst charakteristisch sind. — Ad 1. Das ἐγένετο ἄνθρωπος entspricht dem וַיְהִי אִישׁ אֶחָד Jdc 13,2 ; 19,1 ; I Sam 1,1 (vgl Mk 1,4 ; Lk 1,5) ; ... At.lich ist auch das ὄνομα αὐτῷ I., vgl Jdc 13,2 ; 17,1 ; I Sam 1,1 ; 9,1 f. usw ; so auch Apk 6,8 ; 9,11. — Ad 2. Das ἦλθεν εἰς μαρτυρίαν entspricht dem בָּא לְ ; griech. wäre doch wohl : ἦλθεν μαρτυρήσων ... — Ad 3. Das οὗτος ἦλθεν εἰς μαρτυρίαν wird durch den ἵνα-Satz expliziert, vgl 11,4 und ähnliche Explikationen ... ; dazu Festg. Ad. Jül. 142. Der Evglist liebt den epexegetischen ἵνα-Satz, der in der Koine den Inf. zurückdrängt. Wie in V. 8 die Erläuterung dadurch gegeben wird, daß dem positiven Satz das negierte Gegenteil vorausgeschickt wird, so häufig : ... ; Festg. für Ad. Jül. 143. Das betonte ἐκεῖνος zieht sich durch das ganze Evg hindurch ... — Zu 2. und 3. gehört die Ellipse ἀλλ' ἵνα V. 8, die ebenso für die rabbin· Redeweise bezeichnend ist wie für den Evglisten. Natürlich ist solche Ellipse auch im Griechischen möglich ... »[3]

Wie die Verse 5 und 9, gehören auch 14 und 16 zusammen. « V. 15 sprengt den Zusammenhang und trennt die verbindenden Wörter πλήρης und ἐκ τοῦ πληρώματος ; er ist eingefügt. » Das geht auch daraus hervor, daß der « nach der vorliegenden Textfolge » « V. 15 redende Täufer auch die Worte von V. 16 » spricht, « die er doch von rechtswegen nicht sprechen kann ; denn die ἡμεῖς von V. 16 müssen die von V. 14 sein. »[4] — « V. 15 verrät sich auch durch den Stil als Werk des Evglisten ; das Täuferwort ist einer der typischen Identifikationssätze ; vgl 1,33 ; 4,42 ; 6,14 ; 7,25 f. 40 f ; 21,24 usw ... Auch das λέγειν τινά = über jemanden etwas sagen, ist für den Evglisten charakteristisch. Endlich ist das Auftreten von rabbin. Redewendungen für ihn bezeichnend. »[5]

« Das zu der Einfügung von V. 6-8. 15 führende Motiv wird aus der

---

[1] Ebd 29. [2] Ebd 3. [3] Ebd 29 Anm 1.
[4] Ebd 3. [5] Ebd 50 Anm 2.

polemischen Haltung der Verse deutlich ; denn ihr Zweck ist nicht nur der positive, den Täufer als Zeugen für Jesus aufzubieten, sondern zugleich der polemische : die Autorität des Täufers als des Offenbarers zu bestreiten. Diese Autorität muß also von der Täufersekte ihrem Meister zugeschrieben worden sein ; diese hat in Johannes das φῶς und damit dann doch wohl auch den fleischgewordenen präexistenten Logos gesehen. Damit ist schon die Vermutung angedeutet, daß der Text der Quelle ein Lied der Täufergemeinde war. Der Evglist wäre dann, indem er es auf Jesus bezieht, ähnlich verfahren wie die Kirchenväter, die in der 4. Ekloge Vergils eine Weissagung auf Jesus Christus erblicken. Die Vermutung hat keine Schwierigkeit, wenn man annehmen darf, daß der Evglist selbst einst zur Täufergemeinde gehörte, bis ihm die Augen dafür aufgingen, daß nicht Johannes, sondern Jesus der gottgesandte Offenbarer sei. Zweifellos bedeutet ja der Bericht 1,36-51, daß ein Teil der Täuferjünger zur christlichen Gemeinde übertrat ; und ist dann nicht auch täuferische Tradition von der christlichen Gemeinde übernommen worden ? » [1]

« Es ergibt sich also : der Evglist hat dem Prolog ein kultisches Gemeindelied zugrunde gelegt und es durch seine Anmerkungen erweitert. Es ist ferner klar, daß die Quelle in V. 1-5. 9-12 vom präexistenten Logos redete und in V. 5. 11 f. dessen vergebliches oder fast vergebliches Offenbarerwirken schilderte, um in V. 14 seine Fleischwerdung zu berichten. Es ist aber auch klar, daß *der Evglist* den Text von V. 5 an auf den Fleischgewordenen bezogen wissen will. Denn nur, weil er in dem τὸ φῶς ἐν τῇ σκοτίᾳ φαίνει κτλ. die durch den geschichtlichen Jesus gegebene Offenbarung ausgesagt fand, konnte er an dieser Stelle den Täufer als den Zeugen für das Licht einführen.» [2]

Zu Vers 9 : « Es liegt schon im Zuge des Ganzen, daß Subj. des ἦν 'er', der Logos, ist, daß τὸ φῶς dagegen Präd. ist (es muß den Art. haben, da der Begriff des φῶς ἀλ. notwendig determiniert sein muß). Das geht auch daraus klar hervor, daß das Subj. das gleiche sein muß wie für das ἦν V. 10 und das ἦλθεν V. 11 ; dieses ist aber, wie das αὐτὸν V. 11 f. zeigt, der Logos. Hier ist die Annahme eines aram. (oder syr.) Originals einleuchtend : ἦν wäre Wiedergabe von הוּא (so Burney und Burrows), und der Evglist braucht das gar nicht als הְוָא mißverstanden zu haben ; er konnte nach V. 6-8 ja nicht beginnen : οὗτος ἦν. — Damit ist auch entschieden, daß, wie die alte Exegese richtig sieht, ἦν nicht mit ἐρχόμενον zu verbinden ist, wofür auch 2,6 ; 18,18 keine Analogie wären (nirgends sonst steht zwischen Hilfsverb und Part. ein Relativsatz !), was auch dem Versbau widersprechen würde, und was endlich keinen erträglichen Sinn gibt, wie die Verlegenheit der Kommentatoren zeigt. Zu der falschen Verbindung führt nur die Empfindung, daß das ἐρχ. εἰς τ. κόσμ. neben ἄνθρ. überflüssig ist. In Wahrheit ist ἄνθρ. kommentierende Glosse (des Übersetzers) zu πάντα ἐρχ. εἰς τ. κ. ; denn dieses ist eine im Semitischen geläufige Umschreibung für 'jeder Mensch'. Es steht aber nicht als charakterisierendes

[1] Ebd 4 f.   [2] Ebd 4.

Attribut *neben* 'Mensch', sondern *statt* 'Mensch'. Deutlich ist also ἄνθρ. Interpretament. Nach seiner Ausscheidung hat V. 9b auch die angemessene Länge. An dieser Stelle scheint mir die Hypothese, daß ein aram. (oder syr.) Original zugrunde liegt, den stärksten Beweis zu erhalten.»[1]

Zu Vers 10 : « Der erste Vers ist um ein Glied zu lang. Es ist zu vermuten, daß die Quelle, die noch vom präexistenten Logos und also nur von der Schöpfungsoffenbarung redete, nur das ὁ κόσμ. δι' αὐτ. ἐγ. enthielt, daß der Evglist, der seit V. 5 von der Heilsoffenbarung handelte, das ἐν τ. κ. ἦν hinzufügte, wodurch der Satz der Quelle den Sinn gewann : « Und obgleich ... » Sollte das ἐν τ. κ. ἦν doch in der Quelle gestanden haben (es hätte dann die ewige Gegenwart des Logos in der Schöpfung bezeichnet), so könnte es nur der erste Teil eines Doppelverses gewesen sein, dessen zweiten Teil der Evglist gestrichen hätte.»[2]

« Zu den exegetischen Anmerkungen des Verf.s gehören ferner V. 12c (τοῖς πιστεύουσιν κτλ.). 13, eine den Rhythmus störende Interpretation des Begriffes τέκνα θεοῦ (V. 12b). Ebenso V. 17, eine exegetische Glosse zu V. 16, in der der Name 'Ιησοῦς Χριστός, der bisher verschwiegen war, plötzlich und beiläufig auftaucht (Auch 17,3, wo sonst einzig im Evg das 'I. Χρ. begegnet, ist exegetische Glosse.), und in der der sonst dem Evg fremde (paulinische) Gegensatz νόμος — χάρις verwendet ist. Endlich ist V. 18 aus stilistischen Gründen mit Wahrscheinlichkeit für einen Zusatz des Verf.s zu halten. Mit der Möglichkeit sonstiger kleiner Korrekturen ist natürlich zu rechnen.»[3]

Zu Vers 12c (τοῖς πιστεύουσιν κτλ) : « Daß die Worte ein Zusatz des Evglisten sind, geht formal daraus hervor, daß sie aus dem Rhythmus der Verse herausfallen ; sachlich daraus, daß in der Quelle vor V. 14 nicht von dem fleischgewordenen Offenbarer die Rede sein kann. Die Quelle redete V. 12 von den einzelnen Offenbarungsempfängern, die sich als Ausnahmen in den verschiedenen Generationen fanden. Vgl. bes. Sap 7,28 von der σοφία.»[4]

« V. 13 ist Interpretament des Evglisten ; er stört den Rhythmus der Verse empfindlich. Auch wenn man mit Burrows vermuten wollte, daß in der ersten Zeile das Präd. (יְלִידִין) vom Übersetzer gestrichen wäre, bliebe der Anstoß, daß das erste Glied viel zu lang ist und im zweiten die Nennung des Subj. fehlt. Zudem ist V. 13 Erläuterung von τοῖς πιστ. V. 12, das dem Evglisten zugehört.»[5]

Zu 17 : « Διδόναι νόμον ist ungriech. und entspricht dem rabbinischen נָתַן תּוֹרָה ; ebenso entspricht das ἐγένετο dem נַעֲשָׂה, was für den Sprachgebrauch des Evglisten wieder charakteristisch ist ... Übrigens hat auch die in V. 17 vorliegende Antithese anderen Charakter als die Antithesen der Quelle V. 5. 10 f., da in diesen der zweite Satz immer antithetisch einen Begriff des ersten Satzes aufnimmt.»[6]

---

[1] Ebd 31 Anm 6. Vgl auch Anm 5 S 45 f dsAr.
[2] Ebd 33 Anm 3.
[3] Ebd 4 mit Anm 4 (oben in Klammer).
[4] BJhev 37 Anm 4.   [5] Ebd 37 Anm 5.   [6] Ebd 53 Anm 3.

« Der Stil erweist V. 18 als Satz des Evglisten. Die Antithese hat den gleichen Charakter wie die von V. 17 ; zudem ist der zweite Satz zu lang, um sich in den Rhythmus der Verse zu fügen, und ist mit der eingeschobenen Apposition (ὁ ὤν κτλ.) und dem das Subj. wiederaufnehmenden ἐκεῖνος ganz prosaisch. Endlich ist dies Pronomen, das das Subj. oder Obj. wiederaufnimmt, für den Evglisten charakteristisch, und wiederum erweist sich dadurch sein Stil als rabbinisch. In der Gedankenbewegung entspricht die Antithese den zahlreichen Sätzen des Evglisten, die einen Gedanken durch die vorangeschickte Negation erläutern . . . » [1]

b. *Kritik.* — Es fehlt den angeführten literarkritischen Aufstellungen Bs. nicht an einer gewissen innern Geschlossenheit und Folgerichtigkeit. Im Anschluß an die vorausgegangenen allgemeinen Erwägungen dürfte es gut sein, zunächst auf die Frage des *Rhythmus* und *Versbaues* einzugehen. Das rhythmische Moment, wie B. es faßt, spielt gerade in der Aufteilung des Prologs eine wichtige Rolle. Sicher ist es für ihn der entscheidende Grund, um 10a. 13, in 9 das ἄνθρωπον, in 12 das ἐξουσίαν dem Evglisten zuzuschlagen [2]. In der Gunkel-Festschrift, wo B. den OR-Rhythmus noch nicht gefunden hatte, ließ er alle diese « Zusätze » noch als Quellengut gelten [3].

Schon im allgemeinen Teil [4] wurde nun darauf hingewiesen, daß im Prolog der OR-Rhythmus in den Quellensätzen, die B. vorfindet oder herstellt, nicht durchgeht : 1,1 ist ein zweitoniger Dreizeiler, 1,2 ein dreitoniger Einzeiler. Das zweite Glied in 9 ist übermäßig lang, ebenso in 12, trotzdem an beiden Stellen je ein Wort ausgeschieden wurde. Auch das erste Glied von Vers 16 ist überlang. Es wird übrigens als zweites Glied zum Schluß von 14 gezogen. Auf diese Weise wird χάριν ἀντὶ χάριτος Anhängsel und erhält mit dem Daseinsrecht am Ende einer Strophe den Namen « überschießendes Glied » [5]. Sinngemäß ist aber für die Verse 14 und 16 nur folgende Einteilung möglich :

καὶ ὁ λόγος σάρξ ἐγένετο
καὶ ἐσκήνωσεν ἐν ἡμῖν,

---

[1] Ebd 53 Anm 5.
[2] Siehe S 65 f dsAr ; BJhev 36 Anm 1. In dieser Anmerkung gibt B. allerdings nicht den Rhythmus an, um ἐξουσίαν auszuschalten ; aber der Grund ist sicher mit entscheidend. Die stilistischen Erwägungen, die B. hier anstellt, sagen auch wenig zur Sache.
[3] Siehe dort S 4.
[4] S 50 f.
[5] Jhev 49 Anm 1 ; 51 Anm 5.

καὶ ἐθεασάμεθα τὴν δόξαν αὐτοῦ,
δόξαν ὡς μονογενοῦς παρὰ πατρός,
πλήρης χάριτος καὶ ἀληθείας.
(καὶ) ἐκ τοῦ πληρώματος αὐτοῦ ἡμεῖς πάντες ἐλάβομεν,
καὶ χάριν ἀντὶ χάριτος.

B. prüft diese Möglichkeit auch, muß dann aber, um seinen Rhythmus
zu gewinnen, annehmen, der Evglist habe eine Zeile der Quelle gestrichen [1]. — Der OR-Rhythmus, den B. im Prolog sucht, ist also eine
Schöpfung seiner künstlerischen Phantasie. In Wirklichkeit ist eben
auch hier ganz deutlich, daß es sich um *freie Rhythmen* handelt, deren
Ton- und Gliedzahlen letztlich vom Inhalt abhängen. Dieser freie
Rhythmus schwingt durch alle Teile des Prologs, auch durch 6-8. 15.
17 f. Die Verse 6 und 7 sind ausgeprägteste Dreizeiler, 6 zweitonig,
7 eher dreitonig :

ἐγένετο ἄνθρωπος,
ἀπεσταλμένος παρὰ θεοῦ,
ὄνομα αὐτῷ Ἰωάννης.
οὗτος ἦλθεν εἰς μαρτυρίαν,
ἵνα μαρτυρήσῃ περὶ τοῦ φωτός,
ἵνα πάντες πιστεύσωσιν δι' αὐτοῦ.

Wenn man die literarkritischen Aushebungen, die B. in den Versen
9. 10. 12 macht, wieder auffüllt, ergeben sich auch da klare Dreizeiler.
Auch in 15 ist ein solcher zu finden :

ὁ ὀπίσω μου ἐρχόμενος
ἔμπροσθέν μου γέγονεν,
ὅτι πρῶτός μου ἦν.

Daneben gibt es dann eine Reihe von Zweizeilern im Sinne Bs., einige
allerdings eher dreitonig, endlich aber auch noch Verse, die sich in kein
Schema zwängen lassen und doch gutrhythmisch sind, wie 13 und 18.

Der Rhythmus des Prologs gibt also nicht die Möglichkeit, eine
Aufteilung auf mehrere Vf vorzunehmen. B. kann dagegen auch nicht
die Tatsache in die Wagschale werfen, daß die Quellensätze außer durch
den Rhythmus auch noch durch jene eigentümliche *Wiederaufnahme*
des *zweiten* Tonwortes aus dem letzten Glied als des *ersten* Tonwortes
im folgenden Glied ausgezeichnet seien [2]. Auch diese Verbindungs-

---

[1] Jhev 49 Anm 1.   [2] Jhev 2 f.

technik geht nicht durch, erscheint aber wenigstens einmal auch in
einem « Zusatz » : οὗτος ἦλθεν εἰς μαρτυρίαν, ἵνα μαρτυρήσῃ περὶ τοῦ
φωτός (7). Der Evglist nützt einfach Gelegenheiten aus, die sich gerade
ergeben. Das erhellt daraus, daß auch erste Tonwörter wieder als erste
erscheinen (10. 11. 14 + 16) oder einmal ein zweites als zweites (3),
geht aber auch daraus hervor, daß in den ersten zwei Versen des Prologs
die Technik reicher ist, indem nicht nur das zweite Tonwort als erstes,
sondern überdies das erste als zweites wiederaufgenommen wird, so
zweimal (ineinandergeschoben) [1], und indem das ἐν ἀρχῇ des Anfangs
auch gegen Schluß dieses merkwürdigen Kreuzungsgebildes noch einmal
gesetzt wird. Ähnlich reiche Gebilde sind später nur noch an zwei
Stellen anzutreffen [2], von denen B. eine dem Redaktor, die zweite dem
Evglisten zuschiebt ! Die Technik in einfacherer Form kommt hie und
da zur Verwendung, sei es in OR-Sätzen, sei es in Versen des Evglisten,
sei es zwischen OR-Versen und solchen des Evglisten [3].

Der Prolog zeigt also grundsätzlich in allen Teilen die gleiche
rhythmische Weise, die sich nicht schematisch fassen läßt. Am sach-
lichsten wird man sie wiederum als den seiner literarischen Gattung
angemessenen Ausdruck auffassen. Es ist zwar nicht nur die Meinung
von B., sondern eine von weiten Kreisen geteilte Ansicht, daß der
Prolog oder wenigstens Teile davon ein *Hymnus*, ein Lied *kultischer*
Art, ein Preisgesang der Gemeinde auf den Logos seien [4]. Das ist, wie
ich glaube, eine Verkennung seiner Eigenart, eben der literarischen
Gattung, wie es eine Verkennung dieser Gattung war, wenn B. auch

---

[1] (λόγος +) λόγος — θεόν + θεὸς — λόγος
θεὸς — λόγος + οὗτος — θεόν.

[2] Jh 6,54-56 (Redaktor) ; 18,36 (Evglist) ; dazu kommt noch 2 Jh 5 f.
Vgl S 230 ; 244 f dsAr.

[3] Beispiele doppelter Wiederaufnahme in einfacher Form (zwei Tonwörter
in Kreuzstellung je einmal wiederaufgenommen) : 3,31b. 32 f ; 7,18 ; 11,25 f ;
15,16 ; 17,1b. 16 (OR) — 4,17 ; 5,36 f ; 6,41 f. 46 ; 7,41 f. 46 ; 8,47 ; 16,27
(Evglist) — 6,37 ; 8,13 f. 15 f ; 16,27 f (27 : τοῦ πατρὸς !) (Evglist + OR). — Beispiele von Wiederaufnahme erster Tonwörter als zweiter : 7,7 ; 8,44c ; 9,4. 5 ;
13,31 ; 14,1b ; 15,9 ; 16,13b (OR) — 13,20a ; 15,7 (Evglist). — Beispiele einfacher
Wiederaufnahme letzter Tonwörter oder Satzteile als erster : 3,32 ; 7,17 f ; 8,32 ;
10,11 ; 13,31 f ; 14,2 f ; 16,20 (OR) — 8,13. 18 ; 11,4 ; 14,21 ; 16,7 (Evglist) —
3,11 ; 10,26 f (Evglist — OR). — Beispiele einfacher Wiederaufnahme in anderer
Form sind zahlreich. Vgl zum Ganzen ABBOTT 2554-2557 ; 2587-2627.

[4] Als Hymnus wird der Prolog ganz oder teilweise aufgefaßt ua von Balden-
sperger, Burney, Cryer, Gächter, Joach. Jeremias, Loisy, Masson, Menoud, Raney,
Tillmann, Joh. Weiß.

nur in gewissen Teilen der Reden die Art der « Oden Salomons » fand. Auch der Prolog ist Offenbarungs*rede*, nicht Lied, und zwar zunächst *erzählende* Rede, μῦθος im ursprünglichen Sinne des Wortes. Das ergibt sich erstens daraus, daß Wirklichkeiten und Ereignisse der *Vergangenheit* in ihrer geschichtlichen Aufeinanderfolge berichtet werden — das gilt von 1-5 wie von 9-12 ; sie sind nicht Lobpreis des Logos — ; zweitens aus dem nüchternen, sachlichen Charakter der Darstellung ; es fehlen Zeichen innerer Ergriffenheit, Wärme und Anteilnahme.

Dieser μῦθος ist dann zugleich religiöse *Zeugnis*rede, ob es sich um die vermeintlichen Zusätze des Evglisten oder um die Quellenverse handle. Diese Zeugnisrede ist von dogmatischer Schärfe und Klarheit. Sind schon der erste und zweite Satz des Prologs eigentlich um- und abgrenzende Rede, so ist es erst recht der dritte, der die von B. dem Evglisten zugeschriebene Form der reliefartigen Verdeutlichung eines Gedankens, nur mit umgekehrtem Vorzeichen, aufweist : hier geht der positive Satz dem negativen voraus ; aber der Unterschied ist ganz unwesentlich [1]. Zudem ist das ebenfalls gut jh und kommt in allen Teilen des Ev vor [2]. Auch die Sätze 11 und 12 heben sich reliefartig voneinander ab, und auch diese Art der Relieftechnik, wo sich eine einschränkende Aussage vom Hintergrunde einer gegensätzlichen allgemeinen loslöst, ist dem vierten Ev eigentümlich [3].

Prüfen wir jetzt, ehe wir unsere Aufmerksamkeit den übrigen mehr von inhaltlichen und stilistischen Unstimmigkeiten ausgehenden Gründen gegen die Einheit des Prologs widmen, ob sich nicht eine einheitliche *Gesamtauffassung* finden lasse, die ihm zugrunde liege, ihn durchdringe und zusammenhalte ! Es scheint, daß B. diese erste und vornehmste Pflicht des Literarkritikers versäumt hat, gesteht er doch in der Gunkel-Festschrift, daß er sich, was die Einheit des Prologs angehe, auf die Gegengründe Wellhausens stützt, jenes Philologen, der in seiner Kritik am Jhev den Wirklichkeitssinn weitgehend vermissen läßt und manchmal urteilslos Unterschiede für Gegensätze und Gegensätze für Widersprüche nimmt [4].

[1] Vgl BJhev 29 Anm 1.
[2] ZB 1,20 ; 3,20 ; 6,66 ; 7,1. 18c. 26 ; 8,29. 33. 44b ; 9,29 ; 10,13. 29 ; 11,25 f ; 16,29. 30 ; 18,20 ; 19,6b.
[3] 3,32 + f ; 7,8 f + 10 ; 8,15 + f ; 12,37 + 42 ; 20,19-23 + 24-29. Vgl LAGRANGE, Ev XCIV f ; ABBOTT 2628-2630.
[4] Zum Wirklichkeitssinn Wellhausens vgl folgenden Satz : « . . . einem, der achtunddreißig Jahre krank gelegen und währenddem doch keine Gelegenheit zu

Mir scheint, jene einheitliche Gesamtauffassung vom Prolog lasse sich aus Vers 15 ablesen. Da steht geschrieben :

'Ιωάννης μαρτυρεῖ περὶ αὐτοῦ καὶ κέκραγεν λέγων · οὗτος ἦν ὃν εἶπον ·

ὁ ὀπίσω μου ἐρχόμενος

ἔμπροσθέν μου γέγονεν,

ὅτι πρῶτός μου ἦν.

Dieses Täuferwort ist, wie ich glaube, der *Schlüsselsatz des Prologs* und damit die Lösung des Rätsels, das er manchen Literarkritikern aufgibt. Nach diesem Satz *war* — nicht « wurde » — der Logos schon *vor* dem Täufer, und darum geht er ihm an *Würde* vor ; der Täufer aber kam vor ihm als *Mensch* und *zu* den Menschen, der Logos erscheint erst nach ihm als solcher und vor der Welt. Das ist nun aber der *Aufriß des Prologs*. In 1-5 wird das *vorzeitliche* Sein und das zeitliche Wirken des *vorgeschichtlichen* Logos erzählt, in 6-8 Geburt, Sendung und Wirksamkeit des Täufers, in 9-13 das *geschichtliche* Kommen des Logos in die Welt und sein Kampf mit ihr. In 14-18 aber wird, ebenfalls Vers 15 gemäß, ergänzend die *Würde* und paradoxe *Erhabenheit* des Fleischgewordenen über alle Glieder der neuen Gnadenordnung, über den Täufer und das alte Gesetz verkündet [1].

Widerlegen wir zunächst die im Anschluß an Vers 15 möglichen Einwände gegen diese Auffassung ! Man kann unter Hinweis auf die Synoptiker [2] sagen, daß der Ausdruck ὁ ὀπίσω μου ἐρχόμενος nur auf den Anfang der öffentlichen Wirksamkeit gehe. Das ist denkbar. Aber in Rücksicht auf das ὅτι πρῶτός μου ἦν wird doch auch der Anfang des menschlichen Daseins mitzuverstehen sein. Doch sei dem, wie ihm wolle : das dargelegte Verständnis der Verse 1-13 wird dadurch nicht gehindert. Trotzdem man in 6 und 9 zuerst an das Zur-Welt-Kommen erinnert wird, ist doch das Kommen zu den Menschen, das Wirken unter ihnen mitgedacht und wird unmittelbar nachher auch ausgesagt. Die Aufeinanderfolge : der vorgeschichtliche Logos — das Erscheinen des Johannes — das Erscheinen des Logos : ist auf alle Fälle gewahrt.

---

sündigen gehabt hat, wird nach der Heilung gesagt, er solle nicht mehr sündigen, damit ihm nicht noch Schlimmeres widerfahre ! » (Jhev 25 zu Jh 5,2-16). Vgl im übrigen 7 f (Jh 1,1-18) ; 22 f (4,4-26) ; 24 f (5,2-16) ; 26 (5,17-29) ; 37 (7,14-24) ; 42 (8,38-43) ; 51 (11,18-32) ; 68 f (15,1-16,4a) ; usw. Siehe auch die Kritik von GREGORY, Wellhausen und Johannes.

[1] Vgl hierzu und zum Folgenden Exkurs II S 88-97 dsAr.

[2] Mt 3,11 f ; Mk 1,7 f ; Lk 3,16 f.

Ein weiterer Einwand : Ist das ἔμπροσθέν μου γέγονεν nicht *zeitlich* gemeint ? Das könnte tatsächlich sein, und damit wäre der letzte Einteilungspunkt in Vers 15 nicht enthalten. Allein das ist mindestens unwahrscheinlich. Die Verse 14-18 enthalten sachlich eben doch jene Erhabenheit des fleischgewordenen Logos, und es ist kaum anzunehmen, daß dann das ἔμπροσθέν μου ausgerechnet nicht von ihr gelte. Zudem kann das ὅτι πρῶτός μου ἦν kaum anders denn als Grundangabe für den Vorrang verstanden werden. B. führt eine rabbinische Parallele an für diesen Sinn des ἔμπροσθέν μου [1]. Alte und neue Exegeten fassen es sozusagen allgemein so auf [2].

Widerstrebt aber nicht Vers 5 der gegebenen Einteilung sehr stark ? Muß er nicht, da er den Versen 10 und 11 parallel geht, wenn diese vom geschichtlichen Erscheinen des Logos in der Welt, unter den Juden und ihrem Gegensatz zu diesem reden, auch im gleichen Sinn erklärt werden und so den angeführten Aufriß durchkreuzen ? Notwendig ist das nicht. Wenn in Vers 4 von der Offenbarung des λόγος ἄσαρκος — und wäre es auch nur die Schöpfungsoffenbarung — die Rede ist, warum soll dann nicht überdies das Unverständnis der Menschen, das schon diese Offenbarung fand, anschließend ausgesagt sein ? Damit ist der Parallelismus zu 10 und 11 durchaus nicht verhindert. Wir erhalten die Glieder : Offenbarung des λόγος ἄσαρκος und Gegensatz zu ihr — Offenbarung des λόγος ἔνσαρκος und Gegensatz zu ihr. Auch dann jedoch, wenn der Evglist in Vers 5 schon diese letztere Offenbarung mitgedacht hätte, wäre das mit der fraglichen Einteilung nicht einfach unvereinbar ; es handelt sich zudem nach Vers 4 in keinem Fall um mehr als um eine Andeutung der Heilandsoffenbarung, um ein Mitschwingen des Gedankens, während nach Vers 9, wo die Ankunft des Logos als Mensch verkündet wird [3], eine andere Deutung nicht mehr in Frage kommt. Nur das φωτίζει in 9 enthält noch die Offenbarung im allgemeinen ; ihm geht das φαίνει in 5 parallel.

B. verficht mit Wellhausen die Ansicht, daß die Quelle vor 1,14 nur vom λόγος ἄσαρκος gesprochen habe [4]. Darum konnte Wellhausen davon reden, daß mit 6-8 « der Täufer unversehens in die Ewigkeit hineinschneit » [5]. Wenn diese Ansicht richtig ist, kann unser Aufriß auf keinen Fall stimmen ; 6-8 ist dann tatsächlich in eine ganz fremde Umgebung eingekeilt. Wellhausen führt als einzigen Grund für seine

---

[1] Jhev 50 Anm 7.   [2] Vgl LAGRANGE, Ev zur Stelle.
[3] Vgl S 75-81 dsAr.   [4] BEuch 4 f ; Jhev 3 f.   [5] Jhev 8.

Meinung an, daß eben erst Vers 14 den Logos Fleisch werden lasse [1]. Von unserer Einteilung her ist das kein Hindernis, daß nicht schon vorher vom Wirken des geschichtlichen Logos gesprochen werden kann. Die Verse 14-18 haben die Erhabenheit dieses Logos zum Gegenstand und zwar in paradoxem Kontrast zu seiner sterblichen Menschennatur. Der Logos wird in Vers 14 nicht Fleisch, um in die Welt zu kommen, sondern um seine Herrlichkeit im Fleische zu offenbaren.

In der Gunkel-Festschrift nimmt B. den widerlegten Grund von Wellhausen auf und fügt einen neuen dazu, indem er ausführlich zeigt, wie alles vor 1,14 vom Logos Ausgesagte mit den Aussagen des vorchristlichen « Weisheitsmythos » übereinstimme. Nach diesem « Mythos » war die als Person gedachte Sophia der « Abglanz ewigen Lichtes » (Weish 7,26) und der « Anfang seiner Wege » (Spr 8,22). Sie, die Genossin Gottes (Weish 8, 3 f ; 9,4), war zugegen, als er das Weltall schuf ; sie war die « Werkmeisterin des Alls » (Weish 7,21). In den Menschen wirkt sie auch nach der Erschaffung alle ihre Werke, in denen Verstand und Vernunft walten. Sie sucht aber auf Erden eine Wohnung, um die Menschen vor allem zur Gottesfurcht und zu einem Leben in heiliger Ordnung und Zucht anzuleiten. Aber da wird sie abgewiesen, verbirgt sich darum vor ihnen und überläßt sie sich selber, um künftighin κατὰ γενεάς (Weish 7,27) nur noch besonders Auserwählten, Freunden Gottes und Profeten, sich zu offenbaren. Diese sind ihre Boten und erheben immer wieder ihren alten Ruf, um doch einzelne Menschen für das gottesfürchtige Leben zu gewinnen und zu erhalten [2].

Es ist nicht zu leugnen, daß die Ähnlichkeiten zwischen dieser *Weisheitslehre* und dem *Prolog* des Jhev auffallend sind und daß dieser von ihr Licht empfängt [3] ; allerdings sind auch die Unterschiede un-

---

[1] item.

[2] Zu allen diesen Aussagen vgl BEuch 5-20 ; die wichtigsten in Frage kommenden Stellen aus der Weisheitslehre sind : Jb 28 ; Spr 1,20-33 ; 3,19 ; 8,1-9,6 ; Weish 7,21-8,8 ; 9,4. 9 ; Sir 1 ; 6,20-22 ; 15,7 ; 24 ; 51,23-30 ; Bar 3,9-4,4. — Daß die Weisheit Boten sendet, ergibt sich schon daraus, daß die Vf der Weisheitsbücher sich selber als solche an die Menschen wenden (vgl Sir 51,23-30) und die Weisheit für ihre Lehre werbend einführen (vgl Spr 1,20-33 ; 8,1-9,6). Die Weisheit ist es auch, welche die Profeten sendet (Weish 7,27 ; vgl Sir 24,32-34). Baruch spricht 3,9-4,4 als Weisheitslehrer.

[3] R. P. C. Spicq weist im Mémorial Lagrange darauf hin, daß der Prolog vor allem mit der Weisheitslehre der fünf Einleitungen im Buch Sirach (1,1-20 ; 16,24-18,14 ; 24,1-34 ; 32,14-33,19 ; 42,15-43,33) übereinstimme, und zwar in dem Maße, daß auch der Ablauf der Gedanken der gleiche sei (183 ; 191 f). Spicq glaubt, Jesus Sirach habe zum ersten Mal einen Typ katechetischer Unterweisung geformt, der dann später immer wiederholt wurde und so allen gut unterrichteten

verkennbar [1]. Aber zwingen uns nun die vorhandenen Ähnlichkeiten, die Verse 9-13 des Prologs von der Offenbarung des λόγος ἄσαρκος auszulegen und, was damit nicht vereinbar ist, als Zusatz zu einer Quelle zu streichen oder wenigstens als solchen aufzufassen? Hier ist der wunde Punkt der Ansicht Bs. Abgesehen davon, daß die Parallele jedenfalls keine unmittelbare literarische Abhängigkeit des Prologs von der Weisheitslehre noch von einem zu seiner Art weiterentwickelten und geformten Mythos notwendig macht, sondern rein in der Ähnlichkeit der Sache und in der innern Einheit jeglichen Heilsgeschehens und aller durch die Zeiten und von Bund zu Bund fließenden Offenbarung gründen kann, abgesehen von dieser Tatsache, die keine genaue Entsprechung verlangt, ist die Parallele doch gewahrt, auch wenn wir in den Versen 9-13 die Offenbarung des λόγος ἔνσαρκος finden. Die Boten der Weisheit werden ja von den Menschen immer neu abgewiesen, wenn sie um Aufmerksamkeit und Nachfolge werben [2], und dieses Schicksal der Offenbarungsträger muß auch die Weisheit wieder treffen, wenn sie am Ende der Zeiten in Menschengestalt selber zur Erde steigt, um Schüler und Gottesfreunde zu sammeln. B. zieht in der Gunkel-Festschrift zu seinem Zweck auch Stellen aus dem NT heran, die zeigen, daß Jesus das Anliegen der Weisheitsbücher aufgenommen hatte und überzeugt war, die menschgewordene Weisheit zu sein [3]. B. hätte diese

Juden geläufig war; daher, nicht durch unmittelbare literarische Abhängigkeit, wäre jene Übereinstimmung zu erklären (185; 191-194). — Für die Erklärung des Prologes besonders wichtig ist, daß nach Sir Gott die Weisheit einerseits über alle Menschen ausgegossen hat, um sie Erkenntnis ihres Schöpfers, Gotteslob und Gottesfurcht, Erkenntnis von Gut und Bös zu lehren, anderseits aber dem auserwählten Volke durch Offenbarung seiner Ratschlüsse und seines Willens diese Weisheit in einem höheren Maße verlieh. Demnach dürften Licht und Leben im Jhprolog zugleich als natürliche und übernatürliche Erleuchtung zu verstehen sein (186 f). Ferner ist nach Sir 24,32 f die göttliche Weisheit in die mosaische Thora eingegangen, so daß beide einander gleichgesetzt werden können. Die Rabbinen faßten darum später die Thora als etwas Göttliches auf, das schon vor der sinaitischen Gesetzgebung, von Ewigkeit her bestanden hatte. Jh aber wendet, in der Erkenntnis, daß das mosaische Gesetz nur eine Vorstufe der Offenbarung darstellte, das, was Sir und die Rabbinen von der Thora aussagten, auf die wesenhafte und fleischgewordene göttliche Weisheit, auf den in Jesus erschienenen Logos an. Daher die Gegenüberstellung von Gesetz und Gnadenordnung in Jh 1,17 (190 f).

[1] Den auffallendsten Unterschied, daß nämlich die Sophia zum Logos geworden ist, sucht B. durch ein Zurückgreifen auf die alexandrinisch-jüdische Logoslehre und hellenistisch-ägyptische Spekulationen zu erklären (Euch 13 f).

[2] Siehe BEuch 15-19; dazu Spr 1,20-33.

[3] Mt 23,34 (Lk 11,49). 37 (Lk 13,34); Lk 7,35 (Mt 11,19).

Stellen noch vermehren können[1]. Es überrascht nun nicht, daß Jesus am Vorabend seines Leidens auch die Klage der Weisheit erhebt, von den Menschen verschmäht und abgewiesen worden zu sein, wie die Profeten und Lehrer der Weisheit, die er ihnen einst gesandt hatte, abgewiesen, von ihnen verfolgt und getötet worden waren.

Jene Weisheitslehre enthielt also schon keimhaft den Gedanken vom parallelen Schicksal nicht nur der himmlischen Weisheit und ihrer Boten, sondern auch der menschgewordenen Weisheit, und wir dürfen in Jh 1,9-13 den λόγος ἔνσαρκος und seinen Gegensatz zur Welt sehen, ohne daß damit die Übereinstimmung des Prologs mit jenem « Mythos » angetastet wird.

Damit ist nun allerdings noch nicht erhärtet, daß die Verse 9-13 tatsächlich vom *menschgewordenen* Logos und vom Kampf der Juden gegen Jesus gelten. Der Nachweis dürfte aber nicht allzuschwer sein. Vers 12c läßt sich ja kaum anders als von den an den Namen Jesu Glaubenden deuten, und damit ist schon die ganze Stelle mit dem λόγος ἔνσαρκος verbunden ; denn mit 12 hängt 11, mit 11 aber 10 zusammen[2]. Dann ist aber auch Vers 9 vom geschichtlichen Kommen des Logos zu verstehen und muß übersetzt werden : Es war das wahre Licht, das jeden Menschen erleuchtet, in die Welt kommend. B. muß natürlich den Satz anders auffassen, sonst könnte er die folgenden Verse nicht mehr auf den λόγος ἄσαρκος deuten. Er verbindet darum, wie aus der oben angeführten Anmerkung hervorgeht[3], das ἐρχόμενον εἰς τὸν κόσμον mit πάντα ἄνθρωπον. Die nächste Folge ist nun, daß man auf die Suche nach dem Satzgegenstand gehen muß. Wenn wir mit B. voraussetzen, daß die Verse 6-8 eingeschoben sind, 9 also ursprünglich an 5 anschloß, könnte man in dem ἦν von 9 das αὐτὸ aus dem zweiten Teil von 5 finden oder wie B. die Aussage auf den Logos (« er ») beziehen. Nachdem man das ἄνθρωπον noch als Zusatz des Evglisten erkannt hat, darf man dann den ursprünglichen Quellensatz übersetzen : Er war das wahre Licht, das jeden in die Welt Kommenden (= jeden Menschen) erleuchtete.

Gegen diese Auffassung von Vers 9 soll in diesem Zusammenhang[4]

---

[1] Vgl Mt 11,28-30 (Sir 51,23-30 !) ; 12,42 ; 22,1-14 (Spr 9,1-6 ; 8,1-4 ; 1,20-33). Die Lehre Jesu atmet ganz den Geist der Weisheitsbücher.

[2] 12 ist die Einschränkung der allgemeinen Aussage 11b (vgl Anm 3 S 70 dsAr) und mit ihr durch Wiederaufnahme verbunden ; 10 aber und 11 laufen einander parallel.

[3] S 65 f dsAr ; BJhev 31 Anm 6.   [4] Vgl S 78-83 dsAr.

nur gesagt werden, daß, wie Walter Bauer schreibt [1], für den Vf des
Ev das, was in die Welt kommt, nur das Licht sein kann. «Auch 3,19
heißt es von dem Licht ἐλήλυθεν εἰς τὸν κόσμον, und Jesus ist immer
wieder derjenige, der in die Welt kommt (6,14 ; 9,39 ; 11,27 ; 16,28)
oder auch ,als Licht in die Welt kommt' (12,46)». Es wäre wirklich
seltsam, wenn das ἐρχόμενον εἰς τὸν κόσμον gerade im Prolog, der in
knappster und inhaltreichster Sprache alle Hauptgedanken des Ev
anklingen läßt, einen ganz andern und mindern Sinn haben sollte
als sonst.

Gegen Wellhausen [2], Schwartz [3] und B. ist dann darauf hinzuweisen, daß in sprachlicher Rücksicht kein Hindernis vorliegt, den
Vers in der angegebenen Weise auszulegen und ἦν mit ἐρχόμενον zu verbinden, also einen Fall von coniugatio periphrastica anzunehmen. Sie
entspricht zugleich dem griechischen Sprachcharakter (auch dem der
Koine [4]) wie der sprachlichen Eigenart des vierten Ev, das zweifellos
einen aramäisch denkenden Menschen zum Vf hat [5] ; das Aramäische
liebt aber die Ausdrucksweise besonders. Es finden sich denn auch im
Jhev eine ganze Reihe periphrastischer Imperfekta [6]. Die Trennung
des ἦν von ἐρχόμενον überrascht anderseits nicht, da die auffallende
Trennung zusammengehöriger Wörter im Jhev nicht selten ist [7].

Aber warum braucht der Evglist an unserer Stelle die coniugatio
periphrastica ? Sicher nicht, um die Gewohnheit auszudrücken, ebensowenig um anzuzeigen, daß das Licht eben am Kommen war, als etwas
anderes geschah ; aber deswegen, um das *Kommen in die Welt*, diesen
seinen Lieblingsgedanken, als solches gerade da eindrücklich hervorzuheben, wo es zum ersten Mal gesagt werden soll, und zwar mit dem
Bezug auf die Zeit, wo es Wirklichkeit wurde [8].

---

[1] Jhev zSt.   [2] Jhev zSt.

[3] Aporien 1908, 532 f mit 532 Anm 1.   [4] ABEL, GrecB 267.

[5] Siehe LAGRANGE, Ev CXVIII ; vgl CI-CXIX. Dagegen freilich COLWELL,
Greek 131, wo das Schlußergebnis der Untersuchung so formuliert ist : « There
is here nothing to justify the claim that the author of the Fourth Gospel thought
in Aramaic or wrote in Aramaic.» Zum gleichen Ergebnis kommt neuestens auch
J. BONSIRVEN in seiner sorgfältigen Arbeit : Les aramaismes de S. Jean l'Evan-
géliste in Biblica 30 (1949) 405-432. Nach ihm sind die vielen Semitismen des
Jhev nur auf die Treue des Zeugen gegenüber dem, was er einst aramäisch gehört
hatte, zurückzuführen.

[6] Vgl 1,28 ; 2,6 ; 3,23 ; 10,40 ; 11,1 ; 13,23 ; 18,18. 25 ; 19,41.

[7] Siehe S 204 ; 194-197 dsAr. Beispiele : 7,12. 38. 44 ; 11,15 (χαίρω — ὅτι) ;
12,18 ; 19,20 (ἐγγὺς — τῆς πόλεως ; τόπος — ὅπου).

[8] Die conjugatio periphrastica dient in den syn wie im vierten Ev hie und
da zur Hervorhebung und Unterstreichung des im Zeitwort liegenden Gedankens ;

Ergänzend soll erwähnt werden, daß ἐρχόμενος (mit oder ohne den Zusatz εἰς τὸν κόσμον) im vierten Ev sozusagen ein terminus technicus ist und wie an einigen Stellen des übrigen NT als *messianischer Titel* oder wenigstens als Teil eines solchen erscheint [1]. Man darf wohl annehmen, es habe in der Glaubensverkündigung von Jh eine wichtige Rolle gespielt. Das könnte auch auf Grund der erstarrten Formel 2 Jh 7 vermutet werden, die sich am Gegensatz zur Gnosis aus dem ἐρχόμενος εἰς τὸν κόσμον entwickelt haben mag. In diesem Zusammenhang muß dann hervorgehoben werden, daß der ἐρχόμενος schon die Verkündigung des Täufers eigentümlich prägt [2]. Solcher Sprachgebrauch dürfte nun zur Auseinanderlegung eines ἦλθεν in ἦν + ἐρχόμενον ursächlich mitgewirkt haben, um so dem herausgehobenen Kommen noch einen neuen Klang zu geben [3].

Die Untersuchung der Verse 1,9-13 führt also zum Ergebnis, daß sie vom Kommen des Logos in Menschengestalt zu gelten haben. Damit ist nun aber die letzte Schwierigkeit weggeräumt, um die Einteilung des Prologs, wie sie uns der Schlüsselsatz 1,15 vermittelt, anzuwenden. Es ist also möglich, den Prolog von vornherein als widerspruchslose und ursprüngliche Einheit aufzufassen. Das aber ist, wie gesagt, in diesem Fall die erste Pflicht des Literarkritikers, der ein Schriftstück prüft, wenigstens dann, wenn ihm ein Buch vorliegt wie das vierte Ev, das nach dem Urteil von anerkannten Fachleuten trotz mannigfacher Unebenheiten im einzelnen als Ganzes eine geradezu erstaunliche Einheitlichkeit zeigt, und zwar nach Inhalt und Form [4]. Wenn nun jene gedankliche Einheit des Prologs auch literarkritische Einwände zu lösen und gewisse Unstimmigkeiten verständlich zu machen vermag, so wird man vernünftigerweise nicht mehr zweifeln, daß hier keine Quelle zur Verwendung gekommen ist, in die der Evglist seine Zusätze eingelassen hätte.

---

manchmal fließt dieser Gebrauch zusammen mit der Absicht, einen Zustand oder eine dauernd wiederholte Handlung zu kennzeichnen. Gute Beispiele dürften dagegen sein : Mt 7,29 ; 10,30 ; Mk 10,32 (ἦν προάγων) ; 13,25 ; 15,43 ; Lk 1,21 f ; 2,33 ; 4,20. 44 ; 6,12 ; 23,55 ; 24,21. 32 ; Jh 1,28 ; 3,23 ; 10,40 ; 18,18. Man achte immer auf die Textumgebung. Vgl Abel, GrecB § 57 ; Blass-Debrunner, GrNT § 352 f.

[1] Jh 3,31 bis ; 6,14 ; 11,27 ; 12,13 (syn Par). — Mt 16,28 (Mk 9,1 !) ; 24,30 + 26,64 (Par) ; vgl auch die folgende Anm.

[2] Jh 1,15. 27 (Mt 3,11) ; Mt 11,3 (Lk 7,19 f).

[3] Einen weiteren Grund für diese Auseinanderlegung bietet die Erklärung S 82 f dsAr ; vgl auch Anm 2 S 91 dsAr.

[4] Vgl S 8-10 dsAr (mit Anm).

Um Wiederholungen zu vermeiden und so eine gedrängtere Darstellung zu ermöglichen, soll nun im folgenden zugleich von unserer
Einteilung wie von andern Gesichtspunkten her die Lösung der Schwierigkeiten, die B. zum Anlaß seiner literarkritischen Sonderungen im Prolog
macht, versucht werden.

In den eingangs dieses Abschnittes zusammengestellten Anmerkungen [1] nennt B. die Verse 6-8 eine Einfügung, die mit dem Gedankengang der Umgebung nicht organisch verbunden sei. Sie sei *prosaische
Erzählung* mit deutlich polemischem Zweck, das Motiv der Einschaltung also ein aktuelles und persönliches. 9-13 nehme statt auf 6-8 auf
3 und 4 Bezug.

Der durchaus der Natur der Sache angemessene Aufriß des Prologs,
den uns 1,15 klarlegt, zeigt aber deutlich, daß die Verse 6-8 weder eine
Anmerkung sind noch den Gedankengang unterbrechen; sie führen ihn
im Gegenteil ganz organisch weiter. Man darf nur nicht widerrechtlich
annehmen, daß « der Täufer unversehens in die Ewigkeit hineinschneit »,
dh daß 9-13 noch vom λόγος ἄσαρκος redet. Dann ist die Schwierigkeit gelöst.

Daß 6-8 prosaische Erzählung ist, ist nicht ganz unrichtig. Wir
haben schon gesehen [2], daß auch die übrigen Teile des Prologs erzählende Rede enthalten. Das Stück 6-8 fällt also nicht aus dem Rahmen.
Daß es einen etwas nüchterneren Eindruck macht, als was vorausgeht
und folgt, sei zugegeben; aber dieser Unterschied ist natürlich. Es
wäre zwar vielleicht möglich, 6-8 in eine den umgebenden Versen noch
ähnlichere Form zu gießen; das würde jedoch dem Inhalt nicht entsprechen. Sein und Wirken des Logos spielen auf einer höheren Ebene
als das Erscheinen und Wirken des Täufers.

Daß der Evglist den Anlaß wahrnimmt, um den Täufer als Nicht-
Licht und Nur-Zeugen vorzustellen, ist kein Grund, die Stelle als Einschub anzusehen. Um seinen Einspruch gegen eine Überschätzung des
Mannes zu erheben, hätte er kaum eine geeignetere Stelle finden können
als diese, wo der Zeuge dem in die Welt kommenden Licht vorangeht.

Übrigens kann gezeigt werden, daß die Polemik von 6-8 auf Vers 9
übergreift, den B. der Quelle zuschreibt. Damit aber wird deutlich, daß
9-13 die Verse 6-8 voraussetzen, diese also ursprünglich sein müssen. In
Vers 9 wird das Licht τὸ ἀληθινόν genannt. B. dürfte Recht haben, wenn
er im Ev das ἀληθινός für gewöhnlich so versteht, daß dadurch Jesus als

[1] Siehe S 63-65 dsAr.   [2] S 69 f dsAr.

Offenbarer der göttlichen, überweltlichen Wahrheit vorgestellt wird [1]. Folgt nun Vers 9 ursprünglich auf Vers 5, so scheint es klar, daß auch hier das ἀληθινός in jenem Sinn verstanden werden kann und muß. Allein, warum kann es dann heißen, daß dieses Licht, das Offenbarungslicht, gerade als solches jeden Menschen erleuchtet ?

Das ist im vierten Ev und auch im Prolog tatsächlich eine ganz unmögliche Annahme. Wie die Parallelität mit der Weisheitslehre zeigt, ist der Logos das Licht *aller* Menschen nur, insofern er ihr Verstandes- und Willensleben, dh alle ihre natürlichen geistigen Äußerungen wirkt, nicht aber, indem er ihnen das übernatürliche Heil und Leben offenbart [2]. Zwar wird im vierten Ev nirgends geleugnet, daß Jesus dieses allen Menschen *verkünde :* im Gegenteil : er verschließt sich und seine Lehre grundsätzlich keinem [3]. Aber ebenso deutlich ist, daß *nur* jene als von ihm *erleuchtet* gelten, die das Licht *aufnehmen* und Jesu Stimme nicht nur hören, sondern *auf* sie hören, die sich vom Vater ziehen lassen und *zu Jesus kommen,* die nicht nur seine Erscheinung, sondern hinter der Flescheshülle seine überweltliche Herrlichkeit *sehen* (θεωρεῖν), dh an seine Einheit mit dem Vater und seine Sendung durch ihn glauben [4]. Darum heißt es auch in 1,5 : « Und das Licht leuchtet *in* der Finsternis », nicht : Es erleuchtet die Finsternis.

Vers 9 des Prologs muß also *notwendig* einen andern Sinn haben als

---

[1] ThWNT + BJhev Register : ἀληθινός.

[2] In der Weisheitslehre stehen allerdings nicht natürliches und überweltliches Leben im ntlichen Vollsinn einander gegenüber, sondern das geistige Leben im allgemeinen (vorzüglich die Verstandesgaben wie Kunstfertigkeit, Wissenschaft, Herrscherklugheit) und das sittliche, auf Gott ausgerichtete Tugendleben. Aber dieses gilt nun als besondere Gabe der Sophia, die nur denen zuteil wird, die sich ihr nicht willentlich verschließen, sondern sie aufrichtig und in heiliger Gottesfurcht suchen, die sich ihrem Mahnen und Walten im eigenen Herzen wie demjenigen ihrer Künder und Boten öffnen. Vgl Spr 8,14-16 ; Weish 7,7-23 ; Sir 1,9 ; 17,1-6 ; (19,20-30) mit Spr 1,20-33 ; 2,1-15 ; Weish 1,3-5.

[3] Um das nachzuweisen, genügt es, an die immer neu wiederholten Versuche Jesu zu erinnern, die Juden doch schließlich für sich und seine Lehre zu gewinnen, dann daran, daß er es auf den Willen der Menschen zurückführt, wenn sie nicht zu ihm kommen : 5,40 ; 6,67 ; 7,17 ; 1,11 f ; 3,20 ; 12,48. Vgl 1,7.

[4] Man möge sich, wenn man die folgenden Stellen vergleicht, vor Augen halten, daß Licht, Leben, Lebensbrot usw im Jhev die gleiche Wirklichkeit verschieden nennen und daß : an Jesus glauben, zu ihm kommen, ihn erkennen, auf ihn hören, ihm folgen, ihn annehmen usw : alles das gleiche ist. — 1,5. 10-12 ; 3,16-21. 36 ; 5,21. 24-26. 39 f ; 6,36-40. 44-47 ; 7,16 f ; 8,12. 23 f. 30-32. 42-47 ; 9,39-41 ; 10,4. 14-16. 27 f. 37 f ; 12,44-50 ; 14,6-11. 15-24 ; 15,22-24 ; 17,6-10. 24-26 ; 18,37d. — Im Lichte aller dieser Stücke gesehen, können auch die beiden Stellen 9,5 und 12,35 f nur dahin ausgelegt werden, daß Jesus sich das Licht nennt, dessen Leuchtkraft zwar für alle Welt ausreicht und jedem zur Verfügung steht, aber actu nur den erleuchtet, der es gläubig aufnimmt. 12,35 kann übrigens kaum anders verstanden werden : Das Licht ist da ; aber, um von ihm erleuchtet zu werden, muß man an es glauben. 12,35 f enthält also gerade die Verbindung beider Gedanken, daß Jesus einerseits für alle gekommen ist, aber nur denen Weg und Wahrheit und Leben wird, die in ihm, nach ihm und mit ihm wandeln.

den genannten. Aber was soll das für ein Sinn sein ? Die Lösung ergibt
sich dann, wenn wir, wie es doch eigentlich so nahe liegt, aus 9 den Gegensatz zu 8 : οὐκ ἦν ἐκεῖνος τὸ φῶς heraushören. Wenn wir uns im übrigen
noch an die Auffassung von Vers 9 halten, die B. von ihm hat, wäre er nun
so zu verstehen : (nicht jener war das Licht) *Dieses* aber war das wahre
Licht : das jeden in die Welt Kommenden (= jeden Menschen) erleuchtet.
In diesem Fall wird nun nicht « das Licht das *wahre* » durch den folgenden
Nebensatz erläutert, sondern das nach vorwärts, auf ihn weisende « dieses
aber ». Auf diese Weise erhalten wir einen Satz, wie sie ähnlich im Ev und
den Briefen so häufig vorkommen [1]. Das « dieses » wäre die Satzaussage,
ergänzt und erklärt durch den Nebensatz ; Gegenstand der Aussage wäre
« das wahre Licht ». Der Sinn des Satzes wäre der : Nur dieses ist das
wahre = offenbarende Licht, das nicht auf ein anderes angewiesen ist, um
zu leuchten, das vielmehr aus sich jeden Menschen erleuchtet, indem es
alle seine geistigen Äußerungen wirkt ; der Täufer aber, der nur ein Mensch
ist — ἐγένετο ἄνθρωπος — kann niemals das Offenbarungslicht sein ; denn
jeder Mensch hat eben von diesem Licht, sofern es auch das Schöpfungslicht ist, empfangen.

Dagegen kann man nun gewiß nicht den Einwand von B. machen,
nach Vers 8 sei kein οὗτος ἦν *möglich* [2], aber den andern entscheidenden
Einwand : daß eingänglich zu Vers 9 kein τοῦτο ἦν *überliefert* ist. Die
Unmöglichkeit, das ὃ φωτίζει πάντα (ἄνθρωπον) ἐρχόμενον εἰς τὸν κόσμον als
Erklärung zu τὸ ἀληθινόν im Sinne von B. zu verstehen, zwingt uns daher
zu einem weitern Schritt : seine Auffassung von Vers 9, wie schon oben [3],
ganz zu verwerfen und in diesem die Aussage vom geschichtlichen Kommen
des Logos zu suchen. Dann nämlich ist ein τοῦτο ἦν nicht mehr nötig, und
trotzdem kann der erste Teil des Satzes nebenher das enthalten, was wir
vorher als seinen einzigen Sinn herausschälen konnten. Wir übersetzen
jetzt : « Es war das Licht, das wahre, das jeden Menschen erleuchtet, in
die Welt kommend. » Der Nebensinn des Satzes ist also der, daß nur jenes
Licht das wahre, echte (ἀληθινόν) *Offenbarungs*licht (φῶς) sein kann, das
zugleich das Schöpfungslicht ist (= jeden Menschen erleuchtet) und als
solches jedem Menschen, also auch dem Täufer überlegen ist. — In einer
ähnlichen Verbindung wird in 10 gesagt, die Welt hätte den als Offenbarer
erkennen und anerkennen müssen, der doch auch ihr Schöpfer war, und
in 11, die Seinen hätten ihn aufnehmen sollen, da er doch als Schöpfer
ein Eigentumsrecht auf sie hatte und ihnen Überweltliches offenbaren
konnte, wenn es ihm gefiel.

Gegen diese Folgerungen könnte man nun aber einwenden, daß jetzt
das ὃ φωτίζει κτλ doch auch wieder Epexegese zu ἀληθινόν sei ; die Ablehnung einer solchen Epexegese aber sei der Ausgangspunkt der ganzen
Beweisführung gewesen. — Tatsächlich erklärt unser Nebensatz jetzt wieder
das ἀληθινόν. Aber es ist nicht mehr jenes ἀληθινόν, das den Sinn von

[1] Siehe BJhev 29 Anm 1 ; FJül 142.
[2] Jhev 31 Anm 6.
[3] S 75-77 dsAr.

« offenbarend » hat, sondern jenes, das nur ein « wahr, echt » im rein formalen Sinne meint und das der Evglist zu Licht = Offenbarungslicht noch
hinzufügt, um es einem Nicht-Licht gegenüberzustellen. Im ersten Fall
war das ὅ φωτίζει κτλ Epexegese, die das ureigene Wirken des offenbarenden
Lichtes aussagen sollte. Das mußte abgelehnt werden, weil dieses ureigene
Wirken des Offenbarungslichtes nach dem vierten Ev nicht alle Menschen
erfaßt, sondern nur die sich ihm erschließenden. In unserm Fall aber
handelt es sich um eine Epexegese, die das Offenbarungslicht sachlich im
Schöpfungslicht findet, ohne es begrifflich und dem Wirken nach mit ihm
gleichzusetzen.

Aber ist es dann nicht möglich, Vers 9 auch unmittelbar nach Vers 5
in dieser Weise aufzufassen und zu übersetzen : « Er war das wahre, echte
(ἀληθινόν) Offenbarungslicht (φῶς), das jeden Menschen erleuchtet ? » Dagegen ist zunächst zu sagen, daß B. diese Möglichkeit nicht erwägt, sondern
sie durch sein Verständnis von ἀληθινόν ausschließt. Dann ist aber überdies nicht einzusehen, was für einen Sinn und Stellenwert der Satz nun
im Zusammenhang hätte. Man könnte mit gutem Willen zwar annehmen,
daß er den Versen 10 und 11 parallel liefe, um mit ihnen hervorzuheben,
daß die Menschen sich dem Offenbarungslicht doch hätten öffnen müssen,
weil es zugleich das Schöpfungslicht war. Aber warum wäre das nicht
deutlich gesagt, und warum fehlte der parallelismus membrorum der Verse
10 und 11 ? Und wozu diente dann das « wahr, echt » ? Man möge die
folgende Übersetzung des ganzen Zusammenhanges, wie ihn B. schafft,
lesen und diese Fragen erwägen :

4   In ihm war das Leben,
        und das Leben war das Licht der Menschen.
5   Und das Licht leuchtet in der Finsternis,
        und die Finsternis verstand es nicht.
9   Er war das echte Licht,
        das jeden in die Welt Kommenden erleuchtet.
10 Die Welt war durch ihn geworden,
        und die Welt erkannte ihn nicht.
11 Er kam in sein Eigentum,
        und die Eigenen nahmen ihn nicht auf.

Wären diese Verse textlich so und in dieser Folge überliefert, würde B.
zweifellos Vers 9 als unglückliches Einschiebsel eines Redaktors aussondern.

Eine vielleicht etwas langwierige Beweisführung hat also erhärtet,
daß die Verse 6-8 ursprünglich sind und daß Vers 9 das geschichtliche
Kommen des Logos in die Welt verkündet. Damit erübrigen sich
eigentlich weitere Gründe, um das ἄνθρωπον, das B. nicht zum Quellentext von 9 rechnet [1], zu retten. Es soll aber doch erwähnt werden,

---

[1] Siehe S 65 f dsAr ; BJhev 31 Anm 6.

daß man, wenn es der Evglist eingefügt hätte, nicht erkennen könnte warum. Er denkt ja aramäisch. Es wäre ihm also doch kaum eingefallen, den gemeinsemitischen Ausdruck ἐρχόμενος εἰς τὸν κόσμον (= Mensch) durch ἄνθρωπος zu verdeutlichen. Daß dieses neben dem erstern im Verständnis des Textes von B. überflüssig wirkt, ist wahr ; aber das ist noch einmal ein Grund, jenen nicht wie B. auszulegen.

Zu 6-8 bleibt wenig mehr zu sagen. B. meint, « wären sie ursprünglich im Text, so müßte V. 9-13 darauf in der Weise Bezug nehmen, daß gesagt würde : trotz dieses Zeugnisses fand der Logos keinen Glauben.» [1] Aber es ist durchaus nicht notwendig, daß der Evglist dann so weiterfuhr. Er sprach in 6-8 vom Erscheinen des Täufers und seiner Sendung ; parallel geht in 9 die Kunde vom Erscheinen des Logos. Dieser geschichtliche Parallelismus und die Erwähnung der täuferischen Sendung rechtfertigen das Dasein beider Stellen und genügen zu ihrer Verbindung. Daß die Verse 10. 11 auf 3 f Bezug nehmen, ist nicht, wie B. glaubt, ein Zeichen, daß 6-8 eingeschoben sei. Es ist ganz natürlich, daß vom λόγος ἔνσαρκος gesagt wird, er sei nicht aufgenommen worden, trotzdem er die Welt geschaffen habe und in sein Eigentum gekommen sei. B. denkt freilich an den λόγος ἄσαρκος ; so ist seine Meinung verständlich.

Zu den stilistischen Unterschieden der Stelle 6-8 gegenüber der Umgebung [2] ist Folgendes zu sagen : B. selber merkt an, daß die Wendung ὄνομα αὐτῷ nicht nur atlich, sondern auch griechisch sei ; ebenso ist die Ellipse ἀλλ' ἵνα nicht nur rabbinisch, sondern ebenfalls griechisch. Wer im vierten Ev ein ἦλθεν μαρτυρήσων, wo immer es auch wäre, erwarten wollte, würde sich gewiß kein gutes Zeugnis ausstellen. — Das ἐγένετο ἄνθρωπος mag äußerlich den angeführten atlichen Stellen entsprechen. Unser Aufriß legt nun aber nahe, es nicht nur als Wiederholung des ἐγένετο von Vers 3, sondern auch als gewollte Gegensatzbildung zu dem ἦν, das dem Logos schon eignete, als die Schöpfung erst wurde, zu nehmen. Es soll herausheben, daß es eine Zeit gab, wo der Täufer, ein reiner Mensch, noch kein Dasein hatte. Damit ist schon die Polemik von Vers 8 und das sie weiterführende ἄνθρωπον von Vers 9 vorbereitet. Das ἐγένετο kann zudem auch den Anfang des endzeitlichen *Geschehens* ankünden, das die Ruhe des sechsfachen ἦν in den Versen 1-5 mit der Dynamik des eigentlichen Heilsdramas durchbricht [3].

---

[1] Jhev 3.
[2] Siehe S 64 dsAr ; BJhev 29 Anm 1.
[3] Vgl LAGRANGE, Ev zSt.

Es scheint, daß wir hier dann auf den tiefsten Grund stoßen, warum das Kommen des Logos in Vers 9 in ein ἦν + ἐρχόμενον auseinandergelegt ist. Der Evglist nimmt noch einmal das ἦν der ersten Verse auf und verbindet es mit dem ἐρχόμενον, um zu sagen, daß die Menschwerdung des Logos nicht der Anfang seines Daseins war, sondern nur das zeitliche Sichtbarwerden des Vorzeitlichen, und wieder hören wir auch daraus die Fortsetzung der Polemik von Vers 8.

Wir kommen zu Vers 15 [1]. Gelegentlich wird er auch von katholischen Exegeten als eine Art Einschub, als Parenthese, als Unterbrechung des Zusammenhanges der Verse 14 und 16 gewertet [2]. Natürlich läßt man den Evglisten sich selber unterbrechen, und das ist gewiß in Ordnung. Aber es scheint doch, daß der Satz auch anders verstanden werden kann. Wenn nach unserm Aufriß, den gerade dieser Vers vorlegt, der Gegenstand von 14-18 die Würde und der Vorrang des fleischgewordenen Logos ist, dann ist es natürlich, daß der Evglist ein Täuferwort in den Zusammenhang einwebt, das eben für diesen Vorrang Zeugnis ablegt. Wenn dieses Wort als Zitat einen etwas andern Klang hat als die Umgebung, so fällt das doch kaum auf, wenn man darauf hört, was der Täufer sagen will. Aber der Evglist hat zudem den Spruch an der einzig richtigen und passenden Stelle eingefügt.

Vers 14 wird vom Logos gesagt, daß er zwar sterbliches Fleisch wurde, aber durch die Hülle des Fleisches seine Herrlichkeit durchbrechen ließ, die ihm zukam als Gottessohn und weil er voll Gnade und Wahrheit war. Das Vers 15 festgehaltene Zeugnis des Täufers verkündet nun ganz parallel, daß jener zwar nach ihm gekommen sei, aber den Vorrang vor ihm habe, weil er der Frühere, dh im Zusammenhang des Prologes : Gott von Ewigkeit war. Wie er also trotz der sterblichen Menschennatur der Herrliche ist als der Gottessohn, so ist er trotz seines Erscheinens nach dem Täufer der rangmäßig Frühere als ewiger Gott. Wie er aber der Herrliche auch deswegen ist, weil er von Gnade und Wahrheit überströmt (14), hat er nach Vers 16 und 17 ebenso den Vorrang vor allen, weil alle nur von seinem Überfluß empfangen haben und weil der Strom der Gnade und Wahrheit durch ihn in die Menschheit eingetreten ist.

Es scheint tatsächlich die einfachste und natürlichste Erklärung

---

[1] Siehe S 64 f dsAr.
[2] So LAGRANGE, Ev zu 1,15 f ; ebenso GÄCHTER : siehe Exkurs I S 86-88 dsAr.

des zweimaligen ὅτι in den Versen 16 und 17 zu sein, wenn sie für das ἔμπροσθέν μου γέγονεν nach der Angabe des ersten Grundes, die der Täufer machte, nun noch den zweiten und dritten Grund angeben sollen, um so den Parallelismus zu Vers 14 zu vollenden. Es ist durchaus nicht nötig, das ὅτι in 16 durch καί zu ersetzen oder es als Epexegese zu dem πλήρης χάριτος καὶ ἀληθείας in 14 zu nehmen. Damit wird einfach vorausgesetzt, daß Vers 15 ein Klammersatz, eine ungeschickte Unterbrechung des Gedankenganges sei, ohne daß man einen andern Erklärungsversuch unternimmt. Freilich redet in 16 wieder der Evglist nach dem Täufer. Aber er knüpft mit dem ὅτι deutlich genug an den vorausgehenden Satz an. Dieses ὅτι ist leicht elliptisch ; Ellipsen sind jedoch im vierten Ev nicht selten [1]. Es ist auch wahr, daß 16 den letzten Satzteil von 14 wiederaufnimmt — übrigens nicht so, daß das letzte Tonwort zum ersten würde — ; aber die gegebene Rechtfertigung der Versfolge zeigt, daß 15 trotzdem nicht als Unterbruch empfunden werden muß. Wenn man erwägt, wie natürlich und zugleich kunstvoll der Zusammenhang gestaltet ist, kann man kaum mehr Klage erheben über Unebenheiten. Vielmehr ist ein Lob für den Vf am Platze. — Eine Übersetzung der ganzen Stelle mag das Gesagte verdeutlichen :

14   Und das Wort wurde Fleisch
       und zeltete unter uns,
    und wir sahen seine Herrlichkeit,
       die Herrlichkeit als des Eingeborenen vom Vater,
         voller Gnade und Wahrheit.

15   Jh zeugt von ihm und ruft : Dieser war es, von dem ich sagte :
       Der nach mir kommt,
         hat den Vorrang vor mir ;
       denn er war eher als ich.

    (den Vorrang hat er)

16   *Denn* aus seiner Fülle empfingen wir alle,
       und Gnade um Gnade.

17   *Denn* das Gesetz wurde durch Moses vermittelt ;
       die Gnade und die Wahrheit wurden durch JsChr zugänglich.

---

[1] Vgl zB das elliptische ἀλλ' ἵνα ; BJhev 29 Anm 1. Andere Beispiele : 1,22 (ἵνα) ; 4,9 (οὐ γάρ) ; 6,46 (οὐχ' ὅτι) ; 7,22 (item) ; 12,27 (ἀλλὰ διὰ τοῦτο) ; 14,2 (ὅτι) ; 16,2 (ἀλλὰ) ; 18,9 (ἵνα) ; 19,24b (ἵνα).

18   Gott hat niemand je gesehen ;
        der eingeborene Gott,
        der im Schoße des Vaters ruht,
        er erzählte (von ihm).

Zu den Aussetzungen, die B. an Vers 15 macht [1], ist noch folgendes zu sagen : Die ἡμεῖς von Vers 16 müssen gar nicht die von Vers 14 sein. In 14 redet der Evglist und die Augenzeugen, die mit ihm zusammen die Herrlichkeit Christi sahen. In 16 faßt er sich mit allen (πάντες !) zusammen, die an Jesus als den fleischgewordenen Logos glauben. Der Einwand, den B. dagegen machen würde : es handle sich auch in Vers 14 nur um die Glieder der Gemeinde, die mit dem Vf (der Quelle) die Herrlichkeit Jesu mit den Augen des Glaubens schauen, scheitert am Aorist des ἐθεασάμεθα [2] und an 1 Jh 1,1-3. — Es wäre sicher ganz natürlich, wenn Identifikationssätze (οὗτος ἦν ὃν εἶπον) auch in der « Quelle » vorkämen ; denn sie sind ja nur ein antwortendes Gegenstück zu ihren « Ego-eimi-Sätzen » [3]. — Das λέγειν τινά findet sich auch in einem Satz der OR (8,54) !

Außer den beiden Stellen des Prologs, die vom Täufer handeln, werden, wie aus der Zusammenstellung der Anmerkungen oben erhellt [4], von B. noch die Verse 10a. 12c. 13. 17 f als Zusätze des Evglisten zum Quellentext angesehen. Daß 10a. 12c. 13 nicht weniger ursprünglich sind als ihre Umgebung, ergibt sich zwanglos aus den früheren Darlegungen. — Auch Vers 17 ist durch die Untersuchung zu 15 eigentlich schon gesichert. Es soll aber noch auf einige Gründe, die B. dagegen anführt, eingegangen werden. Nach ihm ist Vers 17 eine exegetische Glosse. Nun ! ein Schriftsteller kann sich auch selber erklären. Es ist aber auch sehr fraglich, ob 17 wirklich eine Erklärung zu 16 sei oder nicht vielmehr, wie gezeigt wurde, ein dritter Grund für das ἔμπροσθεν γέγονεν in 15. — Daß der Name Jesus Christus, den der Prolog bis jetzt nicht nannte, hier nun auf einmal ausgesprochen wird, ist sicher kein Zeichen einer zweiten Hand. Die Gegenüberstellung von νόμος und χάρις verlangt, wenn schon der menschliche Gründer der Gesetzordnung genannt wird, auch die Nennung des Gründers der Gnadenordnung. Vorher aber war kein Anlaß, den Namen Jesu Christi zu erwähnen. Daß

---

[1] S 64 dsAr.
[2] TILLMANN, Jhev zu 1,14c.
[3] Vgl S 25 ; Anm 4 S 241 dsAr.
[4] S 66 f dsAr.

er im Ev nur noch einmal vorkommt, heißt nichts. Eigenartigerweise finden sich ja auch λόγος, χάρις, πλήρωμα im Ev nicht mehr. Darum will es auch nichts heißen, daß der Gegensatz νόμος — χάρις nachher nie mehr erscheint. Er spielt in Wirklichkeit trotzdem eine große Rolle im Ev ; man vergleiche nur die Auseinandersetzungen zwischen Jesus und den Juden von Kapitel 5 bis Kapitel 10. — Antithesen in der Art von Vers 17 (wie 18) kommen im vierten Ev immerhin einige vor und zwar in OR-Stücken[1]. Daß der zweite Satz nicht einen Begriff des ersten verwendet, ist natürlich ; es liegt am Inhalt der Antithese.

Exkurs I. Die Untersuchungen zur Form des Prologes von Gächter. — Es dürfte angezeigt sein, an dieser Stelle noch kurz auf die fraglichen Untersuchungen Gächters (ZKTh 1936, 99-111) einzugehen, soweit sie mit meinen vorgängigen Ausführungen S 63-86 dsAr in Widerspruch stehen. Gächter kommt aaO zum Ergebnis, daß die Verse 6-9. 13. 15 und 18 erst nachträglich zum Grundstock des Prologs hinzugefügt worden seien. Der Dolmetsch des Apostels Johannes, der nach Gächter (1934, 205 f ; 1936, 421) wahrscheinlich das Ev nach seinen Aufzeichnungen von den Predigtvorträgen des Apostels und auf dessen Geheiß hin zusammenstellte, habe auch den ursprünglichen Hymnus auf den Logos, den der Evglist verfaßt hatte, um jene Zusätze erweitert. Die Aussagen über Johannes den Täufer habe er einer Darlegung des Apostels über das Verhältnis von Jesus zum Täufer entnommen. Die Gründe, warum Gächter die genannten Verse als Zusätze zu einem ursprünglichen Hymnus auffaßt, sind folgende :

a. Zu 6-8 (9) : « Vv 6-8 ändern nicht nur den Gegenstand — das allein würde nicht schwer wiegen, umsoweniger, als er dem Hauptgegenstand untergeordnet ist —, sie dienen vor allem einer andern Tendenz als das Stück vorher und nachher ... Dieses Durchbrechen der Tendenz und Überspringen auf eine wesentlich verschiedene Tendenz ist ein sicheres Zeichen, daß diese Verse nicht aus demselben Guß sind wie das übrige. Niemand flicht Teile mit verschiedenartiger Tendenz ineinander.» (1936, 103)

b. Zu 13 : « V. 13 ist, im Gegensatz zum Prolog im allgemeinen, nicht im Parallelismus gebaut. Anders läge die Sache, wenn statt der drei nur zwei negative Aussagen und zwei positive zu lesen wären ... Die drei negativen Wendungen sind durch ihre gleiche Struktur zu stark miteinander verbunden, als daß man die dritte abspalten und mit dem positiven Stücke zu einem Doppelstichus vereinigen könnte ... Somit haben wir hier ein Stücklein Prosa vor uns, das man mit Burney als später hinzugefügte Erklärung betrachten darf.» (aaO 107)

c. Zu 15 : « V. 15 ist gleich zu beurteilen wie Vv. 6-9. Er durchbricht die Form und den Inhalt seiner Umgebung. Πλήρωμα in V. 16 greift über V. 15 auf πλήρης in V. 14 zurück ; während diese beiden Verse rhythmisch

---

[1] 3,6. (13) ; 8,42b + 44a (Zusammenstellung Bs. in Jhev 244) ; 16,20a.

sind, fehlt in V. 15 der Rhythmus außer im Wortlaut des Selbstzitates des Täufers. Mit Vv. 6-9 dient auch V. 15 einer Tendenz, die gänzlich verschieden ist von der seiner Umgebung.» (aaO 107)

d. Zu 18 : « V. 18 zeigt überraschenderweise eine ganz eigene Struktur. V. 18a ist als selbständiger isolierter Stichus verständlich. Ihm folgt dann ein Tristichon. Formal fehlt jede Verbindung nach rückwärts ... Auch vom Inhalt her dürfte sich V. 18 leichter erklären lassen unter Annahme, er sei kein organischer Teil des Ganzen ... Auf die in V. 14 und 17 genannte ἀλήθεια wird V. 18 deshalb nicht zurückzuführen sein, weil 'Gnade und Wahrheit' in Anlehnung an den alttest. Gebrauch wie ein einheitlicher Begriff verwendet und dieser auch durch das zwischenhinein gestellte 'Gnade um Gnade' kaum gelockert wird.» (aaO 108 f)

Zu a. — Daß niemand Teile mit verschiedenartiger Tendenz zu einem Schriftganzen zusammengefügt haben könnte, möchte ich mir nicht zu sagen erlauben. Doch lassen wir dies dahingestellt! Sicher ist, daß die Tendenz der Verse 6-8, die untergeordnete Rolle des Täufers zu unterstreichen, mit der Tendenz, die Erhabenheit des Logos zu verkünden, wie sie den Prolog durchzieht, leicht vereinbar ist. Übrigens liegt die Absicht, eine entsprechende Irrlehre über den Täufer abzuwehren, *höchstens in Vers 8* (und im ἀληθινόν von 9). Dieser wäre also eine jener Anmerkungen, wie sie das vierte Ev im allgemeinen auszeichnet. Daß der Evglist Johannes diese Anmerkung schrieb, als er den Prolog mit allen seinen Teilen verfaßte, läßt sich ohne Schwierigkeiten vorstellen, vor allem wenn man den Prolog als Geschichte und erzählende Zeugnisrede auffaßt und seinen Aufbau so versteht, wie dies oben dargetan wurde. Diese Auffassung und dieses Verständnis des Prologs aber ist das natürlichste und dem vorliegenden Text am meisten angemessene.

Zu b. — Mit dem guten Willen, mit dem Gächter die Jesusreden des Jhev durchgehend rhythmisch liest, kann man gewiß auch Vers 13 rhythmisch lesen (vierteilig). Wahr ist freilich, daß er nicht ganz zur Form der übrigen Verse paßt. Aber deswegen braucht er nicht später hinzugefügt zu sein. Es ist eine Erscheinung, die in allen Reden des Ev wiederkehrt, daß der Inhalt häufig die Form überwuchert und Rhythmus und Parallelismus nicht voll zu ihrem Recht kommen. Im Prolog gab sich der Evglist offensichtlich Mühe, einen ebenmäßig gebauten und rhythmisch einheitlichen Text zu schaffen. Aber was er zu sagen hatte, war ihm doch wichtiger als die Form, und so gelang es ihm nicht, sie ungebrochen durchzuführen. Aber auch die Verse des « Urprologes » weisen trotz Gächter durchaus nicht eine reine, ungebrochene Form auf. Vers 3 ist nicht drei- sondern zweiteilig gebaut, damit aber unebenmäßig. In 4a und 10a wünscht Gächter je ein weiteres, dh drittes Tonwort und glaubt, es sei durch den Nachdruck ersetzt. Dafür liest er 16a nur dreitonig. Folgerichtig müßte man dann aber auch 4a, 10a, sogar 12a eigentlich eintonig lesen. Vgl auch S 67 f dsAr.

Zu c. — Vers 15a könnte man zwar leicht rhythmisch lesen. Das ist aber nur ein Zeichen, daß der Rhythmus als solcher vom Evglisten wenig-

stens nicht immer angestrebt wurde. — Oben wandte ich mich vor allem
dagegen, daß 15a den Inhalt und die formale Verbindung zwischen 14 und 16
unterbreche. Unzweifelhaft greift 16 formal auf 14 zurück; aber 15 ist
trotzdem kein Unterbruch und 16 nur eine Wiederaufnahme von 14 *im
Anschluß an 15*: das ὅτι in 16 und 17 greift formal wie inhaltlich auf 15
zurück.

Zu d. — Wer annimmt, daß der Gegenstand der Verse 14-18 die Erhabenheit des fleischgewordenen Logos ist, hat keine Mühe, Vers 18 inhaltlich zu verstehen und seinen innern Zusammenhang mit dem Vorausgehenden zu würdigen. Es geht hier unzweifelhaft darum, daß die unmittelbare Gotteserkenntnis des Logos der Grund ist, warum wir aus seiner Fülle
Gnade und Wahrheit empfangen konnten, aber auch auf diese Fülle angewiesen waren und sind. Das Paar χάρις und ἀλήθεια ist auch unmöglich
im atlichen Sinne zu verstehen; es wird ja dem νόμος des Alten Bundes
gegenübergestellt und als die Ausstattung des fleischgewordenen Logos
erklärt, durch die er für uns Leben und Licht wurde. Vers 18 ist also gerade
entgegen der Meinung Gächters auf die Verse 14 und 16 f zurückzuführen
und schließt den Prolog organisch ab; diese Verse aber sind außerdem in
den Zusammenhang des ganzen Prologes zu stellen. Übrigens wird mit
Vers 18 ein Thema angeschlagen, das durch das ganze Ev hindurchspielt,
wie das mit allen Hauptgedanken des Prologes der Fall ist.

Exkurs II. Zur Einteilung und Gesamtauffassung des Prologes. —
U. Holzmeister vertritt die Ansicht [1], daß der Hauptgedanke des Jhprologes *das Heilswirken des Logos* in der Menschheit sei. An diese Mitte
seiner Botschaft schlössen sich an die Aussagen über die Fülle des im Logos
gegenwärtigen Lebens als der *Quelle* seines Heilswirkens, über seine *Nähe*
zu den Menschen, über die *Zeugen* des ausgegossenen Heiles und über seine
Feinde. Diese Gedanken würden *in drei konzentrischen Kreisen* abgewandelt,
so zwar, daß der erste Kreis sie im allgemeinen und blaß, der zweite plastischer
und deutlicher, der dritte in voller Klarheit und Deutlichkeit vorlege. Im
ersten Kreis werde gesagt, daß der Logos mit seinem Vater Gott von Ewigkeit, als solcher Schöpfer, Licht und Leben sei und die Menschen erleuchte,
aber auf den Widerstand der Finsternis stoße. Der zweite Kreis unterstreiche die Schöpferkraft und Lichtnatur des Logos, sage aus, daß er in
der Welt zugegen war, aber dann, von seinem Zeugen Johannes ange-
kündigt, auf neue Weise in die Welt, sein Eigentum, kam, um alle Menschen
zu erleuchten und ihnen die Geburt aus Gott zu vermitteln, daß die Eigenen
ihn aber, manche Gläubige ausgenommen, nicht erkennen wollten und
nicht aufnahmen. Der dritte Kreis nenne den Logos den einzigen Sohn
des göttlichen Vaters und als solchen Gott, Inhaber der Fülle aller Gnade,
Wahrheit und Gotterkenntnis, erhaben über seinen Zeugen Johannes; er
sei Fleisch geworden, habe sein Zelt unter uns aufgeschlagen und uns an

---

[1] VD 1931; vgl vom selben Vf: Prologus Evangelii S. Johannis. In usum
auditorum privatum. Romae 1941, 7-11.

Stelle des mosaischen Gesetzes Gnade über Gnade und das Wissen um die Geheimnisse der Gottheit gebracht. Seine Herrlichkeit sei nicht nur Johannes, sondern auch den Aposteln als Zeugen kundgeworden. Die Juden aber würden ihn, trotzdem er mitten unter ihnen stehe, nicht erkennen (1,26). — Was diese drei konzentrischen Kreise zum Ausdruck bringen, wird dann nach Holzmeister [1] von Jh ein viertes Mal durch das ganze Ev hindurch entfaltet, wo nur gezeigt werde, wie das fleischgewordene Wort sichtbar unter den Menschen wandelte, allen die Gaben seiner Gottheit anbot und sie den Gläubigen reichlich ausspendete, ohne daß die widerspenstigen Juden es hindern konnten.

Es kann nicht geleugnet werden, daß diese Auffassung, überzeugend vorgetragen, der Wirklichkeit des Jhprologes gerechter wird als so manche Ansicht der Vergangenheit und Gegenwart. Trotzdem erscheint sie mir zu einseitig und zu lehrhaft. Hzm. verwirft die *geschichtliche* Aufteilung und Auffassung des Prologes [2], vor allem die Zweiteilung : λόγος ἄσαρκος (1-5) — λόγος ἔνσαρκος (6-18), indem er auf die, wie er glaubt, unüberwindliche Schwierigkeit des φαίνει in Vers 5 und des φωτίζει in Vers 9 hinweist. In diesen Versen gehe es nicht ausschließlich um die Vergangenheit oder die Gegenwart, sondern um eine Wirklichkeit, die vor der Menschwerdung wie nachher und immerdar Tatsache sei. Ebenso werde der Widerstand der Finsternis gegen den Heilseinfluß des Logos in 5 und 10 nicht auf einen kleinen Ausschnitt der geschichtlichen Vergangenheit eingeengt, sondern erfasse die ganze Zeit von der Schöpfung der Menschen bis zur Gegenwart des Evglisten. In 10 werde auch nochmals der λόγος ἄσαρκος erwähnt. Aus diesen Gründen sei es ungenau zu sagen, Jh rede im Prolog von aufeinanderfolgenden Zeitereignissen, und ihn dementsprechend einzuteilen. Vielmehr schildere er mit wachsender Klarheit und zu wiederholten Malen eben jenes Heilswirken des Logos.

Es sei zugegeben, daß ein solcher Aufbau des Prologes nach konzentrischen Kreisen ganz jh wäre, daß ferner ein Schreiten vom Allgemeinen zum Einzelnen, vom Blassen zum Deutlichen darin unverkennbar ist und die Aussagen immer kräftiger, klarer und reicher werden. Auch an der Dreiteilung des Stückes möchte ich nicht zweifeln [3]. Allein ! ist dieses Kreisen der Gedanken, das Hzm. feststellt, gewollt ? War es die Absicht des Vf, nur die Lehre vorzutragen, daß der Logos das Heil der Menschen sei ? Wollte er, um diese Absicht auszuführen, zuerst im allgemeinen zeigen, daß jener als Gott, Licht und Leben die Menschen erleuchten könne und immerzu erleuchte, um dann zu sagen, dies sei vor allem geschehen, als der Logos in die Welt kam, als er Fleisch wurde und die Fülle seiner Herrlichkeit offenbarte ?

Mir scheint es, daß so der wirkliche Gedankengang des Prologes nicht erfaßt werde und die wahre Absicht des Vf nicht klar hervorleuchte. Auch Hzm. leugnet nicht, daß von geschichtlichen Ereignissen im Prolog tatsächlich die Rede ist [4]. Diese *Geschichte aber ist die Mitte der jh Botschaft,*

---

[1] VD 68 f ; Prologus 9.   [2] VD 67 ; Prologus 9.
[3] Vgl S 71 dsAr.   [4] Siehe Prologus 32 f.

wie im Ev so hier. Es handelt sich nicht um blasse Gedanken, nicht um eine Lehre, die durch Tatsachen der Geschichte anschaulich gemacht werden soll, nein, um diese Tatsachen als solche geht es gerade. Sie sind Kern und Stern des zu Sagenden. Geschichte ist der Gegenstand des Prologes, nicht eine Idee, auch wenn die geschichtliche Reihenfolge nicht ganz eingehalten wird [1]. Das gilt vor allem für 1-5 und 6-13 ; erst dann rückt ein Gedanke, die Erhabenheit des Fleischgewordenen, in den Vordergrund, aber in streng geschichtlichem Rahmen dargestellt.

Gehen wir auf die Gründe ein, die diese Ansicht empfehlen und sichern ! Der Prolog wird auffallenderweise von einer *Zeitangabe* eingeleitet, die nach dem Urteil der meisten Erklärer auf Gn 1,1 anspielt und sicher den gleichen Sinn wie das בְּרֵאשִׁית hat : im Uranfang, vor dem nichts war, der aber durch die Schöpfungstat Gottes die Erstzeit des Geschaffenen wurde. In diesem Zeitpunkt also, im Uranfang der Schöpfung, war der Logos da.

Diese Zeitangabe, mit der der Prolog und damit unser Ev anhebt, ist ein erstes Zeichen, daß der Evglist Geschichte erzählen will. Zugleich wird jedoch die Zeit gleichsam aufgehoben und das Geschehen, das später folgt, über den Uranfang hinaus in die Ewigkeit zurückgeführt. Erst in Vers 3 wird die Schöpfung, auf die jene Zeitangabe hinwies, als solche erzählt, freilich als geschichtliches Ereignis — ἐγένετο —, das von der Ewigkeit, vom Logos ausging. In ihm, fährt Vers 4 weiter, *war* Leben, und dieses Leben *war* das Licht der Menschen : ἦν. Die Schöpfung umfaßte Himmel und Erde und alle ihre Heere, ihr vornehmstes Werk jedoch war die Erschaffung der Menschen. Der Logos aber war ihr Licht ; denn an seinem Leben, an seiner Geistnatur erhielten sie Anteil.

Daß bis jetzt von vorvergangener Ewigkeit und von Geschehnissen der Vergangenheit die Rede war, kann keine Erklärung des Prologes leugnen. Aber nun folgt Vers 5 und unterbricht die Erzählung, um, wie es scheint, ein allgemeines, alle Zeiten umfassendes Dauergeschehen festzustellen : Das Licht des Logos stößt auf Widerstand ; es leuchtet für manche Menschen vergeblich ; sie widersetzen sich seinem Einfluß und bleiben so unerleuchtet, Finsternis. Es wäre nicht unmöglich, daß der Evglist hier, nach Vers 4, gleichsam schmerzlich überrascht von der geschichtlichen Tatsache, daß nicht alle Menschen das Licht aufnahmen, ein praesens historicum verwenden würde, ausrufend : Doch siehe da ! das Licht, das die Menschen erleuchtete, *wird* in seinem Wirken gehemmt. Diese Auslegung könnte sich mit Recht auf den folgenden Halbvers stützen, wo sogleich wieder die erzählende Vergangenheit aufgenommen wird. Ich glaube nicht, daß man umgekehrt, nur gestützt auf das φαίνει, hier einfach von einem gnomischen Aorist mit Gegenwartssinn reden darf [2]. Doch möchte ich auch nicht an dem praesens historicum des φαίνει festhalten, da es mit dem φωτίζει in Vers 9 zusammenzustellen ist, das sicher alle Zeiten umfaßt. Es scheint aber, daß unser φαίνει dem Evglisten selber wie eine Abirrung von seiner erzählenden Absicht und seinem geschichtlichen Plan vorkam, so daß er

---

[1] Vgl S 69-71 dsAr.   [2] HOLZMEISTER, Prologus 14.

ohne Zögern wieder zur Vergangenheit, die natürlich in dem φαίνει auch enthalten ist, zurückkehrte : Das Licht *scheint* in der Finsternis, aber die Finsternis *überwand* es nicht.

Damit ist der erste Teil des Prologes zu Ende, und die Erzählung, die bisher den Ablauf von Jahrtausenden und mehr in wenige Worte zusammendrängte, fährt mit einem einzelnen Ereignis der dem Evglisten näheren Vergangenheit fort : ἐγένετο ἄνθρωπος . . . οὗτος ἦλθεν εἰς μαρτυρίαν : Jahrtausende des Wartens gingen zu Ende ; das letzte Heil rückte nach den Plänen Gottes in greifbare Nähe ; er sandte den Vorläufer und Zeugen des endzeitlichen Lichtes, das denn auch nicht länger säumte : ἦν τὸ φῶς ἐρχόμενον εἰς τὸν κόσμον.

Nach den Untersuchungen, die weiter oben angestellt wurden [1], dürfte sich eine Verteidigung der Auffassung, daß es sich in Vers 9 um das Kommen des Messias handelt, erübrigen. Auch Hzm. faßt den Satz so auf [2], und die Mehrheit der Ausleger werden heute mit ihm einig gehen. Aber für Hzm. bleibt das φωτίζει, das hier begegnet, ein Anstoß, der es verwehre, eine geschichtliche Reihenfolge im Prolog festzuhalten. Ich glaube, die Schwierigkeit löst sich aus dem früher Gesagten leicht [3]. Das τὸ ἀληθινόν, ὃ φωτίζει πάντα ἄνθρωπον, ist eine Ergänzung zu τὸ φῶς, die das Offenbarungslicht sachlich mit dem Schöpfungslicht gleichsetzt. Es handelt sich um eine *Nebenaussage*, die sich an die apologetische Äußerung von Vers 8 anschließt. Auch Vers 3 dürfte neben der geschichtlichen Absicht schon eine apologetische Spitze enthalten haben. So ist denn tatsächlich mit der erzählenden

---

[1] Siehe S 75-77 ; 82 f dsAr.

[2] Prologus 16-21 ; S 19 daselbst äußert Hzm. allerdings die Ansicht, es könne nicht bewiesen werden, daß der Evglist in 1,9 *nur* von der Menschwerdung rede. Das ἐρχόμενον statt eines ἐλθών deute auf ein mehrmaliges Kommen hin. — Sicher spricht der Evglist 1,9 nicht nur vom Augenblick der Menschwerdung, sondern *im allgemeinen* vom Kommen des Messias, so wie es von den Juden erwartet wurde, dh vor allem von seinem sichtbaren Auftreten. Die Menschwerdung ist aber nicht ausgeschlossen. Möglicherweise dachte der Vf an das allmähliche Hervortreten Jesu an die Öffentlichkeit und wählte deswegen das ἐρχόμενον. Eher aber erklärt sich dieses, wie S 77 dsAr dargetan wurde, daraus, daß Jh für das Kommen des Messias in die Welt keinen geeigneteren Ausdruck finden konnte als diesen im vierten Ev als Titel auftretenden und ebenso in der jh Katechese verwendeten. Wenn der Evglist zudem das vorausgehende Dasein des Logos in der Welt durch die Auseinanderlegung des ἦλθεν in ein ἦν + Partizip (S 83 dsAr) unterstreichen wollte, blieb ihm kaum die Möglichkeit, ein ἐλθών zu verwenden ; eine solche Verbindung von ἦν + Partizip Aorist findet sich im NT nirgends. — Daß es sich an unserer Stelle nicht um ein beliebiges Kommen des Logos oder Jesu handeln kann, geht aus der Verknüpfung mit den folgenden Versen bis 13 hervor, die unzweifelhaft gerade von der messianischen Wirksamkeit Jesu reden, wie oben im Text gezeigt wird. Auch wäre die Stelle 6-8 sonst wirklich ein erratischer Block und seine Anwesenheit auch durch die konzentrischen Kreise nicht erklärt. Nirgends im Ev hindert das jh Kreisen einen einigermaßen erkennbaren Zshg der Sätze, wie das hier der Fall wäre, wenn nach 6-8 nicht das Kommen des Messias als solches ausgesagt würde.

[3] Siehe S 78-81 dsAr.

Rede in Teil 1-5 wie 6-13 Zeugnisrede gemischt [1], aber die Hauptsache, auf die es dem Evglisten zuerst ankommt, bleibt die Folge der Geschehnisse. Diese Folge wird nun in Vers 10 und 11 weitergeführt. Dem scheinen allerdings 10 a und 10 b zunächst entgegenzustehen; denn sie gehen über das in 9 Gesagte in die Vorvergangenheit zurück. Allein in Wirklichkeit ist es nur die Stilform und (semitische) Ausdrucksweise, die den Gang zu unterbrechen scheint. Der Sinn von 10 ist dieser : Trotzdem das kommende Licht, der Logos, verborgenerweise zuvor schon in der Welt war und wirkte und die Menschen Erkenntnis ihres Schöpfers lehrte, erkannten sie ihn jetzt nicht. 10 a. b sind also dem Hauptgedanken in 10 c durchaus untergeordnet. Vers 11 : Er kam in sein Eigentum, aber die Eigenen nahmen ihn nicht auf. Vers 12 : Allen aber, die ihn aufnahmen, gab er Macht, Kinder Gottes zu werden. 13 ist Ergänzung zu τοῖς πιστεύουσιν und 12 und steht zeitlich mit ihm auf der gleichen Stufe.

Daß die Verse 10 f tatsächlich von der messianischen Zeit gesagt sind, ist im Grunde genommen, sobald man Vers 9 vom Kommen des Messias versteht, nicht zweifelhaft. Noch deutlicher geht es aus 12 und 13 hervor, von denen die zeitliche Lage von 10 und 11 nicht gelöst werden kann. 12 und 13 aber von der gesamten Vergangenheit bis auf die Schöpfung zurück auffassen wollen, hieße das ganze Ev und seine Sprache wie seinen Sinn mißverstehen [2].

Hzm. faßt Vers 10 im Sinne des parallelen Verses 5 vom überzeitlichen Wirken des Logos auf [3]. Allein dem φαίνει in 5 folgt das κατέλαβεν, und die Parallele ist auch vorhanden, wenn 10 f von einer andern Zeit gelten. Vormessianische und messianische Zeit entsprechen sich eben, wie nachher noch deutlicher werden wird. Ich glaube auch kaum, daß man sich den gegebenen Gründen für die zeitliche Festlegung von 10 f verschließen kann.

Es folgt der dritte Teil des Prologes : 14-18. Wie gezeigt wurde [4], handelt dieser Teil von der Erhabenheit des fleischgewordenen Logos und der auf ihn gegründeten Heilsordnung. Vers 14 faßt zunächst das in 9 angekündete Kommen des Logos in neue, sinnreichere Worte und ergänzt das bis 13 von seiner Aufnahme durch die Gläubigen Gesagte. Damit ist das Nacheinander der Geschehnisse verlassen und zum Folgenden übergeleitet. Der Evglist zeugt für das die Grenzen menschlichen Daseins und menschlicher Kraft übersteigende Wirken des Menschgewordenen, für den aus seinen Werken und durch die Fleischeshülle hervorbrechenden Glanz seiner Gottheit und seiner Gottsohnschaft (14), für die schon der Täufer Zeugnis abgelegt hatte (15), und weist auf die das mosaische Gesetz und seine Früchte weit überragenden Gaben des neuen Heilsgründers (16 f), der kraft seiner vollkommenen Gemeinschaft mit dem Vater, seines Ruhens im göttlichen Schoße, die innersten Geheimnisse Gottes seinen Gläubigen mitteilen konnte (18).

Damit dürfte der Aufbau des Prologes einigermaßen klar geworden sein. Es ist aber notwendig, seine geschichtliche Linie noch etwas genauer

---

[1] Vgl S 70 dsAr.   [2] Vgl zu diesem Absatz S 75 dsAr.
[3] VD 67.   [4] Siehe S 71 f ; 83-85 dsAr.

zu verfolgen, um dann den Sinn des Stückes als Einleitung zum Ev festzulegen. Vor allem ist für Teil 1-5 zu erhärten, daß er wirklich, abgesehen
von der Ewigkeit des Logos, die der Schöpfung vorausging, *die Zeit von
dieser Schöpfung bis zur Menschwerdung* umfaßt, und nicht nur im allgemeinen das Heilswirken des Logos zu allen Zeiten. Klar ist, daß unser
φαίνει in 5 jedenfalls das sechsfache ἦν der vorausgehenden Verse nicht
entwerten kann sowenig wie das ἐγένετο in 3. Auch das κατέλαβεν in 5 ist,
trotz des φαίνει, in dieser Umgebung von ἦν und ἐγένετο — ein ἐγένετο
folgt auch sogleich wieder in 6 — weit eher als erzählender Aorist aufzufassen denn als gnomischer, wie auch das φωτίζει in 9 auf das ἦν ἐρχόμενον
keinen weitern Einfluß ausübt.

Damit ist aber immer noch nicht deutlich, um welchen Zeitraum der
Vergangenheit es sich handelt, ob nicht auch die vom Evglisten erlebte
Vergangenheit samt der Erdenzeit des Logos (ἔνσαρκος) hier noch eingeschlossen ist. Mir ist dies schon deswegen unwahrscheinlich, weil das
ἐν ἀρχῇ (1 f) auf eine *zusammenhängende Folge* aller erzählten Geschehnisse
hindeutet, weil ferner die Schöpfung, die im Anfang geschah, berichtet
wird, die Erleuchtung der Menschen durch den Logos aber sich an sie
anschließt. Auch die Tatsache, daß der Evglist dann 6-13 in geschichtlicher Reihenfolge das Kommen des Vorläufers und das Kommen des
Messias erzählt, läßt den Schluß zu, daß die Vergangenheit, die vorgängig
geschildert wurde, auch vorher zu Ende ging. Ein starker Grund für diese
Annahme ist dann Vers 10. Voraussetzung ist allerdings, daß er, wie nun
feststeht, von der messianischen Zeit auszulegen ist. Dieser Vers nimmt
unzweifelhaft auf 3-5 Bezug und will, wie wir sahen, sagen, daß der Logos,
ehe er zum Vollzug des Endheiles kam, schon in der Welt, die er geschaffen
hatte, zugegen war und darum als Schöpfer hätte erkannt und anerkannt
werden müssen. Diese Weltgegenwart des Logos *vor* der Menschwerdung
ist offensichtlich keine andere als jene, von der in 4 f die Rede ist, seine
Gegenwart als Licht der Menschen, durch die ihnen Gott als Schöpfer und
Herr kund wurde. Es muß sich demnach in 3-5 um die Zeit zwischen
Schöpfung und Menschwerdung handeln. Das φαίνει in Vers 5 ist freilich
eine abschweifende Ausdehnung dieses Raumes auf die ganze Weltzeit,
eine Abschweifung, die sich vielleicht durch ein mechanisches Haften des
Evglisten an Redewendungen, wie sie 12,35 und vor allem 1 Jh 2,8-11
(jh Katechese !) vorkommen, erklären läßt. Ein solches Haften an geprägten Formeln ist tatsächlich ganz jh [1]. Doch wie dem auch sei, jedenfalls
kommt der Vf durch das κατέλαβεν unverzüglich wieder auf den erzählenden
Stil zurück.

Alle diese Gründe zusammengenommen dürften die dargelegte Auffassung von Teil 1-5 genügend erhärten. Damit ist also erwiesen, daß er
vom λόγος ἄσαρκος gilt und die Aufteilung des Prologes auf die Zeit des
λόγος ἄσαρκος (1-5) und des λόγος ἔνσαρκος (6-18) grundsätzlich richtig ist.
14-18 erzählen aber nicht mehr eine Folge von Geschehnissen aus dem

---

[1] Vgl das ἐρχόμενον 2 Jh 7 ; BROMBOSZCZ, Einheit 81-87 ; 102 f.

Leben des Fleischgewordenen, sondern handeln, wie wir sahen, von seiner Herrlichkeit und dem Reichtum seines Heiles. Darum geht mit der Zweiteilung eine deutliche Dreiteilung des Prologes Hand in Hand. Diese Dreiteilung aber ist in überraschender Klarheit im Schlüsselsatz Vers 15 niedergelegt [1], und es wäre leicht denkbar, daß dieses Täuferwort dem Evglisten die Anregung zur Abfassung des Prologes vermittelte. Aus diesem Täuferwort geht ferner hervor, wie fest die von der Kritik so häufig als Einschiebsel angesehenen Verse 6-8 im Gefüge des Stückes verankert sind und was für einen Sinn sie haben : *Der Täufer geht geschichtlich dem nahenden Heilslicht nach Geburt und Wirksamkeit voran.* Es ist also nicht notwendig und angebracht, um dieser Verse willen die geschichtliche Einteilung des Prologes aufzugeben und sie durch den Aufbau nach konzentrischen Kreisen zur Abwandlung eines lehrhaften Gedankenganges zu ersetzen. Ebenso wie 6-8 ist aber auch Vers 15 selber durchaus organisch mit seiner Umgebung verbunden und kann nicht als störende Unterbrechung angesehen werden [2].

Ist es nun nicht trotz diesem geschichtlichen Aufbau des Ganzen einfach eine Tatsache, daß die drei Teile des Prologes sich zueinander wie konzentrische Kreise verhalten und dreimal die gleichen Gedanken mit zunehmender Deutlichkeit darstellen ? — Ein wahrer Kern ist in dieser Annahme sicher enthalten. Es ist aber erstens zu sagen, daß nicht alle im Prolog niedergelegten Gedanken in jedem der drei Teile wiederkehren und daß das Schema Hzms. [3] der Wirklichkeit zu wenig Rechnung trägt. So haben etwa die Verse 1 f von 6-13 keinerlei Entsprechung. Der Gedanke, der später im Ev zu finden ist, daß der Vater für den Sohn und mit ihm Zeugnis ablegt, ist in diesen zwei ersten Sätzen nicht geäußert, auch nicht angetönt, wie Hzm. annimmt. Somit hat auch Jh als Zeuge des Lichtes im ersten Teil kein Gegenstück. Im dritten Teil wird der Gegensatz Licht-Finsternis nirgends erwähnt, nicht einmal vorausgesetzt.

Wichtiger aber ist, daß einzelne Gedanken da, wo sie wiederholt werden, in einem andern Zshg oder Sinngefüge stehen und eine andere Aufgabe zu erfüllen haben. So ist in 1 f das ἐν ἀρχῇ wesentlich, fällt aber in 14 und 18 weg. Nach Hzm. ist der Hauptgedanke aller drei Teile der Heilseinfluß des Logos. Allein in 14-18 ist dieser Gedanke der Erhabenheit des Fleischgewordenen ganz untergeordnet, soll sie anschaulich machen und ist deswegen vornehmlich passivisch gewendet. Ebenso ist vom Zeugnis des Johannes in 6-8 in einem andern Sinn die Rede als in Vers 15. Dort wird das Zeugnis als Amt und Aufgabe des Johannes dargestellt und sein Ziel angegeben : den Glauben an das Licht zu wecken. In 15 hingegen zeugt Johannes tatsächlich, und der Inhalt seines Zeugnisses ist es, worauf es dem Evglisten hier ankommt.

Die Wiederholung der Gedanken geht also im Prolog nicht durch, und es ist nicht schlechthin ein Kreisen vorhanden. Auch verhalten sich die einzelnen Teile nicht genau wie das Allgemeine zum Besonderen. Der

---

[1] Siehe S 70-72 dsAr.

[2] Siehe S 83-85 dsAr.

[3] VD 66 ; Prologus 10.

Parallelismus von 6-13 zu 1-5 ist zunächst ein *geschichtlicher*: denn die messianische Zeit ist eine Wiederholung und Erneuerung der vormessianischen Zeit, die Erfüllung nach der Verheißung. Schon die Weisheitslehre des AT, von der unser Stück irgendwie, wenn auch nicht literarisch, abzuhängen scheint[1], enthielt, wie früher gesagt wurde, den Gedanken vom parallelen Nacheinander und Schicksal der Weisheitslehrer und Offenbarungsträger. Darum konnte der Evglist auch die Aussagen, die im AT von der Weisheit und vom Gesetz gemacht wurden, leicht auf das fleischgewordene Wort übertragen (10 f. 14. 16). — Was also in 1-5 geschildert wird, ist an sich nicht allgemeiner als das 6-13 Erzählte. Trotzdem ist ein Wachsen der Klarheit vorhanden, nicht wegen der Denkweise des Vf, sondern weil er in 6-13 ausführlicher wird. Es drängt ihn, von den Uranfängen möglichst rasch zum Kommen des Lichtes zu gelangen.

Fragen wir uns nun endlich, was für eine Absicht der Evglist wohl hatte, als er den Prolog als Einleitung zu seinem Ev verfaßte! Was für ein Verhältnis ist zwischen Prolog und Ev vorhanden? Was für einen Sinn hat unser Stück im Zshg des ganzen Werkes? Hzm. faßt es vor allem als Zusammenschau des Kommenden und Übersicht über das Ganze auf, gibt aber zu, daß es zugleich zeigen soll, wie Jesus in die Welt gekommen sei[2]. Nach den vorgängigen Ausführungen dürfte kein Zweifel mehr obwalten, daß dies, bündig ausgedrückt, die Hauptabsicht des Vf war.

Geben wir uns, um diese Absicht im einzelnen zu erkennen und genauer festzulegen, zunächst Rechenschaft über die Anfänge der ersten drei Evv! Matthäus leitet sein Ev mit dem Stammbaum Jesu von Abraham her ein, gibt dann eine Darstellung der Vorgeschichte von Jesu Geburt und der wichtigsten Ereignisse aus seiner frühen Kindheit, wo sich Weissagungen des AT über die Herkunft des Messias erfüllten, um schließlich die Tätigkeit des Vorläufers, Jesu Taufe und Versuchung zu schildern und so die Geschichte der messianischen Wirksamkeit zu eröffnen. — Markus läßt die Vorgeschichte, Geburt und Kindheit Jesu vollständig weg und geht in medias res. Nur das Wirken des Täufers und die Taufe wie die Versuchung Jesu werden kurz dargestellt, weil sie wesentlich zum öffentlichen Leben Jesu gehören. — Lukas erzählt, nach einer kurzen persönlichen Einführung, in geschichtlicher Reihenfolge ausführlich die Vorgeschichte der Geburt des Vorläufers, jene der Geburt Jesu, hernach die Geburtsgeschichte des erstern und Jesu, dann Jesu Kindheitsgeschichte. Hierauf folgt ein Bericht über die Predigt des Täufers, darnach die Taufe Jesu, anschließend sein Stammbaum bis auf Adam, endlich seine Versuchung und der Anfang der eigenen Wirksamkeit (in Galiläa).

Es ergibt sich also, daß alle drei Synoptiker ihren Hauptgegenstand, die öffentliche Wirksamkeit Jesu, mit dem Bericht über die Tätigkeit des Vorläufers, über die Taufe und Versuchung Jesu beginnen. Matthäus und Lukas aber geben auch die Vorgeschichte dieses Wirkens und erzählen den menschlichen Ursprung des Messias, seine Abstammung von den Trägern der Offenbarungsgeschichte, besonders von Abraham und David, (Josef

---

[1] Siehe S 73-75 dsAr.   [2] Prologus 32 f.

und) Maria, ferner seine Herkunft aus Bethlehem und Nazareth. Matthäus will besonders aufweisen, wie sich so die Voraussagen über Abstammung und Herkunft Jesu erfüllten, während Lukas zeigt, wie das Leben Jesu und des Täufers von Anfang an heilsgeschichtlich miteinander verflochten waren.

Was die drei ersten Evglisten so ihren Zeugnisschriften als Einleitung vorausschickten, entspricht dem Bild, das sie von Jesus zeichnen. Sie geben ihm vor allem menschliche und menschennahe Züge, ohne daß freilich die Hinweise auf das verborgene göttliche Antlitz Jesu fehlen. Die Absicht des vierten Evglisten war eine andere. Ihm lag am Herzen, ergänzend und überholend zu zeigen, daß Jesus der Sohn Gottes war, daß sein ganzes öffentliches Wirken göttlichen Glanz ausstrahlte und den Menschen seine Gottnatur und die Geheimnisse des göttlichen Lebens offenbaren, ihnen von diesem Leben mitteilen wollte und konnte[1]. So war es natürlich und angesichts der übrigen Evv, von denen Jh sicher das eine und andere kannte, gegeben, daß er, statt den menschlichen Stammbaum und das menschliche Werden des Messias darzustellen, *sein Leben Jesu über den menschlichen Anfang und über den Täufer zu seinem göttlichen Vorleben bis auf die Schöpfung und darüber hinaus in die vorvergangene göttliche Ewigkeit zurückführte. Zugleich sollte Jesus als das göttliche Wort, das Gott und alle seine Geheimnisse aus ureigener Anschauung kannte und von Ewigkeit her kundtat, erscheinen und als göttlicher Offenbarer von Anbeginn gezeigt werden, als Schöpferwort Gottes, das schon immer das Licht der Menschen gewesen war und ihnen Gotterkenntnis mitgeteilt hatte,* freilich auch den Widerstand mancher unter ihnen erfuhr, ohne daß sie aber sein Wirken zu unterdrücken vermochten.

Das ist der Sinn der Verse 1-5 des Prologes. Im zweiten Teil führt nun der Evglist *diese geschichtliche Linie weiter in die eschatologische Heilszeit,* die durch den Vorläufer Johannes eingeleitet wurde. Er kam, wie Vers 7 sagt, um für das *Licht* zu zeugen, und das *Licht* kam alsbald in die Welt. Mit dem Festhalten dieses Ausdruckes aus Teil 1-5 soll klar gezeigt werden, daß *das Heil der Endzeit kein anderes war als eben jenes Licht, das auch zuvor schon geleuchtet hatte, das ewige göttliche Wort, die wesenhafte göttliche Offenbarung, die mit dem unabweisbaren Anspruch auf Gehör sich an die Menschen wenden konnte.* Wie früher angedeutet wurde[2], dürfte das auch der tiefste Grund sein, warum der Evglist in 9 das Kommen des Lichtes in das ἦν + ἐρχόμενον auseinanderlegte. Ebenso unterstreichen Vers 10 a. b diese Einheit des λόγος ἄσαρκος und des λόγος ἔνσαρκος. Wie aber jener schon immer Feinde seines Lichtwirkens angetroffen hatte, so erfuhr auch dieser wiederum von vielen Menschen Ablehnung und Haß. Jene aber, die ihn aufnahmen, erfüllte er mit der Erkenntnis seines Namens und Wesens und machte sie zu Kindern Gottes. — So ist also der göttliche Ursprung Jesu als des Wortes aufgezeigt, die geschichtliche Verbindung zwischen Ewigkeit, Schöpfung, Offenbarung der Vorzeit und Offenbarung der Endzeit hergestellt und *die Heilslinie in die vom Evglisten erlebte Ver-*

---

[1] Vgl Jh 20,30 f.   [2] Siehe S 83 dsAr.

gangenheit hinabgeführt, die nun in seinem Werk eingehend zur Darstellung gelangen soll. Wie von selber ist damit Teil 6-13 ein Aufriß und Überblick über das ganze Ev geworden.

Der dritte Teil des Prologes fügt sich an die vorausgehenden wie eine *Schlußfolgerung* aus ihnen ; er ist zugleich die Folgerung, die der Evglist selber aus dem die göttliche Art und Herkunft enthüllenden Leben Jesu gezogen hat, und *die vorausgenommene Folgerung, welche sich aus dem Ev für jeden Leser ergeben soll.* Nach einer Unterbrechung von elf Versen nimmt der Vf hier den Ausdruck λόγος aus 1 f wieder auf, um zu sagen : So ist es also wirklich die wesenhafte Offenbarung, das ewige göttliche Wort, das Fleisch und Blut wurde wie wir und unter uns sein Zelt aufschlug. — Hierauf schildert er die Erhabenheit des Fleischgewordenen ausführlicher, um in Vers 17 den Vorrang der von ihm gegründeten neuen Heilsordnung über das alte Gesetz zu verkünden, den Vorrang, der sich daraus ergibt, daß eben das göttliche Gesetz, die göttliche Weisheit, das göttliche Wort selber gekommen ist, um die Geheimnisse zu offenbaren, die es als eingeborener Gott im Schoße des Vaters ruhend schaut. Das ist der Inhalt von Vers 18, der rahmenmäßig den Hauptgedanken aus 14 nochmals aufnimmt, damit wiederum auch auf 1 f zurückgeht und so zugleich den dritten Teil wie das ganze Stück echt jh abschließt [1].

---

[1] Im Lichte dieser Ausführungen, durch die eine geradezu hervorragende Einheit des Prologes aufgezeigt werden konnte, dürfte sich auch jeder weitere Versuch einer Aufspaltung des Abschnittes in ursprüngliche und vom Evglisten nachträglich zugefügte Stücke erübrigen. Es sei hier noch auf MASSON, RThPh 1940 aufmerksam gemacht, der als ursprünglichen « Hymnus » nur die Verse 1-3. 10b + c. 14a + c. 16 festhält. 4-10a werden von ihm vor allem auf Grund scharfsinniger Überlegungen, die vom männlich endenden αὐτόν in 10c ausgehen, entfernt. Wie richtig diese Überlegungen aber auch sein mögen, sie fallen deswegen dahin, weil das αὐτόν, ohne irgend eine kritische Operation nötig zu machen, sich einfach daraus erklärt, daß das Licht mit der Person des in Jesus fleischgewordenen Logos zusammenfällt, den der Evglist stets vor Augen hat. Von einem modernen Stilisten würde man hier gewiß ein Durchhalten der auf φῶς bezüglichen Formen verlangen dürfen, nicht aber von Jh. — Man lese dann ferner einmal die Verse 1-3 und 10b + c nacheinander aufmerksam durch, und man wird erkennen, wie unglücklich die Operation verlaufen ist. Der Schluß meiner Darlegungen zeigt auch, wie innig die Verse 1. 2 und 18 zusammenhängen, gedanklich und als Rahmensätze des Ganzen. Was dann endlich Ausdrücke angeht, die nur hier im Prolog, aber nicht mehr im übrigen Ev erscheinen, so ist zu sagen, daß einerseits fast jedes Kapitel des Ev Einmalwörter enthält, anderseits der Prolog eine persönliche Schöpfung des Evglisten ist, während er im Ev vor allem als Zeuge redet.

II. Zur Aufteilung der Erzählungen

1. Allgemeines

Wir kommen zur Aufteilung der Erzählungen unseres Ev auf den Evglisten und die Quellen, die ihm nach B. den Überlieferungsstoff für seine « Wundergeschichten » und einige andere Erzählungsstücke geboten haben sollen. Wir haben wiederum die *Gründe* zu untersuchen, die B. zu seinen Scheidungen veranlassen. Sein *Vorgehen* ist für die einzelnen Erzählungseinheiten gewöhnlich das gleiche : Zuerst sucht er *Unstimmigkeiten* inhaltlicher oder baulicher Art ; dazu sind zu rechnen Widersprüche, falschdeutende Zusätze, abgebrochene oder umgebogene Pointen, Unklarheiten des Aufbaues, Mangel an Zusammenhang. Sind nun nach B. solche Unstimmigkeiten vorhanden, so soll damit erwiesen sein, daß eine Quellenvorlage verwendet wurde. Auch « *Anmerkungen* » werden in diesem Sinne gedeutet. Doch ist auf diese Weise erst eine mehr oder weniger grobe Trennung der Schichten möglich. Nun werden jene Sätze und Satzstücke, die sprachlich-stilistische Eigentümlichkeiten des Evglisten aufweisen [1] oder sich durch seine theologischen Gedanken auszeichnen oder mit Stücken, die sicher von ihm stammen, innerlich verknüpft sind, für ihn ausgeschieden ; was übrig bleibt, muß dann im großen und ganzen der Quelle entnommen sein. Wenn es gelingt, deren ursprüngliche Anlage und Eigenart sowie die Absichten des Evglisten bei ihrer Umformung und ihrem Einbau in seine Darstellung zu erkennen, kann die Trennung noch sauberer durchgeführt werden [2].

Was jene Unstimmigkeiten und die Technik der Anmerkungen angeht, wurde das Grundsätzliche schon oben gesagt [3]. Wir werden hier nur einzelne Erzählungsstücke ins Auge fassen und an ihnen die Sonderungsarbeit Bs. verfolgen. Zuvor sollen aber einige allgemeine Erwägungen zum Kriterium der *sprachlichen Eigentümlichkeiten* der von B. in den jh Erzählungen unterschiedenen Schichten angestellt werden.

---

[1] Diese sind zunächst erkennbar in seinen *Anmerkungen* und vor allem in den zwischen Reden und Erzählungen vermittelnden « *redaktionellen* » Stücken, die das « *schematische* » Gerüst des Ev darstellen und seinem dramatischen Aufbau wie der inneren Einheit des Ganzen dienen. Vgl ua BJhev 91 Anm 3 ; 157 Anm 1 ; dazu S 28 dsAr.

[2] Siehe zu diesem Vorgehen die Erörterung der Einzelanalysen Bs. S 111-134 dsAr.

[3] S 54-59 dsAr.

Wir haben früher gesehen, was für eine wesentliche Aufgabe sprachlich-stilistischen Untersuchungen, wenn die Einheit eines Schriftganzen in Frage steht, zufällt. B. hat diese Aufgabe zwar nicht voll erkannt, ist aber doch überzeugt, daß der Nachweis von sich *ausschließenden* Gruppen sprachlicher Merkmale für verschiedene Schichten unumgänglich ist. Wenn man dem Augenschein trauen könnte, möchte man auch gerne glauben, B. habe diesen Nachweis geleistet ; denn seine einschlägigen Anmerkungen sind zahlreich. Wir haben aber, was die OR angeht, feststellen müssen, daß es B. nicht gelungen ist, seine Schichten sprachlich so zu unterscheiden, daß ihre Herkunft von verschiedenen Vf erhellt. Zwar hat er eine Reihe von sprachlich-stilistischen Eigentümlichkeiten, die den Evglisten von den OR absetzen, ausfindig gemacht ; aber sie sind fast durchweg nur Ergebnis und Ausdruck der inhaltlichen Eigenart seiner Stücke, die nicht auf die Verwendung einer Quelle schließen läßt [1].

Wie steht es nun mit solchen Eigentümlichkeiten in den Erzählungen unseres Ev ? Jedenfalls hatte B. anfänglich gute Hoffnung, den Evglisten und seine hier zur Verarbeitung gelangten Quellen sprachlich-stilistisch hinreichend gegeneinander unterscheiden zu können. Das geht aus seinen Äußerungen zu Jh 2,1-12 hervor : « Ohne Zweifel legt der Evglist seiner Darstellung wieder ein Traditionsstück zugrunde. Offenbar entnimmt er es einer Quelle, die eine Sammlung von *Wundern* enthielt und die er auch in den folgenden Wundergeschichten benutzt. Es ist die σημεῖα-Quelle, die sich in ihrem Stil deutlich abhebt von der Sprache des Evglisten selbst wie von der Sprache der Redenquelle ... ; ebenso aber auch von den Wundergeschichten der synoptischen Tradition. » [2] — Zu späteren Stücken äußert sich B. weniger zuversichtlich. So sagt er zu 11,1-44 : « Die sprachliche Untersuchung liefert nicht hinreichende, wenngleich bestätigende Kriterien (nämlich für die Unterscheidung von Quelle und Vf) ... Der Stil des Evglisten aber hebt sich nicht durchweg scharf von dem der σημεῖα-Quelle ab. » [3] Eine Anmerkung [4] klärt darüber auf, daß die Analyse der Passions- und Ostergeschichte nur teilweise durch sprachliche Kriterien gestützt werden könne, « da die stilistischen Eigenarten des Evglisten in der Erzählung nicht ausgeprägt » seien.

[1] Vgl zu diesem Absatz S 59-62 dsAr.
[2] Jhev 78.
[3] Jhev 301 Anm 4.
[4] Ebd 491 Anm 9.

Die Ergebnisse der sprachlich-stilistischen Untersuchungen, die B. im Zuge seiner Sonderungsarbeit vornimmt, verstärken die Eindrücke, die er selber wiedergibt, erheblich. Zunächst fällt auf, daß er die Stücke, die verschiedenen Quellen entnommen sein sollen, sprachlich *nicht* gegeneinander *unterscheidet.* Immer wieder merkt er an, die Quelle zeige semitisierendes Gepräge [1] ; neben semitischen Redewendungen falle vor allem der einfache Stil, die primitive Art der Satzverbindungen, der Mangel an solchen, die häufige Stellung des Verbums vor dem Subjekt auf [2]. Seltsamerweise zeichnet sich nun, wie schon angedeutet, auch die Schicht des Evglisten durch die gleichen Merkmale aus. B. selber sagt einmal, die semitisierende Sprache könne für diesen wie für seine Quelle bezeichnend sein [3]. Den Quellen wie dem Evglisten eignet ebenso der einfache Satzbau (Parataxe ; Seltenheit des part. coni.). [4] Wenn der Evglist gelegentlich [5] reicher und gewundener baut, so läßt sich das gleiche, wie aus den Feststellungen Bs. hervorgeht, zB auch von den Quellen zur Passions- und Ostergeschichte sagen [6]. Nicht anders steht es mit den Asyndeta, den primitiven Satzbindungen (καί, οὖν, δέ) und der Voranstellung des Verbums vor den Satzgegenstand [7].

Wir stehen also, kurz gesagt, vor der nüchternen Tatsache, daß Sprache und Stil der jh Erzählungen nach den Untersuchungen Bs. selber durchweg das gleiche Gesicht zeigen. Man wird also versucht sein, den Schluß, den B. aus dem einheitlichen Sprachgepräge der Quellenstücke zur Passions- und Ostergeschichte zieht [8], daß nämlich hier die gleiche Vorlage verwendet wurde, mutatis mutandis für die jh Erzählungen im allgemeinen zu machen und zu sagen, ihre durchgehende stilistische Übereinstimmung lege nahe, nicht an die Verarbeitung von Quellen durch den Vf oder wenigstens nicht an die Möglichkeit einer Wiederherstellung solcher Quellen zu denken.

Diese Folgerung drängt sich noch gebieterischer auf, wenn man einmal den jh Erzählungsstil mit dem Stil der syn Ev vergleicht. Es

---

[1] Jhev 68 Anm 7 ; 86ˉAnm 1 ; 177 Anm 4 ; 250 Anm 1 ; 301 Anm 2. 4 ; 352 Anm 3.
[2] Ebd 68 Anm 7 ; 78 Anm 3 ; 155 Anm 5 ; 177 Anm 4 ; 250 Anm 1 ; 301 Anm 2 ; 352 Anm 3 ; 491 f.
[3] Ebd 122 Anm 1.   [4] Ebd 122 Anm 1 ; 491 f.
[5] Ebd 301 Anm 4.   [6] Ebd 491 f.
[7] Ebd 122 Anm 1 ; 352 Anm 3 ; 491 f. — Alle aufgezählten Gemeinsamkeiten könnten überreich durch Beispiele belegt werden.
[8] Jhev 491.

war unzweifelhaft ein Treffer ins Schwarze, wenn B. feststellte, daß sich der Stil der Semeia-Quelle deutlich von den Wundergeschichten der syn Überlieferung abhebe [1]. Nur müssen wir noch einen Schritt weitergehen und sagen : Der Stil aller Quellen, die B. aus dem Gefüge der jh Erzählungen losgelöst haben will, hebt sich, nicht anders als der Stil der Vfstücke, gleicherweise vom Hintergrund der syn Sprache im allgemeinen ab. Das ist eine ganz einzigartige Tatsache, die nicht leicht zu hoch eingeschätzt werden kann ; denn die Sprache der drei ersten Evglisten ist sonst durchaus nicht eine und die selbe. Trotzdem ist die Sprache der jh Erzählungen durch verschiedene Züge gegen die Sprache *aller drei Synoptiker* ebenso *einheitlich* wie *scharf* abgegrenzt, und merkwürdig ist nur das, daß mehr als ein solcher Zug gerade die semitische Eigenart von Jh ausprägen soll oder ausprägt. Sollte man nicht eher an eine ganz persönliche Eigenart denken ? Oder sollte Jh noch semitischer sein als die Synoptiker ?

Meine Gegenüberstellung geschieht in engen Grenzen. Ich untersuchte hüben und drüben vor allem die *einleitenden* Sätze zu Redesätzen und Redestücken, im Jhev aber nur, soweit sie in jenen erzählenden Teilen vorkommen, aus denen B. Quellen aussondert [2]. Man wird sich anhand der Ev und der folgenden Daten leicht überzeugen, daß die Grenzziehung der Untersuchung nicht ungünstig war und die Richtigkeit wie das Gewicht der Ergebnisse als Ausdruck des Erzählungsstils auf der einen wie auf der andern Seite nicht schädigte [3].

Die Untersuchung zu den ersten vier Zügen dieses Stils erfaßte alle *einleitenden Haupt*sätze zu Redestücken, die mit λέγει, ἔφη und gleichwertigen Wörtern in irgend einer Zeitform der *dritten* Person *Indikativ* gebildet sind, wenn sich zwischen Einleitung und Rede nicht ein ὅτι recitativum schob. —

1. Der erste Zug ließ sich ex natura rei nur an Sätzen feststellen, wo der Satzgegenstand eigens ausgedrückt und mit dem fraglichen Zeitwort selber verbunden war. Einander gegenübergestellt sind hier nämlich die Fälle, wo dieser Gegenstand dem Zeitwort *voran-* oder

---

[1] Jhev 78.

[2] Diese Erzählungsstücke sind : 1,35-51 ; 2,1-12. 13-22 ; 3,22-30 ; 4,1-42. 43-54 ; 5,1-16 ; 6,1-26 ; 7,1-13 ; 9,1-39 ; 11,1-44 ; 12,1-8. 12-19 ; 13,1-20. 21-30 ; 18,1-11. 12-27 ; 18,28-19,16a ; 19,16b-37. 38-42 ; 20,1-18. 19-23. 24-29.

[3] Es ließe sich unschwer nachweisen, daß den hier folgenden Zügen je ein Zug, der die jh Erzählungen durchgehend prägt, entspricht. Vgl S 198 ; 201 ; 204 (Nr 6 ; 16) ; 205 dsAr.

nachsteht. Ausgeschieden wurden alle Fälle mit selbständigem ὁ δὲ ..
(ἡ δὲ .. usw), ebenso alle Fälle, wo ein part. coni. mit dem Satzgegenstand zusammengehörte, ausgenommen wenn es sich um λέγων
(λέγοντες) handelte. Beispiele : Mt 16,6 : ὁ δὲ ᾽Ιησοῦς εἶπεν αὐτοῖς ·
— Jh 7,6 : λέγει οὖν αὐτοῖς ὁ ᾽Ιησοῦς ·

Die Zahlen sind folgende :

Mt   31/47   (8,74) [1]
Mk   29/18   (21,37)
Lk   25/58   (5,71)
Jh   8/106   (3/50)

2. Der zweite Zug zeichnet jene von den unter 1. erfaßten Fällen, die
asyndetisch sind, soweit sie in rein erzählenden Stücken und nicht
in Redeabschnitten wie Parabeln usw vorkommen. Untersucht wurden ferner die sonst gleichgearteten Fälle, wo der Satzgegenstand
nicht ausgedrückt war ; die gefundenen Asyndeta wurden mitgezählt.
Fälle mit πάλιν, τότε usw am Satzeingang sind im zweiten Zug
nicht mitenthalten. Beispiele : Mt 18,22 : λέγει αὐτῷ ὁ ᾽Ιησοῦς · —
Mt 16,15 : λέγει αὐτοῖς · — Es folgen die Zahlen :

Mt   32   (3,51) [2]
Mk   4   (18,75)
Lk   0   (—)
Jh   83   (42)

---

[1] Die Zahlen vor dem Schrägstrich nennen die Fälle, wo der Satzgegenstand
die Zahlen nachher die Fälle, wo das Zeitwort voransteht. Die Klammerzahlen
geben bei Mt Mk Lk an, wie manchmal die Zahl ihrer Fälle, in denen das Zeitwort
voransteht, in der entsprechenden jh Zahl enthalten ist, wenn auf beiden Seiten
das Verhältnis zu den Fällen, wo das Zeitwort nachsteht, verrechnet wird. Die
Klammerzahl bei Jh zeigt hier und bei den folgenden jh Zahlen immer an, wie
viele Fälle von den angegebenen auf die Schicht des Evglisten entfallen, um so
deutlich zu machen, daß der fragliche Zug sowohl die Quellen- wie die Vfstücke
zeichnet. — In den syn Ev, vorzüglich bei Lk, steht der Satzgegenstand manchmal
antithetisch an erster Stelle. Das hindert aber nicht, die Fälle mitzuzählen, da
die umgekehrte Stellung sozusagen immer leicht möglich wäre. Daß auch ein
ausgesprochen antithetisches Beispiel wie Lk 24,25 umgeformt werden könnte,
zeigt etwa Mt 21,27b. Es ist zudem eine Folge des jh Erzählungsstils, daß diese
antithetischen Stellungen fehlen, da Jh die einzelnen Momente des Geschehens
nicht einander gegenüberstellt, sondern aneinanderreiht, so daß äußerlich nur ein
Nacheinander, keine gegenseitige Verknüpfung und Einwirkung zur Darstellung
gelangt. Ein gutes Beispiel für diese Erzählungsweise ist 1,35-51.
[2] Die Klammerzahlen bei Mt Mk Lk zeigen an, wie manchmal die Zahl ihrer
Asyndeta in der jh Zahl enthalten ist, wenn man die Verhältnisse dieser Zahlen

3. An dritter Stelle folgen die eingangs genannten Sätze, sofern mit
dem Satzgegenstand, sei er ausgedrückt oder nicht, und mit dem
fraglichen Zeitwort ein oder mehrere part. coni. verbunden sind. —
Die Zahlen sind :

    Mt   120   (4,93) [1]
    Mk   69   (4,27)
    Lk   105   (4,16)
    Jh   18   (7)

4. An vierter Stelle kommen alle eingangs genannten Sätze, wenn
ein selbständiges ὁ δὲ .. (ἡ δὲ .. usw) am Satzeingang steht. —
Die Zahlen sind folgende :

    Mt   46   (4,87)
    Mk   27   (4,28)
    Lk   53   (5,4)
    Jh   7   (3) [2]

5. Der fünfte Zug prägt alle Redeeingänge in den syn Ev und den
fraglichen jh Erzählungen, wo sich das ἀπεκρίθη καὶ εἶπεν (ἀποκρίνεται καὶ λέγει usw ; Mehrzahl) findet, wo also das ἀποκρίνεσθαι
mit dem λέγειν parataktisch verbunden ist. — Die Zahlen :

    Mt   0
    Mk   1
    Lk   2
    Jh   16   (7) = 121 (gegenüber 3) [3]

zu den runden Zahlen aller Redeeinleitungen, wie sie oben vor 1. charakterisiert
wurden, in Anschlag bringt. Diese Zahlen sind : Mt 270 ; Mk 180 ; Lk 280 ;
Jh 200 (nur Erzählungsstücke). — In der Zahl der jh Asyndeta sind zwei Fälle,
wo der Satzgegenstand voransteht, nicht mitgerechnet, da auch die syn Fälle
nur solche sind, in denen er, wenn vorhanden, dem Zeitwort nachsteht.

[1] Die Klammerzahlen bei Mt Mk Lk geben hier und unter 4. das Vielfache
der syn Fälle den jh gegenüber an. Der dritte Zug kennzeichnet also die jh Erzählungen negativ ; sie enthalten nicht einmal den vierten Teil der syn Gesamtzahl, wenn man wiederum die Zahl aller Redeeinleitungen verrechnet.

[2] Auch der vierte Zug prägt Jh negativ ; das ὁ δὲ ... ist in seinen Erzählungen selten anzutreffen. Auch hier ist in den Verhältniszahlen die Zahl aller
genannten Sätze verrechnet.

[3] Die Zahl nach dem Gleichungszeichen hier, unter 6. und unter 8. erhöht,
um ein ungefähres Bild der Verhältnisse zu ermöglichen, die wirkliche jh Ziffer
auf die Höhe der syn Gesamtzahl ; der Umfang des jh Vergleichsstoffes wurde
zu diesem Zwecke auf den des syn gebracht. Genauere Zahlen ließen sich hier

6. Den sechsten Zug stellt das ἀπεκρίθη (ἀποκρίνεται ; Mehrzahl) dar, wenn es als Redeeingang (zu direkter Rede) allein, dh ohne εἶπεν (usw) oder ein entsprechendes Partizip auftritt. — Die Zahlen sind :

Mt   0
Mk   3
Lk   2
Jh   23 (11) = 175 (gegenüber 5)

7. Den siebten Zug stellt die Verbindung des λέγειν mit dem Aoristpartizip des ἀποκρίνεσθαι dar (ἀποκριθεὶς εἶπεν usw). — Die Zahlen :

Mt   46 [1]
Mk   15
Lk   38
Jh   0

8. An letzter Stelle folgen die Zahlen für das Vorkommen des ἄρχομαι ποιεῖν τι (alle vorkommenden Fälle) :

Mt   13
Mk   26
Lk   31
Jh   1 = 7,6 (gegenüber 70)

Die Sprache dieser Tatsachen ist unzweideutig. Nur *einen* Einwand kann B. machen : Er habe die Schicht des Evglisten nicht nur in der oben angegebenen Weise im allgemeinen, sondern auch durch eine Reihe von Einzelmerkmalen gekennzeichnet [2] ; durch diese sei sie eben doch gegen die Quellen abgesetzt. Gut ! Aber warum fehlen denn solche Kleinmerkmale in den Quellenstücken sozusagen ganz ? Warum war B. nicht imstande, für die Einzelquellen auch Sondersprachgut nachzuweisen, das sie gegeneinander unterschied ? Warum heben sie

erzielen, wenn man die unter 5. mit denen unter 7. untereinander und mit den Zahlen aller Möglichkeiten, die eine oder die andere Verbindung zu wählen, vergliche.

[1] Die syn Zahlen müßten an sich unter Verrechnung des verschiedenen Umfanges, den der untersuchte Stoff auf beiden Seiten hat, herabgesetzt werden. Es wurde aber davon Umgang genommen, weil die jh Ziffer 0 ist und dem ἀποκριθεὶς εἶπεν auf seiner Seite sowohl das ἀπεκρίθη καὶ εἶπεν wie das ἀπεκρίθη allein entgegensteht. So vermitteln die wirklichen syn Zahlen einen richtigeren Eindruck als die herabgesetzten.

[2] Vgl S 30 f dsAr.

sich von der Schicht des Evglisten nur dadurch ab, daß dessen sprachliche Eigentümlichkeiten in ihnen fehlen ?

Wenn B. uns auf diese Fragen die Antwort schuldig bleibt, so
wollen wir uns einmal die Mühe nehmen, darauf zu antworten. Eine
ähnliche Tatsache wie die angeführte fiel uns schon in den OR-Stücken
und ihrer Umgebung auf [1]. Wir erinnern uns, daß B. auch da nur die
Schicht des Evglisten durch eine Reihe einzelner sprachlicher Kennzeichen heraushob, die OR aber, abgesehen von der allgemeinen Kennzeichnung durch Rhythmus und gnostische « Begrifflichkeit », vor allem
dadurch unterschied, daß er die Abwesenheit jener Spracheigentümlichkeiten feststellte. Nicht anders war es auch im ersten Jhbr.

Wie ist diese auffallende Erscheinung zu deuten ? Ist sie bloß einer
Nachlässigkeit Bs. zuzuschreiben ? Sollte es ihm genügt haben, uns
überall den Evglisten und seine Eigenart vorzustellen ? Oder sollten
seinem hellen Auge die Eigentümlichkeiten der Quellen einfach entgangen sein ? Das alles ist wenig wahrscheinlich. Der Verdacht aber,
der damals in mir aufstieg, als ich die Arbeit Bs. einer ersten Prüfung
unterzog, hat sich mir im Laufe der Untersuchung zur Gewißheit verstärkt : B. hat *alle* seiner Sicht und seiner Art zu schauen zugänglichen
Merkmale aus dem Ev ausgehoben. Nun aber wird es kaum ein Schrifterzeugnis geben, wo die sprachlich-stilistischen Eigentümlichkeiten des
Vf jeden Satz und jede Zeile prägen. Sie werden das Ganze mehr oder
weniger dicht durchziehen, und es wird weder ein Zeichen fremder
Herkunft noch ein Zufall oder ein Wunder, sondern etwas ganz Natürliches sein, wenn im vierten Ev eine erhebliche Zahl von Sätzen sagen
wir einmal kein ὡς δὲ und kein οὖν, kein αὐτὸς γὰρ und kein χρείαν
ἔχειν, kein ᾔδει γὰρ und kein wiederaufnehmendes ἐκεῖνος aufweisen.
B. hat den Fehler gemacht, daß er alle in seiner Sicht geprägten Sätze
des Ev dem Evglisten zuschob und den neutralen, farblosen Rest auf die
Quellen verteilte. Darum fehlen in ihnen ganz oder weitgehend sprachlich-stilistische Kleinmerkmale in der Art derjenigen Bs. Das fällt nun
vor allem in den Erzählungsstücken auf, weil die Quellensätze inhaltlich
von den Sätzen des Evglisten gewöhnlich nicht so stark unterschieden
sind, wie es die « apodiktischen » Sätze der OR waren. Diese zeichneten
sich manchmal auch durch einen reineren Rhythmus aus als die Umgebung oder durch einen einfacheren Bau, so daß B. immerhin den
Schein verschiedener Vf entdecken konnte. — Einen ähnlichen Fehler

---

[1] Vgl S 24-28 ; 40 f ; 60-62 dsAr.

wie hinsichtlich der Stilmerkmale läßt sich B. auch dadurch zuschulden
kommen, daß er in den Erzählungen jene Sätze für die Quellen in Anspruch nimmt, die sich *nicht* durch *eigentümlich jh Gedanken* auszeichnen [1]. Als ob jede Zeile des Ev von vornherein solche enthalten
müßte, um vom Evglisten stammen zu können ! So wenig wie Stilmerkmale.

Wenn wir uns nun die von B. namhaft gemachten Merkmale des
Evglisten noch näher ansehen, so stellen wir zunächst fest, daß wiederum
einige davon *inhaltlicher* Art sind, wie die Angabe, daß « viele » gläubig
geworden seien ua, die « Anmerkungen » einführende Wendung τοῦτο δὲ
ἔλεγεν uä. Auch die stilistische Prägung der « redaktionellen » Stücke
hängt mit deren Eigenart zusammen. Gerade sie wie auch die Anmerkungen sollten aber durch ganz *individuelle* Merkmale gezeichnet
werden ; das Fehlen solcher in den angeblichen Quellenstücken würde
dann wenigstens einen Verdacht rechtfertigen. Um sie wirklich einer
andern Hand als der des Vf zuweisen zu können, müßten freilich statt
jener Kennzeichen andere, ebenso individuelle, wenn möglich gegen-
sätzliche aufgefunden werden. — Einige Eigentümlichkeiten des Evglisten kommen dann nach B. selber auch in Quellensätzen vor wie das
ὡς δὲ, ὡς οὖν, οὖν, ὅτε οὖν, τότε οὖν, μέντοι, μετὰ ταῦτα [2] ; sie sind
also untauglich für Scheidungszwecke und zur persönlichen Kennzeichnung des Evglisten. Gelegentlich weist B., wenn seine Merkmale
in Quellenstücken vorkommen, sie einfach der überarbeitenden Hand
des Evglisten zu [3]. Das ist natürlich Willkür.

Eines dürfte nun mit Rücksicht auf das ganze Ev klar geworden
sein : Das *Ziel*, das sich B. in der Jülicher-Festgabe und in « Der Christlichen Welt » gesteckt hatte, nämlich die *stilkritischen Unterlagen* für
die Unterscheidung verschiedener Hände im Jhev zu liefern [4], ist von
ihm *gänzlich verfehlt* worden. Nach seinem eigenen Urteil sind aber für
den Quellennachweis solche Unterlagen unentbehrlich [5]. Man wird also
zum Ergebnis kommen, daß dieser Nachweis, ungeachtet aller Aufspürung von Schwierigkeiten und Unstimmigkeiten der Texte, nicht
gelungen ist. Wenn man sich dann überlegt, daß B. mehr als alle

---

[1] Vgl ua Jhev 127 f ; 301 Anm 4 ; 515 f.
[2] Vgl Jhev 91 Anm 3 ; 221 Anm 8 ; 302 Anm 7 ; 366 Anm 5 ; 491 f.
[3] Vgl etwa ebd 177 Anm 5 ; 361 Anm 6 ; 366 Anm 5.
[4] Vgl S 39-43 ; 59-62 dsAr.
[5] ChrW 502 f.

früheren Quellenscheider mit Fleiß und Sorgfalt zu Werk gegangen ist,
so möchte man schon allein daraus schließen, daß eben das vierte Ev
das ursprüngliche Erzeugnis eines einzigen Vf ist. In diesem Sinne war
die Arbeit Bs. nicht umsonst, und man darf überdies gestehen, daß
seine stilkritischen Untersuchungen manchen Baustein für künftige
Arbeiten dieser Art am Jhev enthalten.

Im Anschluß an diese Auseinandersetzung über die sprachlich-
stilistische Seite der Scheidungen Bs. in den Erzählungsstücken unseres
Ev soll hier noch der Kern der Ausführungen A. FAURES zum Nachweis der Quelle eines « *Wunderbuches* » [1] in den fraglichen Erzählungen
geprüft werden. B. nimmt an, daß alle Wundergeschichten des Ev
diesem Buch, das er Semeia-Quelle nennt, entnommen seien [2]. Er hält
sich dabei eng an Faure. Daraus erhellt die Notwendigkeit, an dieser
Stelle auf die Beweisführung Faures einzugehen.

Faure geht aus vom ersten Abschluß des Ev : Jh 20,30 f und stellt
fest, daß er « in seine jetzige Umgebung herzlich schlecht » passe, einmal
weil er nicht am Ende des Ev stehe, aber auch deswegen, weil die Erscheinungen des Auferstandenen nicht gut « Zeichen » genannt werden könnten.
20,30 f weise aber « deutlich auf 12,37 zurück ». « Die Worte », sagt Faure
weiter, « müssen ursprünglich dort angeschlossen haben, sind abgebrochen
und versetzt. Die Stücke passen noch verblüffend gut aufeinander ». « In
dieser ihrer Zusammenstellung bilden die Verse 12,37 + 20,30 f einen wirk-
samen Abschluß. Wovon nun ? » Die Verse machen « meines Erachtens
eine selbständige schriftstellerische Einheit kenntlich, eine im ersten Teil
des Evangeliums benutzte Quellenschrift, deren Spuren durch Überarbeitung nicht ganz haben verwischt werden können. Und von dieser Schrift
lassen sie uns auch eine nähere Vorstellung gewinnen ... : es ist eine in
apologetischem oder missionarischem Interesse angefertigte Zusammenstellung von Wundergeschichten ». « Und nun können wir die Spuren solch
eines Wunderbuches in den Wunderberichten des Evangeliums selbst wieder-
finden. Wir brauchen bloß die dem Johannes-Evangelium eigentümlichen
Wundererzählungen zu überschauen : ... Wenngleich bis auf die Wunder
in Kap. 4 und 5 auseinandergerissen und zunehmend erweitert, verraten
die Geschichten doch ihre frühere Zusammengehörigkeit und ihren ursprünglichen Charakter. Noch sind, trotz alles Dazwischengeschobenen, die Worte
stehen geblieben, mit denen die beiden ersten Wunder nacheinander auf-
gezählt waren (vgl. 2,11 ... 4,54 ...). Auch die Situation ist — trotz aller
Reisen und Erlebnisse dazwischen — in Kap. 4 noch dieselbe wie in Kap. 2. »
Soweit Faure [3].

---

[1] ZNTW 1922, 107-111.
[2] Jhev 78 f ; 78 Anm 4 ; 151 f ; 541.
[3] AaO 108-110. — Schon Thompson (Exp 1915 II. 512-526 ; 1916 I. 34-46)

An der ersten Beobachtung Faures ist etwas Richtiges : Wir sind
überrascht, daß nach den Worten 20,30 f, die nur den Sinn eines vollen
Abschlusses haben können, Kapitel 21 die Erzählung der Ostererschei-
nungen weiterführt, ohne daß zwischen 20,29 und 21,1 an sich auch nur
das kleinste Rißlein spürbar wäre. Anderseits fällt tatsächlich auch das
Wort σημεῖον an dieser Stelle zunächst auf. Daß die Erscheinungen
des Auferstandenen aber nicht auch σημεῖα genannt werden könnten,
leuchtet durchaus nicht ein, sind sie doch die Offenbarung des Wunders
der Auferstehung. B. sagt ferner richtig, daß es ganz verständlich sei,
wenn im Sinne des Evglisten auch die Wortwirksamkeit Jesu unter den
Titel der σημεῖα gestellt werde [1]. Dazu könnte man ua auf die Stelle
14,10 hinweisen, wo ῥῆμα und ἔργον (= σημεῖον) vielleicht synonym
gebraucht werden. Wenn man nun mit LAGRANGE [2] annähme, 20,30 f
sei vom Evglisten an Stelle des jetzigen zweiten Schlusses an 21,23 angefügt, von seinen Schülern aber nach dem Einsatz von 21,24 an seine
Stelle nach 20,29 gerückt und durch 21,25 ersetzt worden, könnte man,
um das σημεῖον zu rechtfertigen, auch noch geltend machen, daß in
Kapitel 21 von einem *wunderbaren* Fischfang erzählt wird. In dieser
Annahme wäre ferner die Schwierigkeit gelöst, daß nach 20,30 f noch
ein Kapitel folgt. Ich muß allerdings gestehen, daß mir der Vorschlag
von Lagrange nicht haltbar erscheint, weil 20,30 f genau so gut an
21,24 anschlösse wie 21,25 ; man würde nicht einsehen, warum das Stück
dort entfernt und durch einen Vers gleichen Inhaltes ersetzt worden
wäre [3]. Kapitel 21 kann auch als späterer Nachtrag des Evglisten angesehen werden, so daß 20,30 f wirklich zuerst der eigentliche Schluß
des Ev war. Das σημεῖον muß, wie gesagt, auch dann keineswegs Anstoß
erregen. Im Gegenteil !

Daß 20,30 f deutlich auf 12,37 zurückweise, ist nicht nur eine Über-
treibung, sondern falsch. Auch wenn unser fraglicher Schluß sich gut
an 12,37 anschmiegte, wäre das noch kein Grund, ihn ebendorthin zu

---

hatte auf eine Art Semeia-Quelle geschlossen und 20,30 f an den Schluß von
Kapitel 12 versetzt. Faures Gedankengänge erinnern sehr stark an Thompson.

[1] Jhev 78 f ; 541.

[2] Ev zu Jh 20,30 f.

[3] Die Annahme, 20,30 f sei ursprünglich auf 21,23 gefolgt, wäre einleuch-
tender, wenn man mit Vaganay (RB 1936) voraussetzte, 21,25 sei eine späte
Glosse, und mit Lagrange gegen Vaganay (ebd) 21,24 stamme doch vom Herausgeber des Ev (Vorschlag von MENOUD, Recherches 22-24). Freilich ist auch so
nicht einzusehen (trotz Menoud), warum der Herausgeber nach der Einfügung
von 21,24 hinter 23 den Schluß des Ev an seine jetzige Stelle hätte versetzen
müssen.

versetzen. Seit wann sind denn solche Erwägungen Beweise ? Sie können höchstens mit andern gewichtigeren Gründen zusammenwirken. Es ist aber zudem ein « Bluff » zu sagen, 12,37 und 20,30 f paßten «verblüffend gut » aufeinander. Ich kann die beiden Stellen noch so wohlwollend nacheinander lesen, jedesmal vertieft sich nur der erste Eindruck, daß sie weder inhaltlich noch sprachlich-grammatisch zueinandergehören. Man mache die Probe selber !

Die Vorstellung von einem Wunderbuch ist nun aber trotzdem eine Erfindung, die sich durch ihren Gehalt an Denkbarkeit ganz angenehm ins Ohr schmeichelt. Aber es ist eben doch nur eine Erfindung. Faure führt die Zählung der beiden Kanawunder 2,11 und 4,54 an und schließt daraus, daß diese nacheinander berichtet gewesen seien. B. fügt ergänzend hinzu, daß die Zählung offenbar alle Wunder des Buches erfaßt habe ; 4,54 stehe im Widerspruch mit 2,23 und 4,45 [1]. Beide Kritiker vermeiden es, die nächstliegende und natürlichste Erklärung der Stelle 4,54 anzuführen, daß eben die Fernheilung am Sohne des Königlichen von Kana aus als *zweites* Wunder *in Kana* gerechnet wird. Diese Erklärung wird durch 4,46 so dringend nahegelegt, daß sich B. gezwungen sieht, ihn als Zusatz des Evglisten zur Quelle aufzufassen [2]. Es ist aber höchst merkwürdig, eine Quelle anzunehmen und dann auszuscheiden, was zu dieser Annahme nicht passen will, um dann auf Grund des erst so gewonnenen Textverständnisses das Dasein der Quelle nachzuweisen. Das ist ein Kreisschluß, wie er im Büchlein steht. Es ist ferner ein unglücklicher Einfall, dem Evglisten zuzutrauen, er habe den Satz 4,54 einfach übernommen, weil er in der Quelle stand ; er habe also nicht gemerkt, daß er wenige Verse zuvor (4,45 ; dazu 2,23) von mehreren schon geschehenen Wundern Jesu geredet habe, die zwischen den beiden Kanazeichen liegen. Und wenn die andern Wunder in der Quelle wirklich auch gezählt worden wären, warum hätte der Evglist dann jene Zählungen nicht übernommen ? — Wir sind also, wenn nicht die Willkür zum exegetischen Grundsatz gemacht werden soll, genötigt, der natürlichen und der Textumgebung, wie sie uns vorliegt, einzig gemäßen Auslegung den Vorzug zu geben und 4,54 vom zweiten Wunder *in Kana* zu verstehen [3].

---

[1] Jhev 78.   [2] Jhev 151.

[3] Außer dieser Deutung und der abwegigen Faures und Bs. wäre noch eine dritte möglich und auch an sich annehmbar : « Dieses wirkte Jesus als abermaliges (πάλιν) zweites Zeichen, nachdem er aus Judäa nach Galiläa gekommen war. » Jh würde hier also sagen, Jesus habe nach seiner Rückkehr aus Judäa in Galiläa ein erstes und jetzt ein zweites Zeichen gewirkt. Diese Auffassung empfiehlt sich

Stilistische Erwägungen stellen unsere Annahme sicher und stehen gleicherweise gegen die Annahme eines Wunderbuches. Es soll kein Gewicht darauf gelegt werden, daß das πάλιν in 4,54 in Verbindung mit 4,46 kaum anders denn als ein « noch einmal » gedeutet werden kann. Aber eine entscheidende Feststellung ist die, daß 4,54 mit 2,11 zu einer ganzen Reihe von Erzählungsschlüssen im vierten Ev gehört, die alle das gleiche Gepräge tragen und als « redaktionelle » Stücke (um mit B. zu reden) sicher nicht aus Quellen stammen. Diese Schlüsse sind nirgends von der Erzählung als solcher gefordert, sondern verraten deutlich eine einzige und eigenwillige Vfpersönlichkeit [1]. Da es nur die des Evglisten sein kann, müssen 2,11 und 4,54 von ihm stammen. Die Deutung Bs. wie Faures fällt also dahin.

Ein unmißverständliches Zeichen, daß die Semeia-Quelle nur in der Gedankenwelt Faures und Bs. vorhanden ist, liegt dann in der Tatsache, daß B. sich durch die stilistische Übereinstimmung von 1,35-51 und gewissen (nach B. nicht jh geprägten) Teilen von 4,1-42 mit den Zeichengeschichten des Ev veranlaßt sieht, unser Wunderbuch als ihre Quelle zu vermuten [2], trotzdem sie keine σημεῖα, wie sie jenes Buch enthalten hätte, erzählen. B. gibt freilich eine an sich denkmögliche Erklärung für ihre Zugehörigkeit zu dieser Quelle [3]. Hätte er eine solche Erklärung auch für andere Quellenstücke gefunden, so hätte er diese sicher aus stilistischen Gründen ebenfalls ins Wunderbuch versetzt ! Erwähnt sei noch, daß Faure 6,1-26 diesem aberkennt, da die Geschichte syn Anstrich trage [4]. B. aber nimmt sie wiederum dort auf,

---

aber, wenn man auf die Textumgebung achtet, auch nicht. Warum sollte Jh mit Nachdruck von einem zweiten Zeichen reden, ohne etwas von einem ersten erzählt zu haben ? 4,46 und das folgende erlauben vielmehr als einzig vernünftige Übersetzung und Auffassung von 4,54 nur diese : « Dieses nochmalige zweite Zeichen (nämlich in Kana) wirkte Jesus, als er aus Judäa nach Galiläa gekommen war. »

[1] Man möge mir nicht den Vorwurf machen, ich hätte anderswo (zB S 60 f dsAr) im Widerspruch mit dem hier Gesagten angenommen, stilistische Merkmale, die notwendiger Ausdruck inhaltlicher Gegebenheiten seien, könnten nicht als einwandfreie Kennzeichen eines bestimmten Vf gelten. Hier handelt es sich nämlich nicht darum ; vielmehr sind die jh Erzählungsschlüsse als inhaltliche Gegebenheiten eine freie und persönliche Gestaltung. Falsch wäre es nun, wenn man aus der Abwesenheit hier vorkommender stilistischer und mit dem Inhalt notwendig verknüpfter Merkmale anderswo auf nichtjh Herkunft schließen wollte, trotzdem der Inhalt gewechselt hätte. — Zu den genannten Erzählungsschlüssen siehe S 223 (Anm 1) dsAr.

[2] Jhev 78 ; 131 mit Anm 5.

[3] Item.   [4] AaO 109.

weil er auch da den gleichen Stil wie in den andern Wunderberichten antrifft [1].

Oben ist von der stilistischen Einheit aller Quellenstücke Bs. untereinander und mit den Stücken des Evglisten ausführlich die Rede gewesen. Es ist klar, daß der Nachweis dieser Einheit und der gemeinsamen Abgrenzung der jh Erzählungen gegenüber den syn Ev das Dasein der Wunderquelle nach menschlichem Ermessen ausschließt. Wir dürfen ihr also an dieser Stelle endgültig den Abschied geben und wenden jetzt unsere Aufmerksamkeit einigen quellenkritischen Einzelanalysen, die B. an jh Erzählungen vorgenommen hat, zu.

2. Kritik von Einzelanalysen Bultmanns

a. *1,35-51* [2]. — Trotzdem B. in dieser Erzählung nur geringfügige Scheidungen unternimmt — das meiste wird der Semeia-Quelle zugewiesen [3] —, zeigt doch sein Vorgehen hier schon die Eigentümlichkeiten, die seine Analysen kennzeichnen. « Zunächst », schreibt B., « fällt auf, daß am Schluß von V. 43 ὁ Ἰησοῦς als Subj. ausdrücklich genannt ist, obwohl Jesus im vorhergehenden Satze Subj. war. » — Es ist richtig, daß wir das ὁ Ἰησοῦς am Versende als überflüssig empfinden oder es mindestens nach ἠθέλησεν eingefügt wünschten. Wenn aber B. hier ansetzt, um eine Quelle auszuheben, so ist das zu verurteilen. Das ὁ Ἰησοῦς könnte zwar ein Zeichen sein, daß εὑρίσκει und λέγει nicht vom gleichen Vf stammen, genügt aber auf keinen Fall, um das anzunehmen oder auch nur vernünftig zu vermuten. Darf dies schon an sich gesagt werden, so noch mit mehr Recht, wenn man den Stil der jh Erzählungen prüft. Jh setzt ganz allgemein den Satzgegenstand überaus häufig und sucht Unklarheiten über die handelnden oder redenden Personen möglichst zu vermeiden. Den Synoptikern, vor allem Mk, kann das weniger nachgerühmt werden. Das geht eindeutig schon aus den runden Zahlen für das Vorkommen von Ἰησοῦς (ὁ Ἰησοῦς) hervor: Mt 110 ; Mk 55 ; Lk 55 ; Jh 195 [4]. Wird eine Person angeredet und in der Erzählung unmittelbar nach der Anrede zum Satzgegenstand,

---

[1] Jhev 155.

[2] Die Analyse findet sich Jhev 68.

[3] Der größte Zusatz des Evglisten ist nach B. (Jhev 68) Vers 51. Nachträglich wird auch noch 50 dem Evglisten zugeschoben (539 Anm 4).

[4] Auch die jh Ziffer versteht sich für das ganze Ev. Wenn man die Längenverhältnisse von Mt und Jh in Anschlag bringt, ergibt sich für Jh die Zahl 242.

so wird sie in den syn Ev selten ausdrücklich genannt [1], während Jh
sie meistens nennt. Die Fälle, wo man die Setzung des Gegenstandes
als unnötig empfindet, sind nun dementsprechend im vierten Ev ziemlich häufig. An einigen Stellen fällt die Nennung auch mindestens so
stark auf wie in 1,43 ; so 2,9 (zum zweiten Mal). 22 (ὁ ᾽Ιησοῦς) ; 8,30 f
(ὁ ᾽Ιησοῦς) ; 10,6 f (ὁ ᾽Ιησοῦς). 41 (᾽Ιωάννης) [2]. Das alles rechtfertigt
die Annahme, daß es hier um die Gewohnheit eines einzigen Vf geht,
dem auch der ganze Satz 1,43 samt dem ὁ ᾽Ιησοῦς am Ende zuzuschreiben ist. Eine Quellenscheidung erübrigt sich also.

B. findet es dann merkwürdig, daß Jesus den Philippus finde.
Das störe « 1. den im übrigen offenbar bewußt durchgeführten Gedanken ..., daß ein Jünger den anderen zu Jesus führt », 2. passe das
εὑρήκαμεν (45) im Munde des Philippus schlecht dazu. — Zu 1 : Weil
in freien literarischen Schöpfungen, wenn sie künstlerisch stark sind,
sich bewußt durchgeführte Gedanken erkennen lassen, hier aber der
Schein eines solchen aufschimmert, nimmt B. an, daß ein solcher
Gedanke hier geschichtliche Wirklichkeit umgeformt oder eine « Geschichte » geschaffen habe. Und weil dieser an sich denkbare Gedanke
hier offenbar nicht durchgeführt ist, schließt B., daß der Evglist eine
Quelle verwendet und umgestaltet habe. Dazu ist weiter nichts zu
sagen. — Zu 2 : Wenn es sich hier um ein Kunstwerk und freie literarische Schöpfung handelte, so könnte man sich vielleicht fragen, ob
ein εὑρήκαμεν, wäre Vers 43 ursprünglich, im Munde des Philippus möglich sei. Da es aber um eine Erzählung ohne literarische Absichten geht,
ist das εὑρήκαμεν hier trotz 1,43 das Natürlichste, was man sich denken
kann, und zudem auch sachlich, wiederum trotz 1,43, nicht falsch.

Daß Jesus den Philippus findet, ist nach B. dann auch noch deswegen Grund, an einen Eingriff des Evglisten zu denken, weil es sich
nicht mit dem πρῶτον oder πρῶτος in 41 vertrage. Aber dieses πρῶτον
(das πρῶτος gibt kaum einen vernünftigen Sinn und ist textkritisch
eher zu verwerfen) läßt sich ohne Schwierigkeit mit der vorliegenden
Umgebung vereinbaren. Man darf nur nicht vom Stil der Erzählung

---

[1] Beispiele sind leicht zu finden. Im Mtev ist die Nennung häufiger als in
Mk und Lk.

[2] Nach B. gehört das erste wie das zweite ἀρχιτρίκλινος 2,9 der Semeia-
Quelle an ; dabei soll aber, entgegen dem jetzigen Text, der Zwischensatz καὶ οὐκ
ᾔδει ... τὸ ὕδωρ gefehlt haben, so daß die beiden gleichen Wörter noch heftiger
aufeinander geprallt wären (Jhev 79). — Die andern Beispiele gehören der Schicht
des Evglisten an.

attische Feinheiten erwarten. Jh will offenbar nur sagen, daß, nachdem die beiden Johannesjünger sich zur Nachfolge Jesu entschlossen
haben, nun *zunächst* einer von ihnen seinen Bruder findet und zu Jesus
führt, daß dann nachher, nämlich am andern Morgen, Jesus einen
weitern zur Nachfolge ruft usw. Übrigens könnte man das πρῶτον
schließlich auch mit Σίμωνα verbinden, ohne literarkritisch eingreifen
zu müssen : Andreas trifft den ersten an, der nach den beiden Johannes-
jüngern zu Jesus stößt, Jesus selber den zweiten usw.

« Und wie wäre die Situation zu denken ? » frägt B. weiter. « Jesus
begibt sich V. 43 auf die Wanderung ; das εὑρίσκει müßte also bedeuten :
er trifft ihn unterwegs. Wo bleibt dann Gelegenheit, daß Phil. den Nath.
findet, mit ihm spricht und ihn zu Jesus bringt ? » — Wenn es sich
in unserer Erzählung nicht um freie Erfindung handelt, dann kann
man sich eine ganze Reihe von ernsthaften Möglichkeiten denken, wie
das hier zuging, ohne daß man dem Buchstaben Gewalt antun muß.
Man ist keineswegs auf die Klarheit angewiesen, die da leuchtet,
« wenn das Subj. von εὑρίσκει V. 43 ursprünglich einer der vorher
berufenen Jünger war, entweder Andreas, der zuerst den Simon, dann
den Phil. findet, oder der mit Andreas zusammen Berufene, der als
zweiter den Phil. findet.» — Welche von jenen Möglichkeiten nun aber
verwirklicht war, das fragen wir uns so wenig, wie es dem Evglisten
darauf ankam, es zu erzählen. « Es wäre », wie B. in einer wesentlichen
Darstellung des Gehaltes von 1,35-51 sagt, « ein grobes Mißverständnis,
zu meinen, daß am Äußerlichen wirkliches Interesse hafte.» [1]

b. *4,1-42*. — « Die zunächst von V. 5 bis V. 9 laufende Geschichte
von Jesus und der Samariterin hat zur Pointe offenbar ursprünglich
die Frage nach dem Verhältnis von Juden und Samaritern. Diese
Pointe kommt aber in V. 10 ff. zunächst nicht zur Geltung ... » [2] Die
mit Vers 9 « entscheidend gestellte Frage : Juden und Samaritaner bzw.
ihre für die alte Gemeinde aktuelle Form : Jesus-Jünger und Samaritaner, die die Gemeinde nach Mt 10,5 ; Lk 9,52 ff. ; 10,30 ff. anfangs
stark beschäftigt hat, wird überraschenderweise sofort fallen gelassen
und an ihre Stelle tritt die charakteristische Frage des joh. ,Dualismus' :
irdische oder göttliche Gabe — vor welcher Frage das Problem : Juden
und Samaritaner gleichgültig wird ... Wie die alte Erzählung einst

[1] Jhev 69. — Der Ton, mit dem ich den Satz wiederhole, ist allerdings von
dem Bs. verschieden.
[2] Jhev 128.

weiterging, ist natürlich nicht mehr zu rekonstruieren. Gewiß brauchte ursprünglich nicht notwendig erzählt worden zu sein, daß Jesus den erbetenen Trunk empfing ; aber ein auf die Frage der Frau antwortendes Wort Jesu war unbedingt erforderlich und ist der Bearbeitung des Evglisten zum Opfer gefallen. » [1]

Die Beobachtung Bs., daß mit Vers 10 eine Pointe abgebrochen wird, mag geistreich sein. Aber sie vermag aus sich weder eine Quellenscheidung zu erzwingen noch die Verwendung einer Quelle wahrscheinlich zu machen. Wenn ein vorliegendes Schriftstück, das stilistisch nicht auseinanderfällt, als ursprüngliches Werk eines einzigen Vf verstanden werden kann, ist es nicht vernünftig, zu literarkritischen Sonderungen zu schreiten. Das gilt für das Ganze wie für alle seine Teile. Es ist auch in unserm Fall gar nicht schwer, die Wendung von Vers 9 zu Vers 10 als etwas Ursprüngliches zu verstehen. Das Gespräch Jesu ist ja darauf angelegt, die Frau schrittweise zu überraschen, dadurch auf Höheres aufmerksam zu machen und auf die Volloffenbarung von Jesu Sendung und Amt vorzubereiten [2]. Diese Anlage der Erzählung ist unverkennbar, mag man auch psychologisierende Erklärungen im einzelnen ablehnen. Es ist wahr : Vers 10 bricht eine Pointe ab. Das ist jedoch gerade die Absicht Jesu und des Vf. Wenn es uns nicht weniger als die samaritanische Frau überrascht, so hat der Vf wohl erreicht, was er wollte. Denkbar wäre die Erklärung Bs., aber sachliche Gegebenheiten zu ihrer Rechtfertigung sind keine vorhanden. Man kann ferner ad hominem gegen B. anführen, daß der Evglist, wenn er imstande war, eine Quelle so zu gebrauchen, daß er sie an einer entscheidenden Stelle um seiner Zwecke willen abbrach, ebenso leicht eine solche Wendung « erfinden » konnte.

Auch die folgende Anmerkung Bs. [3] ist nicht geeignet, seine Ansicht zu stützen : « Der Anschluß von V. 10 an V. 7-9 ist auch insofern ungeschickt, als man natürlich betonen muß : 'du hättest *ihn* gebeten', — aber der dazu empfundene Gegensatz : 'nicht *er dich*' ist als Nachsatz zu εἰ ᾔδεις ja sinnlos. » — B. verrät hier zwar Scharfsinn, aber ein Übermaß. Auch wenn er streng genommen Recht hätte, müßte man seinen Gedanken ablehnen. Solchen dialektischen Spitzfindigkeiten zu entsprechen, liegt unserm Evglisten gleicherweise fern wie volkstümlicher Redeweise ; man dürfte das auch von den allenfalls verwandten

[1] Jhev 130 f.
[2] Vgl hier wie zu b. überhaupt die Studie von L. Schmid, ZNTW 1929.
[3] Jhev 131 Anm. 1.

Quellen nicht verlangen. Der Mangel an dieser Schärfe kann also nirgends zu Quellenscheidung veranlassen. Zudem läßt sich das ἤτησας αὐτόν ... elliptisch auffassen — und die Ellipse ist im vierten Ev häufig. Das kann geschehen entweder so, daß man ergänzt : (hättest *du ihn* gebeten), daß er *dir* zu trinken gebe, wie er dich um einen Trunk bat ; oder dann so, daß man das ἤτησας virtuell auch auf das ὕδωρ ζῶν ausdehnt und damit jene Doppelsinnigkeit des Ausdruckes unterstreicht, die ohnehin hier mitspielt. Wäre es übrigens nicht möglich zu übersetzen : « ..., hättest *du* die Bitte (: gib mir zu trinken) an *ihn* gerichtet (nicht *er* an *dich*) ... » ? Ich denke, diese Übersetzung ließe sich verteidigen. Damit wäre auch peinlichsten stilistischen Forderungen entsprochen.

B. führt seine Analyse folgendermaßen weiter : « Die ursprüngliche Fortsetzung des in V. 5-10 benutzten Traditionsstückes steckt offenbar in V. 16-19, wo sich Jesus durch sein wunderbares Wissen als προφήτης legitimiert. Der ursprüngliche Abschluß liegt in den Versen 28-30 und 40 vor. Aber vielleicht liegt auch in V. 20-26 das Traditionsstück zugrunde ; denn das Motiv von V. 5-9 wiederholt sich hier ja auf höherem Niveau. In der vorliegenden Form ist V. 20-26 freilich ganz vom Evglisten gestaltet, der dadurch der Geschichte ihren Höhepunkt gegeben hat. » [1] Ergänzend sagt B. : « Aber das (nämlich die Auseinandersetzung über die Frage : Juden — Samaritaner) dürfte nur der erste Gesprächsgang gewesen sein, dem als zweiter V. 16-19 folgte, wo Jesus sich als προφήτης erweist ; und dadurch war wohl wiederum ein Schlußgespräch vorbereitet, das vom Evglisten durch V. 20-26 ersetzt ist. Es ist sehr glaublich, daß Jesus sich hier als *der* Messias offenbarte, daß also in V. 25 f. die alte Erzählung zugrunde liegt ; der ursprüngliche Schluß von V. 28-30. 40 spricht dafür. » [2]

Es ist hier nachzutragen, daß B., von der abgebrochenen Pointe abgesehen, seine Scheidungen in unserer Erzählung vor allem aus stilistischen und inhaltlichen Gründen unternimmt, indem er jene Sätze, wo er die eigentümliche Redeweise und Gedankenführung des Evglisten findet, für ihn aussondert und den Rest der Quelle zuteilt [3]. Auf diese Art des Vorgehens brauchen wir nicht mehr zurückzukommen. — B. stellt sich dann die Aufgabe, einleuchtend darzulegen, welche Gestalt, was für einen Aufbau und Inhalt das Quellenstück gehabt haben könnte

---

[1] Jhev 128. [2] Jhev 131.
[3] Vgl Jhev 127 f ; 128 Anm 1. 4 ; 130 f ; 131 Anm 5 ; 141 Anm 1 ; 143 Anm 1. 6 ; 145 Anm 2 ; 148 Anm 3.

und wie der Evglist es umgeformt haben dürfte. Dementsprechend
haben wir es in den soeben angeführten Stellen im Sinne Bs. eher mit
Möglichkeiten und Vermutungen zu tun. Sie setzen das Ergebnis der
ersten Analyse wie der stilistisch-gedanklichen Sonderungen voraus,
so daß ihre eigene Schwäche um die ihrer Grundlage vermehrt ist.

In einer Anmerkung [1] gibt B. noch einen für ihn entscheidenden
Grund, um Vers 39 dem Evglisten, Vers 40 der Quelle zuzuschlagen :
« V. 39 und V. 40 konkurrieren unerträglich ; ebenso ist V. 39, der das
V. 30 berichtete Kommen der Samariter ignoriert, nach V. 30 unmöglich. Man kann nun nicht zugunsten von V. 39 den V. 30 als Bearbeitung streichen, da V. 30 durch V. 29 (δεῦτε ἴδετε) gefordert ist ; auch
zeigt V. 39 den Stil des Evglisten. Dann wäre V. 40 ursprünglich die
Fortsetzung von V. 30, und der Wortlaut hieß etwa : ἐξῆλθον ἐκ τῆς
πόλεως καὶ ἠρώτων αὐτὸν μεῖναι παρ' αὐτοῖς κτλ. »

Die Anmerkung macht Bs. Art und Denkweise recht anschaulich.
Man muß sich zunächst Mühe geben, um herauszufinden, worin die
unerträgliche Konkurrenz der fraglichen Sätze liegen soll. Soll es vielleicht die Wiederholung der Σαμαρῖται sein ? So etwas dürfte man nach
den Aussetzungen zu 1,43 von B. wohl erwarten. Aber das ist unmöglich, da nach B. auch das ὡς οὖν κτλ Vers 40 vom Evglisten stammt.
Es kann sich also nur darum handeln, daß B. einen Widerspruch findet,
wenn die Samariter einerseits auf das Wort der Frau hin glauben
(= Evglist), anderseits zu Jesus gehen, um von ihm selber die Botschaft des Heils zu vernehmen (= Quelle). Dies letztere ist zwar nicht
ausdrücklich gesagt ; B. wird jedoch mit Recht annehmen, daß Vers 40
gerade das meint. Aber darin liegt doch kein Widerspruch zu 39 !
Ein solcher wäre nicht einmal vorhanden, wenn 39 schon von einer
vollkommenen Weise des Glaubens verstanden werden müßte. Auch
dann wäre es ganz natürlich und zu erwarten, daß die Samariter den
Heiland selber sehen und hören möchten. Vers 42 zeigt jedoch deutlich,
daß 39 von einer niedern Stufe des Glaubens ausgelegt werden muß.
Daß diese nach 28 f ein Hinausgehen der Samariter zu Jesus geradezu
notwendig macht, dürfte klar sein. Diese wären aber auch gar nicht
gekommen, hätten sie nicht schon geglaubt. 39 hat also gerade den
Sinn, Vers 40 vorzubereiten und verständlich zu machen. B. hat dies
offenbar nicht erkannt. — Aber ist nicht, wie B. glaubt, Vers 39
nach Vers 30 unmöglich ? Sicher nicht, und nicht einmal überflüssig.

---

[1] Jhev 128 Anm 1.

Nach der Unterbrechung 4,31-38 durfte das in 30 Gesagte gewiß wiederholt werden (40a). Vers 30 ist aber zudem nur eine Vorausnahme und
Andeutung des 39-42 Ausgeführten und soll das Vorausgehende soweit
abschließen, daß 31-38 organisch mit dem Gang der Erzählung verknüpft werden kann. Ausführlich wird nun das, was nach der Kunde
der Frau geschah, eben erst, wie es ganz in Ordnung ist, in den Versen
39-42 berichtet, und darum wird erst hier durch Vers 39 begründet,
was die Samariter zum Kommen veranlaßte. Vers 39 ist also keineswegs überflüssig, sondern notwendig. Das ἐπίστευσαν muß allerdings
folgerichtig mit dem Plusquamperfekt übersetzt werden. — Wir kommen
also zum Ergebnis, daß der Wunsch, um jeden Preis Quellen zu entdecken, B. blind macht für die rechte Sicht und das rechte Verständnis
der Texte. Schade um die Mühe und Arbeit, die hier aufgewendet
wurde !

c. *6,1-26.* — « Daß der Evglist in 6,1-26 wieder das Stück einer
Quellenschrift zugrunde legt, zeigen seine redaktionellen Einfügungen
V. 4, V. 6, V. 14 f., V. 23 f. und das nicht ganz organische Verhältnis
von 6,27-59 (das wesentlich seine eigene Komposition ist) zu 6,1-26. »
So Bultmann [1]. Er geht hier aus von der Technik der Anmerkungen.
Solche sind 6,4 und 6. Aber diese Verse fügen sich so natürlich und
ungezwungen in ihre Umgebung, daß man den Gedanken, sie könnten
Zusätze zu einer Quelle sein, merkwürdig findet. Freilich würde sich
4 zwischen 1 und 2 vielleicht besser lesen. Wenn man aber erkennt,
daß 1-4 die expositio der Erzählung darstellt, so gibt man diesen Einfall gern wieder auf ; 4 steht am rechten Platz, und vor 5 ist ein Einschnitt.

Die Verse 14 f sind nun nicht eine Anmerkung, aber sie fehlen
in den syn Parallelen und werden von B. wohl deswegen, aber auch
wegen einer gewissen Nähe zu jh Gedankengängen und zur eigentümlich jh Sprache als « redaktionelle » Einfügungen in eine Traditions-
schicht gewertet. Doch sind diese Gründe ganz ungenügend für die
Annahme Bs. Wenn freilich das Stück aus der Semeia-Quelle stammt,
so versteht man, daß der Evglist irgendwo eingegriffen haben sollte.

Daß 23 f Zusatz des Evglisten zu einer Quelle ist, wird von B. mit
einer inhaltlichen Aporie gestützt [2]. Er schreibt zur ganzen Stelle
6,22-25 : « ... daß sich der ὄχλος πέραν τῆς θαλάσσης befindet, ist,

---

[1] Jhev 155.   [2] Jhev 160 f.

wie V. 25, deutlich vom Standpunkt des Speisungswunders aus gesprochen ; er befindet sich also in Kapernaum ... Der Evglist hat das
εἶδον mißverstanden und das πέραν auf das Ostufer der Speisung
bezogen. Er mußte daher den ὄχλος noch an das Westufer hinüber-
gelangen lassen und fügte deshalb V. 23 f ein : als deus ex machina
kommen Schiffe aus Tiberias in die Nähe des Speisungsortes und bringen
die Menge nach Kapernaum hinüber. So ist schlecht und recht die
durch die Quelle gegebene Situation von V. 25 erreicht, und die Frage :
πότε ὧδε γέγονας ; konnte gestellt werden.»

Zugegeben : die Stelle 6,22-25 ist nicht leicht verständlich. Wenn
man jedoch nicht auf Aporien angewiesen ist und sich die Mühe nimmt,
eine Erklärung zu suchen, so kommt man doch zu einer annehmbaren,
dem Zusammenhang aber auch einzig angemessenen Deutung des
Textes[1]. Das Vorgehen Bs., mit Quellenscheidungen den Weg des
geringsten Widerstandes einzuschlagen, ist unwissenschaftlich. Zu
solchen dürfte man erst greifen, wenn eine Lösung sonst wirklich unmöglich und die notwendigen sprachlich-stilistischen Unterlagen vorhanden wären. Es ist der Fehler Bs., geistreiche Einfälle als Wirklichkeit zu nehmen. Er unterzieht seine Intuitionen nicht der nüchternen
Prüfung durch den Verstand. So wird sein Werk zu einer Art Dichtung
und verfehlt damit seinen Zweck.

Setzen wir bei den leicht hingeworfenen Worten Bs. an : « ... daß
sich der ὄχλος πέραν τῆς θαλάσσης befindet, ist wie V. 25, deutlich vom
Standpunkt des Speisungswunders aus gesprochen ... » und merken
wir uns, daß B. für dieses « deutlich » auch nicht den Schatten eines
Grundes ins Feld führt. Das πέραν τῆς θαλάσσης kommt in unserer
Erzählung viermal vor : 1. 17. 22. 25. Die aus sich klarste Stelle ist
6,17 ; darnach fand die Speisung wie nach den Synoptikern am Ostufer des Sees statt, und die Jünger fahren von da dem gegenüberliegenden

---

[1] Man darf allerdings auch nicht voraussetzen, es müßte hier, wenn nicht
zwei Schichten zusammengefügt wären, die logische Klarheit eines stilistischen
Meisterstückes vorhanden sein. Wie die Synoptiker, so erzählt auch Jh, wenigstens
was Satzbau, Ordnung der Gedanken und Abwicklung des zeitlich-räumlichen
Geschehens angeht, im allgemeinen so, wie man sich Geschehnisse des Alltags
mündlich erzählt. Damit wird die Darstellung manchmal undurchsichtig, um-
ständlich und entbehrt klarer Folge. Wenn man die Augenzeugenschaft des Vf
annimmt, so kann man auf seine Art des Schauens und Erlebens und den Bau
seines Verknüpfungsvermögens, die das Ev widerspiegelt, hinweisen. Man wird
auch zugeben, daß Jh eine gewisse Unfähigkeit, den Stoff zu meistern und zu
gliedern, verrät. Manches bleibt auch unausgesprochen, was mitgedacht oder mit-
geschaut wird und die Darstellung erhellen könnte, würde es niedergeschrieben.

Ufer zu. 6,1 sagt dann also aus, daß Jesus vom Westufer an das Ostufer übersetzte. Dies entspricht der Lage, wie sie am Ende von Kapitel 4 (43-54) vorhanden ist [1]. Das πέραν τῆς θαλάσσης in Vers 25 kann auch nur vom Standpunkt des Speisungsortes, also des Ostufers, aus gemeint sein, da die Menge Jesus nach dem Vorhergehenden natürlich auf dem Westufer und zwar in Kapharnaum (6,24. 59) trifft. Daran muß (auch nach uns) sicher festgehalten werden, trotzdem im vorhergehenden Vers das Westufer von der Menge schon erreicht wird und das πέραν an sich auf das Ostufer hinweisen könnte. Vers 25 will sagen, daß die Leute Jesus, den sie auf dem Ostufer nicht gefunden hatten, nun eben am andern Ufer fanden. Er faßt auch das ganze Geschehen in 24 zusammen, so daß vom Ausgangspunkt dieses Geschehens her wie in 24 selber (ἐκεῖ, εἰς) gesprochen wird.

Es ist also klar, daß unser πέραν τῆς θαλάσσης in den erwähnten drei Stellen, wie es an sich richtig ist, immer vom jeweiligen Standort oder Ort der Handlung aus das *gegenüberliegende* Ufer meint. Damit ist es nun auch zum vornherein sehr wahrscheinlich, daß, nachdem die Jünger schon mit 17 das Ostufer verlassen und in 21 am Westufer angelangt sind, in Vers 22 das gegenüberliegende Ufer das Ostufer ist, daß also vom Standpunkt des Westufers aus gesprochen wird. Es halten sich also am Ostufer noch eine Schar Leute vom Vortag auf.

Diese Annahme der Sachlage wird auch durch Vers 25 dringend empfohlen. Denn da wird vom Ostufer aus gesprochen; also müssen die Leute eben erst von dorther an das Westufer gelangt sein. Überdies ließe sich 6,22 in der Annahme Bs. nicht ohne Verstöße gegen sichere Gegebenheiten des Zusammenhanges übersetzen; der Vers würde folgendermaßen lauten : « Am folgenden Tag sah die Menge, die am andern Ufer des Sees (= am Westufer nach B.) stand, daß nur ein einziges Boot dort war und daß Jesus nicht mit seinen Jüngern das Schiff bestiegen hatte, sondern nur seine Jünger abgefahren waren. » Daß nur ein einziges Fahrzeug dort war, wo die Jünger gelandet waren, konnten die Leute sicher *sehen*, nicht aber, daß die Jünger am Vortag allein abgefahren waren. Das konnten sie höchstens am Vortag selber gesehen oder dann *erfahren* haben. Wenn man sich nun vielleicht (gegen den Sprachgebrauch des vierten Ev [2]) noch dazu verstehen

[1] Hier ist einer der Ansatzpunkte für die beliebte Umstellung von Kapitel 5 und 6.

[2] Das εἶδον (ὁράω) bedeutet im ganzen NT nie « erfahren » = comperire, certiorem fieri. Siehe BAUER, WNT.

möchte, daß εἶδον in 22 mit « erfahren » wiederzugeben sei, so würde
doch auch diese Übersetzung wieder einen Anstoß ergeben ; denn offenbar *sahen* die Leute, die am Westufer standen, selber, « daß nur ein
einziges Boot *dort* war ». — Wir kommen also zum Ergebnis, daß Vers 22
kaum im Sinne Bs. ausgelegt werden kann, daß vielmehr alle Umstände
den Standort, von dem aus gesprochen wird, als das Westufer, den
Standort der Menge aber als den Ort der Speisung, das Ostufer, erscheinen lassen. Damit erübrigt sich die Abspaltung der Verse 23 f.

Es bleibt uns die Aufgabe, Vers 22-25 nun sinngemäß aufzufassen
und möglichst wörtlich zu übersetzen. Es ist nicht ganz leicht, aber
die folgende Übersetzung dürfte angemessen sein : « Am andern Tag.
Die Menge, die am jenseitigen Ufer stand, hatte gesehen, daß nur ein
einziges Boot dort war und daß Jesus nicht mit seinen Jüngern das
Schiff bestiegen hatte, sondern nur seine Jünger abgefahren waren.
Andere Boote kamen (nun) von Tiberias her nahe an den Ort, wo sie
unter dem Dankgebete des Herrn das Brot gegessen hatten. Als nun
die Menge sah (= sich Rechenschaft gab), daß Jesus nicht da war
noch auch seine Jünger, bestiegen sie selber die Boote und kamen nach
Kapharnaum und suchten Jesus. Und als sie ihn am andern Ufer
gefunden hatten, sagten sie zu ihm : ... »

Fragen wir uns noch, wie es mit dem unorganischen Verhältnis
von 6,27-59 zu 6,1-26 als Grund für eine Quellenscheidung in diesem
letztern Stück steht [1]. B. schreibt dazu [2] : « Freilich zeigte schon das
Verhältnis von V. 26 zu V. 25, daß der Übergang künstlich ist, und
so hat auch der Dialog V. 27 ff. keine Beziehung auf die durch 6,1-25
geschaffene Situation ; ja, die Verknüpfung von V. 27 ff. mit dem
Vorigen ist insofern sehr ungeschickt, als man nach dem Vorangegan-
genen nicht versteht, wie die Menge V. 30 f. ein legitimierendes Wunder
(und gar noch ein Speisungswunder !) fordern kann, nachdem das
geschehene Speisungswunder V. 14 f. für die Legitimation genügt hatte.
Es ist klar : der Evglist ignoriert die äußere Situation und benutzt das
aus der Quelle entnommene Speisungswunder als symbolisches Bild für
den Gedanken der Offenbarungsrede : Jesus als der Spender des Lebensbrotes. »

Aus einer Anmerkung [3] erhellt, daß B. das Verhältnis von Vers 26
zu Vers 25 deswegen künstlich findet, weil nach ihm die Menge Jesus

---

[1] Siehe oben S 117 dsAr.   [2] Jhev 161.
[3] Jhev 160 Anm 7.

nicht gesucht, sondern zufällig angetroffen hatte (εὐρόντες), überrascht, daß er sich nun auch auf dem Westufer befinde, ohne daß er mit den Jüngern übergesetzt hatte ; mit dem ζητοῦντες in 24 suche der Evglist bereits den Anschluß an 26 und die folgende Rede. — Zunächst darf darauf hingewiesen werden, daß εὐρόντες zweifellos mit einem ζητεῖν vereinbar ist, ebenso die Frage : πότε ὧδε γέγονας ; sogar wenn man ihr einen Unterton der Überraschung zugesteht. Es liegt auch ganz in der Linie der Erzählung und des Wahrscheinlichen, daß, nachdem sich Jesus auf den Berg zurückgezogen hatte, ein Teil der Scharen ihn auf dem Ostufer suchte, nach dem Einbruch der Nacht sich bis zum Morgengrauen lagerte, sich dann nochmals nach Jesus umsah und jetzt die günstige Gelegenheit wahrnahm, um an das Westufer, nach Kapharnaum, zu gelangen, in der unbestimmten Hoffnung, den Gesuchten vielleicht doch dort anzutreffen, wo er daheim war, und ihn bewegen zu können, ihren messianischen Wünschen zu entsprechen ; Möglichkeiten, wie Jesus nach Kapharnaum gekommen sein konnte, waren immerhin auszudenken. — Der Übergang von der Erzählung zur Rede ist also durchaus nicht künstlich ; deren Verknüpfung mit den durch das äußere Geschehen geschaffenen Umständen ist gut und die innere Verbindung leicht ersichtlich.

Daß nun die Zuhörer Vers 30 f ein Wunder verlangen, ist gewiß nicht ohne weiteres verständlich. Es steht aber nirgends, daß sie ein Speisungswunder verlangen. Auch ist es wahrscheinlich, daß sie das Mannawunder, wo die Speise vom *Himmel* fiel, über das von Jesus gewirkte Wunder stellen. Nun soll er, der ihre irdischen Hoffnungen nicht erfüllen will, durch ein noch größeres Zeichen sie überzeugen, daß er von ihnen Glauben und Gehorsam verlangen darf. Zur Lösung der Schwierigkeit hilft auch die Angabe 6,59, daß die Rede in der Synagoge von Kapharnaum gehalten wurde. Man darf mit Recht annehmen, daß die suchende Schar nur einen Teil der Hörerschaft bildete.

Wenn das wiederum zeigt, daß die Erzählung 6,1-26 und die Rede 6,27-59 nicht schlecht aneinanderschließen, so dürfen wir doch B. auch einen Schritt entgegenkommen und die Möglichkeit zugeben, daß dessenungeachtet die Rede in der Hauptsache nicht unmittelbar an die Begegnung Jesu und jener Schar Sucher anschloß, daß vielmehr der Evglist die Gelegenheit wahrnahm, um eine Rede, die nur mittelbar aus den geschilderten Umständen, wohl aber ganz aus der Stimmung der Erzählung erwachsen war, hier anzuknüpfen, wo ihr natürlicher Platz im Rahmen des Ev lag. Lagrange nimmt dies für den zweiten

Teil der Rede an (51-58) [1]. Das alles aber läßt es nicht als notwendig und sachmöglich erscheinen, für 6,1-26 eine Quelle anzunehmen.

d. *13,1-20.* — « Faktisch hat nun aber auch schon V. 4-11 eine› wenngleich verhüllte Interpretation der Fußwaschung gegeben, und die zweite Deutung konkurriert mit der ersten. Nach der ersten ist die Fußwaschung als eine symbolische Handlung Jesu zu verstehen, die den Dienst darstellt, den er den Jüngern erwiesen hat, und dessen Sinn sie erst später erkennen werden. Nach der zweiten ist sie für die Jünger ein Vorbild des Dienens. Beides bildet keine ursprüngliche Einheit, wie deutlich daraus hervorgeht, daß nach V. 7 der Sinn der Fußwaschung dem Jünger erst später verständlich werden wird. Es wäre eine groteske Verkennung des joh. Stiles, zu meinen, daß das γνώσῃ δὲ μετὰ ταῦτα wenige Augenblicke nachher in V. 12-17 seine Erfüllung finde. — Nun dürfte klar sein, daß die erste Deutung die spezifisch johanneische ist, was auch stilistische Merkmale anzeigen. Sie umfaßt die V. 6-10, die wie V. 3 dem Evglisten gehören. Er hat seiner Erzählung eine Quelle zugrunde gelegt, die von der Fußwaschung berichtete und an den Akt (V. 4 f.) die Deutung V. 12-20 anschloß ... » [2]

Dies die Grundlegung Bs. für die Quellenscheidung in 13,1-20. Auch hier offenbart B. zweifellos ein scharfes, durchdringendes Auge für Feinheiten des Textes. Gewiß ist die Fußwaschung, die Jesus an seinen Schülern vornimmt, nicht nur ein Vorbild, das sie nachahmen sollen, sondern hat einen tiefen, kostbaren Sinn auch in sich, den die Nachahmung freilich widerspiegeln und erinnernd erneuern soll. Daß dem so ist, geht deutlich hervor aus der Einleitung zum Abschnitt : 13,1-4 ; ebenso aus den Versen 6-8 und 13 f. Der Nachdruck, der hier auf den Gegensatz zwischen dem Sklavendienst Jesu und seiner überragenden Würde und Sendung gelegt ist, wäre nicht verständlich, wenn es sich *nur* um ein Vorbild handelte ; denn die Schüler, die einander den vorgewiesenen Dienst auch selber leisten sollen, sind ja grundsätzlich einander gleichgestellt, und mag auch Petrus den ersten Rang einnehmen, so ist er doch wie die andern ein Mensch und Sünder, ein Knecht und Gesandter [3] ; auch der Abstand von den Jüngern zu denen, die sie später leiten sollen, ist armselig klein verglichen mit dem Abstand zwischen Jesus und ihnen.

---

[1] Ev 195 f.   [2] BJhev 351 f.
[3] Vgl Vers 16 des Stückes.

Es geht also um mehr als um das Vorbild allein, um eine Erniedrigung des göttlichen Herrn und Meisters vor seinen Knechten, die das
Übermaß seiner Heilandsliebe zu den Seinen darstellen soll, das liebende
Übermaß der Erniedrigung, das in seiner Fleischwerdung, in seinem
unermüdlichen Dienst an den Menschen, denen er sich gleichgemacht
hat, in seiner Verwerfung durch sie, in der Schmach seines Leidens und
Sterbens sichtbar geworden ist [1]. Diese Deutung der Fußwaschung liegt
unzweifelhaft in den Stellen 1-4 und 13 f des Abschnittes. Ihr Pathos
und ihre ganz jh gefärbte Sprache verlangt, wie es hier versucht wurde,
ins Licht des ganzen Ev gerückt zu werden. Auch müssen die Verse 1-4,
trotzdem sie grammatisch unlösbar mit der Erzählung von der Fußwaschung verbunden sind, zugleich als Einleitung zum ganzen zweiten
Teil des Ev aufgefaßt werden, wie das aus ihrem Wortlaut selber erhellt.

Die gegebene Auslegung wird gestützt durch Vers 8. Man wird
kaum verstehen können, warum Petrus von der Gemeinschaft mit
Jesus ausgeschlossen werden soll, wenn nur das auf dem Spiele steht,
daß Jesus auch an ihm zeigt, wie die Jünger liebende Demut üben
sollen. Die Erklärung aber, daß der Ausschluß nur den Ungehorsamen
treffen soll, steht nicht auf der Höhe der Textumgebung [2]. Der Zusammenhang legt nahe zu verstehen, daß Petrus dann nicht mit Jesus
sein kann, wenn dieser sich nicht, wie es durch die Fußwaschung bildlich dargestellt wird, erniedrigt und so den göttlichen Erlösungsplan
und Auftrag des Vaters vollzieht.

Eine feste Stütze unserer Deutung ist auch der von B. ins Feld
geführte Vers 7. B. dürfte im Recht sein, wenn er es eine Verkennung
des jh Stils nennt zu glauben, « daß das γνώσῃ δὲ μετὰ ταῦτα wenige
Augenblicke nachher in V. 12-17 seine Erfüllung finde ». Nein ! hier
wird angedeutet, daß Petrus erst im Lichte von Ostern und Pfingsten
die volle Tragweite der Handlung Jesu erkennen wird [3]. Das schließt
nicht aus, daß er, durch Jesus angeleitet, unmittelbar nach der Waschung
erkennen kann, daß sie als Vorbild verstanden werden soll. Übrigens
hat Petrus, als Jesus sich zur Fußwaschung anschickte, sogleich die
unerhörte Erniedrigung, die darin lag, ermessen ; das war ja der Grund

---

[1] Vgl Jh 1,46 ; 3,16 ; 5,43 f ; 6,42. 60-71 ; 7,1-7. 11-52 ; 8,31-59 ; 9,24-33 ;
10,11-18 ; 11,49-53 ; 12,24 f. 32 f ; 15,13. 15 f.

[2] Diese Erklärung wäre auch dem Wortlaut der Stelle nicht angemessen.
Es handelt sich darum, daß die Waschung selber notwendig ist, damit Petrus
an Jesus teilhabe.

[3] Vgl Jh 2,22 ; 7,37-39 ; 12,16 ; 14,19 f. 25 f ; 16,12-16. 22 f. 25.

seines Sträubens gegen Jesu Dienst. Eines war ihm verborgen : daß
nach göttlichem Willen die Erniedrigung Jesu das einzige Mittel zur
Heimholung der sündigen Menschheit sein sollte [1].

Ist nun B. auch im Recht, wenn er die Auslegung, mit der Jesus
sein Tun als ein Vorbild erklärt, als eine zweite Deutung der Fußwaschung ansieht, sie zu der ersten in scharfen Gegensatz stellt und
daraus auf die Verwendung einer Quelle schließt ? Gewiß nicht ! Es
ist schon unrichtig, hier von einer zweiten Deutung zu reden. Wäre B.
nicht zum vornherein auf Quellenscheidung erpicht, so hätte er sicher
auch selber den unlösbaren Zusammenhang zwischen der eigentlichen
Deutung und ihrer Anwendung und Ausweitung in 12-17 erkannt. Den
Ansatz dazu hat er im Kommentar zu unserm Abschnitt gemacht [2].

Wie verhalten sich also die erste und « zweite » Deutung zueinander ?
Jesu Handlung ist eine Darstellung der Erniedrigung, die in der Menschwerdung des Logos, in seinem Heilandsdienst an den Menschen, in
seiner Leidensschmach und seinem Verbrechertod am Kreuze liegt.
Sein Vater hat ihm diese Erniedrigung auferlegt, damit er durch sie
den Menschen das göttliche Leben wiedererwerbe, dessen sie durch die
Sünde verlustig gegangen waren ; er sollte sie aufs neue zusammen-
schließen in eine heilige, überweltliche Gemeinschaft mit sich und
seinem Vater [3]. Um aber dieser Gemeinschaft mit Jesus und seines
göttlichen Lebens teilhaft zu werden, müssen die Menschen nach Jesu
Lehre seine Erniedrigung, sein Verworfensein durch die Welt, sein Aus-
gestoßensein aus ihr, sein Verfolgtwerden durch sie teilen [4]. Einen andern
Weg zum Vater gibt es nicht. Gemeinschaft mit Jesus ist Teilnahme
an seinem Schicksal. Wie also Jesus seinen Jüngern die Füße gewaschen
hat, so müssen auch sie einander die Füße waschen, das heißt in ihrem
ganzen Leben Jesu Erniedrigung mit- und nachvollziehen, sie dadurch
anerkennen, sich zu eigen machen, sie als Jesu Nachfolger an sich
erneuern und so der Welt, den Gutgesinnten wie den Bösen, das scandalum Jesu offenbaren.

Das ist der tiefe Sinn eines der schönsten Abschnitte des Jhev und
der Zusammenhang zwischen der « Bildhaftigkeit » der Handlung Jesu

---

[1] Jh 3,14-19 ; 6,40-42. 51 ; 7,37-39 ; 8,28 ; 10,16-18 ; 11,49-53 ; 12,23 f. 32 f ;
16,7 f ; 17,1 f. 19.
[2] Jhev 365.   [3] Vgl ua Jh 17.
[4] Vgl Jh 5,43 f ; 12,25 f. 42 f ; 13,16 ; 14,27 ; 15,18-16,4 ; 16,20-22 ;
17,14-19. 25. — Besonders aufschlußreich ist 15,20 (= 13,16 !) in der Textumgebung ; vgl dazu Mt 10,24 im Zshg.

und ihrer Vorbildlichkeit [1]. Von Gegensatz und Widerspruch kann nicht die Rede sein, nur von Zusammenordnung und letzter Einheit. Auf Quellenscheidung müssen wir also in diesem Stück verzichten.

e. *13,21-30*. — « Die Szene 13,21-30 stammt aus der Tradition ; daß der Evglist einen der synoptischen Berichte benutzt habe, läßt sich nicht erweisen und ist unwahrscheinlich. Ob er überhaupt eine schriftliche Quelle benutzt hat, ist nicht mit voller Sicherheit zu entscheiden, da seine stilistischen Eigentümlichkeiten durchweg sichtbar sind. Vielfach hält man V. 27-29 für eine Einfügung (sei es des Evglisten in seine Quelle, sei es der Red. in den Text des Evg.), da diese Verse den Zshg zwischen V. 26 und 30 unterbrechen. Eine Unterbrechung aber ist in Wahrheit nur V. 28 f., denn an V. 27 schließt V. 30 gut an ; das λαβὼν τὸ ψωμίον V. 30 steht nicht im Widerspruch zu dem μετὰ τὸ ψωμίον V. 27, sondern nimmt es wieder auf. V. 28 f. aber ist eine der charakteristischen Anmerkungen des Evglisten ; und es fragt sich nur, ob eine Anmerkung zu seinem eigenen oder zu einem Quellenbericht. Die umgebenden V. 27 und 30 enthalten beide das beim Evglisten beliebte ἐκεῖνος ; indessen könnte das ja auf stilistische Bearbeitung des Quellentextes zurückgehen und brauchte also nicht gegen die Benutzung einer Quelle zu sprechen. Für eine solche spricht vielleicht schon das σατανᾶς V. 27, da der Evglist sonst immer διάβολος sagt ; vor allem aber Folgendes : die Erzählung ist in V. 23 f. offenbar so angelegt, daß Petrus und die anderen Jünger durch den Jünger an der Brust Jesu die Antwort auf die Frage, wer der Verräter sei, erhalten. Das Verfahren des Petrus ist zwar heimlich ; daß aber auch die Frage jenes Jüngers an Jesus und Jesu Antwort heimlich sei, ist nicht gesagt und wäre widersinnig. Wäre das wirklich gemeint, so müßte doch mindestens gesagt sein, daß der Versuch des Petrus seinen Zweck verfehlte. In V. 28 f. aber ist vorausgesetzt, daß niemand die Antwort gehört hat. Also muß in der Tat V. 28 f. als Einfügung des Evglisten in seine Quelle gelten. Aber ebenso ist klar, daß er die Quelle auch sonst bearbeitet hat ... »

Soweit Bultmann [2]. Wie vernünftig er doch über Vers 27 urteilt !

---

[1] Die tiefere Deutung der Fußwaschung als einer Handlung, in der die Erniedrigung Jesu zur Darstellung gelangt, verdanke ich vor allem meinem verehrten Lehrer Fr. F.-M. Braun O. P. an der Universität Fribourg (Vorlesungen über das Jhev Sommersemester 1940 ; RB 1935), der hier über seinen Lehrer M.-J. Lagrange hinausgeht (siehe Ev zSt). Beide aber verwerfen, mit vollem Recht, wie mir scheint, jeden symbolisch-sakramentalen Sinn des Abschnittes.

[2] Jhev 366.

Halten wir als merkenswert auch fest, daß er hier die Möglichkeit offen-
läßt, daß der Evglist eine Anmerkung zu seinem eigenen Bericht machte.
Damit gibt B. zu, daß die Technik der Anmerkungen aus sich keine
Quellenscheidung grundlegt [1]. — Wie steht es nun mit dem Widerspruch
zwischen den Versen 23-26 und 28 f ? Die Erklärung B;. ist an sich
nicht unmöglich. Aber B. nimmt sich auch nicht die Zeit, zu untersuchen, ob eine andere Erklärung nicht ebenso gut denkbar sei und
vielleicht durch sachliche Anhaltspunkte als allein wahrscheinlich erwiesen werde. Ist es übrigens nicht von vornherein unwahrscheinlich,
daß der Evglist sich zu seiner Quelle in Widerspruch gesetzt hätte ?
Nehmen wir aber an, man könnte ihm das zutrauen, so wäre es ebenso
gut möglich, daß er sich in seiner eigenen Komposition widerspräche.
Aus dem fraglichen Widerspruch dürfte man also nicht auf die Verwendung einer Quelle schließen. Und wenn eine Quelle anderswoher
feststände, könnte der Widerspruch schon in ihr vorgelegen haben.

Lassen wir aber alle diese Erwägungen ruhen und nehmen wir, wie
es doch am natürlichsten ist, ganz einfach an, der Evglist setze in
unserm Stück mit der Überlieferung, wie sie uns in den syn Ev erhalten
ist [2], voraus, daß die Jünger nicht daran dachten, der Verrat des Mit-
jüngers und die Katastrophe sollten schon in der folgenden Nacht
traurige Wirklichkeit werden [3] ; erst auf dem Wege zum Ölgarten
suchte ihnen Jesus den Ernst der Lage klarzumachen. Damit ist der
Widerspruch von 13,28 f zum Vorausgehenden erledigt und die Quellenscheidung überflüssig. Hätte nun aber der Evglist die syn Überlieferung
nicht gekannt, so wäre es trotzdem möglich, aus dem Zusammenhang
heraus zur gleichen Lösung zu kommen. Dann aber wäre es das einzig
Richtige, diese Lösung auch anzunehmen. Es ist methodisch falsch,
einen Text aufzuteilen, sobald eine Schwierigkeit sichtbar wird, vor
allem dann, wenn sprachlich-stilistische Gründe gegen die Einheit nicht
geltend gemacht werden können.

f. *Passion und Ostern.* — B. schreibt einleitend [4] : « Der Evglist
folgt in der Passions- und Ostergeschichte der Tradition, und der Anschluß an sie ist hier, äußerlich gesehen, besonders eng. Daß er einer

---

[1] Das gleiche kann man schließen, wenn B. gelegentlich den Evglisten sich
selber anmerken läßt, wie zB Jh 13,11 ; 20,8.
[2] Mt 26,21-25 Par ; 26,30-35 Par.
[3] Mt 26,1 f hindert diese Deutung der fraglichen Texte nicht.
[4] Jhev 491.

schriftlichen Quelle folgt, ergibt sich 1. daraus, daß er Stücke und
Einzelangaben bringt, die er nicht im Sinne seiner Theologie auswertet,
wie die Verleugnung des Petrus, die Verlosung des Mantels Jesu, die
Ortsangabe 19,13 . . . »

Wenn der Evglist solche Stücke in seine Darstellung verflicht, so
ist das ein unmißverständliches Zeichen, daß « seine Theologie » nicht
durchweg den Plan und Aufbau seines Ev leitet. Daraus schließe ich,
daß der Evglist mit seinem Werk offenbar auch noch andere Absichten
verfolgte. Damit aber wird klar, daß die fragliche Tatsache durchaus
nicht die Verwendung einer Quelle wahrscheinlich macht ; stände sie
im Widerspruch zur Anlage des Ev, so würde der Evglist solche Stücke
auch aus einer Quelle nicht aufnehmen.

18,1-11. — « Daß der Evglist die Erzählung selbst gestaltet hat,
ist klar ; ebenso aber auch, daß er sich dabei auf die Tradition stützt ;
und zwar hat er offenbar eine schriftliche Quelle benutzt. Aus dieser
dürfte V. 10 f stammen ; denn schwerlich ist die legendarische Fortbildung, die Mk 14,47 hier erfahren hat, dem Evglisten zuzuschreiben.
Auch V. 4 f. (bis auf εἰδὼς . . . ἐπ' αὐτὸν) wird der Quelle entnommen
sein ; denn sonst ist nicht verständlich, warum in V. 5 das Dabeistehen
des Judas — der dazu noch, obwohl schon bekannt, als ὁ παραδιδοὺς
αὐτὸν charakterisiert wird — ausdrücklich erwähnt wird, nachdem er
V. 3 schon als Führer der Schar genannt war. Die Angabe V. 5 sollte
in der Quelle doch wohl das Eingreifen des Judas vorbereiten, also die
Szene des Judaskusses (Mk 14,45), die hier den Sinn gehabt haben wird,
das ἐγώ εἰμι Jesu zu bestätigen. Der Evglist hat sie weggebrochen und
durch V. 6 ersetzt, worauf er in V. 7 das Motiv von V. 5 wiederaufnimmt, um daran V. 8 knüpfen zu können. Was in V. 1 f. etwa aus
der Quelle stammt, wird sich kaum sagen lassen. »

So Bultmann [1]. Die « legendarische Fortbildung », die Mk 14,47
in Jh 18,10 f erfahren haben soll, ist darin zu sehen, daß gegenüber
der syn Darstellung der Schläger (Petrus) wie der Geschlagene (Malchus)
mit Namen genannt ist [2]. B. geht hier vom Axiom der radikalen Bibel-
kritik aus, daß konkrete Einzelzüge, die eine Parallelerzählung von
ihrem Gegenstück unterscheiden, häufig als legendarische Ausschmückung
zu werten seien ; auf diesem Axiom ruhte teilweise die Annahme der

---

[1] Jhev 493.
[2] Vgl zu dieser Deutung BJhev 301 Anm 4 ; 302 Anm 1.

Kritiker, daß unser Mkev der erste und zuverlässigste uns erhaltene
Bericht über das Leben Jesu sei. Dieses Axiom ist aber durchaus nicht
richtig. Es nimmt eine reine Möglichkeit grundlos für eine Tatsache.
Es ist an sich nur *möglich*, daß die Einzelzüge einer Erzählung Ausschmückung legendarischen Gepräges sind. Ob dies wirklich der Fall
sei, hängt von den Absichten des Erzählers und von der literarischen
(oder vorliterarischen) Gattung ab, die er verwendet. Ein geschichts-
treuer Tatsachenbericht kann genau so gut mit Einzelzügen ausgestattet sein wie die Legende. Man denke nur an Polizeiprotokolle uam.
Wir können darum B. in seiner Deutung und Auswertung von Jh 18,10 f
nicht folgen.

Was nun Vers 4 f angeht, so darf man ruhig zugeben, daß die
Erwähnung von Judas in 5 nach den Versen 2 f wirklich merkwürdig
ist. Nur ist diese Merkwürdigkeit durch die Annahme einer Quelle
nicht erklärt. Man sieht nicht ein, warum der Evglist die Angabe der
Quelle entnommen haben sollte, da er diese nach B. doch nur stück-
weise, wie es seinen Absichten gerade entspricht, verwendet. Ein unglücklicher Einfall ist es, daß Vers 5b in der Quelle die Szene des Judaskusses *vorbereitet* haben soll und diese, da nach Vers 5a eine Kennzeichnung Jesu nicht mehr in Frage kam, den Sinn gehabt hätte, « das
ἐγώ εἰμι Jesu zu bestätigen ». B. ist auf den Einfall allerdings angewiesen, um sagen zu können, der Evglist habe die Szene weggebrochen
und durch Vers 6 ersetzt ; ließe B. diesen aus der Quelle stammen, so
wäre nämlich Vers 5b auch in ihr ein rätselhaftes Einschiebsel. — Ist
es unter solchen Umständen nicht vernünftiger, man verzichte in unserm
Abschnitt auf Quellenscheidung und gebe sich damit zufrieden, Vers 5b
merkwürdig zu finden ? Möglich wäre es immerhin, daß Jh Judas
hier nochmals erwähnt, um anzuzeigen, daß auch er, der Führer der
Schar, vor Jesu Worten zurückwich und zu Boden fiel. Wenn man
die Augenzeugenschaft des Evglisten annimmt, so leuchtet das noch
mehr ein.

18,12-27. — « Bestätigt wird die Benutzung einer eigenen Quelle
dadurch, daß sich ein redakt. Eingriff des Evglisten wahrnehmen läßt,
der Unklarheit in den Bericht gebracht hat. Jesus wird dem Hannas
vorgeführt (V. 12 f.), und dieser wird als der Schwiegervater des Kaiphas
bezeichnet, Kaiphas seinerseits als der ἀρχιερεύς τοῦ ἐνιαυτοῦ ἐκείνου.
Dann aber gilt plötzlich Hannas als der Hohepriester ; denn es heißt
V. 19, daß der ἀρχιερεύς Jesus verhört. Das kann aber nur Hannas

sein, da Jesus erst nachher von diesem zu Kaiphas geschickt wird
(V. 24). Also ist V. 13 f. (von πρῶτον ab) eine Einfügung in die Quelle,
und zwar eine Einfügung des Evglisten ; denn ihm gilt Kaiphas als
der Hohepriester. Als solchen hat er ihn 11,49 eingeführt, und darauf
nimmt er V. 14 Bezug. Für die Quelle war Hannas der Hohepriester.
Es folgt dann, daß auch der ganze V. 24 vom Evglisten stammt. Damit
heben sich weitere Schwierigkeiten : 1. Welchen Sinn hätte die Verhandlung vor Hannas überhaupt, wenn er gar nicht der offizielle Hohepriester wäre ? 2. Warum ist von der Verhandlung vor Kaiphas nur
in der Andeutung V. 24 die Rede, wenn diese die offizielle war ? Damit
verschwindet 3. auch der auffallende Szenenwechsel, der zwischen V. 24
und V. 25-27 erfolgt ; denn V. 25-27 müssen doch wie V. 15-18 im
Hofe des Hannas spielen !»

Die Schwierigkeit, die B. hier aufgreift [1], um die Verwendung einer
Quelle nachzuweisen, ist eine von jenen, die den Auslegern am meisten
zu schaffen machen im Jhev. Eine Lösung, die allen Ansprüchen gerecht
wird, ist kaum möglich ; Quellenscheidung aber dürfte eine Ausflucht
sein, die an sich selber keine Ansprüche stellt. Man soll sich nur einmal
überlegen, was für eine Absicht der Evglist denn hätte haben können,
um in einen Bericht, dem Annas als Hoherpriester, vor dem das eigentliche Verhör stattfinden mußte, galt, nun einzutragen, daß in Wirklichkeit Kaiphas amtierender Hoherpriester war. Diese Absicht wäre
doch sicher die einer *Korrektur* gewesen und zwar eines *Ausgleiches mit
der Überlieferung*, wie sie uns im Mtev vorliegt [2]. Diese Absicht aber
hätte der Evglist gewiß verwirklicht, indem er Annas durch Kaiphas
einfach ersetzt hätte. Statt dessen läßt er nun Jesus zuerst zu Annas
führen, um dann von ihm zu sagen, er sei nur der Schwiegervater jenes
Kaiphas gewesen, der in jenem denkwürdigen Jahre das Amt des Hohen-
priesters versehen habe. Hernach erzählt er (wie B. annimmt) das Verhör vor Annas und fügt dann lakonisch hinzu, dieser habe ihn nun zu
Kaiphas gesandt, erwähnt aber keine Silbe vom eigentlichen Verhör
vor Kaiphas. Das schlägt doch wahrhaftig seiner Absicht geradezu ins
Gesicht.

Man wird also im vorliegenden Abschnitt von einer Quellenscheidung absehen und entweder mit dem Altsyrer Vers 24 hinter 13 einfügen oder mit der überwiegenden Mehrzahl der Handschriften den

[1] Jhev 497.
[2] Mt 26,3 f. 57 f ; vgl dazu Jh 11,49-52.

Text unserer Ausgaben als ursprünglich ansehen. Im ersten Fall sind
alle Schwierigkeiten mit einem Schlag gehoben ; leider vermögen die
von Lagrange für diese Lösung angeführten Gründe ihn wie uns nicht
restlos zu überzeugen, trotzdem sie zusammen schwer ins Gewicht
fallen [1]. B. hätte sie wenigstens in Erwägung ziehen dürfen, nachdem
er im Ev in einem Umfange Umstellungen vorgenommen hat wie keiner
vor ihm. Im zweiten Fall muß man annehmen, das Verhör vor Annas
sei ein Vorverhör, die Häuser der beiden Hohepriester aber seien durch
einen gemeinsamen Hof verbunden gewesen [2]. Beides ist leicht denkbar
und möglich. Daß der Evglist das Vorverhör erzählt, das Verhör vor
Kaiphas jedoch nicht näher darstellt, könnte man damit erklären, daß
Jh die früheren Berichte nicht wiederholen wollte, sondern voraussetzte
und ergänzte. — —

Die von B. an *Kapitel 20* vorgenommene Analyse ist wohl die un-
erquicklichste aller seiner Analysen an jh Erzählungen. Der radikal-
kritische Standpunkt Bs. kommt hier am meisten zur Geltung und übt
seinen Einfluß nicht nur auf Urteile, sondern auch auf Tatsachen aus.
B. setzt voraus, daß die Ostergeschichten der Überlieferung Ergebnisse
einer Einbildung waren, die den Jüngern und Jesusgläubigen über die
Enttäuschung der Katastrophe Jesu hinweghalfen und ihnen die Auferstehung und Erhöhung des Gekreuzigten zu himmlischer Herrlichkeit
und göttlicher Würde vortäuschten. Unser Evglist hätte dann unter
Verwertung und Verarbeitung solcher Geschichten seinen Osterbericht
frei komponiert, um seine theologischen Gedanken über den Auferstandenen mit « geschichtlichen » Bildern zu veranschaulichen und
sein Zeugnis für ihn wirksam einzukleiden. Dieser Osterbericht hätte
nun auf Grund literarischer Spielregeln verfaßt werden müssen, die B.
selber aufstellt ; wo sie nicht angewandt werden, erlaubt er sich, zu
Quellenscheidung zu schreiten [3].

20,1-18. — « Deutlich ist, daß in 20,1-18 zwei Motive miteinander
konkurrieren oder zwei Bilder miteinander verbunden sind : 1. die
Geschichte von Maria Magdalene am Grabe, 2. die Geschichte von
Petrus und dem Lieblingsjünger. Die Verbindung kann nicht ursprünglich sein. Es ist schon auffällig, daß Maria V. 11 am Grabe steht, von

---

[1] LAGRANGE, Ev 459-462. Das erzählte Verhör findet vor Kaiphas statt.
[2] LAGRANGE ebd ; TILLMANN, Jhev 305-309.
[3] Vgl zu diesen Aussetzungen BJhev 491 ; 528-547.

dem sie nach V. 2 weggegangen war, ohne daß ihre Rückkehr erzählt worden wäre. Es ist weiter — da man ihre Rückkehr gleichwohl voraussetzen muß — höchst auffällig, daß das Erlebnis der beiden Jünger, denen sie doch mindestens bei deren Rückkehr vom Grabe begegnet sein müßte, für sie keine Bedeutung hat. Sie steht V. 11 f. am Grabe, als habe sich das V. 3-10 Erzählte nicht ereignet. Es wird ferner dem Auftrag, den Maria V. 17 f. vom Auferstandenen erhält und den sie dann ausrichtet, die Pointe genommen, wenn schon zwei Jünger (oder wenigstens einer, ...) zum Auferstehungsglauben gekommen sind. Die Botschaft der Maria muß doch offenbar die erste Kunde vom leeren Grabe sein, wie die Botschaft, die Mk 16,7 ; Mt 28,7 den Frauen aufgetragen wird, und die sie nach Mt 24,8 (vgl. Lk 24,9. 22 f.) auch ausrichten. Dazu kommt, daß Maria beim Blick in das Grab die Engel sieht, die die Jünger nicht gesehen haben, und « die doch auch vorher schon zu sehen gewesen sein mußten » (Wellh.). Nimmt man V. 3-8 für sich, so läßt sich zwar verstehen, daß der Anblick des leeren Grabes die beiden Jünger (oder doch den einen) zum Glauben führt. In der Kombination mit der Maria-Geschichte aber ist es nicht verständlich ; denn nach der letzteren bildet die Tatsache des leeren Grabes nur den Anlaß zur ratlosen Frage (V. 2. 13. 15), sodaß es in ihrem Rahmen rätselhaft ist, warum diese Tatsache V. 8 ganz anders wirkt. Es ist ja nicht etwa angedeutet, daß Maria ebenso wie die Jünger durch den Anblick des leeren Grabes eigentlich hätte zum Glauben kommen müssen ; vielmehr ist die Maria-Geschichte offenbar in gleichem Sinne wie die synoptische Ostergeschichte erzählt, d. h. das leere Grab fordert eine Interpretation durch Engelsmund ... In der Maria-Geschichte konkurriert das Auftreten der Engel V. 12 f. mit dem Auftreten Jesu V. 14 ff. ; die Frage Jesu V. 15 ist eine Wiederholung der Frage der Engel V. 13, und diese letztere samt der Antwort der Maria hat keine Konsequenzen. Das Auftreten der Engel, die auch alsbald verschwunden sind, ist also in der vorliegenden Erzählung gänzlich überflüssig, wie besonders der Vergleich mit der Engelepisode Mk 16,5-7 parr. zum Bewußtsein bringt. Denn dort teilt der Engel (bzw. die beiden Engel bei Lk) die Tatsache der Auferstehung mit und gibt den Auftrag zur Botschaft an die Jünger, den bei Joh. V. 17 Jesus erteilt. Jedoch ist nicht die Engelepisode ein von der Redaktion (sei es des Evglisten, sei es der Herausgeber) eingefügter Fremdkörper, sondern es ist umgekehrt die Engelepisode in der Maria-Geschichte das Ursprüngliche ; diese entsprach dem Typus von Mk 16,5-7. Vom Evglisten aber ist der ursprüng-

liche Schluß der Maria-Geschichte weggebrochen und mit Benutzung .
des Auftragmotivs durch V. 14-18 ersetzt worden. »

Soweit Bultmann [1]. — Wäre Jh ein überlegener Meister des Aufbaues, so dürfte man sich vielleicht wundern, warum die Rückkehr
Magdalenas nicht erzählt ist. Wie das ganze Ev zeigt, ist aber Jh nicht
ein solcher Meister [2]. Seine Unterlassungssünde wäre also verständlich,
auch wenn er beide Geschichten, die hier verbunden sind, frei erfunden
hätte. Erzählt aber der Evglist Geschichte und gar mittelbar oder
unmittelbar Selbsterlebtes, so ist die fragliche Unterlassung ganz natürlich. — Es nimmt auch gar nicht wunder, daß Maria sich mit dem
Erlebnis der Jünger nicht auseinandersetzt. Ihr einziger Kummer ist
das leere Grab ; sie glaubt, daß der Leib Jesu weggenommen und anders-
wohin gelegt worden sei. Da die Jünger auch nur die Tatsache feststellen, den Leichnam aber nicht herschaffen, überläßt sich Maria wieder
ihrem Schmerz.

Unhaltbar ist auch der weitere Grund, den B. anführt, um die
Unverträglichkeit der beiden Geschichten einleuchtend zu machen. Die
Botschaft, die Maria den Jüngern im Auftrage Jesu ausrichten soll, ist
nicht nur die, daß er auferstanden sei, sondern daß er erstanden sei,
um bald zum Himmel aufzufahren ; daß er also sein Wort- und Wunderwirken nicht mehr aufnehmen und nicht mehr mit ihnen in der vertrauten menschlichen Weise der vergangenen Tage verkehren werde.
So soll in den Jüngern die richtige Einstellung zu seinen Erscheinungen
vor ihnen geschaffen werden [3]. Damit verträgt sich ausgezeichnet, daß
die Jünger die Kunde vom leeren Grab erfahren haben und daß der
Lieblingsjünger schon zum Auferstehungsglauben gekommen ist. Nirgends steht übrigens, daß auch Petrus oder andere Jünger diesen
Glauben gewonnen hätten.

Der nächste Grund, die beiden Geschichten für unverträglich zu
halten, ist nicht weniger ungenügend als die andern. Es ist ganz unan-
gebracht, von den Engeln im Grabe zu sagen, daß sie « doch auch vorher
schon zu sehen gewesen sein mußten ». Es wäre wohl möglich, daß ein
Schriftsteller wie Jh, auch wenn er 20,1-18 frei erfunden hätte, annähme, erst jetzt, nachdem Maria sich neuerdings zum Grabe hingebückt
habe, hätten auf einmal zwei Engel dagesessen. Glaubt aber Jh,

---

[1] Jhev 528 f.
[2] Das gilt vor allem für die Erzählungen. Vgl Anm 2 S 49 dsAr ; dazu
LAGRANGE, Ev XCII-XCV ; BAUER, Jhev 251-253.
[3] So LAGRANGE, Ev zu Jh 20,17 ; ebenso TILLMANN, Jhev zSt.

Geschichte zu erzählen, wie können wir dann mit ihm rechten ? Wirkliches Geschehen hält sich nicht an literarische Spielregeln.

B. verwundert sich darüber, «daß der Anblick des leeren Grabes die beiden Jünger (oder doch den einen) zum Glauben führt», während dieser gleiche Anblick für Magdalena nur den Anlaß zu ratloser Frage bildet. Wer sähe aber nicht ein, daß es das Natürlichste ist, was man sich denken kann, wenn eine und die gleiche Tatsache auf verschiedene Menschen verschieden wirkt! Was soll man da Ungewöhnliches und Unvereinbares daran finden ? Auch in einer frei erfundenen Erzählung würde man eher daran Anstoß nehmen, daß eine solche Tatsache wie die hier berichtete bei allen Miterlebenden die gleiche Wirkung auslöst. B. kann auch nicht den Einwand machen, Jh zeige so häufig schematisierendes Denken in seinen Erzählungen, daß man sich eben, wo es durchbrochen werde, fragen müsse, ob nicht eine Quelle verwendet worden sei. Trotzdem ein solcher Schematismus gelegentlich festzustellen ist, so wäre das doch nie ein genügender Grund, um an den zahlreichen Stellen, wo Jh lebendig erzählt, auf Quellen zu schließen[1].

Wenn B. endlich glaubt, die Engelerscheinung könne ursprünglich nur den Sinn gehabt haben, Maria die Auferstehung Jesu zu künden ; das Quellenstück, wo dies erzählt wurde, sei weggebrochen und vom Evglisten durch die Erscheinung Jesu ersetzt worden, so ist zu sagen, daß B. einen Schein des Rechts für sich in Anspruch nehmen dürfte, wenn man (angenommen, es handle sich hier um literarische Erfindung, nicht um Geschichte) nicht erkennen könnte, warum der Evglist die Engel überhaupt erscheinen läßt. Es ließe sich zwar in diesem Falle einwenden, daß der Evglist, wenn er fähig war, zusammenhanglos ein solches Quellenstück in seine Darstellung aufzunehmen, auch fähig gewesen wäre, etwas Entsprechendes frei auszudenken. Nun ist aber deutlich, daß die Engelerscheinung sich sinnvoll in den Zusammenhang fügt ; sie gibt nicht Anlaß, an die Verwendung einer Quelle zu denken. Genau wie sich Maria im Vorhergehenden nicht weiter um die beiden Jünger kümmert, sondern nur von dem einen Gedanken erfüllt ist, über

---

[1] Zur schematisierenden Darstellung des Evglisten vgl BJhev 89 Anm 2 (Mißverständnisse) ; 91 Anm 3 (« redaktionelle » Stücke) ; 86 Anm 2 (Festreisen). — Der Schematismus der jh Darstellung ergibt sich zum großen Teil aus der strengen Auswahl, die der Vf, um sein Ziel zu erreichen, unter den Ereignissen aus dem Leben und Wirken Jesu und unter den verschiedenen Einzelheiten der Ereignisse getroffen hat. Sowenig dieser Schematismus darum die Geschichtlichkeit des Erzählten in Frage stellt, sowenig kann er hindern, daß Jh eine große Zahl von konkreten Einzelzügen aufweist.

dem sie alles andere vergißt, von dem Gedanken, wo der verschwundene Leib Jesu sein könnte, so fehlt in ihr augenblicklich aus dem gleichen Grunde auch die Voraussetzung, um sich über die Engel zu verwundern oder ihretwegen zu erschrecken. Auf dem Hintergrund dieser Erscheinung ist also Marias Einstellung erst voll und klar zu erkennen, so daß es nicht mehr verwunderlich ist, wenn sie nun auch Jesum zuerst nicht erkennt, sondern sogleich an den Gärtner denkt, der den teuren Leib weggenommen haben könnte.

Damit schließen wir die Darstellung und Erörterung der Analysen Bs. Sie erfaßte einen erheblichen Teil davon und dürfte vollauf genügen, um zu zeigen, wie haltlos die Gründe Bs. durchweg sind, um eine Quellenscheidung in den jh Erzählungen zu rechtfertigen.

III. Zu den Stücken des Redaktors

a. *Kapitel 21 des Evangeliums.* — Wir kommen zur letzten literarkritischen Sonderung Bs. im Jhev. Es handelt sich um die Zusätze des Redaktors, der das Ev nach dem Tode des Vf um das letzte Kapitel vermehrt herausgegeben haben soll. Dieses Kapitel wurde schon häufig als ein *Nachtrag von fremder Hand* erklärt, auch von solchen Fachleuten, die im übrigen keine Literarkritik am vierten Ev üben wollten. Jene aber, die eine solche Absicht hatten, knüpften gewöhnlich gerade an die Tatsache an, daß Kapitel 21 auf den Schluß des Ev, der in 20,30 f. vorliegt, folgt [1]. B. geht nicht so vor, sieht aber doch in der genannten Tatsache eine starke Stütze dafür, daß ein Redaktor nicht nur das fragliche Kapitel geschaffen, sondern auch an das Ev selber Hand angelegt hat [2]. Wir können darum unsere Untersuchung, ob sich Zusätze eines solchen Redaktors wirklich feststellen lassen, gerade mit der Erörterung von Kapitel 21 einleiten. Damit gewinnen wir, wie sich ergeben wird, auch einen guten Anschluß an das Vorausgehende [3].

Geben wir zuerst B. das Wort! « Kap. 21 ist ein Nachtrag ; denn mit 20,30 f. war das Evg abgeschlossen worden. Es ist nur die Frage,

---

[1] Zuletzt noch Hirsch, Studien 42.
[2] Vgl BJhev 4 Anm 2 ; 542.
[3] Vgl zum Ganzen Bromboszcz, Einheit 118-129.

von wem dieser Nachtrag stammt. Daß der Evglist ihn selbst hinzugefügt und hinter sein erstes Schlußwort gestellt habe, um dann noch ein zweites Schlußwort anzuhängen (V. 24 f.) ist außerordentlich unwahrscheinlich. Aber es sprechen auch andere Gründe dagegen, daß Kap. 21 vom Evglisten stammt.»[1]

B. hat wohl nicht genau abgewogen, was er hier sagt. Warum sollte denn ein Schriftsteller nicht einen Nachtrag schreiben können zu einem Werk, das er vor längerer oder kürzerer Zeit abgeschlossen hat? Das ist doch keineswegs «außerordentlich unwahrscheinlich». Es ist gewiß ebenso wahrscheinlich wie die ziemlich allgemeine Annahme der Kritiker, daß die Kap. 15-17 unseres Ev vom Evglisten selber stammen, trotzdem die Abschiedsreden Jesu mit 14,30 f deutlich zu Ende sein sollen. Diese Aporie schafft sogar ein günstiges Vorurteil dafür, daß auch unser Nachtrag vom Evglisten zugefügt wurde[2]. Doch prüfen wir die andern Gründe Bs., die seine Annahme sichern sollen!

«Sachlich befremdet es, daß die Jünger hier als Fischer vorausgesetzt werden, was zwar mit den Synoptikern übereinstimmt, wovon aber bei Joh bisher nicht die Rede war. Ebenso, daß nur hier die Zebedaiden auftreten (V. 2), die bisher nie genannt waren. Endlich daß Nathanael erst hier und nicht schon 1,45 als aus Kana stammend bezeichnet wird. Noch schwerer wiegt es, daß in Kap. 21 die durch Mk und Mt bezeugte Tradition von den Erscheinungen des Auferstandenen in Galiläa, die in Kap. 20 völlig ignoriert war, auftaucht, und zwar unvermittelt, ohne daß etwa von der Wanderung der Jünger von

---

[1] Jhev 542.

[2] BROMBOSZCZ, Einheit 118 f hält daran fest, daß Jh 21 *kein* Nachtrag sei, sondern das ursprüngliche Ev abschloß, und dies trotz 20,30 f. Seine Gründe sind sehr erwägenswert. Zunächst zeigt er, daß es gutjh ist, «zwischen das Erzählte kritische Bemerkungen hineinzustreuen, an größere Abschnitte abschließende Urteile anzufügen», daß also 20,30 f nicht notwendig das Ev abgeschlossen haben muß, so daß nichts mehr folgen konnte. Eine ausgezeichnete Parallele zu 20,30 f ist 12,37-43, auf das zunächst eine Zusammenfassung der vorausgegangenen Verteidigungsreden Jesu folgt, ehe der zweite Teil des Ev anhebt. So finden wir ferner in 1 Jh 5,13 fast denselben abschließenden Gedanken wie in 20,31, obwohl noch 5,14-21 folgt. Zu vergleichen sind auch 19,35 und 21,14. — Ein zweiter guter Grund, den Bromboszcz für seine Ansicht geltend macht, ist die innere Verknüpfung von 20,30 f mit 20,29. «An dieser Stelle bot sich die beste Gelegenheit hervorzuheben — selbst wenn der Evst noch ein ganzes Kap anfügen wollte —, daß auch dieses Buch zur Förderung des Glaubens geschrieben sei, und daß die Leser im Gegensatz zum ungläubigen Thomas zum Glauben treu stehen müssen, auch wenn ihnen die Tatsachen nicht aus eigenem Erlebnis bekannt seien, sondern nur von einem Augenzeugen (wie zuerst dem Thomas) berichtet werden.»

Jerusalem nach Galiläa berichtet würde. Aber nicht allein das ! Sondern 20,19-29 ist so erzählt, daß man nicht nur keine weiteren Erscheinungen des Auferstandenen erwartet, sondern auch keine erwarten darf. Nach der Beauftragung der Jünger 20,22 f. ist es mehr als erstaunlich, daß die Jünger, statt Zeugnis abzulegen, am galiläischen See Fischfang treiben, um dort wieder eine neue Erscheinung zu erleben, die nun gar keinen rechten Sinn hat ; und nach dem Worte Jesu 20,29 durfte nicht von fernerem Sichtbarwerden Jesu erzählt werden. Dazu kommt, daß die Geschichte 21,1-14 erkennen läßt, daß sie ursprünglich als erste Ostergeschichte erzählt worden war ; und der redakt. V. 14 zeigt, daß sie nachträglich an den Platz gestellt ist, den sie jetzt einnimmt.» [1]

B. stößt sich also daran, daß die Jünger in Kapitel 21 als Fischer vorausgesetzt werden. Nun ! wer wie B. annimmt, daß Jh alle seine Erzählungen der Überlieferung entnimmt, sollte sich an so etwas nicht stoßen. Gewiß ! Jh hatte bis jetzt nirgends angedeutet, daß die Jünger Fischer waren. Das ist jedoch kein Grund, daß er gar nie davon reden darf. Es ist auch leicht ersichtlich, warum in Kapitel 1-20 die Sache nie Erwähnung findet. Hätte Jh mehr von Jesu Wirken in Galiläa erzählt, so wäre er sicher darauf zu sprechen gekommen [2]. — Daß die Zebedaiden nur 21,2 genannt werden, kann wundernehmen, ebenso, daß von Nathanael erst hier statt 1,45 gesagt wird, er stamme aus Kana. Diese Angaben wären hinreichend erklärt, wenn Kapitel 21 ein Nachtrag des Evglisten wäre, der nicht gleichzeitig mit dem Ev geschrieben wurde. In jedem Fall kann man aber darauf hinweisen, daß der Apostel Johannes hier nicht näher genannt wird als in den Lieblingsjüngerstellen und hier wie dort von seiner Vfschaft am Ev nicht die Rede ist. Die verspätete Angabe, daß Nathanael von Kana sei, ist mit der Gewohnheit des Evglisten zusammenzustellen, von schon genannten Personen später wiederum genauere Angaben zu machen, als ob sie zum erstenmal eingeführt würden ; man vergleiche etwa 12,21 mit 1,44 und 6,5. 7, ferner die Lieblingsjüngerstellen. — Daß 21,2 vom Evglisten geschrieben wurde, zeigt der Zusatz zu Θωμᾶς (11,16 ; 20,24 !), aber auch das (ἀπὸ) Κανὰ τῆς Γαλιλαίας an sich ; dieses findet sich auch Jh 2,1. 11 ; 4,46, nicht jedoch in den syn Ev. Das gleiche ist übrigens von der θάλασσα τῆς Τιβεριάδος 21,1 zu sagen ; auch sie fehlt in den Synoptikern, kommt aber noch Jh 6,1 vor, Tiberias allein Jh 6,23.

---

[1] Jhev 543.
[2] ADOLF SCHLATTER (Evglist 364) macht darauf aufmerksam, daß Jh 6,17-21 immerhin zeigt, daß die Jünger ein Boot zu führen verstanden.

Nach B. ist nun die Tatsache, daß die Erscheinung unseres Kapitels in Galiläa geschieht, ein schwerwiegender Grund, um dieses dem Evglisten abzuerkennen. Allein auch das zeigt nur, daß hier der Strom der Überlieferung fließt. Warum sollte der Evglist nicht gerade auch aus diesem Grunde, um die Erscheinungen in Galiläa nicht mit Schweigen zu übergehen, Kapitel 21 angefügt haben ? B. kann nur dann, wenn er schon an einen Redaktor als Vf des « Nachtrages » denkt, sagen, Kapitel 20 « ignoriere », dh wohl : übersehe geflissentlich die galiläischen Erscheinungen. Der Ausdruck ist in keinem Fall richtig. B. macht selber mehr als einmal [1] darauf aufmerksam, daß Jh in seinen Erzählungen die frühere Überlieferung voraussetze. Man kann darum aus dem Schweigen in Kapitel 20 nicht schließen, er übergehe die Erscheinungen in Galiläa, weil er ihnen keinen Wert zuerkenne.

B. verlangt, es hätte, wenn der « Nachtrag » vom Evglisten stammte, die Wanderung der Jünger von Jerusalem an den Schauplatz des Geschehens berichtet werden müssen. Das ist aber im Zusammenhang ganz nebensächlich und unnötig, vor allem wenn der Vf weiß, daß seine Leser die Überlieferung ebenfalls kennen. Jh erzählt mancherorts mit ähnlicher Kürze. Zu Anfang von Kapitel 6 wird nur flüchtig erwähnt, daß eine große Menge da war, weil sie die Wunder sahen, die Jesus an den Kranken wirkte. Ganz offensichtlich verweist uns hier der Evglist auf anderswo Erzähltes, das wir nicht in seinem Ev finden. So fehlt auch eine szenische Einleitung zur Fußwaschung und zu den Abschiedsreden, die Ort, Zeit und andere Umstände angäbe [2].

Es ist erklärlich, warum B. erstaunt wäre, wenn der Evglist selber nach 20,21-23 noch erzählen würde, daß die Jünger am galiläischen See fischten und nicht hinausgezogen waren, um für Jesus zu zeugen. Er faßt nämlich diese Verse als endgültige Aussendung der Jünger in die Welt und als die in den Abschiedsreden von Jesus verheißene Geistspendung auf ; ihr Verständnis als einer Vollmachterteilung zur Sündenvergebung innerhalb der « Gemeinde » lehnt er für den Evglisten ausdrücklich ab [3]. Allein damit vergewaltigt er den Text. Es handelt sich hier deutlich um das *Sakrament der Buße* und um eine Mitteilung heiligen Geistes sozusagen « ad actum », nicht « ad universitatem negotiorum ». Wenn B. die sakramentalen Stellen des Ev dem Redaktor

---

[1] ZB Jhev 63 Anm 8 ; 64 Anm 4 ; 85 f ; 155 ; 366 ; 491.
[2] Vgl weiter 1,35-51 (dazu BJhev 69 f) ; 3,1-21 ; 12,20-28 ; 20,1-18 ; 20,19-23.
[3] Jhev 535-537 ; 537 Anm 5.

zuschreiben will, so mag er das auch hier tun ; aber seine Auffassung vom Sinn des Textes ist unhaltbar. Sie würde schon die Anfügung von 20,24-29 nicht mehr erlauben. — Nehmen wir nun die Stelle, wie sie lautet, so hindert uns nichts anzunehmen, Jh wolle die Überlieferung auch mit Kapitel 20 nicht auf die Seite stellen, sondern setze mit ihr voraus, daß Jesus nach seiner Auferstehung noch während einiger Zeit auf Erden weilte, dann von den Jüngern Abschied nahm und zum Himmel aufstieg, jenen aber gebot, nicht eher zum Zeugnis auszuziehen, als bis sie mit der verheißenen Kraft von oben ausgerüstet seien (Lk 24,47-49 ; AG 1-2,13).

Jh 20,29 soll nach B. dem Evglisten ein weiteres Sichtbarwerdenlassen Jesu unmöglich machen. Die Auffassung, die B. in seiner Erklärung zu 20,29 darlegt, kommt dem Sinn der Stelle sicher in etwa nahe ; aber auch nach dieser seiner eigenen Erklärung ist es durchaus möglich, daß Jesus seinen Jüngern weitere Erscheinungen zugesteht. Jesus leugnet in der Tat 20,29 nicht die Notwendigkeit seiner Erscheinungen, sondern tadelt die Einstellung jener, die glaubwürdigen Zeugen seiner Auferstehung den Glauben verweigern.

B. deutet das Stück 21,1-14, als ob es ursprünglich als erste Ostergeschichte erzählt worden wäre. Leider führt er zu seiner Rechtfertigung nur « die merkwürdige Unsicherheit im Verhalten der Jünger gegenüber Jesus » an. Das weise nicht auf frühere Erscheinungen hin [1]. — Es ist wahr, daß die Jünger zuerst nicht wissen, daß Jesus am Strande steht. Nachdem sie aber das Wunder gesehen und Jesu Stimme und Gestalt deutlich erkannt haben, zweifeln sie nicht mehr, daß *Er* es ist [2]. Die Scheu, die bleibt, erklärt sich schon aus der Tatsache, daß Jesus sich nicht ausdrücklich vorstellt und keine aufmunternden Worte an sie richtet. Gerade hier ist aber auch auf 20,17 f hinzuweisen, wonach die Jünger darüber aufgeklärt werden, daß Jesus auferstanden ist, um bald endgültig von ihnen Abschied zu nehmen und in seine Herrlichkeit einzugehen. Diese Aufklärung wird durch die Erscheinungen und die Art des Verkehres Jesu mit den Seinen nur vertieft. Damit aber muß notwendig deren scheue Ehrfurcht vor dem « Herrn » wachsen.

---

[1] Jhev 546.

[2] Dagegen spricht auch Vers 12b nicht, im Gegenteil ! das οὐδεὶς ἐτόλμα κτλ ist zwe fellos so zu verstehen : « Keiner der Jünger war so dreist, ihn zu fragen . . . », und dann ist das folgende als Ellipse zu ergänzen : denn es wäre sinnlos gewesen, « weil sie ja wußten, daß es der Herr sei. »

B. hat noch weitere Einwendungen zu machen : « Zudem hat die Erzählung in Kapitel 21 einen völlig anderen Charakter als die bisherige. Das Thema ist hier nicht die Existenz des Jüngers und der Gemeinde, nicht Offenbarung und Glaube ; sondern hier kommen ganz spezielle Interessen an Personen und Beziehungen der Gemeindegeschichte zu Worte. Gewiß tauchte auch 19,26 f. ; 20,3-10 das Problem des Verhältnisses von Juden- und Heidenchristentum auf ; aber dort war es als grundsätzliches ins Auge gefaßt worden, während hier die aktuelle Frage nach dem Rang kirchlicher Autoritäten widerklingt. Der Lieblingsjünger ist hier nicht Repräsentant des Heidenchristentums, sondern eine bestimmte historische Person. » [1]

B. legt also die Stellen 19,26 f und 20,1-10 symbolisch aus und schließt, Kapitel 21 könne nicht vom Evglisten angefügt sein, weil es Petrus und den Lieblingsjünger als Menschen von Fleisch und Blut, als geschichtliche Gestalten auffasse und von geschichtlichen Sonderverhältnissen rede. Dazu ist folgendes zu sagen. Zunächst ist es falsch, im vierten Ev Symbol und Geschichte gegeneinander auszuspielen. Auch B. anerkennt doch, daß Jh Geschichte erzählen *will* [2], und diese Absicht kommt nach *Wrede* [3] im Jhev zuweilen sogar klarer und schärfer zum Ausdruck als in den syn Ev [4]. Wenn nun gewisse Erzählungen im Jhev einen symbolischen Sinn haben und pneumatische Sachverhalte veranschaulichen sollen, so ist doch deutlich, daß der Evglist diese Erzählungen nichtsdestoweniger als *Geschichte* versteht ; Geschichte und Symbol sind ja auch an sich nicht unvereinbare Gegensätze. —

[1] Jhev 543.
[2] B. möchte allerdings dem Evglisten möglichst wenig geschichtliche Absicht zuerkennen. Es liegt ihm offenbar am Herzen, das ganze Ev, so gut es geht, in Bild und Zeichen aufzulösen. Immerhin macht er gelegentlich, gezwungenermaßen, das eine oder andere Zugeständnis in der genannten Richtung, so Jhev 45 f ; 45 Anm 2 ; 83 ; 91 ; 93 ; 173 ; 533 ; 536.
[3] Charakter 8.
[4] Daß Jh die Geschichte zur Grundlage seines Ev macht, daran kann nun einmal angesichts 1,14 und 1 Jh 1,1-3 nicht gerüttelt werden. « Und übrigens muß eine spiritualisierende Erklärung der Worte Joh 1,14 auch schon vom Evangelium aus als sehr unwahrscheinlich bezeichnet werden. Die vorausgehenden Worte ὁ λόγος σάρξ ἐγένετο sprechen laut dagegen ; σάρξ war es, was gesehen wurde. Daher muß von einem Augenzeugen die Rede sein oder von einem, der sich als Augenzeugen kundgibt. » Torm, ZNTW 1931, 126. — Von daher hat also eine gesunde Auslegung das ganze Ev zu erklären ; denn die Absicht und die Eignung eines Schriftstellers, Geschehenes zu erzählen, ist entscheidend, wenn man sich über ein Werk, das sich der Form nach als Geschichte gibt, ein Urteil bilden will. Wenn man von diesem Grundsatz abgeht, so ist die Sachlichkeit und Vernunft zugunsten jeder Art von Phantasie entthront.

Es muß dann aber auch verlangt werden, daß in jedem Einzelfall der symbolische Sinn einer Erzählung exegetisch eigens erhärtet werde und nur auf jene Umstände Anwendung finde, die einer solchen Erklärung zugänglich sind. Was die Stellen 19,26 f und 20,3-10 angeht, hat B. diese Forderung sicher nicht erfüllt. Der Wunsch, es möchte hier ein symbolischer Sinn vorliegen, war der Vater des Gedankens. Und wenn er vorläge, so wäre das Ziel der Erklärung nicht erreicht ; denn *der symbolische Sinn setzt im Jhev den geschichtlichen voraus.*

Wir wollen mit B. nicht rechten, ob die Szene 19,26 f, wo Jesus vom Kreuze herab seine Mutter an Jh und Jh an seine Mutter weist, « angesichts der synoptischen Überlieferung auf Historizität keinen Anspruch machen kann »[1]. Es handelt sich hier zunächst nur darum, ob Jh Geschichte geben *will* und ob ein symbolischer Sinn aus irgendwelchen « Anmerkungen » des Evglisten oder aus den Wendungen, mit denen er erzählt, oder aus dem Ton der Erzählung exegetisch erschlossen werden könne. Das erste ist unzweifelhaft der Fall, das zweite unmöglich. Auch der Spürsinn Bs. hat nicht das geringste Zeichen gefunden, das einen symbolischen Sinn nahelegte. Darum muß er hier auf einmal auf die syn Überlieferung verweisen ! Als ob er sie je für geschichtlich zuverlässig gehalten hätte ! Und dann mutet er uns zu, Vers 27 so zu verstehen, daß das Heidenchristentum (= der Lieblingsjünger) « von jener Stunde an », trotzdem es noch gar nicht vorhanden war, das Judenchristentum (= die Mutter Jesu) in sein Haus aufgenommen habe. Wir sind aber nicht etwa darauf angewiesen, gerade auf diese Aporie zu pochen. Entscheidend ist das Fehlen jeder exegetischen Handhabe zu einem symbolischen Verständnis ; jede noch so passende Erklärung in dieser Richtung kann unter solchen Umständen nur Phantasie sein. Entscheidend ist auch, daß, nachdem die Mutter Jesu auch nach B. in 2,1-11 nur eben die Mutter Jesu darstellte, sie hier nichts anderes darstellen kann, wenn das dem Leser nirgends gesagt wird, und daß deswegen auch der Lieblingsjünger eine geschichtliche Person sein muß.

Um 20,3-10 symbolisch verstehen zu können, verweist B.[2] auf den von ihm willkürlich angenommenen symbolischen Sinn von 19,26 f. Aus dem Text selber vermag B. auch hier nicht ein Fünkchen eines solchen herauszuschlagen. Hingegen ist für jeden unvoreingenommenen Leser die geschichtliche Absicht des Erzählers klar. — Gesamtergebnis :

---

[1] Jhev 521.   [2] Jhev 531 Anm 3.

Kapitel 21 verträgt sich in jedem Fall sehr gut mit den erwähnten Stellen ; diese bieten keinen Anlaß, es irgendwie als unecht zu verdächtigen.

« Symptomatisch » dafür, daß Kapitel 21 nicht von unserm Evglisten geschrieben wurde, ist dann in den Augen Bs. « auch die dem Evg fremde Allegoristik V. 11, selbst wenn der genaue Sinn der Zahl nicht zu enträtseln ist. Entscheidend ist aber schon, daß V. 22 f. die realistische Eschatologie vorliegt, gegen die das Evg polemisiert, und die der kirchliche Red. in seinen Zusätzen eingebracht hat. Auf eben diese kirchliche Red. geht Kap. 21 zurück. — Das zeigt endlich V. 24. Indem der Lieblingsjünger, von dem V. 20-23 geredet hatten, und der nach V. 23 gestorben ist, als Verfasser des Evg bezeichnet wird, wird völlig deutlich, daß das Evg, so wie es vorliegt, nach seinem Tode mit diesem Nachtragskapitel herausgegeben ist. Denn die Fiktion, daß der Verf. selbst sich hier als mit dem Lieblingsjünger identisch hinstellen und zugleich seinen eigenen Tod bescheinigen will, ist doch ganz unglaubhaft » [1].

Ist nicht Allegoristik einem Vf, der nach B. so weitgehend die Geschichte symbolisiert und zu Bildern verwendet, wohl zuzutrauen ? [2] Ob aber Vers 11 wirklich allegorisch gemeint sei, ist nicht sicher. — Ob das vierte Ev gegen die realistische Eschatologie polemisiere und alle Verse, in denen sie vorliegt, vom kirchlichen Redaktor stammen, wird noch untersucht werden. Wäre es so, dann könnte B. annehmen, dieser Redaktor habe sie nachträglich auch in Kapitel 21 « eingebracht ». Deswegen müßte dieses nicht als Ganzes dem Evglisten abgesprochen werden.

Was die Verse 23 f angeht, ist zunächst einmal zu prüfen, ob Vers 22, wie B. glaubt, eindeutig das Bleiben des Lieblingjüngers bis zur Parusie weissage. Jedenfalls ist das nicht der Sinn, den man den Worten, wie sie vorliegen, ohne weiteres entnehmen wird, und das ἐάν scheint ihn deutlich auszuschließen [3]. Aber auch wenn man den Zusammenhang untersucht, ergibt sich, daß Jesus hier nur ablehnt, Petrus zu enthüllen, was Gott mit jenem Jünger plant, und durchaus im Ungewissen läßt, ob der die Parusie erleben werde. Auch wenn das « Folgen » Vers 19 und 22 abbilden soll, daß Petrus bereit sei, das

---

[1] Jhev 543.
[2] Vgl Jhev Register I : σημεῖον ; II : Symbolik.
[3] Siehe Lagrange, Ev zSt.

Schicksal Jesu auch seinerseits zu erleiden, so darf man doch daraus, daß der andere Jünger nicht aufgefordert wird, Jesus zu folgen, nicht schließen, das heiße, er werde nicht sterben [1]. Wenn damit ein Gegensatz zwischen dem Schicksal des Petrus und dem des Lieblingsjüngers angedeutet wäre, so könnte es sich *nur* um den zwischen einem *gewaltsamen* und einem *gewöhnlichen* Sterben handeln; das aber wird man der Stelle nicht entnehmen wollen. Gerade das soll ungewiß bleiben.

Vers 23 wird nun von B. ohne weitere Erörterung dahin verstanden, daß er den Tod des Lieblingsjüngers als schon eingetreten anzeige. Sicher ist das im Wortlaut nicht eingeschlossen. Es ist darum von vornherein nicht abwegig anzunehmen, der Lieblingsjünger, der im nächsten Vers als Vf des Ev genannt wird, habe damit, soweit es an ihm lag, hindern wollen, daß man ihn, alt geworden, mit einer übergebührlichen Verehrung umgab, die sich auf ein falsch verstandenes Wort Jesu stützte. Diese Auslegung verträgt sich auch ausgezeichnet mit Vers 24. Es ist das natürlichste Verständnis dieser Stelle, wenn man aus dem Gegensatz zwischen dem οὗτός ἐστιν in der dritten Person und dem οἴδαμεν in der ersten entnimmt, daß dieser Vers von Schülern des Lieblingsjüngers eingesetzt wurde, die hier ausdrücklich diesen als Vf des Ev kennzeichnen wollten [2].

B. wird das so gefaßte Verständnis der fraglichen Verse ablehnen, weil es zum Ergebnis kommt, der Lieblingsjünger habe das Ev und den « Nachtrag » verfaßt. Allein er kann wenigstens nicht leugnen, daß dieses Verständnis auf Grund der fraglichen Verse rein exegetisch *möglich* ist. Mehr brauchte hier nicht gezeigt zu werden [3]. Es ist damit erwiesen, daß auch 21,23 f aus sich nicht notwendig macht, Kapitel 21 des vierten Ev dem Evglisten abzuerkennen.

Doch fragen wir nun nach dem entscheidenden Kriterium jeder literarkritischen Sonderung, nach dem Kriterium von *Sprache* und *Stil*. B. selber gesteht, daß die sprachlich-stilistische Untersuchung keinen sichern Beweis liefere, um Kapitel 21 einem andern Vf als das Ev zuzuschlagen [4]. Dieses Geständnis legt aber den vollen Sachverhalt nicht

---

[1] BJhev zu 21,18-22.

[2] Nach VAGANAY, RB 1936 stammt 21,24 vom Vf des Ev. Siehe Anm 2 S 220 dsAr.

[3] Diese Auslegung steht natürlich auch mit Jh 1,14 und 1 Jh 1,1-3 vorzüglich im Einklang.

[4] Jhev 542.

bloß. In Wirklichkeit führt die sprachliche Untersuchung zum klaren Ergebnis, daß Kapitel 21 von keinem andern Vf als das Ev stammt. Wir könnten wie B. auf die Darstellung von ADOLF SCHLATTER [1] verweisen ; er gibt sozusagen für jeden Satz und jede Wendung in Kapitel 21 eine Parallele aus dem übrigen Ev. Da aber B. das nicht genügte und er wenigstens den Versuch machte [2] zu zeigen, daß die Sprache von Jh 21 andersgeartet sei als die des übrigen Ev, sind wir gezwungen, auch unsererseits noch näher auf die Sache einzugehen ; es wird kein Schaden sein.

Zunächst stellt B. wie früher für den Evglisten und die Quellenstücke fest, daß der Satzbau des « Nachtragskapitels » durchweg einfach sei, daß man zahlreiche Asyndeta und einige Semitismen treffe, ferner die dem Leser des Ev vertrauten Satzverbindungen μετὰ ταῦτα, οὖν, ὡς οὖν, ὅτε οὖν, μέντοι, οὐ ... ἀλλά. Wie früher hätte B. auch darauf hinweisen können, daß das Zeitwort in der weit überwiegenden Zahl der Fälle dem Satzgegenstand vorangeht und häufig den Satzeingang bildet. B. gibt dann eine Liste von Wörtern, die sich nur in Kapitel 21, nicht aber im übrigen Ev finden, und bemerkt, daß die Tatsache zufällig und durch den Stoff bedingt sei. Wenn man die Wörter durchgeht, erkennt man sogleich die Richtigkeit des Urteils. Solche Listen könnte man leicht auch für andere Kapitel des Ev zusammenstellen. Andere Wörter und Konstruktionen, die früher ebenfalls nicht vorkamen, hält B. dann aber für auffallend und befremdlich und glaubt, sie würden auf einen andern Vf als den Evglisten hinweisen. Prüfen wir alle Fälle !

Ἀδελφοί als Bezeichnung der Christen (21,23). — Auch der Begriff « Christen » als Glieder der Gemeinde kam im Ev bisher nicht vor ; das Vorkommen des ἀδελφοί in Kapitel 21 ist durchaus *stofflich* bedingt.

ἐξετάζειν statt ἐρωτᾶν (12). — Dieses Wort ist hier in seiner ureigenen Bedeutung « prüfen », « ausfragen » verwandt. Der Vf will sagen : Keiner der Jünger erdreistete sich, die Probe zu machen, ob sie sich nicht doch getäuscht hätten ; sie wußten ja, daß es der Herr sei. Die Verwendung des Wortes ist also wiederum *inhaltlich* gegeben. Übrigens braucht die Vorliebe für ein Wort oder eine Wendung einen Schriftsteller nicht zu hindern, einmal auch ein anderes gebräuchliches Wort oder eine andere Wendung dafür zu nehmen. Ein gutes Beispiel aus den syn Ev ist das sogleich anzuführende ἰσχύειν.

---

[1] Evglist 363-377.   [2] Jhev 542 f.

ἐπιστραφῆναι statt στραφῆναι (20). Das letztere kommt im ganzen Ev viermal vor. Das Verhältnis sagt tatsächlich nichts aus; es liegt unter der Zufallsgrenze.

ἰσχύειν statt δύνασθαι (6). — Auch die Synoptiker verwenden meistens δύνασθαι, selten ἰσχύειν im gleichen Sinne. Das zeigt die Richtigkeit des oben formulierten Satzes. Die Verhältnisse sind: Mt 27/2; Mk 33/3; Lk 26/8; Jh 36/1. Daraus kann man höchstens ablesen, daß Jh eigenwilliger und starrer ist als die Synoptiker; darum weist sein Ev eben weitaus am meisten von allen Ev persönliches Gepräge auf. Könnte übrigens nicht das ἰσχύειν 21,6 wieder mit Absicht gewählt sein, um die Kraftanstrengung, die der ungewöhnliche Fang der Jünger erforderte, herauszuheben? Das scheint sehr nahe zu liegen. Nicht umsonst heißt es nachher in 8: σύροντες τὸ δίκτυον.

τολμᾶν (12). Das Wort ist im Jhev nicht seltener als in den Synoptikern. Die Zahlen sind: Mt 1; Mk 2; Lk 1; Jh 1. Die Seltenheit des Wortes ist durch die Seltenheit der Sache bedingt.

παιδία als Anrede der Jünger (5). — Nur 13,33 findet sich τεκνία im gleichen Sinne. Sapienti sat! Auch im Brief wechseln beide Anreden (Schlatter).

ἀπό kausal gebraucht (6). — Was hätte der Vf dafür setzen können? Jedenfalls empfahl sich ein διά c. acc. nicht in dem Maße wie das ἀπό, und ein ἕνεκεν hätte nicht nur Staunen, sondern sogar Mißfallen auch unsererseits zur Folge. Das ἀπό hebt wie das ἴσχυον die Kraftanstrengung der Jünger hervor.

ἀπό partitiv gebraucht (10). — Sonst steht im vierten Ev ἐκ dafür. Man empfindet den Gegensatz, zugegeben! Einem vernünftigen Zweifel ruft dieses ἀπό trotzdem nicht. Übrigens ist der Gedanke erwägenswert, ob nicht der Unterton einer räumlichen Entfernung in diesem ἀπό mitschwingt! Das ist nicht von der Hand zu weisen.

ἐπὶ τῆς θαλάσσης (1). Nicht = auf dem See wie 6,19, sondern = am See. Der Fall liegt einfach: Jesus wandelte im ganzen Ev nirgends am Ufer eines Sees; das ἐπὶ (τῆς γῆς) 6,21 (vgl die andere Lesart) dürfte unserm ἐπὶ (τῆς θαλάσσης) aber verwandt sein.

ἐφανέρωσεν ἑαυτόν (1). — Dieses und das φανέρωσον σεαυτὸν 7,4 sind die einzigen Stellen im NT, wo φανερόω mit dem reflexivum vorkommt. Der innere Unterschied der Fälle mindert den Wert dieses Zusammentreffens keineswegs.

ἕως (22) statt ἕως ὅτου (9,18) oder ἕως οὗ (13,38). Sagt nichts aus.

πλέον statt μᾶλλον (15). — Die Verhältnisse zeigen erneut, wie wenig Bedeutung einem solchen Wechsel zukommt : Mt 1/9 ; Mk 0/5 ; Lk 1/5 ; Jh 1/4.

οὐ μακράν statt ἐγγύς (8). — Hier ist zunächst zu sagen, daß man sich kaum vorstellen darf, der Evglist habe das ἐγγύς im allgemeinen willentlich einem οὐ μακράν vorgezogen ; das οὐ μακράν wäre auch nur in 5 von 11 Fällen statt des ἐγγύς einsetzbar [1]. Mit mehr Recht dürfte man sagen, ἐγγύς sei einem πλησίον vorgezogen ; nun ! trotz dem elfmaligen ἐγγύς findet sich im Ev auch ein πλησίον (4,5). Das οὐ μακράν 21,8 ist also zweifellos kein Zeichen, daß hier ein anderer Vf gewaltet hat.

ὑπάγω mit Infinitiv (3). — Petrus spricht zu den Mitjüngern : ὑπάγω ἁλιεύειν. Man kann sich nicht denken. wie das hier anders hätte ausgedrückt werden sollen. ὑπάγω, ἵνα ἁλιεύ(σ)ω oder ὑπάγω καὶ ἁλιεύσω oder ὑπάγω ἁλιεύσων sind doch unmöglich. Die erste Annahme wäre dann denkbar, wenn dem ἵνα ein oder mehrere Wörter außer dem ἁλιεύω folgten oder wenn es sich um gehobene Rede handelte. B. kann auch aus dem Ev nur einen Fall (11,31) geltend machen, der einigermaßen parallel ist ; aber die Konstruktion ist eben erleichtert durch das ἐκεῖ wie durch das εἰς τὸ μνημεῖον, aber auch dadurch, daß es sich um die dritte Person handelt. Sonst aber ist ὑπάγω im vierten Ev entweder ohne Ergänzung gebraucht und nicht weitergeführt oder es handelt sich um einen Imperativ, auf den mit oder ohne καί ein zweiter folgt. Nur in der letzten Art wird ὑπάγω auch in den syn Ev häufig gebraucht, und das ὑπάγω Jh 11,31 ist überhaupt der einzige Fall im ganzen NT, wo es mit einem ἵνα konstruiert ist. Es lassen sich dann endlich aus dem vierten Ev eine ganze Reihe von Fällen heranziehen, wo nach dem jh Sprachgebrauch ein ἵνα erwartet werden könnte, so ua 4,15 : ... διέρχωμαι ἀντλεῖν ; 4,38 : ἀπέστειλα θερίζειν ; 4,40 : ἠρώτων μεῖναι ; 10,18 : ἐξουσίαν ἔχω θεῖναι — λαβεῖν ; 13,10 : ἔχει χρείαν νίψασθαι.

Das τί πρὸς σέ ; (22) ist natürlich stofflich gegeben, und 2,4 ist keine Parallele dazu, wie B. glauben machen möchte.

Wir kommen zum Ergebnis, daß der eine und andere Fall von den angeführten auf den ersten Blick überraschen könnte, daß aber kein einziger einen ernsten Zweifel wachruft. Eine gewisse sprachliche Verschiedenheit unseres Kapitels vom Ev ließe sich, wäre sie vorhanden,

---

[1] Nämlich 3,23 ; 6,19. 23 ; 19,20. 42. — Es sei noch darauf aufmerksam gemacht, daß die Wendung οὐ ... ἀλλὰ 21,8 gutjh ist !

auch leicht erklären, wenn das Kapitel nicht zur selben Zeit wie das
übrige Ev verfaßt wurde [1].

---

[1] In einer eingehenden stilkritischen Untersuchung von Jh 21 kommt neuestens
auch M.-E. Boismard (RB 1947, 473-501) zum Ergebnis : « il est difficile d'admettre
que la même main ait rédigé le chapitre XXI et le reste du quatrième évangile »
(495). Die Gründe sind teilweise die gleichen, welche auch B. geltend macht :
« la présence d'un vocabulaire et de figures de grammaire ou de style qu'on ne
peut raisonnablement lui (Jh) attribuer » (495). Anderseits steht für Bsd. fest,
daß unser Kapitel auch stark jh geprägt ist. Er weist zudem nach, daß sich der
jh Wortschatz und Stil und die ihm « fremden » Züge so innig durchdringen und
der Abschnitt so einheitlich ist, daß man nicht an eine jh von zweiter Hand verarbeitete Unterlage denken könne, sondern annehmen müsse, ein Redaktor habe
Jh 21 in der stilistischen Art des Apostels verfaßt, « un disciple même de saint Jean,
habitué de longue date à l'entendre raconter ses souvenirs, tout pénétré par là
de son enseignement et même, dans une certaine mesure, de son style, qui aura
mis par écrit un récit entendu de la bouche même de son maître. Ainsi, les notes
johannines du morceau s'expliqueraient non par transmission écrite mais par
tradition orale » (497). Da nach Bsd. die dem Jhev artfremden Züge von Kapitel 21
stark an den Stil von Lukas erinnern, wäre es möglich, daß dieser es verfaßt hätte.
Ihm könnten unter Umständen auch das Stück von der Ehebrecherin und die
Erwähnung des Engels in 5,4 zugeschrieben werden, wenn auch dort lukanische
Züge nachweisbar sein sollten.

    Gehen wir etwas näher auf die Gründe, die Bsd. für seine Annahme macht,
ein ! Heben wir aber zunächst hervor, daß die jh Prägung unseres Kapitels noch
weit stärker und eindrücklicher ist, als er glaubt ! S 218 dsAr wird darauf hingewiesen, daß es 30 streng jh Eigentümlichkeiten enthält. Darunter sind aber
eine Reihe von Zügen des jh Stils noch nicht mitgerechnet, die ebenfalls in die
Wagschale fallen, auch nicht die Sätze und Satzstücke, die inhaltlich oder
stilistisch zum ganzen Ev gehören. Siehe dazu Schlatter und oben ! Wer diese
jh Züge und Merkmale, diese Satzparallelen wägt und vor Augen hält, kann wirklich kaum glauben, daß unser Kapitel trotzdem von fremder Hand stammen soll.
Daß mündliche Überlieferung alle diese Ähnlichkeiten erklären würde, wäre nicht
ausgeschlossen, ist aber angesichts des uns vorliegenden Ev doch mindestens
unwahrscheinlich. Jh « Anmerkungen » wie die Verse 14 und 19 deuten durchaus
auf eine schriftstellerische Vftätigkeit, nicht auf mündliche Überlieferung.

    Es bleibt also zu untersuchen, ob die verhältnismäßig wenigen artfremden
Züge, auf die Bsd. hinweist, seine Annahme notwendig machen oder wenigstens
empfehlen. Er wundert sich zunächst sehr, daß « dans ce chapitre XXI, à quelques
versets de distance, et par pur souci d'élégance stylistique, Jean fait alterner
βόσκειν et ποιμαίνειν (15-17), ἀρνία et προβάτια (15-17), προσφάγιον et ὀψάριον
(5, 9, 13), ἑλκύειν et σύρειν (6, 8, 11), ἀγαπᾶν et φιλεῖν (15-17), en mettant en jeu
six mots inconnus par ailleurs dans le reste de son évangile » (487). Bsd. glaubt,
diese Abwechslung sei unjh. Allein ! Das ist eine Täuschung. Gewiß wiederholt
sich Jh sehr häufig, ohne andere Wörter zu wählen. Aber ebenso häufig sucht er,
wie früher erwähnt wurde (S 46 Anm 1 dsAr) Änderungen anzubringen, sei es,
daß er Verbalformen, Ausdrücke oder Satzwendungen wechselt. Da es hier um die
Synonyme geht, mache ich besonders auf solche aufmerksam. Als Wechselwörter,
die jedem Kenner des jh Stils geläufig sind, kommen ua vor : λέγω — λαλέω (vgl
etwa Jh 16), ὑπάγω — πορεύομαι — ἀπέρχομαι (vgl etwa 16,5. 7. 8. 10), τηρέω —

Für die Abfassung durch den Evglisten zeugen nun auch noch einige Eigentümlichkeiten in Redeeinleitungen, welche nach unsern

φυλάσσω (vgl zB 17,12), πιστεύω — γινώσκω (vgl zB 17,21. 23), ἀγαπάω — φιλέω (vgl zB 14,21 mit 16,27), αἰτέω — ἐρωτάω (vgl zB 16,26), παιδία — τεκνία (1 Jh). Weitere Beispiele, die leicht vermehrt werden könnten, sind : τεθέαμαι — ἑώρακα (1,32. 34), ἄνωθεν — ἐκ τοῦ οὐρανοῦ (3,31), θάνατον οὐ μὴ θεωρήσῃ — οὐ μὴ γεύσηται θανάτου (8,51 f), θρηνήσετε — λυπηθήσεσθε — λύπην ἔχετε (16,20 ff), ὠτάριον — ὠτίον (18,10. 26). — Daß es sich bei den von Bsd. angeführten Wörtern teilweise um solche handelt, die im vierten Ev sonst nicht vorkommen, macht ihm selber keine Sorgen, da auch andere Kapitel mit solchen Einzelgängern ganz durchsetzt seien und zB der einzige Vers 2,15 sieben solcher enthalte (484).

Bsd. weist dann auf das πρωΐα 21,4 hin. Jh brauche sonst πρωΐ oder ὀψία. Tatsächlich kommen beide je 2mal vor. Dieses Verhältnis rechtfertigt wohl kaum den Schatten eines Verdachtes, πρωΐα 21,4 stamme nicht von Jh ; es ist im Gegenteil ganz natürlich, daß der Vf neben ὀψία, wenn er πρωΐ kennt, auch einmal πρωΐα braucht.

πλέον statt πλεῖον in Vers 15 sei unjh, aber lukanisch. Im Jhev stehen diesem πλέον vier volle Formen gegenüber. Im Lkev ist das Verhältnis 1 (πλέον)/8, in der AG 1/18. Im übrigen NT kommt die Form nicht vor. Die Verhältnisse zeigen aber eindeutig, daß man weder von einer lukanischen Stileigenschaft noch von einem Jh artfremden Merkmal reden kann ; sie erlauben uns gar keine Aussage in dieser Hinsicht. Übrigens scheint mir, daß die Kurzform in 21,15 wegen der darauf folgenden zwei metrischen Längen gewählt wurde ; das läge durchaus in der Art des vierten Ev.

Das ἐπιστραφείς (20) wurde schon oben erwähnt. Bsd. hebt hervor, daß Jh aus seiner stilistischen Vorliebe für das einfache στρέφω heraus 12,40 sogar das ἐπιστρέφω der LXX durch στρέφω ersetzte. Nun hatte aber, wie allgemein angenommen wird, Jh für das Zitat wahrscheinlich nicht den Text der LXX vor Augen, und wäre es der Fall, so bleibt doch das Verhältnis 4/1 unter der Zufallsgrenze, zumal, wie wir gesehen haben, im Jhev weit auffallendere Abstände möglich sind und vorkommen, wie etwa für das ἐρωτάω — ἐπερωτάω : 26/2.

(ἐφανέρωσεν) οὕτως (1). Dieses οὕτως führt hier im Jhev erstmals vorausschauend eine Erzählung ein. Daraus zu schließen, daß es ein anderer als Jh geschrieben haben dürfte, ist aber deswegen nicht gerechtfertigt, findet sich doch zB ὑπέρ = von (für περί) daselbst auch nur einmal (1,30) gegenüber 12 Fällen, wo es « für » bedeutet.

Das ὑπάγω ἁλιεύειν (3) wurde oben untersucht. Die Tabelle, die Bsd. aufstellt, um zu zeigen, wie selten Jh die Grundform statt ἵνα anwende, täuscht über den Sachverhalt hinweg, da sie nur ausgewählte Fälle erfaßt.

Was Bsd. zu σὺν σοί (3) anführt, widerlegt seine eigene Auffassung. Wenn Jh imstande war, in den ersten 20 Kapiteln 2 mal σύν neben 40 μετά zu brauchen, warum sollte dann σύν hier Verdacht erregen ?

οἱ τοῦ Ζεβεδαίου (2). Es handelt sich hier eher um eine inhaltliche Schwierigkeit. Daß Jh sich hier selber genannt hat, ist nicht unannehmbar, besonders da die Nennung wie im übrigen Ev keine vollausdrückliche ist. Würden ferner die letzten Verse des Stückes (21,24 f) ebenfalls von ihm stammen, so wäre jede Schwierigkeit behoben. Vgl Bromboszcz, Einheit 118-120, 123 f.

Zu ἰσχύω (6) wurde das Notwendige gesagt. Ergänzend möchte ich darauf aufmerksam machen, daß auch in der GO einmal ἰσχύω (allerdings als selbständiges

Hauptzeitwort) neben 10 δύναμαι vorkommt, und zwar ebenfalls an einer Stelle, wo es sich um eine einzigartige Kraftanstrengung handelt (12,8). Zu ἐξετάζω (12), ἀπό causale (6) und ἀπό partitivum (10) siehe oben! Man erwäge weiterhin, daß zB auch ein einziges ὅπως gegen ungefähr 80 Fälle von ἵνα finale im Jhev steht (11,57), ebenso ein einziges ἐξ ἐμαυτοῦ (12,49) statt des geläufigen ἀπ' ἐμαυτοῦ (ἀπὸ σεαυτοῦ, ἀφ' ἑαυτοῦ; alle drei zusammen 13mal). ἐνέγκατε (10) statt φέρετε. Diesem ἐνέγκατε stehen im Ev nur 2 φέρε (beide 20,27, was das Gewicht vermindert) und 1 φέρετε (2,8) gegenüber. Die Schwierigkeit ist kaum ernst zu nehmen, trotzdem der Imperativ Aorist in allen 3 Fällen absichtlich vermieden ist. Siehe auch weiter unten!

Es ergibt sich also, daß auch der Versuch Boismards, die jh Herkunft von Jh 21 anzugreifen, wenig überzeugend wirkt. Man kann sich zwar mit ihm fragen, ob nicht die Häufung ungewohnter Ausdrücke, Wendungen und Formen, wie sie hier auftritt, als solche einen andern Vf wahrscheinlich macht. Ich glaube nicht. Zunächst ist die Häufung der oben genannten Wechselwörter, wenigstens in 15-17, sozusagen notwendig und natürlich. Sie kann aber zudem einer lebendigen Erinnerung an die gehörten Herrenworte entspringen. Das 21. Kapitel ist tatsächlich von einer wirklichkeitssatten Lebendigkeit erfüllt, die mehrere der genannten ungewohnten Züge erklärt, so das ἐφανέρωσεν οὕτως in 1, die übrigen angeführten Wechselwörter, das (οὐκέτι αὐτὸ ἑλκύσαι) ἴσχυον ἀπὸ τοῦ πλήθους in 6, das ἀπό partitivum in 10 mit dem starken Unterton der räumlichen Entfernung, die durch das fast ungeduldige ἐνέγκατε verringert werden soll, uam. Man sage nicht, diese Lebendigkeit sei eben unjh! Dem widersprechen Stücke aus dem Ev wie 2,13-22; 9,1-39 ua. Man vergleiche auch 1,35-51, wo auf engem Raume vier messianische Titel erscheinen, Jesus überdies Bürger Nazareths und Sohn Josefs genannt wird und Simon, der Sohn des Johannes (21,15-17!), den Zunamen Kephas, das heißt Petrus, erhält.

Es wurde schon erwähnt, daß die Häufung von jh Einmalwörtern in unserm Abschnitt nicht gegen die Abfassung durch Jh spricht, da auch andere Kapitel so hervorstechen, während wieder andere fast keine Einzelgänger aufweisen. Eine solche Häufung ist mit dem Inhalt und mit der Zufälligkeit der schriftstellerischen Arbeit gegeben. Etwas Ähnliches kann aber auch von einer Ansammlung mehr oder weniger stilfremder Ausdrücke gelten. Wenn es, wie aus so vielen Beispielen hervorging, möglich ist, daß ein Schriftsteller gelegentlich eine Schreibgewohnheit durchbricht, warum sollen dann nicht verschiedene Umstände einmal mehrere ungebräuchliche Wendungen zusammenführen? Jedenfalls vermögen die angeführten «Abweichungen» vom jh Stil das Gewicht jener Überfülle jh Eigentümlichkeiten und Züge des Kapitels nicht merklich in die Höhe zu heben.

Was Bsd. dann anführt, um zu zeigen, daß die erwähnten unjh Wörter und Formen auf einen starken Einfluß der LXX-Sprache und des lukanischen Stiles hindeuten, ist mE ungenügend und rechtfertigt noch weniger die Folgerungen, die nahegelegt werden. Zunächst wäre einmal zu untersuchen, wie weit das ganze Ev Verwandtschaft mit der LXX und mit Lukas aufweist, und ob sich das nicht durch die Vertrautheit des Vf mit dem Lkev erklären ließe (Ephesus!). Jedenfalls hat schon Abbott (Vocabulary 1758-1804) festgestellt, daß unser Ev erheblich mehr Wörter mit Lk als mit Mt oder Mk gemeinsam hat. Die Untersuchungen Bsds. zum jh Stil von Kapitel 21 lassen auf das gleiche schließen (474-477). Wenn ferner Lk vornehmlich die Sprache der Makkabäerbücher kennt, so wäre dies vielleicht auch für Jh der Fall. Ich kann diesen Nachweis hier nicht leisten. Aber warum soll, wie Bsd. andeutet, auch Jh 20,30 neben Jh 21 wegen zweier Wendungen aus den Makkabäerbüchern und wegen eines andern im Lkev häufigen Ausdruckes (der zudem 31mal in der GO steht!) von Lukas geschrieben sein? Bsd. weist

früheren Untersuchungen [1] die jh Erzählungen gegen die syn Ev abhoben. Die Zahlen sind folgende : 1. Zug : (Zeitwort an zweiter / an
erster Stelle) : 0/8. — 2. Zug (Asyndeta) : 13. — 3. Zug (mit part.
coni.) : 2. — 4. Zug (ὁ δέ..) : 1. — Ein ἀπεκρίθη καὶ εἶπεν findet sich
in Kapitel 21 nicht, aber ebensowenig das syn ἀποκριθεὶς εἶπεν (5. und
7. Zug). — 6. Zug (ἀπεκρίθη allein) : 1.

b. *1,19-34.* — Den zweiten erheblichen Aushub für seinen Redaktor
unternimmt B. gleich am Anfang des Ev, in 1,19-34. Verfolgen wir
seine Arbeit aus der Nähe ! « 1,19-34 ist keine ursprüngliche Einheit.
Deutlich heben sich zunächst V. 22-24 heraus, die den Zshg zwischen
V. 21 und V. 25 zerreißen. Es fragt sich, ob sie vom Evglisten in eine
von ihm benutzte Quelle eingefügt, oder ob sie die Interpolation eines
Red. sind. Das Letztere muß der Fall sein ; denn die Grundlage des
Textes stammt offenbar vom Evglisten ; seine Idee ist der beherrschende
Gedanke, daß der Täufer μάρτυς und nur μάρτυς sei ; für ihn ist es
charakteristisch, daß Jesus 'der Prophet' ist (6,14 ; vgl. 4,19. 44 ;
7,52 ; 9,17), und daß die Titel ὁ προφήτης und ὁ Χριστός koordiniert
werden (7,40 f.) ; ihn verrät auch der Stil. Endlich wäre es unverständlich, wie der Evglist die Charakteristik des Täufers in V. 22 f.
hätte einfügen können, die in kein deutliches Verhältnis zu seinen Aussagen in V. 21 zu bringen ist. Wohl aber ist verständlich, daß ein Red.
die in der Gemeinde traditionelle Charakteristik des Täufers nach
Jes 40,3 (Mk 1,2 ; Mt 3,3 ; Lk 3,4) einfügte. Es dürfte damit der erste
Fall vorliegen, in dem deutlich wird, daß das Evg seine uns vorliegende
Form einer kirchlichen Red. verdankt. » [2]

Wir können damit einverstanden sein, daß die Grundlage des
Textes 1,19-34 vom Evglisten stammt. Es ist richtig, daß der Täufer
als *Zeuge* einer seiner Lieblingsgedanken und daß Jesus für ihn ua
« der Prophet » ist. Sicher zeigt auch mancher Satz des Stückes Stileigentümlichkeiten des Evglisten. Nun ! wir haben gesehen [3], daß es

selber auf zwei im vierten Ev vorkommende Ausdrücke, die sich vor allem in den
Makkabäerbüchern finden, seltener in den übrigen Büchern der LXX, nie in
Mt und Mk, wohl aber entweder im Lkev oder in der AG (ὁμοῦ und ὡς temporale ;
Bsd. 475. 477). Ich erinnere mich, daß zB auch τὰ ῾Ιεροσόλυμα (S 199 dsAr),
eine gute jh Stileigentümlichkeit, nur noch in Makk vorkommt. Diese Tatsachen
zeigen in einer Richtung, die noch aufzuhellen wäre, sind aber jedenfalls den Folgerungen Bsds. nicht günstig.
[1] Siehe alles Nähere S 100-104 dsAr.
[2] Jhev 57 f.   [3] S 104-106 dsAr.

schlechthin unerlaubt ist, jene Sätze aus einem Zusammenhang als Einfügungen von fremder Hand zu entnehmen, die sprachlich oder gedanklich nicht geprägt sind. Dieses Verfahren setzt fälschlicherweise voraus, ein Schriftsteller könne nur solche persönlich geprägten Sätze schreiben. — Zerreißen nun wirklich die Verse 22-24 den Zusammenhang zwischen 21 und 25 und sind sie in kein deutliches Verhältnis zu den Aussagen des Täufers in 21 zu bringen ? Halten wir zuerst fest, daß auch dann, wenn wir B. Recht geben müßten, noch nicht nachgewiesen wäre, daß hier eine fremde Hand geschaltet habe. Wir haben in den Analysen Bs. zu den jh Erzählungen häufig genug die Klage gehört, der Evglist habe selber durch seine Einfügungen in die Quellenstücke Zusammenhänge unterbrochen und Unklarheiten geschaffen. Wenn solche zugegeben werden mußten, konnten wir aber immer darauf hinweisen, daß, wenn Jh imstande war, vorgefundene Klarheit zu verwirren und einen festgefügten Bau aufzulockern, es ebenso gut möglich sei, daß er unklar und locker komponiert habe. Das heißt für unser Stück, es sei unnötig, zur Erklärung von Schwierigkeiten einen Redaktor zu erfinden. Zudem ist es leicht denkbar, daß der Evglist verschiedene Züge mündlicher Überlieferung zu einem Gesamtbild des Täufers und seiner Wirksamkeit zusammenfügt oder daß er sein persönlich gefärbtes Bild davon durch Züge der syn Überlieferung ergänzt, setzt er doch nach B. selber diese hier voraus [1]. Damit wäre eine Uneinheitlichkeit unseres Textes erklärt.

Verschaffen wir uns aber Klarheit, ob eine solche wirklich vorhanden sei ! B. sagt uns nicht, worin er sie eigentlich finde. Sie kann jedoch nur in folgendem liegen : Das dreifache Fragen in den Versen 19-21 wird in 25 mit einer Frage abgeschlossen, welche die Folgerung aus der dreifachen Verneinung zieht und diese dreigliedrig wiederaufnimmt. Frage und Antwort der Verse 22 f schieben sich nun zwischen diese logisch und formal sich entsprechenden Redestücke hinein, ohne daß zunächst ein innerer Zusammenhang sichtbar wäre und ohne daß Vers 25 sowie das folgende auch auf diese Frage und Antwort wieder Bezug nehmen würden.

Trotz diesen Aussetzungen kann 1,19-25 ohne Mühe wenigstens gedanklich als Einheit aufgefaßt werden ; die formale, künstlerische Einheit freilich wäre stärker, wenn die Verse 22-24 fehlten. Aber eine solche Aussetzung ist für literarkritische Scheidungen völlig untauglich. —

---

[1] Jhev 60 ; 63 Anm 8 ; 65.

Es ist doch gewiß natürlich, daß nach der dreifachen Verneinung, mit welcher der Täufer auf die Fragen der Abgesandten antwortete, diese nun jene Frage stellen, die Johannes zu einer klaren Stellungnahme nötigen wird. Sachlich und dramatisch ist hier ein innerer Zusammenhang da. Wenn jetzt der Täufer gesteht, was er von sich und seiner Sendung denkt, so ist auch das in Ordnung.

Vers 24 gibt nun an, einige der Abgesandten hätten zur Partei der Pharisäer gehört. Diese konnten von dem dreifachen Nein des Täufers nicht loskommen; die ihm folgende Frage und Antwort hatten sie überhört oder mit jenem Nein innerlich nicht verbinden können. Darum sahen sie sich gezwungen, Johannes jetzt zu fragen, warum, wenn er nicht der Messias sei und auch sonst keine messianische Rolle zu spielen scheine, er denn eigentlich taufe, also eine messianische Handlung vollziehe. Damit ist nun der Anschluß an Vers 26 erreicht. Die gedankliche Ordnung und Einheit des Stückes ist auf diese Weise zweifellos gewahrt. Das wäre auch dann der Fall, wenn man für Vers 24 an eine zweite Abordnung dächte. Nur in der Auffassung Bs. ist der Satz ein unglücklicher Nachtrag. Er versteht aber diesen wohl falsch, wenn er übersetzen will: « Und sie (nämlich die Priester und Leviten aus Vers 19) waren von den Pharisäern entsandt.» In diesem Falle müßte ein παρά statt des ἐκ stehen [1]. Man könnte sich auch nicht erklären, warum der Redaktor den Vers dann hier eingetragen hätte.

Führen wir der Merkwürdigkeit halber zu Vers 24 noch eine Anmerkung Bs. [2] an! B. sagt: « ... (der Redaktor) hat durch die Hinzufügung von Vers 24 erreicht, daß neben den Priestern auch gleich die Pharisäer, die typischen Gegner, genannt werden.» Der Redaktor hat damit etwas getan, was vortrefflich in den Rahmen des Ev paßt, aber mit seiner Absicht, in unser Stück die syn Überlieferung vom Täufer einzutragen, sich gar nicht reimt ! — Vers 24 hat also einen guten Sinn und steht am rechten Ort. Damit aber werden die Verse 24-27 eine *Szene für sich*, und 28 schließt das ganze Stück von 19 an als erste *Einheit* gegen 29-34 hin ab.

B. hat noch einen weitern Grund gegen die jh Herkunft der Verse 1,22-24 : sie müßten auch deswegen ein Einschub sein, weil Johannes 1,21 verneine, Elias zu sein, während doch diese Deutung seiner Gestalt mit seiner Auffassung als der Stimme des Rufenden wohl vereinbar

---

[1] Siehe LAGRANGE, Ev zSt.   [2] Jhev 62 Anm 6.

wäre, wie Mt 11,13 f ; 17,10-13 Par in Verbindung mit 3,3 zeigten [1].
Aber der Täufer konnte die Gleichsetzung mit Elias mit Recht ablehnen,
zog er doch nach Lk 1,17 dem Messias nur im Geiste und in der Kraft
des Elias voran. Auch Mt 17,12 f spiegelt die gleiche Auffassung.

B. könnte uns aber, wie sich aus seinem Kommentar zu 1,19-34
ergibt [2], auch noch den Einwand machen, die Antwort des Täufers in
Vers 23 enthalte nicht den jh Gedanken der Zeugenschaft, sondern den
syn vom Wegbereiter, der Evglist aber habe Johannes nur als Zeugen
aufgefaßt und sich damit über die syn Tradition hinweggesetzt. Also
seien die Verse 22-24 doch Zusatz des Redaktors. — B. nimmt hier
wie anderorts im Kommentar eine merkwürdige Zwitterstellung ein.
Einerseits weist er mehrmals darauf hin, der Evglist setze die Vertrautheit seiner Leser mit der syn Überlieferung voraus [3] ; einmal macht er
sogar das Zugeständnis, jener habe in diese nicht den fremden Zug eintragen können, daß Petrus unter dem Kreuz gestanden hätte [4]. Dann
aber soll sich der Evglist doch an zahlreichen Stellen seines Werkes
zur syn Überlieferung in Widerspruch gesetzt haben [5], so auch damit,
daß er den Täufer nicht als Vorläufer und Wegbereiter des Messias
kennen wollte.

Was den Vorläufer angeht, so genügt es, auf das ὁ ὀπίσω μου ἐρχόμενος 1,15. 30 zu verweisen, das auch B. dem Evglisten zuschreibt.
Damit ist klar, daß dieser jenen kennt und kennen will. Wenn man
dann fragt, ob denn nun der Wegbereiter so grundverschieden sei vom
Zeugen Johannes, wird das verneint werden müssen. Nicht einmal B.
wird die Tatsache in Abrede stellen ; denn er ist der Ansicht, daß der
Redaktor das in 1,23 angeführte Isaiaszitat wohl « so verstanden habe,
daß es den Täufer eben als Zeugen charakterisiert » [6]. Wir staunen nur,
daß B. dies nicht dem Evglisten zutrauen will. Wie stark übrigens
B. 1,19-34 auch verstümmelt hat, er hat den Wegbereiter auch so nicht
zu entwurzeln vermocht. Zwar erklärt Johannes in der Fassung Bs.
nicht mehr, nur Wassertäufer, nicht Geisttäufer zu sein, aber er tauft
doch, dh er *wäscht* und *reinigt*, vermutlich auch mit Wasser, und das
kann eben doch nur den Sinn haben, dem Kommenden, dem er vorausgeht, die Herzen zu bereiten und die Wege zu ebnen.

---

[1] Jhev 62 Anm 6.   [2] Vgl vor allem Jhev 65.
[3] Siehe Anm 1 S 150 dsAr ; ferner BJhev 50 ; 85 f ; 320 Anm 2 ; 325 ; 340 (!).
[4] Jhev 369 Anm 7.
[5] Vgl Jhev Register II : Verhältnis zu den Synoptikern.
[6] Jhev 62 Anm 6.

B. streicht in unserm Stück noch andere « Zusätze » des Redaktors. Ein solcher soll das ἐγὼ βαπτίζω ἐν ὕδατι in Vers 26 sein. « Denn 1. hat diese Aussage gar kein Verhältnis zu dem folgenden μέσος ὑμῶν κτλ. ; dem 'ich taufe ...' müßte doch ein 'jener aber ...' entsprechen (vgl Mk 1,8 parr.), und mindestens wäre ein μὲν — δὲ unentbehrlich, wie es der Evglist, wenngleich selten, so doch auch sonst verwendet (10,41 ; 16,9. 22 ; 19,32 f ; 20,3 ; wenigstens ein μέν 7,12 ; 11,6). Im Sinne des Red. hat das ἐγὼ κτλ. seinen Gegensatz in V. 27, der gleichfalls eingeschoben ist. 2. Das ἐν ὕδατι ist zweifellos in V. 31. 33 störender Zusatz. Der Red. erstrebt Angleichung an die synopt. Tradition. » [1]

B. vermißt also in Vers 26 Logik und Zusammenhang. Das ist aber kein genügender Grund für eine literarkritische Maßnahme. Warum soll nicht der Evglist für den Mangel verantwortlich sein ? Übrigens ist dieser Mangel an einem Verhältnis zwischen den fraglichen zwei Aussagen mit der Sachlage gegeben. Ein Gegenüber und ein inneres Verhältnis ist nur zwischen der Wirksamkeit des Täufers und dem Kommen des Messias vorhanden, nicht aber zwischen jener und der Verborgenheit Jesu. Ein μέν — δέ ist also mindestens nicht notwendig. Der Hinweis auf Mk 1,8 aber ist nicht gerechtfertigt ; denn der Gegensatz zwischen Wassertaufe und Geisttaufe ist hier nicht ausgedrückt. Auch der Gegensatz zwischen dem « ich taufe mit Wasser » (26) und dem « ich bin nicht würdig, ihm den Schuhriemen aufzulösen » (27) ist ein verborgener ; die Sätze sind, so wie sie vorliegen, vertauschbar. In Wirklichkeit hat jeder dieser Sätze ein unausgesprochenes Gegenüber [2].

Nun ! der Hauptanstoß, den B. an Vers 26 f nimmt, ist ein anderer. Er findet, sie seien keine Antwort auf die dem Täufer gestellte Frage [3]. Darum verbindet er das zweite Stück des Redesatzes Vers 26 mit Vers 31 und schließt an diese Sätze Vers 33 und 34 an. So erhält er, unter Streichung kleinerer « Zusätze », die folgende logisch aufgebaute und jener Frage entsprechende Antwort :

(26) μέσος ὑμῶν στήκει ὃν ὑμεῖς οὐκ οἴδατε. (31) κἀγὼ οὐκ ᾔδειν αὐτόν, ἀλλ' ἵνα φανερωθῇ τῷ Ἰσραήλ, διὰ τοῦτο ἦλθον ἐγὼ βαπτίζων. (33) καὶ ὁ πέμψας με βαπτίζειν, ἐκεῖνός μοι εἶπεν · ἐφ' ὃν ἂν ἴδῃς τὸ πνεῦμα καταβαῖνον καὶ μένον ἐπ' αυτόν, οὗτός ἐστιν. (34) κἀγὼ ἑώρακα καὶ μεμαρτύρηκα ὅτι οὗτός ἐστιν ὁ υἱὸς τοῦ θεοῦ.

---

[1] Jhev 63 Anm 1.
[2] Wassertaufe — Geistestaufe ; unwürdig — unvergleichlich erhaben.
[3] Jhev 58.

Gewiß eine nicht unglückliche kritische Operation![1] Aber wie es
nicht die erste Aufgabe des Arztes ist, zu schneiden oder gar schmerzlos
entschlafen zu lassen, sondern zu erhalten und zu retten, so ist es nicht
die erste Aufgabe eines Deuters überlieferten Schrifttums, dieses zu
zerstückeln und aus den Trümmern einen Neubau moderner Sachlichkeit zu errichten, sondern den Text zu erklären, wie er vorliegt, und
seine Anlage, seinen Aufbau zu rechtfertigen, wenn es möglich ist.
B. rechnet selten mit solchen Möglichkeiten. Er trägt von vornherein,
kühn entschlossen, seine eigenen künstlerischen, dialektischen und theologischen Ansichten in unser Ev hinein, und was mit ihnen nicht vereinbar ist, muß fallen.

Untersuchen wir also, ob sich Jh 1,26 f nicht als Antwort auf die
Frage in Vers 25 verstehen lasse! Die Pharisäer erkundigen sich nach
dem Sinn der Johannestaufe und nach der Vollmacht des Täufers. Die
Antwort setzt von dessen Seite mit Recht gewisse messianische Kennt-
nisse der Frager und von Seite des Evglisten, wie B. zugeben muß[2],
die Vertrautheit der Leser mit der syn Überlieferung voraus. Der Evglist
erlaubt sich deswegen zu kürzen. Es kann kein Zweifel sein, daß man
die Antwort des Täufers so auslegen muß, daß er von sich sagte: *Ich
taufe nur mit Wasser; der nach mir kommt und unerkannt schon unter
euch steht, der tauft mit Heiligem Geist; ich bin nicht würdig, ihm
den Schuhriemen aufzulösen*[3]. Der Täufer erklärt also seine Taufe als
eine *Vorbereitung auf die Geistestaufe* des Messias. So hätten ihn die
Pharisäer, wie ihre und die vorausgehenden Fragen zeigen, verstehen
können, auch wenn er mit der Kürze gesprochen hätte, mit der hier
die Antwort des Täufers wiedergegeben ist. Sie wußten zweifellos, was
der Inhalt der Täuferpredigt war und was die Leute von Johannes
erzählten. Ihre Frage hatte nur den Zweck einer amtlichen, juridischen
Feststellung. Wie diese Pharisäer, so konnten aber auch die zeitgenössischen Leser des Ev den Täufer verstehen, vor allem wenn sie die
Stelle im Zusammenhang mit dem folgenden lasen.

Daß die Antwort des Täufers, so aufgefaßt, nun eben wieder einen
nicht eigentümlich jh Gedanken ausdrücke, sondern zu einem solchen
in Widerspruch stehe, wird B. vielleicht nicht mehr einwenden wollen.
Er sei sonst auf das Vorausgehende und das bald folgende verwiesen.

---

[1] Vorgenommen Jhev 58.   [2] Jhev 60.
[3] Diese Deutung ist die einzig mögliche, ob nun der Satz vom Evglisten
oder Redaktor stamme; der erste setzt nämlich die syn Überlieferung voraus,
der zweite trägt sie ein. Vgl das im Text folgende.

Hingegen wird er uns vermutlich den Einwand vorlegen, der Evglist hätte, wenn er die syn Überlieferung voraussetze und sie nach unserer Ansicht auch hätte achten und erhalten wollen, kaum ihre Angaben über Johannes noch einmal wiederholt, sondern nur seine ergänzenden Züge aufgezeichnet. Dagegen ist zu sagen, daß unser Vf auch im verstümmelten Text von B. wenigstens noch einen notdürftigen Rahmen aus syn Überlieferung andeutet [1], um jene Züge darin unterbringen zu können. In den leeren Raum konnte er sie eben nicht eintragen. Wenn nun dieser Rahmen nach unserer Auffassung noch etwas stärker war und auch schon eine Leinwand mit wenigen erinnerungweckenden Strichen enthielt, so hat doch auch diese Annahme wahrhaftig nichts Unwahrscheinliches. Warum sollte der Evglist aus seinen persönlichen Gedanken und der Überlieferung nicht überhaupt ein kleines Gesamtbild geben wollen! Übrigens sind ja die beiden Szenen mit den Abgesandten als solche etwas, das nicht aus der syn Tradition stammt, auch wenn der Inhalt teilweise damit übereinstimmt.

Wir haben auch noch stärkere Gründe, um zu zeigen, daß über die Verse 26 f sowenig wie über die vorhergehenden ein kirchlicher Redaktor gekommen ist. B. macht die Annahme, daß dieser in dem eigentümlich jh Bild von der Wirksamkeit des Täufers die syn Züge, die er darin vermißte, habe ergänzen wollen. Wir können davon absehen, daß nicht leicht ersichtlich ist, warum der Redaktor einen solchen Mangel hätte empfinden können, wo doch das fragliche Stück auch nach der Reinigung durch B. nur dann einen Widerspruch zu den Synoptikern enthält, wenn man sich, wozu der Wortlaut nicht aufmuntert, tüchtig einredet, das gezeichnete Bild wolle das syn verdrängen und sich an seine Stelle setzen [2]. Pochen wir aber ganz nachdrücklich auf die Tatsache, daß der kirchliche Redaktor, unfähig, seine Absichten wirksam durchzuführen, ganz ungeschickt vorangegangen sein müßte,

---

[1] Siehe Jhev 58 den «wiederhergestellten» Text des Abschnittes, wie er ursprünglich gelautet haben soll.

[2] Hätte der Redaktor einen so unabweislichen Drang nach dem Ausgleich mit der syn Überlieferung empfunden, so hätte er auch an einer langen Reihe anderer Stellen des vierten Ev eingreifen müssen, und zwar vor allem und zuerst da, wo man sich wirklich überlegen muß, wie dieser Ausgleich möglich sei, zB in der Geschichte von der Berufung der Jünger, von der Tempelreinigung, in der Erzählung vom Letzten Mahl, im Passions- und Osterbericht. Nach B. hat jener hier kaum irgendwo eingegriffen, jedenfalls nie im Sinne des genannten Ausgleiches.

wenn er seine Arbeit so ausgeführt hätte, wie wir es nach dem vorliegenden Text und den Erklärungen Bs. anzunehmen haben. Es ist
einfach undenkbar, daß er nicht gleich nach dem ἐγώ (μὲν!) βαπτίζω
ἐν ὕδατι oder mindestens nach dem ἱμάντα τοῦ ὑποδήματος hinzugesetzt
hätte : αὐτὸς δὲ βαπτίσει ὑμᾶς ἐν πνεύματι ἁγίῳ [1]. Ebenso unwahrscheinlich ist es, daß er seine Absicht nicht kräftig durch das syn
ἰσχυρότερός μου hervorgestrichen hätte. B. redet sich ein, dieses habe
fallen müssen, weil es sich nicht in die vorliegende Konstruktion gefügt
hätte [2]. Als ob sich nicht spielend hätte sagen lassen : ὁ ὀπίσω μου
ἐρχόμενος, ὁ ἰσχυρότερός μου, οὗ οὐκ εἰμὶ κτλ !
    Damit hätte aber der Redaktor erst das Unentbehrlichste getan,
um seine Absicht zu verwirklichen. Man darf ruhig vermuten, daß er
auch sonst noch einige syn Brocken [3], wie etwa das εἰς μετάνοιαν oder
das ἐν πυρί, mitgenommen hätte, das letztere besonders deswegen, weil
er nach B. ja die Aufgabe hatte, die gröbere kirchliche Eschatologie
in das Ev einzutragen [4]. Um ihr gerecht zu werden, hätte er vielleicht
von Mt und Lk sich gar noch die Wurfschaufel in die Hand drücken
und wacker die dürre Spreu über den Tennenboden stieben lassen.
    Die innere Unwahrscheinlichkeit, daß an 1,26 f ein kirchlicher
Redaktor im Sinn und Geiste Bs. gearbeitet hat, erhellt auch dann,
wenn man sich Sprache und Stil der «Zusätze» etwas näher ansieht.
Wir finden da einmal nach dem οὐκ εἰμὶ ein ἐγώ, das in den syn Stellen
fehlt und an die jh Vorliebe (auch für das tonlose ἐγώ) gemahnt. Das
syn ἱκανός ist durch ein ἄξιος (AG 13,25 !) ersetzt, das weiter nichts
aussagt, dem aber statt des syn Infinitivs ein ἵνα folgt, welches den
jh Stil vorzüglich darstellt [5], während das αὐτοῦ, einem nicht undeut-
lichen jh Zug entsprechend, dem τὸν ἱμάντα und τοῦ ὑποδήματος zugleich vorangestellt ist [6].
    B. merkt an, daß die Wiederaufnahme des οὗ durch αὐτοῦ im Jhev
sonst nicht vorkomme [7]. Nun ! wenn Jh die syn Überlieferung kannte,
wäre das zu erklären : Mk und Lk nehmen das οὗ ebenfalls wieder auf ;
Mt macht es so im Satz von der Wurfschaufel (3,12 ; Lk 3,17). B. vergleicht Jh 13,26. Wie er selber sagt, ist der Vergleich schwach, und

---

[1] Vgl die syn Parallelen zum jh Täuferbericht.
[2] Jhev 63 Anm 4.
[3] Vgl die syn Parallelen.
[4] Vgl S 159 f dsAr.
[5] HOWARD, Criticism 116 ; 119 f ; LAGRANGE, Ev CVIII f.
[6] Siehe S 223-225 dsAr.   [7] Jhev 63 Anm 4.

das ist zu seinen Gunsten. Aber die Parallele 1,33 (ἐφ' ὃν ... ἐπ' αὐτόν = Evglist nach B.) ist wohl stärker [1].

Es ist noch nachzutragen, daß sich ähnliche Feststellungen wie in den Versen 26 f auch in Vers 23 machen lassen. Neuerdings stoßen wir auf die Hinzufügung eines ἐγὼ (φωνὴ βοῶντος κτλ), das sich in keinem der drei syn Texte findet, auch nicht in der LXX. Das Zitat ist im übrigen gegenüber allen Synoptikern verkürzt, außerdem ist das ἑτοιμάσατε in Anlehnung an das folgende εὐθείας ποιεῖτε zu εὐθύνατε verändert. Diese Art, Zitate zusammenzuziehen, findet sich auch anderswo im Jhev. So sind im Zitat 6,31 zwei Zeilen des Psalmes 78 zusammengezogen, im καθήμενος ἐπὶ πῶλον ὄνου 12,15 das ἐπιβεβηκὼς ἐπὶ ὄνον καὶ ἐπὶ πῶ⟩ον υἱὸν ὑποζυγίου aus Mt 21,5.

B. hatte, um zu erhärten, daß das ἐγὼ βαπτίζω ἐν ὕδατι 1,26 Zusatz des Redaktors sei, darauf hingewiesen, ἐν ὕδατι sei zweifellos auch in den Versen 31. 33 unseres Stückes zugesetzt. Zu diesen merkt er folgendes an : « Das ἐν ὕδατι ist schlechter Zusatz (nämlich in 31) ; denn zur Frage steht, warum Johannes überhaupt tauft ; der Sinn seiner Taufe, nicht ihre Minderwertigkeit, muß erklärt werden. Ebenso ist das ἐν ὕδατι in V. 33 ein schlechter Zusatz, und damit muß auch das ὁ βαπτ. ἐν πν. ἁγ. V. 33 fallen. Das οὗτός ἐστιν genügt nicht nur als Antwort, sondern ist ohne den Zusatz viel nachdrücklicher ; dieser bringt ein fremdes Motiv hinein. » [2]

Es ist richtig : in Vers 31 steht zur Frage, warum Johannes überhaupt tauft ; der Sinn seiner Taufe muß erklärt werden. Aber dieser ihr Sinn ist unlösbar mit ihrer Minderwertigkeit als Wassertaufe verknüpft. Würde Jh mit Heiligem Geiste taufen, so wäre er selber der Kommende. Dieser kann nur dann durch seine Taufe angekündet werden, wenn sie als Wassertaufe Buße, Umkehr, Reinigung und damit Wegbereitung andeutet. Darum ist in unserm Ev Johannes als Zeuge undenkbar, wenn er nicht zugleich als Wegbereiter aufgefaßt wird. — Es gilt also : das ἐν ὕδατι in Vers 31 wie in 33 ist ursprünglich und darum kann grundsätzlich auch nichts gegen das ὁ βαπτίζων ἐν πνεύματι ἁγίῳ in 33 eingewendet werden. Was B. dazu meint, ist ein Geschmacksurteil. Der *Wassertäufer* weist auf den kommenden *Geisttäufer* hin ; ihm bereitet er taufend den Weg ; für *ihn* legt er Zeugnis ab.

---

[1] LAGRANGE, Ev CXI.
[2] Jhev 63 Anm 6.

Wenden wir uns einer letzten Aussetzung Bs. zu 1,19-34 zu :
« Natürlich setzt V. 33 die Kenntnis der synopt. Taufgeschichte voraus.
Der Red. erläutert das kurze ἐφ᾿ ὅν κτλ. unnötig in V. 32 durch deut-
lichere Beschreibung vom Kommen des Geistes nach den Synopt. und
entwertet durch das τεθέαμαι das ἑώρακα von V. 34 ; natürlich durfte
das Sehen erst berichtet werden, nachdem das Erkennungszeichen angegeben war. » [1]

Was die Einzeichnung syn Angaben in den jh Bericht angeht, sei
auf das schon Gesagte verwiesen. Zudem unterstreicht B. selber, Vers 33
setze die Kenntnis der syn Taufgeschichte voraus. Wenn er sie schon
voraussetzt, dann dürfen doch wahrhaftig auch ihre Umrisse noch einmal gezogen werden, ohne daß man auf einen Redaktor schließen kann.
Dieser hätte doch sicher auch die Taufe Jesu erwähnt. Was nach B.
von Vers 33 gilt, ist ebenso von 32 zu sagen : auch er ist nur Andeutung
und setzt ebenfalls die Vertrautheit mit den Einzelheiten voraus. Also
kann er nicht von einem Redaktor stammen, der die syn Angaben in
den nach seinem Urteil zu dürftigen jh Bericht einfügen wollte. Wie
sollte übrigens dieser Redaktor, nachdem er in 19-28 die syn Züge so
ungeschickt als möglich ergänzt hatte, in 32 auf einmal recht umsichtig
das jh μένον ἐπ᾿ αὐτόν aus 33 in ein ἔμεινεν ἐπ᾿ αὐτόν verwandelt haben ;
er hätte es gewiß einfach weggelassen. Und wie hätte es ihm einfallen
sollen, das κἀγὼ οὐκ ᾔδειν αὐτόν aus 31 (nach der Annahme Bs. [2]) in
33 nicht unglücklich zu wiederholen, wo doch der nach B. ursprüngliche Verseingang zu 33 : καὶ ὁ πέμψας με βαπτίζειν auch sehr gut an 32
(den « Zusatz ») angeschlossen hätte. Das τεθέαμαι aber in 32 ist als
Perfektform geradezu ein jh Erkennungszeichen, da eine solche Form
im NT nur hier und zweimal in 1 Jh vorkommt.

Im übrigen stellen die Aussetzungen Bs. zu Vers 32 nur wieder
ein Geschmacksurteil dar. Ich darf hier, nach dem Abschluß der Kritik
an den Quellenscheidungen Bs., auch hinzufügen : Daß in den jh Erzählungen so häufig nicht am Schnürchen erzählt und die logische
Reihenfolge nicht eingehalten wird, gerade das ist jh. Diese Eigenschaft
des jh Erzählungsstils ist auch in 1,19-34 unverkennbar. Darum fehlte
schon in 26 das ἐν πνεύματι ἁγίῳ, um erst in 33 angebracht zu werden,
und gerade darum ist in 32 die Herabkunft des Geistes erzählt, noch
ehe sie dem Täufer als Erkennungszeichen geweissagt wird. Es handelt

---

[1] Jhev 63 Anm 8.
[2] Jhev 58.

sich da um die besondere Weise eines Denkvorgangs, der stets vom Blasseren zum Volleren und Deutlicheren voranschreitet [1].

c. *Eschatologische Zusätze.* — Wie wir seinerzeit in der Übersicht über die literarischen Scheidungen Bs. im Jhev gesehen haben [2], läßt dieser vom kirchlichen Redaktor außer den schon erörterten Stellen und Stücken vor allem noch einige sakramentale und eschatologische Texte stammen. Wir wenden uns zunächst den letztern zu. Es sind außer der Hauptstelle 5,27-29 noch der Zusatz καὶ (κἀγὼ, ἀλλὰ) ἀναστήσω αὐτὸ(ν) (ἐγὼ) (ἐν) τῇ ἐσχάτῃ ἡμέρᾳ in den Versen 39. 40. 44. 54 des sechsten Kapitels ; ferner das ἐν τῇ ἐσχάτῃ ἡμέρᾳ 12,48.

Um zu erkennen, warum B. diese Stellen unseres Ev dem Evglisten abspricht und dem Redaktor zuweist, ist es notwendig, hier mit einigen Strichen die Umrisse der jh Eschatologie und ihr Verständnis durch B. festzuhalten. Man kann sagen, es sei das Eigentümliche des Jhev, daß es das eschatologische Geschehen, das Heil wie das Gericht, jenes Geschehen, durch das die menschliche Geschichte in zwei Aeonen gespalten wird, einerseits im geschichtlichen Kommen des fleischgewordenen Logos, des Menschen Jesus von Nazareth, in seinem Wirken, Sterben und Erhöhtwerden sieht, anderseits darin, daß der Mensch, der sich Jesus als dem göttlichen Offenbarer und Heiland gläubig erschließt und seine Gebote hält, des in ihm flutenden Lebens teilhaftig und so aus Gott geboren wird, der jetzt sein ganzes Dasein göttlich prägt, während der Mensch, der sich Jesus ungläubig *ver*schließt, durch eigene Schuld des göttlichen Lebens verlustig geht, nicht aus Gott geboren wird, so daß sein Handeln, solange er in dieser Verschlossenheit seines Willens und Denkens verharrt, nur *weltliches*, gottfremdes, widergöttliches Handeln sein kann und er von Gott und dem Kreis seines Lebens und seiner Liebe *geschieden* bleibt, durch seine eigene Stellungnahme *gerichtet* und gestraft (κρίνω).

B. sieht nun in dieser Lehre des vierten Ev vom endzeitlichen Heil und Gericht den schärfsten Gegensatz zur sogenannten *apokalyptischen* Eschatologie der Urkirche, wie sie sich ua in den syn Ev kristallisiert habe, deren wesentlicher Inhalt es wäre, daß sie das Heil wie das Gericht der Endzeit als *noch zukünftig* erwarte, ein Heil, das mit sicht-

---

[1] Ein solches Denken spiegelt der jh Stil überhaupt. Beispiele : Prolog ; 5,19-30 ; 6,27-58 ua Stücke. Vgl S 251-255 dsAr ; ALLO, Apc LXXXV f ; CCXVI-CCXIX ; 175 f ; LOEWENICH, Jh Denken ; ABBOTT 2587-2627.

[2] S 32-34 dsAr.

barer Glanzentfaltung und sinnenfälliger Macht und mit der Glückselig-
keit für immer auferstandener Leiber verbunden sei; ein Gericht, das
in kosmischen Katastrophen hereinbreche und leibliche Höllenqualen
kenne, alles in allem ein Heil und Gericht, das, mit *mythischen* Zügen
ausgestattet, primitivem grobsinnlichem Denken entspreche [1].

Freilich darf die jh Eschatologie nach B. auch nicht so aufgefaßt
werden, « als sei das eschatologische Geschehen zu einem Seelengeschehen
spiritualisiert worden, sondern so, daß die Erscheinung Jesu radikal
als eschatologisches Ereignis verstanden ist. Dieses Ereignis macht dem
alten Weltlauf ein Ende; wie es hinfort nur noch Gläubige und Un-
gläubige gibt, so auch nur noch Gerettete und Verlorene, nur solche,
die das Leben haben, und solche, die im Tode sind » [2]. « Jeder, der
das Wort Jesu hört — wann und wo es sei — steht in der Entscheidung
über Tod und Leben. Und die durch das Wort an den Hörer gerichtete
Frage des Glaubens ist es also, an der sich das Gericht — die Scheidung
von 3,18-21 — vollzieht.» [3]

Damit glaubt nun B. gezwungen zu sein, die oben genannten Stellen
als den Versuch eines Mannes aufzufassen, der die orthodoxe kirchliche
« *Vulgäreschatologie* » in das Jhev einzeichnen wollte, um es kirchlich
tragbar, für die Gläubigen lesbar zu machen, damit ihr kirchlicher
Glaube keinen Schaden nehmen konnte [4].

Heben wir demgegenüber zuerst die grundlegende Tatsache hervor,
daß B. auch nicht den leisesten Versuch macht, die genannten Stellen
sprachlich-stilistisch vom übrigen Ev oder wenigstens von den Stücken,
die er dem Evglisten zuspricht, zu unterscheiden. Ein solcher Versuch
wäre allerdings von vornherein fragwürdig gewesen, nachdem B. nicht
in der Lage war, sprachliche Eigentümlichkeiten des Redaktors im allgemeinen festzustellen. Eine literarkritische Aussonderung hat nun
aber nur dann Daseinsrecht, wenn sie sich sprachlich-stilistisch nachprüfen läßt. Wer diesen Grundsatz aufgibt, der kann wissenschaftlich
nicht ernst genommen werden. Es ist ein entscheidender Mangel *methodischer* Art, daß B. die « kirchliche » Eschatologie ohne sprachliche
Gründe aus dem vierten Ev verweist. Er kann sich auch damit nicht
entschuldigen, daß er verschiedene Vorgänger gehabt hat [5].

---

[1] Vgl BJhev Register III : Eschatologie; ferner BEsch.
[2] Jhev 112.   [3] Ebd 193.
[4] Jhev 196 f ua.   [5] Siehe S 32 f dsAr.

B. könnte nun freilich von uns verlangen, daß wir die fraglichen Interpolationen seines Redaktors unsererseits als Stücke von der Hand des Evglisten erweisen. Es gilt aber zunächst, daß ein Schrifterzeugnis so lange als Werk eines einzigen Vf angesehen werden muß, als nicht das Gegenteil feststeht. Von dieser Forderung abgehen, heißt der Willkür Tür und Tor öffnen. Auch kann man nicht verlangen, daß jeder Satz eines Schriftstellers seine ureigene Marke trage. Nun! wir können in unserm Fall wenigstens von vornherein darauf hinweisen, daß die Stellen, um die es hier geht, durchaus kein fremdartiges Gepräge tragen, sondern jh klingen. Diesen Anspruch können Interpolationen von erheblichem Umfang wie 5,4 und 6,56b (in D) jedenfalls nicht machen. Dann aber ist es doch möglich, eine Reihe von Anzeichen der jh Vfschaft in den fraglichen Sätzen festzustellen, die zusammengenommen immerhin recht kräftig in die Wagschale fallen.

Das ἐξουσίαν ἔδωκεν in 5,27 mit folgendem Infinitiv kennen wir aus dem Prolog (1,12) ; ohne Infinitiv kommt es 17,2 vor. In Vers 28 verrät schon das herausgehobene τοῦτο jh Art. Das ὥρα ἐν ᾗ steht auch in 4,52 und 53 ; die drei Fälle entsprechen dem jh ὥρα ὅτε oder ἵνα ; alle drei Wendungen sind ausschließlich jh ; es findet sich im ganzen NT auch keine einzige genau entsprechende Wendung ; äußerst selten folgt dem ὥρα ein Relativsatz [1]. Die Tragweite dieses ὥρα ἐν ᾗ wird nun dadurch vermehrt, daß wir in Vers 25, der unserm Vers als Vorbild gedient haben müßte, ein ὥρα ὅτε antreffen ; das deutet nicht auf Nachahmung hin. Zudem ist dieser Wechsel in zwei parallelen Versen an sich ebenfalls jh ; Howard weist darauf hin [2], wie Jh sich Mühe gibt, seiner Sprache durch solche kleine Änderungen etwas Abwechslung zu verleihen ; die Liste Howards könnte aber ganz erheblich verlängert werden. Vers 29 enthält gerade einen weitern solchen Wechsel : ποιήσαντες — πράξαντες ; Rm 9,11 ; 2 Kr 5,10 heben ihn als solchen heraus. Die Wendung (τὰ) φαῦλα (-ον) πράσσειν findet sich auch Jak 3,20 ; im NT sonst nur noch an den zwei erwähnten Stellen ; Jh 3,16 erscheint noch ein φαῦλον πρᾶγμα. Gegen das ἀγαθὰ ποιεῖν Jh 5,29 kann man nicht aus 3,21 das ποιεῖν τὴν ἀλήθειαν geltend machen ; wenn der Evglist 3,19 und 7,7 von ἔργα πονηρά reden konnte, so war er auch imstande, das ἀγαθὰ ποιεῖν zu brauchen ; 18,30 treffen wir einen κακὸν ποιῶν, 3 Jh 11 die Antithese ἀγαθοποιῶν — κακοποιῶν. Zu ἐκπορεύσαντες ist 15,26 zu vergleichen.

---

[1] Vgl S 199 dsAr.
[2] Criticism 120 f ; 254 f ; vgl Anm 1 S 46 dsAr.

Für die parallelen Nachsätze 6,39. 40. 44. 54 stellen wir einen
Wechsel kleiner Einzelheiten fest, der an den eben genannten jh Zug
erinnert. Das ἐν τῇ ἐσχάτῃ ἡμέρᾳ ist die einzige Wendung im Jhev, wo
das Wort ἔσχατος verwendet wird ; die Wendung kommt aber nur im
Jhev vor, und zwar außer in den erwähnten Versen und als ein von B.
ebenfalls dem Redaktor zugespielter Zusatz in 12,48 noch in den Versen
11,24 und 7,37 [1].

Weisen wir im Anschluß an diese sprachlichen Bemerkungen dann
darauf hin, daß der Redaktor doch eigentlich sehr ungeschickt und unglücklich gearbeitet hätte, wenn er, unter der Voraussetzung, er habe
die jh Eschatologie als Widerspruch zur kirchlichen empfunden, nun
nicht die hervorstechendsten Sätze der erstern aus dem Ev entfernt
oder sie kirchlich tragbar umgestaltet hätte. Wie leicht wäre es etwa
gewesen, den für jeden Leser auffälligen Satz 3,18 einfach wegzulassen !
Wie leicht hätte man auch 5,24b (καὶ εἰς κρίσιν κτλ) unterdrücken
können ! Wie spielend wäre es doch gelungen, die « kirchliche » Lehre
von der Auferstehung der Toten in 5,25 einzutragen, indem man das
καὶ νῦν ἐστιν strich ! Diese Änderung hätte mindestens den Zusatz
Vers 28 erspart ; Vers 29 aber hätte sich für das καὶ οἱ ἀκούσαντες
ζήσουσιν in 25 einsetzen lassen. Eine etwas andere Anordnung des
Ganzen hätte nun den Abschnitt 5,19-30 zu einem wahren Musterstück
kirchlicher Eschatologie im Sinne Bs. gemacht.

Daß der Redaktor keine derartige Änderung und Streichung vorgenommen hat, kann man sich nur dadurch erklären, daß er den Widerspruch, der ihn zu seiner Arbeit angespornt haben soll, tatsächlich nicht
empfand. Daß er sich aber mit den wenigen Sätzen, welche nach B.
die Verwirklichung seiner Absicht darstellen, zufrieden gab und in das
Ev nichts von eschatologischen Zeichen, von kosmischen Katastrophen
und dergleichen eintrug, läßt sich auch damit nicht vereinbaren, daß
er in Wirklichkeit nur eine nach seinem Urteil *unvollständige* Eschatologie hätte *ergänzen* wollen. Es ergibt sich also, daß der zweite entscheidende Mangel der Annahme Bs. ihre Widersprüchlichkeit ist ; auch
da fehlt es methodisch.

Der dritte methodische Fehler, den B. sich hinsichtlich der kirch-
lich-eschatologischen Zusätze des Redaktors zuschulden kommen ließ,

---

[1] Vgl S 204 (Nr 32) dsAr.

ist der, daß er den Versuch unterließ zu prüfen, ob zwischen dem, was er als jh Eschatologie hinstellt, und jenen Zusätzen nicht ein innerer *Ausgleich* möglich sei und ob nicht der von der Kritik mehr als eines Jahrhunderts immer wieder unkritisch vererbte Gegensatz zwischen höherer und vulgärer Eschatologie sich doch vielleicht auflösen lasse. GUSTAV STÄHLIN hat seinerzeit in der ZNTW (1934) die Grundsätze und Grundtatsachen zusammengestellt, nach denen aus dem NT und dem Jhev selber eine solche Auflösung möglich ist. Wir können es daher mit einigen Hinweisen und Ergänzungen genügen lassen.

Zunächst ist es klar, daß auch die syn Ev die im Jhev so einzigartig entfaltete Lehre von der in Jesus von Nazareth *erfüllten* Endzeit enthalten. Es genügt, hier Mk 1,14 f heranzuziehen, wo wir lesen, daß Jesus die Frohbotschaft Gottes verkündete, nämlich : πεπλήρωται ὁ καιρὸς καὶ ἤγγικεν ἡ βασιλεία τοῦ θεοῦ. Aus diesem Satz geht hervor, daß ἤγγικεν wirklich, wie es das Perfekt an sich andeutet, heißt : es ist da. So ist also in allen syn Parallelen dieses Satzes zu übersetzen. Das geht hervor auch aus der sprachlich-sachlichen Parallele Mt 26,45 f : ἤγγικεν ἡ ὥρα ... ἤγγικεν ὁ παραδιδούς με.

Aber auch die Lehre, daß mit Jesus der Richter und das *Gericht* schon irgendwie gekommen ist und sich mit der Einstellung zu Jesus die Menschheit in zwei Lager aufspaltet, von denen das eine Jesus verwerfende von Gott verworfen ist, findet sich in den Synoptikern. Es sei hier auf den in diesem Zusammenhang wohl auffallendsten und stärksten Text Lk 2,34 f verwiesen, der an Deutlichkeit nichts zu wünschen übrig läßt. Wir finden hier den Gedanken, daß Jesus der ist, an dem sich alles entscheidet, was für den Menschen letztes Heil oder Unheil sein kann, derjenige, der überall auf Widerstand und Widerspruch stößt, das Zeichen, das die Menschen teilt und ihr innerstes Wesen, ihre tiefste Einstellung und Gesinnung bloßlegt [1].

Wenn nun also die syn Ev ein « doppeltes » Endgeschehen kennen, ein schon erfülltes und ein noch ausstehendes, so ist damit aufgezeigt, daß hier ein innerer Zusammenhang vorhanden sein muß, der damals, als diese Ev geschrieben wurden, von der Kirche jedenfalls nicht verkannt war. Davon zeugen, weit stärker noch als die Synoptiker, auch die paulinischen Briefe. In ihnen finden wir ein dynamisches Gleichgewicht zwischen der Lehre von den erfüllten und von den noch zukünftigen Letzten Dingen. Warum sollte also Jh nicht auch eine innere

---

[1] Vgl ua Jh 3,18-21 ; 9,39 ; 11,25 f ; 12,46 f.

Verbindung zwischen einem gegenwärtigen und einem zukünftigen göttlichen Leben, zwischen einem gegenwärtigen und einem noch kommenden Letzten Gericht erkannt und gelehrt haben ? Wenn die « endeschatologischen » Stellen literarkritisch nicht aus dem vierten Ev verwiesen werden können, so möge man sich doch nicht gegen eine so naheliegende Annahme sträuben.

Diese Annahme drängt sich uns auch dann auf, wenn wir erkennen, daß die Lehre von einem noch zukünftigen ewigen Leben und Endgeschehen nicht nur jene wenigen Stellen des Jhev prägt, die B. aus ihm herausschneidet, sondern unlösbar mit dem ganzen Ev verwachsen ist. Man könnte sich zunächst fragen, ob nicht im vierten Ev, wo die Welt und alles zeitliche Geschehen in conspectu aeternitatis gesehen wird, jede Gegenwartsaussage zuerst geprüft werden muß, ob sie vielleicht mehr von der menschlichen irdischen Zukunft gelte als von der Gegenwart und ob nicht Vergangenheit, Gegenwart und Zukunft an manchen Stellen so ineinander fließen, einander, weil vom ewigen Gott her gesehen, so nahe gerückt seien, daß die Zukunft nach alltäglichen Maßstäben in eine weitere Ferne zu verschieben sei, als es zunächst scheinen möchte. Mehrere jh Texte verraten eine solche Zeitsicht im Lichte der Ewigkeit [1].

Wir wollen aber darauf kein Gewicht legen. Stellen jedoch wie 4,14 und 6,27 reden unmißverständlich von einem zukünftigen ewigen Leben. STÄHLIN zeigt auch [2], wie es als eigentlich jh zu gelten hat, daß immer wieder *zwei* Aussagen miteinander verknüpft werden, von denen die eine auf die eschatologische *Gegenwart*, die andere auf die eschatologische *Zukunft* geht. Wenn wir von den Texten absehen, die B. als Zusätze ansieht, so bleiben uns zum Nachweis des Gesagten immer noch 4,23 ; 5,25 ; 11,24-26 ; 1 Jh 2,18 ; 3,2 ; 4,3.

Diese und andere Stellen zeigen deutlich, daß, trotzdem der Glaube

---

[1] Jh 17,11 sagt Jesus : οὐκέτι εἰμὶ ἐν τῷ κόσμῳ, trotzdem er noch nicht in das eigentliche Leiden und Sterben eingegangen und noch nicht tot ist. Zu vergleichen sind hier auch die Aussagen 12,23. 27. 31 ; 13,31 f. — 14,7b lesen wir : ἀπ' ἄρτι γινώσκετε αὐτὸν καὶ ἑωράκατε ; die Jünger haben aber nach Vers 7a und 9 Jesus und den Vater noch nicht in ihrer Einheit erkannt. — 14,19 heißt es : ὑμεῖς δὲ θεωρεῖτέ με, trotzdem im Zshg nur von der Zukunft die Rede sein kann. — 15,8 sind drei verschiedene Zeitformen miteinander verbunden, weil das Gesagte in der Vergangenheit stattfand, aber auch in aller Zukunft geschehen soll. — 15,18 f ist, wie aus der Fortsetzung erhellt, trotz der Gegenwart des Zeitwortes von der Zukunft die Rede. — 16,32 : ἰδοὺ ἔρχεται ὥρα καὶ ἐλήλυθεν κτλ ; das Vorausgesagte ist immerhin noch nicht geschehen.

[2] ZNTW 1934, 236-239.

an Jesus nach Jh sogleich das ewige Leben verleiht, dieses nicht ein
unum indivisibile ist, sondern eine *Entfaltung* in der Zeit, ein mannig-
faches Wachsen und Reifen kennt und aus der Zeit über die Schwelle
des leiblichen Todes in die eigentliche Ewigkeit hinüberfließen soll.
Dieses ewige Leben kann hienieden auch wieder verloren gehen, muß
in stetem Ringen mit den Mächten der feindlichen Welt neu erworben
und angeeignet 'werden. Zudem ist es in dieser Weltzeit in einem Zustand des Verhülltseins, der Verborgenheit, wie die δόξα Jesu auf Erden
in der Niedrigkeit der σάρξ verborgen war. Und wie Jesus diese δόξα
unverhüllt erst nach dem Heimgang zum Vater wieder besitzt, so soll
auch an den Gläubigen das ewige Leben erst nach dem Tode in seiner
ureigenen Gestalt sichtbar werden [1].

Diese Mannigfaltigkeit der Entwicklung und der Stufen ewigen
Lebens im einzelnen Gläubigen ist nun aber auch noch innerlich abhängig von einer dynamisch-pragmatischen Folge von Heilsereignissen
und Heilstaten, denen eine gesellschaftliche Tragweite eignet. Unter
diese Ereignisse und Taten fallen das Kommen des Logos in die Welt,
sein Wort- und Wunderwirken unter den Juden, seine Erhöhung am
Kreuz als die schöpferische Urtat des Heils, die Auferstehung, die
Himmelfahrt, die Geistsendung und das pneumatische Gegenwärtigsein
des Erhöhten in der Gemeinschaft der für ihn vor der Welt Zeugnis
ablegenden Jünger und aller durch die Zeiten und gegen die Planungen
und Verfolgungen der Finsternis an ihn Glaubenden [2].

Warum soll nun nach Jh diese Folge von Entfaltungen des einen
Letzten Heiles nicht einst dadurch zu einem *endgültigen Abschluß*
gelangen, daß die irdische Zeit in eine vollentfaltete Ewigkeit hinein
aufgehoben wird ? Warum soll die Schöpfung, die nach Jh durch das
ewige Wort gut und rein von Gott ausgegangen ist (1,1-4), nicht einst
wieder zu ihrer ursprünglichen Güte und Reinheit zurückkehren dadurch, daß die Welt der Finsternis und der Sünde, die nur durch Duldung
Gottes wirken konnte und nach Jh am Kreuze eigentlich schon gerichtet
worden war (12,31-33), endgültig unterdrückt und vernichtet wird ?
Muß nicht aus einer innern Notwendigkeit heraus der Sieg des Heilands
über die Welt und seine Erhöhung zur angestammten δόξα (17,5) am
Ende der Zeiten einst allen kund werden ? Warum soll Jesu Macht

---

[1] Vgl zu diesem Absatz noch folgende Stellen ua : 6,39 ; 8,31 f ; 10,11-15.
27-29 ; 11,25 f ; 14,1-4. 21. 23 ; 15,1-9 ; 15,18-16,4 ; 16,28 ; 17 per totum.
[2] Diese Folge des *werdenden* Heils gelangt am schönsten und klarsten
13,31-17,26 zur Darstellung.

über alles Fleisch (17,2) nicht einmal auch darin erwiesen werden, daß er die Leiber jener, die nach dem Tode aus Glaubenden zu Schauenden wurden und in die ewigen Wohnungen einzogen (14,1-3 ; 1 Jh 3,2), zur Teilhabe an ihrem Glück, die Leiber jener aber, die sich von Jesus durch eigene Entscheidung endgültig geschieden hatten und sterbend in das ewige Verderben eingingen, zur Teilhabe an ihrem Unheil erweckt ? Wie soll es denn nicht möglich sein, daß Jh, nachdem Jesus mit seinen Worten und Werken im vierten Ev als Anfang und Quelle des Endheils für die Menschen erscheint, auch der von ihm verkündeten Auferstehung Jesu Quellkraft für jene zuschrieb ? Kann die Auferstehung denn einen andern Sinn haben als Sieg des Heilands über den leiblichen Tod als die Folge der Sünde zu sein, und muß nicht dieser Sieg an den Leibern der Gläubigen noch verwirklicht werden ? Und wenn Jesu Leib nach Jh verherrlicht wurde, nachdem er durch Leiden und Todesnot hindurchgegangen war, warum sollen jene, die Jesus in allem nachfolgten und vermöge ihrer Schicksalsgemeinschaft mit ihm auch an seiner leiblichen Not und seinem Kreuzestode Anteil erhalten mußten, nicht auch an seiner Auferstehung teilnehmen (15,18-16,4) ? Soll ein solcher Gedanke nicht in jenem Ev enthalten sein können, in dem die leibliche Auferweckung des Lazarus Aufnahme fand ?

Es ist also mit andern Worten klar, daß die « endeschatologischen » Stellen, die nun einmal nur gewaltsam aus dem Ev ausgemerzt werden können, ganz ausgezeichnet in sein Gefüge hineinpassen und seine Gedankenwelt zum runden Abschluß bringen. Das heißt nun durchaus nicht, daß die allerletzten Dinge erst das Eigentliche nach dem Vorläufigen, erst das Wesentliche nach der Kostprobe seien. Das wäre wirklich ganz unjh gedacht, allerdings ebenso unsyn. Es gibt in Wirklichkeit nach Jh nur *ein* Eschaton, aber ein Eschaton der Fülle, das sich lebendig entfaltet. Sein Wesen ist, von Jesus aus gesehen, mit dem Erscheinen des ewigen Logos im Fleische gesetzt ; seine innere Höhe erreicht es in dessen Kreuzestod. Von den zum Heil Gerufenen aus ist das Eschaton mit ihrer Geburt aus Gott im lebendigen Glauben vorhanden ; seine Höhe erreicht es unverlierbar im Eingang der Glaubenden zur Gottesschau. Aber im Erscheinen des Heilands zur Auferweckung der Toten und zum Endgericht wird sein am Kreuze errungener Sieg über Sünde, Satan, Welt und Tod offenbar ; das ewige Leben der Gottschauer aber erweist seine Kraft in der *Ausdehnung auf ihre Leiber ;* hier gelangt es zu einer letzten *Ergänzungswirkung.* Ebenso ist die Verwerfung der Leiber jener, die nicht geglaubt haben, zum ewigen Verderben nur die letzte Auswirkung ihres Von-Gott-in-Jesus-Getrenntseinwollens.

Es ist darum grundsätzlich richtig gesehen, wenn auch unrichtig ausgedrückt, wenn B. sagt : « Mag nun (nämlich nach dem ersten Erscheinen Jesu) noch kommen, was da will, an kosmischen Katastrophen, — das kann nie etwas anderes sein, als was alle Tage in der Welt passiert. Mag nun noch etwas kommen wie eine Auferstehung aus den Gräbern, das kann nichts anderes mehr sein, als wie man jeden Morgen vom Schlaf erwacht. Das Entscheidende ist geschehen. Die Stunde ist *da*, da die Toten die Stimme des Gottessohnes hören ; und wer sie hört, der *ist* vom Tod zum Leben hinübergeschritten. Wer nicht glaubt, der *ist* gerichtet. Gerichtet *ist* der Herr dieser Welt.» [1] Aber all das schließt eben einen Abschluß des Eschaton im dargelegten Sinne, wie er in den fraglichen Stellen des Jhev enthalten ist, nicht aus. Daß dieses Ev kräftig unterstreicht, was am Eschaton wesentlich ist, und deutlich erkennen läßt, was daran unwesentlich ist, das setzt doch auch das Ja zum Unwesentlichen voraus.

Unzweifelhaft sind so die Verse 11,24-26 auszulegen. Jesus verneint hier keineswegs die Auferstehung der Leiber am Letzten Tag, sondern will sagen, daß er als Urquell allen Lebens jetzt wie dann Leiber auferwecken könne, daß aber eine solche Tat nur mit Rücksicht auf das Endheil des ewigen Lebens in den Seelen geschehen werde ; dieses sei die Gabe, die er der Welt bringe. Damit soll der Sinn des folgenden Wunders aufgedeckt werden : es geht nicht vor allem um das leibliche Leben des Lazarus, sondern darum, daß Glauben und mit dem Glauben ewiges Leben geweckt und gezeugt werde (42. 45. 48 ; 12,11) ; das Wunder soll außerdem Zeichen und Bild der göttlichen Gabe sein. Es verhält sich also zu ihr wie Weg und Wegweiser zum Ziel ; die Auferstehung am Letzten Tage aber verhält sich zum ewigen Leben wie die Fassung zum Edelstein.

Man gestatte mir, ergänzend eine Auslegung des Abschnittes 5,19-30 zu versuchen ! Jesus hat am Sabbat geheilt (5,1-16). Zu seiner Verteidigung führt er an, sein Vater wirke immerzu, und auch er wirke wie der Vater (17). Vers 19 nimmt das noch einmal auf : alles, was der Vater tut, das tut auch der Sohn. Vers 20 denkt an die eben

---

[1] BEsch 144 f.

gewirkte Heilung und an andere ähnliche Wunder : der Vater wird aber
dem Sohn noch Wunderbareres vorzeigen. Vers 21 : Denn wie der Vater
die Macht hat, Tote zu erwecken und lebendig zu machen, so kommt
sie auch dem Sohne zu. Unzweifelhaft ist hier zunächst von Toten im
alltäglichen Sinn und von einer Auferweckung von Leibern die Rede ;
das geht aus der innern Verknüpfung des Verses mit 20, aus dem ἐγείρει
und aus 22 f hervor. Trotzdem kann zugleich an die Verleihung ewigen
Lebens gedacht sein. Die leibliche Auferweckung der Toten ruft nun
den Gedanken an das Gericht am Letzten Tage wach : 22 f. Es ist
unmöglich, hier mit B. nur an das Gericht der Scheidung zu denken,
die durch das Erscheinen und die Heilsverkündigung des fleischgewordenen Logos in der Menschheit erfolgt. Man könnte zwar von dieser
Verkündigung sagen, sie geschehe, damit alle den Sohn ehren, wie sie
den Vater ehren ; aber von der Spaltung, die das Wort Jesu ausübt,
gilt das nicht ; es spaltet und richtet wider Jesu Absicht (3,16-21). Als
richtendes Wort ist seine Verkündigung aber auch nicht Quelle von
Ehrung und Anerkennung durch alle Menschen und kann unmöglich
solche erstreben ; hier aber wird vom Gericht gesagt, es geschehe, damit
der Sohn Ehrung finde, und zwar durch alle Menschen.

Die Verse 5,22 f sind deswegen allein schon imstande, die ganze
Auffassung Bs. von der jh Eschatologie zu widerlegen und zu zeigen,
wie falsch sein literarkritisches Vorgehen in dieser Hinsicht ist. Die
beiden Verse machen auch allein schon deutlich, daß der Hauptgegenstand des Abschnittes gerade das Gericht am Letzten Tag und die
Auferweckung der toten Leiber, nicht die Auferweckung der geistig
Toten ist. Von dieser ist nur die Rede, weil beides innig zusammenhängt und weil Jesus eben auf das Wesentliche geht und keine davon
abgelöste « apokalyptische » Eschatologie vorträgt.

Vers 24 : Wer nun Jesu Wort gläubig aufnimmt, der kommt nicht
ins Gericht, weil er schon jenseits im ewigen Leben steht. Das Gericht
dürfte, nach den vorausgehenden Versen zu schließen, wieder das
Gericht am Letzten Tage sein. Vers 25 redet vielleicht doppelsinnig
davon, daß die dem Leibe nach Toten einst auch dem Leibe nach auferstehen werden, wenn sie in ihrer Erdenzeit mit der Annahme des
Wortes Gottes das Leben der Seele empfingen. Vers 26 : Das Leben
ist im Vater wie im Sohn als dem Ursprung allen Lebens, das den
Gläubigen zuteil wird, sei es Leben der Seelen oder der Leiber. Dieser
Sinn des Satzes geht aus der Parallele mit 21 hervor. Vers 27 nimmt 22
wieder auf, ihn ergänzend ; 28 und 29 entfalten ihn und teilweise 24 f.

30 nimmt 19 wieder auf und lenkt die Aufmerksamkeit noch einmal auf den Hauptgedanken des Stückes. Dieser ganze Kreislauf ist unverkennbar jh[1].

d. *Sakramentale Zusätze.* — Der umfangreichste und wichtigste sakramentale Text des Jhev ist 6,51b-58. Im dritten Hauptteil dieser Arbeit wird seine Herkunft vom Evglisten stilkritisch nachgewiesen werden. Dieser Nachweis führt zu einem so eindeutigen Ergebnis, daß wir uns hier mit wenigen Ergänzungen zufrieden geben können. Übrigens stellt B. selber fest, daß der kirchliche Redaktor hier ganz « in Anlehnung an Sprache und Stil der Vorlage » gearbeitet habe[2]. Das ist aber ein unfreiwilliges Eingeständnis der methodischen Schwäche, an der das Vorgehen Bs. krankt. Doch wenden wir uns den « Unstimmigkeiten » zu, aus denen B. schließt, der strittige Abschnitt sei nicht aus der Hand des Evglisten hervorgegangen !

« Von vornherein hebt sich 6,51b-58 stark von dem Vorhergehenden ab ; denn zweifellos ist hier vom sakramentalen Mahle der Eucharistie die Rede, bei der Fleisch und Blut des 'Menschensohnes' verzehrt werden mit der Wirkung, daß diese Speise das 'ewige Leben' verleiht, und zwar in dem Sinne, daß der Teilnehmer an diesem Mahle der künftigen Auferstehung gewiß sein kann. Das Herrenmahl ist hier also als φάρμακον ἀθανασίας bzw. τῆς ζωῆς aufgefaßt. Das befremdet nicht nur angesichts der Gesamtanschauung des Evglisten, speziell seiner Eschatologie, sondern es steht auch im Widerspruch zu den vorausgehenden Worten. Denn in diesen ist unter dem Lebensbrot, das der Vater gibt, indem er den Sohn vom Himmel sendet (V. 32 f.), er selbst, der Offenbarer, verstanden. Er spendet (V. 27) und ist (V. 35. 48. 51) das Lebensbrot, wie er das Lebenswasser spendet (4,10), wie er das Licht der Welt ist (8,12), als der Offenbarer, der der Welt Leben gibt (V. 33, vgl. 10,28 ; 17,2), — denen nämlich, die zu ihm 'kommen' (V. 35, vgl. 3,20 f. ; 5,40), d. h. die an ihn glauben (V. 35 ; und vgl. 3,20 f. mit 3,18), ohne daß es noch eines sakramentalen Aktes bedürfte, durch den sich der Glaubende das Leben aneignet. Es kommt hinzu, daß die Begriffs-

---

[1] Vgl S 251-255 dsAr. — Der Abschnitt über die eschatologischen « Zusätze » des Redaktors war vollendet, noch ehe das Buch Cullmanns « Christus und die Zeit » erschienen war. Man wird zu meinen Ausführungen mit großem Nutzen vor allem den ersten und zweiten Teil des Buches und aus dem vierten das dritte Kapitel lesen.

[2] Jhev 174.

sprache von 6,51b-58 aus einem ganz anderen Anschauungskreis stammt als die von 6,27-51a. Der Schluß ist unvermeidlich, daß V. 51b-58 von der kirchlichen Redaktion hinzugefügt ist ; und diese Redaktion ist es auch, die am Schluß der V. 39. 40. 44 den refrainartigen Satz angeflickt hat : κἀγὼ ἀναστήσω αὐτὸν ἐν τῇ ἐσχάτῃ ἡμέρᾳ. Dieser Satz hat V. 54 seinen organischen Platz ; an den andern Stellen, vor allem V. 44, stört er den Gedanken ; seine Anfügung ist der Versuch der Redaktion, die ganze Rede unter die Anschauung von V. 51b-58 zu stellen.» [1]

Daß das Herrenmahl im fraglichen Text als φάρμακον ἀθανασίας aufgefaßt ist, macht uns nach dem Vorausgehenden keine Schwierigkeiten mehr. Wir können aber noch darauf hinweisen, daß nicht die Auferstehung am Letzten Tage als die *wesentliche* Wirkung der Eucharistie hingestellt ist, sondern die innigste *persönliche Lebensgemeinschaft mit Jesus* (56 f), daß also unzweifelhaft die ζωή (αἰώνιος) in 51. 53. 54 und das ζήσει in 58 wie gewöhnlich vom Leben der Seele durch Jesus zu verstehen sind. Der Satz κἀγὼ ἀναστήσω κτλ in 54 nennt eine zweite, *untergeordnete* Wirkung der Eucharistie. Das Verhältnis zwischen den zwei Wirkungen ist das gleiche wie zwischen der ζωή αἰώνιος und der ἀνάστασις des Leibes im Abschnitt 5,19-30 und 11,24-26.

Im Widerspruch zur Rede vom Lebensbrot (6,27-51a) steht die eucharistische Rede nicht. Ganz deutlich sagt auch die letztere, daß *die Person Jesu* der eigentliche Lebensspender und das genossene Leben selber in der Eucharistie sei : ὁ τρώγων με κἀκεῖνος ζήσει δι᾽ ἐμέ. Und sogleich wird zugefügt : οὗτός ἐστιν ὁ ἄρτος κτλ. Daß auch die σάρξ Jesu ἄρτος genannt wird (51b), sollte unter diesen Umständen doch kein Unbehagen verursachen. Es kann sich nur darum handeln, daß die im eucharistischen Brot enthaltene σάρξ die Verbindung zwischen dem Essenden und dem ewigen Leben, das Jesus selber ist, herstellt. Die σάρξ Jesu ist eben trotz der Anspielung auf den leiblichen Tod Jesu in Vers 51 (σάρξ ὑπὲρ τῆς τοῦ κόσμου ζωῆς) vom menschlichen und göttlichen Leben Jesu erfüllt gedacht (Jh 6,63 !).

Wenn B. aus der Tatsache, daß die Lebensbrotrede dem Glaubenden und zu Jesus Kommenden das Leben verheißt, schließt, es könne also nicht, um dieses zu gewinnen, noch eine sakramentale Handlung nötig sein, so ist zu sagen, daß darin nichts Unmögliches und Unwahrscheinliches enthalten ist. Warum soll die eucharistische Rede nicht die Rede vom Lebensbrot ergänzen ? Glaube und Sakrament schließen sich nicht

---

[1] Jhev 161 f.

aus ex natura rei. Nicht einmal dann, wenn anderswoher nachgewiesen
würde, daß 6,51b-58 ein Einschub fremder Herkunft wäre, dürfte man
sagen, die Lebensbrotrede wolle nichts vom Sakrament wissen. Im Ev
wird nämlich auch anderwärts von Sakramenten gesprochen. Der
Evglist sah also darin keinen Gegensatz zur Gewinnung des Lebens
durch den Glauben. Knüpft nicht in den Synoptikern die Bergpredigt
das eschatologische Heil an die Erfüllung *ethischer* Forderungen ? Wer
hätte je daraus gefolgert, daß die Einsetzung des Abendmahles in der
syn Leidensgeschichte kirchlicher Zusatz sei ?

Niemand leugnet, daß die Begriffssprache der eucharistischen Rede
teilweise eine andere ist als die der Rede vom Lebensbrot. Aber läßt
sich so etwas im Ernst literarkritisch auswerten ? Die beiden Anschauungen sind leicht vereinbar, wenn die dahinterstehenden Wirklichkeiten es sind. Die Einheit kommt auch, wie im dritten Teil dieser
Arbeit gezeigt wird [1], in der eucharistischen Rede geradezu wunderbar
zum Ausdruck.

Erwägen wir schließlich noch, daß man sich nicht vorstellen kann,
wie ein kirchlicher Redaktor, der nach B. mit seinen Zusätzen zum
vierten Ev den Anschluß an die syn Überlieferung suchte, nicht in
der Erzählung vom letzten Mahl, passend oder unpassend, die Stiftung
der Eucharistie « eingebracht », sondern statt dessen diese Verheißung
des Sakramentes, von der die Überlieferung schwieg, ersonnen hätte,
zusammen mit einer Ausdrucksweise, die ganz jh, aber eine andere ist
als die des übrigen NT [2].

Der kirchliche Redaktor soll nach B. [3] auch die Worte ὕδατος
καί ... *in 3,5* eingesetzt haben, um so die Wiedergeburt an das Sakrament der Taufe zu binden. Der Hauptgrund, der dies beweisen soll,
ist die « Tatsache », daß der genannte Redaktor « in 6,51b-58 die Bezug-
nahme auf das Abendmahl eingebracht hat ». Dazu muß nicht mehr
Stellung genommen werden. Als weiteren Grund führt B. an : « Die
Bedeutung der Taufe ist im folgenden nicht nur nicht erwähnt, sondern
ihre Erwähnung könnte auch nur den Gedanken in V. 6 und V. 8
stören ... » Diese Störung ist nur für den vorhanden, der nicht erkennt,
daß das Sakrament nach Jh (siehe oben) nur kraft seiner Verbindung
mit Jesus wirken kann, aus sich aber nichts vermag, um ewiges Leben
zu wecken ; ebenso würde solches durch das Sakrament nicht geweckt,

---

[1] Siehe S 258 dsAr ; vgl auch BROMBOSZCZ, Einheit 176-180.
[2] Siehe S 246-262 dsAr.   [3] Jhev 98 Anm 2.

wenn sich der Empfangende Jesus ungläubig verschlösse. Sakrament und Pneuma sind sowenig unvereinbare Gegensätze wie die σάρξ Jesu und der ewige Logos [1]. Auch das unfaßbare Walten des Pneumas (3,8) ist nicht unvereinbar mit der Möglichkeit, ein Sakrament zu ergreifen, um ewiges Leben zu gewinnen. Wenn dieser Griff von einem geschähe, der nicht geheimnisvoll vom Vater gezogen wäre (6,44), so wäre er eben fruchtlos.

Ein weiterer sakramentaler Zusatz des Redaktors ist nach B. *19,34b*. Er schreibt dazu : « Die kirchliche Redaktion hat dem Lanzenstich noch einen weiteren und tieferen Sinn abgewonnen, indem sie V. 34b hinzugefügt hat : καὶ ἐξῆλθεν εὐθὺς αἷμα καὶ ὕδωρ. Ein Wunder soll damit zweifellos berichtet werden, und ebenso zweifellos hat dieses Wunder einen bestimmten Sinn. Er kann kaum ein anderer sein als der, daß im Kreuzestode Jesu die Sakramente der Taufe und des Herrenmahles ihre Begründung haben. Auf die kirchliche Red., die 3,5 das Taufwasser und 6,51b-58 das Herrenmahl eingefügt hat, geht also auch V. 34b zurück ... » [2]

Daß Vers 34b auf die Sakramente von Taufe und Eucharistie geht, wird richtig sein ; das Wasser kann, wie B. anmerkt [3], doch nicht antidoketisch gemeint sein. Hingegen muß der Vers vom Evglisten stammen, der sowohl die Taufe wie die Eucharistie im Ev verankert hat. B. hat allerdings noch einen weitern Grund, den Halbvers dem Evglisten abzuerkennen : « Daß V. 34b (und 35) ein sekundärer Zusatz ist, zeigt sich schon daran, daß das Zitat V. 37 die Pointe im Lanzenstich als solchem sieht (nur dieser ist Sach 12,10 geweissagt), während dieser für den Schreiber von V. 34b nur das Mittel ist, durch welches das eigentlich wichtige Geschehen, dessen Bedeutsamkeit durch V. 35 noch betont wird, verursacht ist. » [4] Wenn man von Jh, wie aus früheren Darlegungen hervorgeht, nicht die stilistische Ausgewogenheit eines Klassikers der Geschichtsschreibung verlangen darf [5], so macht es keine Schwierigkeit, die Verse 34 f mit 36 f zu vereinbaren. Diese letztern sind nur Nachtrag und Anmerkung zu 33 und 34a. Es sind zwei Pointen vorhanden ; das ist wahr. *Aber jede von beiden hat auf etwas Anderes Bezug.* Daß der Ausfluß von Wasser und Blut angeschlossen wird, ehe

---

[1] CULLMANN, Urchristentum 66 f.   [2] Jhev 525.
[3] Ebd 525 Anm 5. 6.   [4] Jhev 525 Anm 4.
[5] Siehe Anm 2 S 49 ; Anm 1 S 118 dsAr.

von Schenkelbruch und Lanzenstich gesagt ist, sie seien erfüllte Weissagung, ist gewiß nicht unnatürlich, da der Ausfluß sogleich auf den Stich erfolgte (εὐθύς). Dann aber kann man dem Vf auch nicht mehr übel nehmen, daß er Vers 35 unmittelbar folgen läßt. Was bleibt nun anderes übrig, als aus der Erklärung 36 f einen Nachtrag zu machen? Stilistisch empfindet man das allerdings, da man geneigt ist, das ταῦτα und γάρ auf den Ausfluß von Wasser und Blut zu beziehen; aber sachlich kann man nichts einwenden. Ganz ähnlich schließt etwa das οὐδὲ γάρ ... 5,22 sachlich an 5,20 an, trotzdem es stilistisch eigentlich eine Verbindung mit 5,21 herstellt. So sind zB auch die beiden einleitenden ὅτι 1,16 f nach meiner Auffassung je parallel zum ὅτι 1,15c.

Hören wir jetzt noch, was B. zusammenfassend zu den sakramentalen Stellen des Ev sagt![1] «Ist es auch befremdlich, sich eine urchristliche Richtung vorzustellen, in der die Taufe abgewiesen wurde, so ist das doch nicht von vornherein ausgeschlossen und wäre aus dem Gegensatz zu solchen Richtungen zu verstehen, in denen der Taufe und Taufbädern überhaupt ein übermäßiger Wert zugeschrieben wurde. In der Tat ist die Stellung des Joh zu den Sakramenten problematisch. Das Herrenmahl wird von ihm überhaupt nicht genannt; und in seinem Bericht vom letzten Mahle ist es durch das Gebet Jesu ersetzt. Von der Wiedergeburt handelt er, ohne dabei der Taufe zu gedenken. Die Jünger gelten als καθαροί, ohne daß ihre Taufe berichtet ist; sie sind rein durch das Wort Jesu (15,3). Indessen berichtet Joh unbefangen, daß Jesus wie der Täufer getauft habe: 3,22; 4,1; und zumal 4,1 scheint mit seiner Verbindung von μαθητὰς ποιεῖν und βαπτίζειν zu zeigen, daß der Eintritt in die Jüngerschaft mit dem Empfang der Taufe verbunden ist. Aber 3,22; 4,1 sind ganz unbetont, und in der Verkündigung Jesu spielen die Sakramente keine Rolle. Man kann sich also den Tatbestand wohl nur so erklären, daß sich der Evglist mit dem kirchlichen Brauch von Taufe und Herrenmahl zwar abfindet, daß dieser ihm aber infolge des Mißbrauches verdächtig bleibt, und daß er deshalb davon schweigt. In Wahrheit sind für ihn die Sakramente überflüssig: die Jünger sind «rein» durch das Wort (15,3), und sie sind — nach dem das Herrenmahl ersetzenden Gebet — «heilig» ebenfalls durch das Wort (17,17). Hat sich der Evglist mit den Sakramenten abgefunden, so kann er sie nur so verstanden haben, daß in ihnen das

---

[1] Jhev 360.

Wort in einer besonderen Weise vergegenwärtigt wird. Das entspricht der Tatsache, daß er auch dem Tode und der Auferstehung Jesu nicht eine spezifische Bedeutung neben der Menschwerdung und dem Wirken Jesu zuschreibt als Ereignissen, in denen die Sakramente begründet sind, sondern daß er dieses alles als Einheit sieht.»

So Bultmann. Der Absatz ist ein Verlegenheitszeugnis. Jh berichtet also unbefangen, daß Jesus wie der Täufer getauft habe ; ebenso soll nach B. [1] (trotz des hier Gesagten) der Evglist damit, daß er die Stiftung des Herrenmahles nicht erzählte, « nicht gegen das kirchliche Sakrament polemisiert haben » ; er habe im Abschiedsgebet sogar auf die Abendmahlsworte angespielt. Dennoch sind also die Sakramente für ihn überflüssig. Nun ! Mögen auch 3,22 und 4,1 « ganz unbetont » sein, so beweist das doch nur, daß die Taufe für Jh eine Selbstverständlichkeit ist. Wäre sie für ihn überflüssig, so würde er wenigstens in der Form dagegen kämpfen, daß er nichts davon sagte. Ferner spielt das Sakrament der Eucharistie, wie sich aus der Echtheit von 6,51b-58 ergibt, eine ganz hervorragende Rolle in der Verkündigung des jh Jesus, und auch die Taufe hat hier ihren Platz (3,5). Beide Sakramente werden zudem 19,34b im Tode Jesu als ihrem Ursprung und der Quelle ihrer Kraft begründet ; das Sakrament der Sündenvergebung aber wird ebenso sinnhaft vom auferstandenen Sieger am Kreuz eingesetzt (20,22 f).

Das alles kann man sich nur so erklären, daß der Evglist genau die gleiche Stellung zu den Sakramenten einnimmt wie das übrige NT und das ganze Urchristentum. Wenn von den Jüngern gesagt wird, sie seien durch das Wort Jesu rein und heilig, so ist damit so wenig etwas gegen die Sakramente verübt, wie die Lebensbrotrede dadurch, daß nach ihr der Glaube das ewige Leben gewinnt, die Eucharistie gefährdet [2]. Warum sollte übrigens die Taufe der Jünger erzählt sein ?

---

[1] Jhev 370 f ; 391 mit Anm 3.

[2] Es ist ein typischer methodischer Fehler Bs. wie der radikalen Kritik überhaupt, unvollständige Einzelaussagen als allgemeine und umfassende Ganzaussagen zu nehmen. Wenn von einer Sache im gleichen Schriftwerk verschiedene Aussagen gemacht werden, muß, solange nicht das Gegenteil klar erhellt, angenommen werden, sie gäben Teilsichten eines Ganzen und ergänzten einander. Wer einen solchen Ausgleich nicht einmal versucht, legt Zeugnis ab von einer Unfähigkeit, mannigfach geschichtete und gestufte, in sich polare Wirklichkeit zu erfassen. Wenn B. die Grundsätze seiner Literarkritik folgerichtig zu Ende dächte, so müßte er, wenn gesagt wird, die Jünger seien durch das Wort Jesu rein und heilig, auch die jh Lehre von der entscheidenden Bedeutung des Kreuzestodes Jesu (11,50-52 ; 12,31-33 usw) oder der Geistsendung ablehnen. Wendet er aber ein, das Wort Jesu umfasse auch die Verkündung des einen und des andern, warum

Die syn Ev wissen auch nichts davon, und der Taufbrunnen entspringt erst der Seitenwunde des toten Jesus!

e. *Weitere Zusätze.* — Es bleiben uns eine Reihe einzelner Sätze oder Satzstücke, die B. dem Redaktor zuschlägt. *3,24:* « Wenn in V. 24 ausdrücklich mitgeteilt wird, was nach V. 23 ja selbstverständlich ist, daß Johannes noch nicht verhaftet war, so kann der Sinn dieser Anmerkung nur der sein, einen Ausgleich des hier Erzählten mit dem traditionellen Bericht herzustellen, nach dem Jesus seine Wirksamkeit erst nach der Verhaftung des Täufers begann. » [1] Das ist nach B. der Grund, warum 3,24 sehr wahrscheinlich Zusatz des Redaktors sei. Dagegen ist einmal zu sagen, daß Jh selber immer wieder auf die syn Darstellung Rücksicht nimmt ; und zweitens wäre es doch wirklich seltsam, wenn der Redaktor in der Absicht, einen Ausgleich mit der Überlieferung zu erreichen, gerade durch den fraglichen Satz die Leser des Ev darauf gestoßen hätte, daß Jesus schon vor der Verhaftung des Täufers seine Wirksamkeit begonnen hatte !

4,2: « Die Parenthese V. 2 korrigiert die Aussage von 3,22, und das sonst bei Joh (wie im übrigen NT) nicht begegnende καίτοιγε spricht dafür, daß sie redakt. Glosse ist, wenngleich man nicht einsieht, warum der Red. seine Korrektur nicht schon 3,22 angebracht hat. » [2] Gerade die Einsicht, daß ein Redaktor, der an der Aussage, Jesus habe getauft, Anstoß nahm, diese gewiß schon 3,22 korrigiert hätte, diese Einsicht legt uns dringend nahe, in 4,2 eben nicht an Redaktionsarbeit zu denken. Ein καίτοιγε jedoch wird, gerade weil es im NT sonst nicht vorkommt, am allerwenigsten im Jhev wundernehmen. Nach B. ist übrigens auch das unterstreichende αὐτός wie das οὐ — ἀλλά ein jh Kennzeichen [3].

4,22 « ist ganz oder teilweise eine Glosse der Redaktion. Das ὅτι ἡ σωτηρία ἐκ τ. Ἰουδ. ἐστίν ist bei Joh unmöglich nicht nur angesichts 8,41 ff. ; schon 1,11 zeigte, daß der Evglist die Juden nicht als das Eigentums- und als Heilsvolk ansieht. Und es ist trotz 4,9 schwer ver-

---

soll dann das gleiche nicht vom Sakrament gelten können, so daß auch das Wort *davon* und das Aneignen dieser verkündeten Wirklichkeit (ποιεῖν τὴν ἀλήθειαν : 3,21) rein und heilig macht ?

[1] Jhev 124 ; dazu 124 Anm 7.   [2] Jhev 128 Anm 4.

[3] αὐτός : Jhev 91 Anm 3 ; οὐ — ἀλλά : ebd 29 Anm 1.

ständlich, daß der joh. Jesus, der sich von den Juden ständig distanziert
(8,17 ; 10,34 ; 13,33 . . .), jenen Satz gesprochen haben soll.»[1] Wenn
es schon nicht leicht ist, 1,11 überhaupt anders zu verstehen als in dem
Sinne, daß Jh da die Juden als ursprüngliches Eigentums- und Heilsvolk Gottes und des Logos ansieht, so ist es geradezu unmöglich, aus
diesem Vers das Gegenteil herauszulesen ; denn der Sachverhalt liegt
im ganzen Ev so klar, daß man ob Bs. Auslegung nur staunen kann.
Man überlege sich nur einmal, was etwa die Verse 11,49-52 voraussetzen
und sagen ! Aber auch der Abschnitt 8,30-59 setzt offenkundig voraus,
daß die Juden das Heilsvolk sind, das freilich seine Stunde nicht erkennt
und wegen seiner vom Teufel eingegebenen Verwerfung Jesu von Gott
nun seinerseits verworfen wird. Und was sagt denn das, daß Jesus,
der Messias, nach dem Ev selber ein Jude ist und sozusagen ausschließlich unter Juden wirkt, solche aber auch zu Jüngern und Anhängern
gewinnt ? Zugegeben : die Juden spiegeln im vierten Ev irgendwie die
ganze Menschenwelt und ihre Einstellung für oder gegen Jesus. Damit
jedoch hören sie nicht auf, die Juden zur Zeit Jesu zu sein, zu denen
er zuerst gesandt ist[2]. Der Evglist kann es ihnen gerade deswegen nicht
nachsehen, Jesus verworfen zu haben, weil sie sein Eigentum waren.

6,27b[3]. Dieser Vers ist mit der Sicherstellung von 6,51-58 ebenfalls
gesichert ; denn ὁ υἱὸς τοῦ ἀνθρώπου, vom schon erhöhten Jesus ausgesagt, findet sich auch in Vers 53[4]. — *7,38* (καθὼς εἶπεν κτλ). B. führt
als einzigen Grund für die Unechtheit dieses Verses an, daß er den
Zusammenhang zwischen 37 und 39 sprenge[5]. Ob dies der Fall ist,
hängt aber von der Deutung des Textes ab ; und wenn es der Fall ist,
so ist damit kein Anlaß gegeben, eine Glosse des Redaktors zu vermuten. Eine solche Annahme erklärt auch nichts, sondern stellt nur
eine neue Frage : was für eine Absicht der Redaktor mit seiner Einfügung hätte verfolgen wollen.

10,16. Der Hauptgrund, warum B. diesen Vers der Redaktion
zuspricht, ist wiederum der, daß er einen Zusammenhang unterbreche,
denjenigen der Verse 10,15b-18, der seinerseits eine Anmerkung des
Evglisten zum Quellentext darstelle[6]. Allein die Erwägung fließt aus

---

[1] Jhev 139 Anm 6. [2] Jh 11,51 f ist das deutlich vorausgesetzt.
[3] Jhev 166 Anm 10. [4] Vgl dazu S 256 f dsAr.
[5] Jhev 229 Anm 2. [6] Jhev 292.

der Neigung Bs., sein eigenes logisches Empfinden einem Werk aufzuzwingen, das nun einmal durchgehend eine andere Denkweise widerspiegelt, als sie dem modernen Abendländer vertraut ist. Gerade was
die Hirtenrede angeht, sollte die Kritik endlich der gesunden Einsicht
nachgeben, daß hier nicht eine fremde Hand störend eingegriffen hat,
sondern, literarisch gesehen, ein ursprüngliches Erzeugnis vorliegt. Es
wirkt auch auf die Dauer eigenartig, wenn man immer wieder, wie B.
es macht, hervorhebt, der Evglist unterstreiche durch seinen Zusatz
nur den Gedanken der Quelle, oder : der Zusatz störe zwar formal, füge
sich aber inhaltlich ausgezeichnet zu dem, was die Quelle meine [1]. Auch
im vorliegenden Fall heißt es ausdrücklich : « Wenn der gleiche Gedanke
auch 11,52 ; 17,20 vom Evglisten selbst ausgesprochen ist, so ist doch
begreiflich, daß die Red. ihn hier einfügte, weil sie ihn in der Hirtenrede vermißte. » [2]

11,2 « ist Glosse der kirchlichen Red. ; ihre Absicht ist, die hier
genannte Maria mit der Frau zu identifizieren, die aus Mk 14,3-9 par.
bekannt ist ; das entspricht der Tendenz, die in der Tradition gegebenen
Daten zu einer dem Leser bekannten Welt zu verknüpfen. » [3] Warum
soll diese Absicht nicht gerade die des Evglisten sein ? Daran, daß er
die Salbungsgeschichte kennt, kann man gewiß nicht zweifeln, erzählt
er sie doch selber (12,1-8). Aber B. ist das κύριος (vom erhöhten Herrn
gemeint) ein Dorn im Auge. Weil es 6,23 von einigen Handschriften
ausgelassen wird, darf es weder dort noch 4,1 ; 11,2 vom Evglisten
stammen [4]. Erst in Kapitel 20 ist es nach B. angebracht [5]. Es liegt
jedoch sehr nahe, daß der Evglist von seinem Glauben aus das κύριος
im genannten Sinn auch vorher schon braucht. Der Fall 6,23 ist auch
textkritisch kaum tilgbar. Wie und warum aber jemand auf den
Gedanken hätte verfallen sollen, in 4,1 ein fehlendes ἔγνω ὁ κύριος ὅτι
einzusetzen, kann man sich nicht vorstellen.

12,33 und *18,32* werden von B. vornehmlich deswegen aus dem
Werk des Evglisten verwiesen, weil sie stilistisch eng mit 21,19 verwandt

---

[1] Jhev 287 ; 292 ; Anm 3 S 23 dsAr.   [2] Ebd 292.
[3] Jhev 302 Anm 1.   [4] Jhev 128 Anm 4 ; 160 Anm 5.
[5] Mehr oder weniger ; siehe Jhev 530 Anm 2 ; 531 Anm 7 : im Sinne des
Evglisten sei das κύριος 20,2. 13 nicht angemessen ; er habe es eben nur aus der
Quelle übernommen ! ! Jhev 538 mit Anm 7 zeigt, daß der Kyriostitel wenigstens
20,28 passend verwendet sein soll.

sind [1]. Wir dürfen ruhig umgekehrt 21,19 als deutliches Zeichen ansehen, daß auch der Nachtrag des Ev von der Hand des Evglisten
geschrieben wurde. 12,33 weist so unverkennbar die Form seiner Anmerkungen auf, daß B. selber, als er den Kommentar dazu schrieb,
nicht der leiseste Zweifel daran aufstieg, daß der Vers dem Evglisten
gehöre [2]. Genau wie 12,33 gibt sich aber auch 21,19. Ebenso ist 18,32
als Rückverweisung auf 3,14 ; 12,32 f charakteristisch für Jh [3]. Dieser
rückverweisende Vers wird von B. freilich auch noch deswegen ange-
griffen, weil er mit 18,9 zusammen, der ebenfalls vom Redaktor stamme,
für ein Wort Jesu, nicht für ein Wort der Heiligen Schrift, die Formel
ἵνα πληρωθῇ verwende [4]. Das ist jedoch für keinen der beiden Sätze
ein Grund, der eine literarkritische Maßnahme rechtfertigte.

Der Hauptgrund, warum B. *18,9* angreift [5], ist die Tatsache, daß
hier von der Handlung Jesu 18,8 gesagt wird, sie erfülle ein Wort Jesu,
das tatsächlich nicht vom leiblichen, sondern vom ewigen Leben galt
(6,39 ; vgl 17,12). Aber warum soll man eine solche accommodatio nicht
dem Evglisten zutrauen dürfen ? Literarkritik darf nun einmal nicht
von solchen « Unstimmigkeiten » geleitet sein. Wer könnte übrigens
den echt jh Klang der Stelle überhören ? Dieser wiegt umso schwerer,
als der Vers weder 6,39 noch 17,12 genau wiedergibt. Auch hier ist
dann die Form der Anmerkung und Rückverweisung in Anschlag zu
bringen. Daß B. dies trotz der vielen Mühe, die er auf Stilkritik verwandt hat, nicht tut, sondern darüber hinweg sich von einer inhaltlichen Aporie zu literarkritischer Scheidung verleiten läßt, ist ein klares
Zeichen, daß er, ungeachtet seines Rufes in die Wüste in der « Christlichen Welt » [6], die Tragweite der Stilkritik nicht erfaßt hat.

19,35. Der augenscheinlich einzige Grund, warum dieser Vers von
B. dem Redaktor zugeschlagen wird, ist seine innere Verknüpfung mit
19,34b [7]. Da dieses Satzstück, wie gezeigt wurde, jh ist, kann auch
19,35 nur vom Evglisten stammen. Stilkritisch wird das im dritten
Teil dieser Arbeit erhärtet werden [8].

---

[1] Jhev 495 mit Anm 6 ; 505.   [2] Jhev 331 mit Anm 4.
[3] Ebd 265 Anm 2.   [4] Ebd 495 Anm 6.
[5] Ebd 495.   [6] Siehe S 106 f dsAr.
[7] Jhev 525 f.   [8] S 225 f dsAr.

20,9 «ist eine Glosse der kirchlichen Redaktion. Das δεῖ αὐτὸν ἐκ νεκρ. ἀναστ. klingt unjh und erinnert an die synoptische Terminologie bzw. an die Sprache des Gemeindeglaubens.»[1] Der fragliche Satz klingt tatsächlich ganz jh, sowohl mit seinem ᾔδεισαν wie mit dem von B. angeführten δεῖ κτλ. Man vergleiche dazu nur etwa 3,7. 14; 12,34! Aber B. wird den Satz als unjh empfinden, weil er die «apokalyptischen» Stellen des Ev verwirft. Darauf werden wir nicht zurückkommen müssen. Es dürfte aber doch nützlich sein, daran zu erinnern, daß sowohl das νεκρός wie das ἀνίστασθαι auch anderwärts im Ev, in Stellen, die auch B. dem Evglisten zuweist, nicht übertragen verwendet wird, das erstere 5,21, das letztere 11,23.

[1] Jhev 530.

2. HAUPTTEIL

Das stilkritische Verfahren Eduard Schweizers

Der Vorzug der literarkritischen Auffassungen Bs. gegenüber früheren einschlägigen Arbeiten liegt unzweifelhaft darin, daß er das Jhev von vornherein als eine geschlossene *bauliche wie gedankliche Einheit* nimmt, die, von wenigen Zusätzen abgesehen, ihr Entstehen einem *einheitlichen Plan* und einem *einzigen Vf* verdankt, der freilich Quellen verwendete. Sie aus dem Ganzen herauszulösen, war das Hauptziel der Literaturkritik Bs. Daneben wies er aber doch immer wieder auf die Einheit hin, die der Evglist seinem Werk, trotz aller vorhandenen Unstimmigkeiten, zu geben verstanden hatte. Diese Einheit zeigte sich, literarkritisch gesehen, vor allem in der durch das ganze Ev deutlich sichtbaren Technik der Anmerkungen, der Rückverweisungen, des chronologischen « Schemas » wie in den « redaktionellen » Stücken [1].

Die Erkenntnis, daß dieses ganze Gerüst des Ev nur einen einzigen Mann zum Urheber haben könne, war gewiß wertvoll. Alle diese Stücke und Stellen verraten tatsächlich eine ganz *persönliche* Art schriftstellerischer Technik, so daß man nicht glauben könnte, mehrere Hände hätten daran gearbeitet. Leider glaubte B., ihr sprachlicher Unterschied zu den übrigen Teilen des Ev verlange die Annahme, daß Quellen zur Verwendung gelangt seien, während doch dieser Unterschied, soweit er von B. literarkritisch erfaßt wurde, nur der notwendige Ausdruck einer natürlichen *inhaltlichen* Andersartigkeit war [2]. B. hätte untersuchen müssen, ob den inhaltlich verschiedenen Schichten nicht trotzdem eine nicht inhaltlich gegebene *stilistische* Einheit eigen sei. Dies nicht getan zu haben, ist das entscheidende Versäumnis Bs. Man kann es ihm allerdings nicht verargen, das Geleise der alten Literarkritik nicht verlassen zu haben. Trotzdem nämlich schon um die Jahrhundertwende das vierte Ev stilkritisch eingehend untersucht worden war [3], war es doch

---

[1] Vgl zum Ganzen S 20-22 ; 28 f dsAr und passim.
[2] Vgl S 54 f dsAr.
[3] Man denke an die Arbeiten von Abbott !

noch keinem Forscher, der die literarische Einheit des Ev annahm, gelungen, jene Untersuchungen zu einem geschlossenen und eindeutigen Nachweis seiner stilistischen Unteilbarkeit zu verwerten [1]. Diesen Nachweis erbrachte im Jahre 1939 EDUARD SCHWEIZER in seinem Werk « Ego Eimi ». Er untersuchte hier die jh Bildreden auf ihren Sinn und Gehalt und ihre religionsgeschichtliche Stellung. Im Rahmen dieser Untersuchung kam er auch auf die Quellenfrage im vierten Ev zu sprechen. Auf dreißig Seiten (82-112) wird da unter Ausnutzung sozusagen aller schon gemachten stilstatistischen Arbeiten zum Ev gezeigt, wie es unmöglich ist, eine stilistische Ausscheidung verschiedener Schichten vorzunehmen, und wie alle größeren Scheidungsversuche der Vergangenheit an der stilkritischen Nachprüfung zerbrechen.

Das Vorgehen Schweizers ist nicht nur etwas Neues auf dem Gebiete der Stilkritik überhaupt, sondern so einfach wie zwingend und klar. Sein « Ego Eimi » dürfte einmal um dieses Abschnittes willen als Einschnitt in der Geschichte der biblischen Literarkritik gelten ; denn das stilkritische Verfahren Schweizers läßt sich vom Jhev auch auf andere biblische Bücher übertragen, ja dürfte darüber hinaus Allgemeingültigkeit für jede Literarkritik besitzen. Leider lag, als das Buch erschien, nur die erste Lieferung des « Johannes-Evangeliums » von B. vor. So war es Schweizer nicht mehr möglich, auch dessen Quellenscheidung zu prüfen. JOACHIM JEREMIAS [2] und PHILIPPE MENOUD [3] holten dies teilweise nach. Schweizer zog ferner nur Grundlinien der neuen Methode, erstrebte nicht möglichste Vollständigkeit in der Darstellung der jh Stileigentümlichkeiten und hielt auch vorsichtig mit den Folgerungen zurück. Es dürfte darum möglich und erwünscht sein, das Verfahren und seine Tragweite einläßlicher darzustellen, als es Schweizer selber getan hat, es etwas auszubauen, die Liste der jh Merkmale mit Jeremias und Menoud zu vervollständigen und ergänzend nochmals die Quellenscheidung Bs. anhand des neuen Verfahrens nachzuprüfen.

---

[1] Das Beste, was bis zu Schweizer auf dem Gebiet der jh Stilkritik geleistet wurde, ist das Kapitel « Der einheitliche Sprachcharakter » in BROMBOSZCZ, Einheit 76-106. Leider kannte Bromboszcz die Untersuchungen von Abbott nicht. Seine wertvollen Beobachtungen sind wohl auch zu wenig gestrafft und ausgenützt, um einem Quellenscheider nachhaltigen Eindruck zu machen, obwohl sie dem gesunden Menschenverstand genügen, um sich von der Einheit des Ev zu überzeugen. — Vgl ferner den Kommentar zum Ev von BERNARD, den zu den Jhbr von BROOKE ; HOWARD, Criticism besonders 119 f.

[2] JhLkr 39-43.   [3] Recherches 14-19.

A. Darstellung des Vorgehens von Schweizer

1. Der Ausgangspunkt

Schweizer stellt zunächst fest, daß es eine Anzahl von « Konstruktionen, Wendungen und Wörtern gibt, die innerhalb des NT.s *ausschließlich* oder *fast* ausschließlich in unserem Evangelium vorkommen »[1]. Von dieser Tatsache aus macht Schweizer sogleich den entscheidenden Schritt, der sozusagen das ganze Neuland erschließt : « Wenn dieses (das Ev) von verschiedenen Verfassern geschrieben resp. aus verschiedenen Quellen zusammengestellt ist, dann ist es *nicht denkbar*, daß zufällig eine Eigentümlichkeit, die sich sonst im NT. nicht oder kaum findet, *mehr als einem Verfasser* eigen ist. »[2] Der Ausdruck « nicht denkbar » mag etwas unvorsichtig sein ; aber der Wert der Folgerung, die gezogen wird, wird dadurch nicht gemindert. Wenn es wirklich jh Eigentümlichkeiten im Vollsinn des Wortes, die im NT sonst nicht oder kaum vorkommen, gibt, so ist es wirklich ganz unwahrscheinlich, daß eine solche mehrere Schriftsteller, die am Jhev gearbeitet hätten, auszeichnete. Sind aber eine Reihe solcher Eigentümlichkeiten vorhanden, so nähert sich die Unwahrscheinlichkeit, daß zwei oder gar mehrere von ihnen je mehr als einem einzigen Vf eigen wären, tatsächlich der Undenkbarkeit.

Nun ! nicht alle jh Eigentümlichkeiten erfüllen den gestellten Anspruch voll, daß sie nämlich im NT gar nie oder sozusagen nie vorkämen. Es gibt solche ; aber es sind auch andere da, die außerhalb des Jhev nur eben selten sind. Natürlich können wir auch sie für unsere Zwecke verwenden. Man muß allerdings voraussetzen, daß die Seltenheit im NT nicht zufällig ist, sondern darauf gründet, daß es sich sprachlich mehr oder weniger um etwas *Ungewöhnliches* handelt, um eine Gestaltung, die ihrer Natur nach nicht häufig zu erwarten ist, wenigstens nicht in der sprachlichen Umwelt des NT und des vierten Ev. Die Seltenheit darf auch nicht nur *inhaltlich*[3] bedingt sein ; denn dann könnte das Merkmal leicht mehreren Schichten eines Werkes, wie es unser Ev ist, eigentümlich sein. Das gilt vor allem für die entscheidenden jh Begriffe wie φῶς, ζωή, κόσμος usw.

---

[1] Ego Eimi 87.
[2] Ebd. 87.
[3] Ego Eimi 88 ; 93.

2. Das Verknüpfungsverfahren

Nehmen wir nun eine solche Eigentümlichkeit, die den gestellten Anforderungen entspricht, heraus, dann können wir auf Grund der von Schweizer gemachten Überlegung mit einiger Sicherheit sagen, daß die Stellen ihres Vorkommens im Ev alle von einem einzigen Vf stammen. Nehmen wir eine zweite Eigentümlichkeit dazu, die an einer oder mehreren Stellen mit der ersten *gemeinsam* vorkommt, dann sind tatsächlich *alle* Stellen des ersten und des folgenden Merkmals für den *gleichen* Vf ausgeschieden [1]. Allerdings fordert Schweizer mit Recht, daß man nur dann von einem gemeinsamen Vorkommen reden dürfe, wenn es wahrscheinlich sei, daß ein Trennungsstrich zweier Schichten nicht ausgerechnet *zwischen* den fraglichen Merkmalen verlaufe. Daraufhin war jeder Fall von Gemeinsamkeit zu prüfen, am einfachsten, indem man sich an die schon einmal vorgenommenen Scheidungen hielt [2]. Aus dem gleichen Grund schied zum vornherein die Nähe zweier Eigentümlichkeiten in anstoßenden Versen aus [3]. Auch konnten deswegen Züge des Ev, die sich über mehrere Verse erstrecken, wie etwa die jh Wiederholungen, nicht als Eigentümlichkeiten im Sinne des Verfahrens verwendet werden [4].

Werden nun alle verwertbaren jh Eigentümlichkeiten nach dem angegebenen Verfahren auf ihr gemeinsames Vorkommen hin untersucht und nach Möglichkeit miteinander verknüpft, so muß sich notwendig zeigen, ob das Ev einheitlich ist oder nicht. Lägen mehrere literarische Schichten *unverquickt* nebeneinander, so müßten sich auch mehrere voneinander unabhängige Gruppen von Eigentümlichkeiten ausheben lassen [5]. Anderseits sagen sich bildende Gruppen nur dann etwas aus über eine literarische Schichtung des Ev, wenn sie sich nicht notwendig ergeben, das heißt, wenn sie sich nicht so auf das Ev verteilen, daß sie *natürliche* Schichten (wie etwa die Reden einerseits und die Erzählungen anderseits) und zwar als solche auszeichnen [6].

Das Gesagte deutete schon an, daß wir noch auf die beiden Fälle eingehen müssen, wo ein Vf oder Redaktor (Interpolator, Glossator) den Stil der Unterlagen, die er verwandte oder überarbeitete, *nachgeahmt*,

---

[1] Ego Eimi 101 f.   [2] Ebd 100 Anm 142.
[3] Siehe aber S 206 f dsAr.   [4] Ego Eimi 99.
[5] Ego Eimi 101 f.   [6] Ebd 102 f; 106 f.

oder wo der Vf den Quellen, sie verarbeitend, seinen *eigenen* Stil *auf-geprägt* hätte. Auch eine wechselseitige Einwirkung wäre denkbar.

Wenn nun nur solche Eigentümlichkeiten gesammelt wurden, die nicht leicht auffindbar sind, sondern *unauffällige Einzelheiten* darstellen, dann zeigt die Unmöglichkeit, im Verknüpfungsverfahren künstliche Gruppen auszuscheiden, doch an, daß keine Unterlagen zur Verwendung gelangten, deren Stil der Vf oder Redaktor nachgeahmt hätte [1]. Es ist aber zu sagen, daß es schwer hält, nur solche Eigentümlichkeiten zu-sammenzustellen, schon allein deswegen, weil sie mehr oder weniger sprachlich Ungewohntes darstellen sollten. Dieses müßte wenigstens einem stilistisch gebildeten Schriftsteller in seinen Unterlagen auffallen ; allerdings würde er gerade solches wohl nicht nachahmen, vor allem, wenn er, wie man doch annehmen muß, ganz im Banne der Gedanken-welt des Ev stand.

Es wäre nun aber möglich, daß der Vf des Ev seine Quellen mehr oder weniger *verarbeitet* und mit seinem persönlichen Stil durchdrungen hätte [2]. In diesem Falle wären sie mit dem Verknüpfungsverfahren nicht auffindbar. Vor einer durchgehenden oder auch nur teilweisen Vermischung der Stileigentümlichkeiten zweier oder mehrerer Schichten muß das angegebene Verfahren an sich versagen ; eine Trennung wäre unmöglich [3]. Allein, abgesehen davon, daß eine durchgehende Ver-arbeitung von Quellen in der geschichtlichen Umwelt, mit der wir zu rechnen haben, nicht sehr wahrscheinlich ist, muß auch darauf hin-gewiesen werden, daß eine Verwendung von Quellen, wenn der Stil einer Schrift schlechthin einheitlich erscheint, nicht einfach voraus-gesetzt werden dürfte, sondern streng *nachgewiesen* werden müßte [4], daß zweitens eine solche Verwendung im Lichte der Prüfung, der wir die Analysen Bs. unterzogen haben, für das Jhev kaum in erheblichem Maße in Frage kommt, vornehmlich weil B. auch stark die Analysen seiner Vorgänger verwertet hatte. Drittens könnte diese Quellenver-arbeitung, wie Schweizer hervorhebt, auf die Exegese des Ev keinen Einfluß ausüben ; das Werk bleibt im Spiegel seines Stils auf alle Fälle eine so geschlossene Einheit, daß keine mißliebigen Teile mehr heraus-gesprengt werden dürften, damit man den Rest nach eigenem Gut-dünken erklären könnte [5].

Um eine leichte Überarbeitung von Quellen durch den Evglisten

---

[1] Ego Eimi 87 f.   [2] Ego Eimi 88 ; 101 f ; 105 ; 108 f.
[3] Ebd 88.   [4] Ego Eimi 105.   [5] AaO 88 ; vgl 83.

festzustellen, ließe sich auch noch der Versuch machen, das Verknüpfungsverfahren so anzuwenden, daß man alle verbindenden und überleitenden Wörter und Wendungen, die sich unter den jh Eigentümlichkeiten finden, von der Prüfung ausschlösse. Auf diese Weise käme man mit ziemlicher Sicherheit zu einem gültigen Ergebnis.

3. Das Verteilungsverfahren

Es gibt nun nach Schweizer noch einen andern Weg als die Verknüpfung der Stileigentümlichkeiten, um die literarische Schichtung oder Einheit einer Schrift nachzuweisen. Man kann jedes einzelne Merkmal auf sein Vorkommen prüfen und untersuchen, ob es allein oder mit andern zusammen nur solche Stücke auszeichne, die man einer andern Hand als die übrigen Stücke zuschreiben könnte, sei es, daß sie redaktionellen Einschlag oder glossenartiges Gepräge aufwiesen oder Quellenstoff darstellten [1]. Freilich droht hier, wie wir zur Genüge gesehen haben, stark die Gefahr der Willkür. Bei diesem Verfahren sind übrigens, was Schweizer nicht anmerkt, soweit die Schichtung einer Schrift in Frage kommt, außer den eigentlichen Stileigentümlichkeiten auch *bloße Züge* (in andern Schriften nicht selten) verwendbar, um die einzelnen Lagen nachzuweisen. Nur zum Erweis der Einheit sind sie untauglich, da sie mehr als einem Schriftsteller eigen sein könnten [2]. Ferner ist es notwendig, daß man für dieses Verfahren sowohl die Eigentümlichkeiten wie die Züge möglichst *vollständig* gesammelt habe ; volle Sicherheit läßt sich sonst nicht erreichen. Züge, die von der Natur, der innern Anlage und Art ihrer Schicht abhängig sind,

---

[1] Ego Eimi 87 ; 100.

[2] Der Unterschied zwischen « *Zug* » und « *Eigentümlichkeit* » ist für das Verfahren Schweizers grundlegend. Schweizer hat ihn implicite gemacht (aaO 98) ; die Ausdrücke möchte ich dem Urteil der Kritiker vorlegen. Eigentümlich ist dem Wortsinn nach das zu nennen, was nicht nur auszeichnet, sondern auch *kenn*zeichnet und von allem andern *unterscheidet*. Ein jh Merkmal muß nun gerade diese Eigenschaft haben, um für das Verfahren tauglich zu sein. Ein Merkmal, das unser Ev zwar auszeichnet, aber auch in andern Schriften häufig ist, also das Ev nicht von ihnen unterscheidet, ist hier unbrauchbar ; denn es könnte leicht mehreren Schriftstellern, die am Ev gearbeitet hätten, gemeinsam sein. Ich nenne es « Zug » ; es zeichnet (aus). Merkmal und Kennzeichen brauche ich gewöhnlich abwechslungsweise für « Eigentümlichkeit ». Sie könnten zwar auch für « Zug » genommen werden, sind aber in einem vorzüglichen Sinne mit « Eigentümlichkeit » gleichzusetzen. Wenn mehrere Dinge vorhanden sind, kann ich mir die einzelnen nur « merken » durch das, was sie *vor* andern « kennzeichnet » und von ihnen unterscheidet.

kommen aber nicht in Frage ; sie könnten keine andere Hand verraten. Das Fehlen oder Vorkommen eines Merkmals oder Zuges darf auch nicht nur inhaltlich gegeben sein.

Ließe sich nun auf diesem Wege aus dem vierten Ev etwa eine Redaktionsschicht ausheben, so würden jh Eigentümlichkeiten, die sie mit dem übrigen Werk gemeinsam hätte, zeigen, daß der Redaktor dessen Sprache nachgeahmt hätte. Sind aber Scheidungen auch so unmöglich, so darf man annehmen, daß wir es mit einer einheitlichen Schrift zu tun haben, deren Einheit, falls sie nicht ursprünglich wäre, höchstens durch *starke Stilmischung* zustande gekommen sein könnte. Nachahmung allein würde der Prüfung nicht widerstehen, da der Nachahmer in seiner eigenen Schicht gewiß das eine oder andere *persönliche* Merkmal oder wenigstens die eine und andere dem Stilkritiker auffallende Gegenbildung zum Stil der Unterlage aufwiese. Natürlich wird sich der Urheber der späteren Schicht auch verraten, wenn er die frühere(n) Schicht(en) nur überarbeitete, ihren Stil aber nicht nachahmte. Dann werden sowohl jene wie diese noch eigene Kennzeichen aufweisen. Nur wenn der Nachahmer alle Eigentümlichkeiten und Züge der Unterlage nachgeahmt und in diese, falls er nicht alle aufgegeben hätte, die eigenen Merkmale und Züge eingemischt haben würde, könnte keine Ausscheidung mehr erfolgen. Das ist aber jedenfalls keine wirklichkeitsträchtige Vorstellung mehr ; der Boden des Sachmöglichen ist aufgegeben.

Das angegebene Verfahren ergänzt also, wie ersichtlich ist, das Verknüpfungsverfahren vorteilhaft, ist aber seinerseits, wenn sich keine Scheidungen ergeben, auch wieder auf dieses angewiesen, um volle Sicherheit zu gewährleisten. Denn in concreto könnte ein Schriftwerk, wie gerade das vierte Ev es ist, seine uns vorliegende Gestalt einer Arbeit verdanken, die mit einer einfachen Formel wie Interpolation oder Redaktion + Quellenverwendung nicht durchsichtig zu machen wäre. Das Verknüpfungsverfahren ist da zum vornherein sachlicher und gegenständlicher als das andere.

4. Die Nachprüfung vorgelegter Schichtenscheidungen

Wir haben noch eine weitere Möglichkeit, die Stileigentümlichkeiten zum Nachweis der literarischen Einheit oder Schichtung unseres Ev zu verwerten. Es ist die Nachprüfung der schon einmal vorgelegten literarkritischen Aufteilungen des Ev [1]. Wenn wir nämlich Eigentümlichkeiten

---

[1] Ego Eimi 103-105.

gesammelt haben, die je nur *einen* Schriftsteller kenntlich machen können, dann muß sich die Richtigkeit einer solchen Schichtenscheidung daran zeigen, daß die Stellen, wo eine Eigentümlichkeit vorkommt, sich nicht auf die angenommenen Lagen verteilen, sondern je auf der einen oder andern Seite stehen. Natürlich entscheidet die Verteilung oder Verkittung der Stellen für eine einzige Eigentümlichkeit noch nicht über Wert oder Unwert der untersuchten Scheidungsvorlage. Ausnahmsweise könnte ein Merkmal, vor allem ein etwas schwaches, doch zwei Vf zugleich eigen gewesen sein. Wenn nun aber die Zahlen einer ganzen Reihe von Eigentümlichkeiten sich jedesmal auf mehr als eine der angenommenen Lagen verteilen und etwaige Ausnahmen sich dadurch erklären, daß der Kritiker eine *natürliche Scheidungslinie* wählte (wie etwa zwischen Reden und Erzählungen) und die fraglichen Eigentümlichkeiten nur einer Schicht angehören können [1], so ist die gegebene Scheidung eben falsch. Allerdings ist zunächst mit einer Einschränkung zu rechnen; denn auch hier müssen die Fälle von *Nachahmung* und *Verarbeitung* erwogen werden [2]. Ein Stilkennzeichen, das aus sich nicht zwei Vf zugleich eigentümlich sein kann, könnte im einen wie im andern Fall tatsächlich doch gemeinsam *werden*. Es ist aber, wie oben gesagt wurde, nicht leicht denkbar, daß ein Schriftsteller der ntlichen Umwelt alle Eigentümlichkeiten seiner Unterlagen gesucht oder gar gefunden und eine erhebliche Zahl davon selber verwendet hätte. Ebensowenig hätte er aber den Quellen seinen eigenen Stil so aufgeprägt, daß sie ihren Stil verloren. Eine Mischung beider Verfahren mit dem Ergebnis vollständiger Stileinheit kommt praktisch auch nicht in Frage.

Wenn uns darum eine genügende Zahl von guten Stilkennzeichen zur Verfügung stehen und von diesen alle oder sozusagen alle ihrem Vorkommen nach auf verschiedene Schichten einer gegebenen literarkritischen Aufteilung des Ev entfallen, so ist der Schluß auf deren Unrichtigkeit zwingend. Er erfährt aber noch eine zusätzliche Verstärkung, wenn sich die Zahlen der Stellen im Verhältnis zur Schichtenstärke ziemlich ebenmäßig auf die Schichten verteilen, und zwar wäre das umso auffallender und wertvoller, je mehr Eigentümlichkeiten diese Erscheinung aufwiesen.

Ist nun eine Aufteilung des Ev in dieser Art geprüft und als unzutreffend erwiesen worden, so ist damit natürlich noch nicht gezeigt, daß das Ev literarisch unteilbar ist. Eine andere gegebene Aufteilung

---

[1] Ego Eimi 103-107.   [2] Ebd 105.

könnte ganz oder teilweise richtig sein. Erst wenn die wichtigsten Aufteilungen, die vorgenommen wurden, alle der stilkritischen Nachprüfung nicht standhalten, darf gesagt werden, das Ev sei unteilbar. Dieser Schluß ist wiederum zwingend und unanfechtbar, wenn die Ergebnisse stets gleicherweise eindeutig und klar sind. Wären sie das nicht, so könnte man denken, daß doch irgendwie eine Aufteilung möglich wäre, wenigstens dann, wenn auch die ersten zwei Verfahren nicht zu durchsichtigen Ergebnissen kämen.

5. Glossen

Ergibt sich nun mit dem stilkritischen Verfahren Schweizers die Einheit des Jhev, so ist damit nicht gesagt, daß man auf vernünftige Gründe hin nicht *einzelne Glossen* annehmen dürfte [1]. Sie könnten zuvor entgangen sein, sei es, daß gewisse Einzelheiten vom Verfahren nicht erfaßt werden, sei es, weil dieses nicht ganz genau durchgeführt wurde, sei es endlich, weil Glossen denkbar sind, die zu wenig Gepräge tragen, um in der stilkritischen Prüfung sichtbar zu werden. Nachdem aber das Ev als einheitlich erwiesen ist, haben wir reichere Möglichkeiten als zuvor, eine strittige Einzelstelle stilkritisch auf ihre Echtheit zu prüfen, sei es auf Grund des Verfahrens von Schweizer, sei es mit Hilfe anderer stilkritischer Mittel. Zunächst ist zu sagen, daß natürlich, wenn die Einheit des Ganzen feststeht, einzelne Teile nur mit wirklich zwingenden, starken Gründen abgespalten werden dürfen. Auch *schwache*, aber sachgegebene Gründe genügen an sich, um einen Teil dem literarischen Ganzen zu erhalten. Auch müssen die stilkritischen Gründe, ceteris paribus, den Vorzug vor rein inhaltlichen oder bautechnischen Gründen (Aporien !) erhalten, die man gegen die Echtheit einer Stelle anführen kann. Nur ein solches Vorgehen ist einwandfrei.

Unter diesen stilkritischen Gründen haben naturgemäß die jh Eigentümlichkeiten im strengen Sinne am meisten Gewicht. Ein einziges solches Merkmal dürfte an sich genügen, um etwa einen Satz oder zwei unlöslich zusammengehörige als echt zu erweisen ; denn es ist ja an sich nicht leicht möglich, daß solche Merkmale von einem andern Vf als vom Evglisten stammen. Aber auch echt jh Züge und Gewohnheiten sind immer noch ansehnliche Gründe für eine strittige Stelle. Könnten sie auch an sich einem andern Vf gehören, so ist doch die

---

[1] EnchSymb 2000 ; 2134 ; Ego Eimi 108 Anm 158.

Annahme, es sei so, angesichts der Einheit des Werkes unerlaubt, wenn nicht sehr starke Gründe für sie stehen. Hier ist dann einzutragen, daß, nachdem das Ev als einheitlich angesehen werden muß, auch jener jh Zug, der für das Schweizersche Verfahren zum vornherein ausscheiden mußte, nämlich die *Wiederholung* mit ihren Spielarten [1], beweiskräftig wird. Findet sich also in einer strittigen Stelle etwa eine recht deutliche wörtliche Wiederholung, gar noch mit geringen Abweichungen [2], so dürfte die Einheit der Stelle mit dem Ganzen ziemlich klar sein.

Natürlich ist es denkbar, daß gegen die Echtheit einer Stelle auch stilkritische Gründe sprechen. Solche wären zB das Auftreten von Gegenbildungen zu starken « negativen » jh Kennzeichen, unjh Satzgestaltungen oder im Ev sonst fehlende Wörter, für die gewöhnlich andere stehen. Sie dürften aber nicht inhaltlich gefordert sein. Wenn Gegenbildungen zu positiven jh Merkmalen vorhanden sind, muß schärfste Vorsicht walten. Eine Reihe von solchen Merkmalen haben gelegentlich ihre Gegenbildungen im Ev, ohne daß daran etwas auszusetzen wäre. Handelt es sich um eine Gestaltung, die man Jh auch zutrauen darf, so kann eben nichts eingewendet werden. Stilistische Vorliebe ist durchaus nicht gleichwertig mit Abneigung der Gegenbildung gegenüber ; eher wird eine deutliche stilistische Abneigung ihren Gegenstand von der Wahl ausschließen ; aber wer will eine solche Abneigung angesichts von « Ausnahmen » nachweisen ? — Es ist also deutlich, daß stilkritischen Gründen gegen eine Stelle im allgemeinen nicht viel Gewicht zuzumessen ist. Wenn neben ihnen auch jh Bildungen die Stelle prägen, so dürften diese den Ausschlag geben.

Erwägen wir noch die Frage der *Nachahmung!* Die Einheit des Ev immer vorausgesetzt, ist zu sagen, daß es nicht notwendig sein kann, diese Frage in der Auseinandersetzung um eine Stelle aufzuwerfen, wenn dieser jh Gepräge eignet, außer die Gründe gegen die Echtheit seien wirklich stichhaltig, etwa textkritischer Art. In diesem Falle kann man erwägen, ob eine Nachahmung naheliegt, ob das Merkmal, das die Stelle prägt, auffällig ist, also nachahmbar, ob es vielleicht trotz seiner Unauffälligkeit *mit etwas anderem zusammen* übernommen werden konnte (mit einem ganzen Satz zB). Dies ist ein Gesichtspunkt, der für das Schweizersche Verfahren, da es auf das Ganze geht, nicht

---

[1] Ego Eimi 99 ; S 251-255 dsAr.
[2] Vgl Anm 1 S 46 dsAr.

erheblich ist. Hier aber wäre auch das zu erwägen. Ist nun die Möglichkeit der Nachahmung als gering oder verschwindend zu erachten, so wird das jh Gepräge der strittigen Stelle sein volles Gewicht erhalten, gegen das nur stärkste Gründe geltend gemacht werden dürften.

B. Die Anwendung durch Schweizer. Ergänzungen

Wir kommen zur Untersuchung des Schweizerschen Verfahrens, sofern es im « Ego Eimi » praktisch durchgeführt ist.

1. Die Liste der johanneischen Eigentümlichkeiten

a. *Allgemeines.* — Wir haben oben gesehen, daß die entscheidenden Eigenschaften einer für das Verfahren tauglichen jh Eigentümlichkeit ihre *Seltenheit* außerhalb des Jhev und ihre *Unnachahmlichkeit* sind und daß diese beiden Eigenschaften in Widerstreit geraten können, weil die Seltenheit aus der *Ungewöhnlichkeit* des Merkmals an sich hervorgehen sollte ; eine solche aber könnte einen Schriftsteller gerade auf das Merkmal aufmerksam machen, was allerdings noch nicht heißt, daß damit ein Anreiz zur Nachahmung verbunden sei. Aber die praktische Möglichkeit einer Nachahmung scheint an sich gering zu sein. Jedenfalls dürfte die Güte eines jh Kennzeichens eher von der Seltenheit als von der Unnachahmlichkeit abhängen. Diese ist auch, wie es Schweizer macht, vor allem als inhaltliche Unauffälligkeit zu nehmen [1]. Das scheint praktisch am meisten notwendig.

Wäre die Seltenheit eines jh Merkmals nicht verbunden mit einer gewissen Ungewöhnlichkeit der sprachlichen Gestaltung, so wäre es unzweifelhaft leicht möglich, daß jenes mehr als einem Schriftsteller eigen wäre. Die Seltenheit des Vorkommens im NT wäre dann eben mehr oder weniger zufällig, vielleicht auch Ausdruck eines Mangels an Gelegenheit zur Anwendung, während das Vorkommen im Jhev irgendwie stofflich gegeben sein könnte. Jedenfalls wäre ein solches Merkmal nicht als Eigentümlichkeit, sondern als *Zug* zu werten.

Man könnte gegen das Gesagte einwenden, die Ungewöhnlichkeit einer sprachlichen Gestaltung sei mit der Seltenheit ihres Vorkommens im Schrifttum gleichzusetzen ; wenn also ein Ausdruck im NT selten

---

[1] AaO 88.

sei, so habe er auch als ungewöhnlich zu gelten. Der Schluß wie die Voraussetzung dieses Einwandes sind falsch. Ein Ausdruck kann im NT selten sein und sich im übrigen zeitgenössischen Schrifttum unter Umständen häufig finden. Wäre die Voraussetzung richtig, so müßten wir uns darum der Mühe unterziehen, unsere Eigentümlichkeiten immer auch auf Grund jenes Schrifttums zu prüfen. Einigermaßen ist uns diese Prüfung anhand der ntlichen Grammatiken und Wörterbücher möglich. Aber tatsächlich läßt sich von manchen Wörtern, Wendungen, Konstruktionen auch an sich sagen, sie seien mehr oder weniger ungewöhnlich oder nicht. Anderseits erlauben uns die Umstände manchmal, den Schluß auf die Ungewöhnlichkeit, die wirklich nur durch die Ungebräuchlichkeit einer sprachlichen Gestaltung entsteht, aus dem NT allein zu ziehen. Wird zB ein Ausdruck im NT verhältnismäßig häufig verwendet, ein mit ihm vertauschbarer (nach Inhalt und Umfang nicht verschiedener) aber selten oder gar nicht, so dürfte die Annahme richtig sein, der letztere sei damals überhaupt ungebräuchlich gewesen.

Das Verhältnis der Zahl des Vorkommens einer Eigentümlichkeit im Jhev zur entsprechenden Zahl ihres Vorkommens im übrigen NT gibt nicht immer ein klares Bild vom Wert der Eigentümlichkeit. Auf diese Weise kommt nicht einmal immer das Verhältnis der wahren *Verteilungsflächen* zum Ausdruck. In einzelnen Fällen ergäbe sich ein deutlicheres Bild, wenn man die Zahlen der *Gelegenheiten*, eine Eigentümlichkeit zu verwenden, mit den Zahlen des wirklichen Vorkommens vergleichen könnte ; denn die Seltenheit eines Merkmals im NT außerhalb des Jhev und seine Häufigkeit ebenda könnte auch nur inhaltlich gegeben sein. Jedenfalls ist hier der Gesichtspunkt der Ungewöhnlichkeit an sich wiederum wertvoll, um sich ein Urteil über die Güte des Merkmals zu bilden. Es ist ferner eine Herabminderung dieser Güte, wenn ein jh Kennzeichen auch im übrigen NT nicht allzuselten ist und nur sein häufiges Vorkommen im vierten Ev ihm ein Übergewicht verschafft. Auch hier werden wir es manchmal eher mit einem Zug zu tun haben als mit einer wahren Eigentümlichkeit, die im Schweizerschen Verfahren verwendbar ist.

Kommt ein Kennzeichen außerhalb des Jhev im NT als Ganzem selten vor, in irgend einer Schrift allein aber auch ziemlich häufig, so daß ihre Ziffer den Vergleich mit der jh einigermaßen aushält, so ist das ein Zeichen, daß es in Wirklichkeit kaum um etwas Ungewöhnliches geht, sondern um einen Zug. Ist aber die jh Zahl der andern noch um ein Mehrfaches überlegen und das fragliche Merkmal doch in etwa ungewöhnlich, so darf es als Eigentümlichkeit angesehen werden, ist aber entsprechend niedriger zu werten. Die Ungewöhnlichkeit der sprachlichen Gestaltung macht auch eine an sich *kleinzahlige* Eigentümlichkeit wertvoll. Diese Ungewöhnlichkeit wird sich schon darin verraten, daß sich die Gestaltung im NT außerhalb des Jhev nicht findet. Sollte das doch der Fall sein, so ist sorgfältig abzuwägen, ob die Zahl des Jhev trotz ihrer Niedrigkeit den Vergleich mit dem übrigen Vorkommen aushält.

Ein für unser Verfahren brauchbares Merkmal muß der *Ausdruck einer stilistischen Vorliebe* des Schriftstellers sein. Wäre seine Verwendung *notwendig*, so daß in allen Fällen, wo es vorkommt, auch ein anderer Schriftsteller es hätte setzen müssen, dann kommt es nicht in Frage als Eigentümlichkeit, außer die genannte Notwendigkeit sei selber von Umständen abhängig, die frei gewählt sind und ganz persönliche Prägung tragen. Ein unmißverständliches Zeichen stilistischer Vorliebe ist es, wenn zu einer sprachlichen Gestaltung leicht Gegenbildungen möglich sind und vorkommen, sei es im Jhev selber, sei es außerhalb.

Entspringt eine sprachliche Gestaltung nicht als solche einer stilistischen Vorliebe, sondern stellt sie einen zufälligen oder notwendigen Einzelfall dar, an dem eine stilistische Eigentümlichkeit (oder auch ein Zug) in unserm Sinne sichtbar wird, so ist sie selber keine solche. Auf der Suche nach Stilkennzeichen ist also immer zu prüfen, ob sich eine Gestaltung nicht in einen größern Zusammenhang einordnen lasse, der sie erst als wahre Eigentümlichkeit eines Schriftstellers enthüllt. Ein Beispiel möge das Gesagte veranschaulichen : Howard redet mit Abbott vom jh nicht-emphatischen Gebrauch des Genetivs des Personalpronomens αὐτοῦ vor dem Artikel, fügt allerdings hinzu, daß auch die Fälle von μου, σου, ὑμῶν in eine Reihe damit zu stellen seien [1]. Allein auch das genügt noch nicht : Es handelt sich hier um den jh Zug, wo ganz allgemein der genetivus possessoris dem Nomen vorangestellt wird. Wenn die Zahlen ein richtiges Bild ergeben und nicht falsche Tatsachen vorspiegeln sollen, dann müssen alle entsprechenden Wendungen im NT untersucht werden. Schlimmer als im Falle Howard-Abbott war es freilich, als Jeremias das bloße αὐτοῦ ἡ μαρτυρία Jh 21,24 als Stileigentümlichkeit des Herausgebers nahm und aus dieser zufälligen Verbindung des voranstehenden αὐτοῦ mit μαρτυρία schloß, auch 19,35, wo die gleiche Verbindung vorkommt, stamme vom Herausgeber des Ev [2]. Folgerichtig hätte er allerdings auch 3,33 diesem zuweisen müssen.

[1] Criticism 119 ; ABBOTT 2558-2569. [2] JhLkr 43 f.

Noch eine allgemeine Erwägung zu den « *negativen* » Eigentümlichkeiten, wie sie Schweizer am Schluß seiner Liste aufführt [1]. Mir scheint, sie seien doch höher zu werten, als er glaubt. Freilich können sie zunächst nicht für das Verfahren verwendet werden, da sie ja eben im Jhev nicht oder kaum vorkommen dürfen. Aber wenn sie an sich sehr gebräuchliche Gestaltungen darstellen, so darf angenommen werden, ihr sozusagen völliger Ausschluß sei kaum mehr als einem einzigen Schriftsteller eigentümlich. Wäre also das Ev literarisch stark zusammengesetzt, so wäre der Fall einer negativen Eigentümlichkeit als einer Kennzeichnung des ganzen Werkes ziemlich unwahrscheinlich; denn an Nachahmung wird man kaum denken, außer ein allfälliges positives Gegenstück wäre fanatisch nachgeahmt worden. *Dieser Schluß auf die Einheit des Ev wird sehr kräftig, wenn es eine ganze Reihe solcher negativer Kennzeichen aufweist.* Damit erhält das Verfahren Schweizers nochmals eine wertvolle Verurkundung. Er selber schwächt diesen Wert ab, indem er zufügt, es gebe immer wieder solche Wörter, die zufällig in einem ganzen Ev fehlten [2]. Allein, wenn sie nicht aus inhaltlichen Gründen fehlen und anderseits wirklich gemeingebräuchlich sind, so muß zunächst angenommen werden, es handle sich auch da um negative Eigentümlichkeiten.

Damit eine sprachliche Gestaltung als negatives Merkmal gelten kann, muß also verlangt werden, daß sie in einer Schrift nicht deswegen fehle, weil keine Gelegenheit war, sie zu verwenden. Hat sie ein positives Gegenstück, so ist das sicher nicht der Fall. Als negative Kennzeichen kommen *auch inhaltlich betonte* Ausdrücke in Frage, ja diese sind sogar *besonders wertvoll*, wenn sie leicht hätten Verwendung finden können und man sie eigentlich erwarten würde.

b. *Kritik einzelner Merkmale.* — Im Lichte der vorausgehenden Ausführungen ergibt sich, wenn man die Liste der jh Eigentümlichkeiten, die Schweizer gesammelt hat, prüft, daß er im allgemeinen mit erstaunlicher Sicherheit und Klugheit gewählt und gewertet hat [3]. Immerhin ist an einzelnen Nummern der Liste das eine oder andere auszusetzen. Es seien auch gleich kleinere Richtigstellungen der Zahlen ua angebracht.

3., 4., 5. οὖν, τότε οὖν, ὡς οὖν. — Sicher darf und muß τότε οὖν als jh Eigentümlichkeit gewertet werden, und zwar als vom οὖν histo-

---

[1] Ego Eimi 97 f.   [2] AaO 98.

[3] Die unter b. verwendeten Nummern stimmen mit den Nummern der Liste Schweizers (Ego Eimi 88-97) überein.

ricum allein verschiedene ; denn die Zusammenstellung von οὖν im Sinne von « dann, da, nun » mit dem τότε vermehrt die Ungewöhnlichkeit von οὖν erheblich. Das τότε οὖν stellt also gleichzeitig zwei jh Eigentümlichkeiten dar. Anders aber steht es mit dem ὡς οὖν = als nun, als dann. Hier zählt nur das οὖν für sich, so daß nicht eine neue Eigentümlichkeit entsteht. Vgl auch das ὅτε οὖν von Jeremias ! [1] — Schweizer zählte versehentlich nur das τότε οὖν, nicht aber das ὡς οὖν in der Zahl von οὖν mit [2]. Ich komme auf insgesamt 146 Fälle von οὖν historicum.

6. ἐκεῖνος als selbständiger personaler Singularis. — Wenn wir die Formel Schweizers [3] verwenden, lauten die Zahlen : 47 + 6 / 11 + 0.

7. Das als Attribut verwendete mit Artikel versehene Substantiv. — Schweizer hat hier wie für einige andere Eigentümlichkeiten nur die syn Ev auf Gegenbeispiele untersucht. Leider konnte ich seine Arbeit auch nicht mehr ergänzen, trotzdem das noch geschehen sollte.

8. οὐ ... ἀλλ' ἵνα. — Jh 11,52 kann man ja zählen ; aber die Verbindung mit dem ἀποθνῄσκειν in 51 ist doch so eng, daß die Ellipse stark geschwächt wird. Hingegen sind auch Jh 13,18 und 14,30 f zu zählen [4]. In 13,18 ist das ἀλλ' ἵνα innerlich durchaus mit dem οὐ περὶ πάντων ... verknüpft, und das ἐγὼ οἶδα κτλ stört nicht einmal. Ganz klar ist dann der Fall 14,30 f. Nun gibt es aber noch ein Gegenbeispiel : Mk 14,49. Die Zahlen lauten demnach : 5 + 1 / 1, was freilich nicht mehr heißt als 3 + 1 / 0.

9. καθὼς ... καί. — Das Ungewöhnliche dieser Wendung liegt darin, daß kein οὕτως vor dem καί oder statt seiner steht. Vgl etwa 5,21 ; 12,50. Ein Fall wurde übersehen : 17,18. Die Zahlen sind also : 6 + 2 / 1.

12 bzw 32. Ungewöhnliche Wörtertrennungen. — Auch hier wäre noch das übrige NT außer den Ev zu untersuchen. Die Apostelgeschichte zeigt eine Vorliebe für Wörtertrennungen und Beispiele wie 19,26 und

---

[1] S 197 dsAr.

[2] Manuskript zum stilkritischen Teil.

[3] Die erste Zahl vor dem Schrägstrich gibt die Fälle des Vorkommens im Jhev an. Mit + werden die Fälle der drei Briefe angefügt. Die Zahl nach dem Schrägstrich zählt das Vorkommen im übrigen NT. Wenn die syn Ev parallele Fälle aufweisen, werden diese nur einmal gerechnet und mit + an die erste Zahl nach /, in der sie nicht enthalten sind, angeschlossen. Siehe Ego Eimi 88. — Um die Zahlen werten zu können, muß man jeweils die jh Ziffer mit rund 7,5 vervielfachen. Damit wird dem Längenverhältnis von Ev + Br zum übrigen NT Rechnung getragen.

[4] Im Manuskript Schweizers eingeklammert.

27,23 mahnen sehr zur Vorsicht. Immerhin stehen im ersten Fall die Genetive voran, um alles Gewicht auf sich zu vereinen, während die Folge der übrigen Wörter gewöhnlich ist, und 27,23 kann natürlich erklärt werden. — Nicht zu zählen ist Jh 17,5. Hier liegt ein Versehen vor. Das παρὰ σεαυτῷ ist zu δόξασον zu ziehen, und zu τῇ δόξῃ ᾗ εἶχον gehört παρὰ σοί am Schluß des Satzes. Hingegen ist der Fall 21,12 ein gutes Beispiel von Wörtertrennung mit Verschachtelung; er liegt genau wie 7,44. Die jh Zahl bleibt also die gleiche: 12.

13-15. ἐκ statt genetivus partitivus; εἶναι ἐκ . . .; (ἐ)άν (μή) τις . . . — Ich wäre geneigt, diese drei Merkmale nur als Züge zu rechnen. Jedenfalls stehen sie zu weit vorne in der Liste. Das Verhältnis sagt zu wenig, weil das Vorkommen im NT doch ziemlich stark ist. Freilich ist für εἶναι ἐκ . . . «eine Übernahme nicht so einfach zu denken», aber entscheidend ist, daß der Ausdruck nicht ungewöhnlich ist. Dies gilt vor allem auch für Nr. 15: ἐάν (μή) τις . . . . Ich schlage vor, hier die 5 Fälle von ἄν = ἐάν, die rein jh sind, mindestens als Eigentümlichkeit für sich zu rechnen. Sie haben eine weit größere Unterscheidungskraft als das (ἐ)άν (μή) τις . . . für sich, und es handelt sich tatsächlich nicht um die gleiche Eigentümlichkeit. — Für εἶναι ἐκ lauten die Zahlen: 24 + 26 / 11 + 6.

18. οὐ . . . οὐδείς ist sicher keine jh Eigentümlichkeit. Zunächst spricht schon der Umstand dagegen, daß allein Mk 7 Fälle hat. Auch auf Lk trifft es immerhin 4. Jh hat 15. Nun ist aber zudem der Fehler gemacht worden, daß der Zusammenhang mit den Wendungen οὔπω . . . οὐδείς, οὐκέτι . . . οὐδείς usw absichtlich nicht untersucht wurde. Der Unterschied aber zwischen οὐ . . . οὐδείς und ihnen ist ganz und gar unwesentlich; das Eigenartige der sprachlichen Gestaltung ist auf beiden Seiten gleicherweise vorhanden. Jeder, der das οὔπω . . . οὐδείς usw brauchte, konnte auch das οὐ . . . οὐδείς brauchen und umgekehrt. Es ist kaum anzunehmen, daß von einem Schriftsteller, dem das eine mehr oder weniger vertraut ist, nicht auch das andere erwartet werden dürfte. Wenn wir daher die genannten Wendungen nicht rechnen, könnte der jh Zahlenwert über den Wert oder Unwert des Merkmals hinwegtäuschen. Werden sie gerechnet, so sind die Zahlen folgende: 17 + 1 / 27 + 1. Mk allein weist dann 14 Fälle auf.

19. Auch ἐγγύς scheint nur ein jh Zug zu sein. Zwar ist das Verhältnis der Zahlen nicht so schlecht, daß es nicht noch zu einer Eigentümlichkeit reichen würde, aber das Wort ist an sich keine Seltenheit.

20. σκότος ersetzt durch σκοτία. — Das Merkmal ist eher wertvoller, als Schweizer glaubt ; denn die Eigentümlichkeit ruht in der seltenen Endung, nicht im Ausdruck als solchem. Freilich ist durch die unlösbare Verbindung der Endung mit dem Wortstamm die Möglichkeit der Nachahmung an sich ziemlich hoch ; σκότος ist jedoch außerhalb des Jhev ziemlich häufig, also gebräuchlich mit dieser Endung und kommt zudem auch Jh 3,19 vor. Ein Nachahmer hätte wohl den Ausdruck als solchen nachgeahmt und ohne weiteres die gebräuchliche Endung genommen.

22. ὑπάγω metaphorisch. — Die Eigentümlichkeit scheint mir ziemlich leicht nachahmbar. Das springt in die Augen vor allem, wenn man die Stellen des Vorkommens prüft und vergleicht. Von diesen Stellen sind übrigens 13,36a ; 14,5 ; 16,5b nicht zu rechnen, da die Jünger das ὑπάγειν im alltäglichen Sinn auffassen. Das Vorkommen im übrigen NT ist ein syn Parallelfall. Die Zahlen lauten also : 14 + 0 / 0 + 1.

23. λαμβάνω τινά im Sinn von « jemanden (persönlich) aufnehmen». — Mit Menoud [1] ist hier 6,21 und 19,27 abzuzählen und das Wort nur, wo es den theologischen Sinn hat (einen annehmen, der von Gott kommt), als jh Eigentümlichkeit zu nehmen. An den beiden andern Stellen ist das Wort allzugewöhnlich gebraucht. Die Zahlen sind also : 5 + 1 / 0.

25. παρρησία im präpositionslosen Dativ. — Hier ist das gleiche zu sagen, wie zu 20. Die Eigentümlichkeit ist nicht zunächst das Wort, sondern das Fehlen der Präposition. Das Merkmal ist darum höher hinaufzurücken, vor allem aber auch deswegen, weil das Wort, auch wenn es an sich zur Nachahmung reizen konnte, doch nicht starktonig ist, und weil Nachahmung durchaus nicht zur Folge haben mußte, daß das ἐν weggelassen wurde, umso weniger, als wir ἐν παρρησία zweimal auch im Jhev selber finden (7,4 = Schweizer ; dazu aber auch 16,29 ; das ἐν ist hier textkritisch gesichert). Die Zahlen : 7 + 0 / 1.

28. τίθημι ψυχήν. — Man wird die zwei Fälle mit αὐτήν 10,8 ohne weiteres auch rechnen dürfen. Die Zahlen lauten also : 8 + 2 / 0.

32. Wörtertrennungen. — Unter c) ist noch zu rechnen Jh 9,6 : αὐτοῦ τὸν πηλὸν ἐπὶ τοὺς ὀφθαλμούς. Daß αὐτοῦ zu ἐπὶ τοὺς ὀφθαλμούς zu ziehen ist, geht mit Sicherheit daraus hervor, daß 1. πηλός im ganzen Abschnitt von der Heilung des Blindgeborenen nie durch einen genetivus possessoris ergänzt ist, daß 2. ὀφθαλμός sonst ausnahmslos mit

---

[1] Recherches 19 Anm 3 ; 12 f.

einer solchen Ergänzung steht, und zwar achtmal mit dem *vorange-stellten* Fürwort, daß 3. die Verknüpfung mit τὸν πηλὸν ... sinnlos wäre. Beweis ist ferner die Parallele 9,15. — Nicht so sicher wie 9,6 ist 1,27 : αὐτοῦ τὸν ἱμάντα τοῦ ὑποδήματος, aber doch ziemlich wahrscheinlich ; vgl dazu Mk 1,7 ; Lk 3,16. Das Gesamtergebnis wäre also : 57 (58) / (53 + 6) [1].

c. *Kritik der Ergänzungen von Jeremias und Menoud.* — Die Liste der jh Eigentümlichkeiten wurde erstmals von Joachim Jeremias er-gänzt. Er fügte hinzu : γύναι als Anrede der Mutter Jesu : 2 / 0. — ὥρα mit dem persönlichen Fürwort : 5 (4) / 0. — ὅτε οὖν : 9 / 0. — πι-στεύειν εἴς τινα : 34 + 3 / 6 [2]. Philippe Menoud verlängerte die Liste nochmals : ἀπεκρίθη καὶ εἶπεν (λέγει) : 33 / 2. — ἀμὴν ἀμήν : 25 / 0. — εἰς τὸν αἰῶνα : 11 + 2 / 3 + 9. — μαρτυρία : 14 + 7 / 4 + 12 [3]. Man gestatte mir auch hier eine genauere Prüfung !

ὥρα mit dem persönlichen Fürwort. — Das Ungewöhnliche des Merkmals liegt durchaus schon im Zusatz des persönlichen Fürwortes. Unzweifelhaft ist also 2,4 mitzuzählen, trotzdem es nicht die Stunde der Erhöhung meint [4], ebenso 16,21. Aber auch 16,4 muß gerechnet werden ; es liegt in der gleichen Linie, trotzdem das αὐτῶν unpersönlich ist. In Wirklichkeit handelt es sich einfach um den Ersatz für das pronomen possessivum durch den Genetiv eines andern Fürwortes, ob es nun persönlich oder unpersönlich sei. Es findet sich aber auch ein Fall außerhalb des Jhev : Lk 22,53. Die Zahlen sind also : 6 + 0 / 1.

ὅτε οὖν. — Natürlich ist das οὖν historicum in dieser Zusammen-setzung jh Merkmal. Das ὅτε aber mehrt die Ungewöhnlichkeit des οὖν so wenig wie das ὡς Schweizers, so daß ὅτε οὖν als solches nicht eine neue Eigentümlichkeit darstellt. Wäre das οὖν historicum einem zweiten Schriftsteller zuzutrauen, so könnte man von ihm ebenso das ὅτε οὖν erwarten. Daß im NT sich ὅτε οὖν außer im Jhev nicht findet, liegt nur daran, daß auch das οὖν historicum kaum vorkommt.

πιστεύειν εἴς τινα. — Das πιστεύειν ist natürlich stark inhaltlich betont, und der Zusatz von εἴς τινα konnte leicht zur Nachahmung anregen. Jedenfalls handelt es sich nur um eine schwache Eigentüm-lichkeit, fast eher um einen Zug. Die Zahlen sind : 36 + 3 / 8 (9).

---

[1] Die Zahlen rechts vom Schrägstrich zeigen hier nur die syn Fälle an.
[2] Siehe JhLkr 35 ; 37 ; 40 f.
[3] Recherches 16.
[4] Vgl JEREMIAS, JhLkr 35 Anm 11.

ἀπεκρίθη καὶ εἶπεν. — Da wir in den syn Ev sehr häufig das ἀποκριθεὶς εἶπεν treffen, im Jhev aber nie, hingegen außer ἀπεκρίθη καὶ εἶπεν häufig auch ἀπεκρίθη ohne Zusatz, wird die Wahrscheinlichkeit, daß eine Nachahmung stattfand, sehr gering anzuschlagen sein. Auch liegt auf der Wendung kein Gewicht. Die Eigentümlichkeit ist gut. Die Zahlen sind : 30 / 2 (3).

ἀμὴν ἀμήν. — Das Merkmal wäre an sich gut, aber ein allfälliger absichtlicher Nachahmer des jh Stils hätte es ziemlich sicher übernommen. Diese Möglichkeit mindert seinen Wert stark.

εἰς τὸν αἰῶνα. — Während hier Nachahmung weniger in Frage kommen dürfte — das εἰς τοὺς αἰῶνας hätte sich vom Nachahmer auch sagen lassen —, ist die Wendung anderseits auch in der Einzahl nicht eben ungewöhnlich. Allein der Hebräerbrief weist 6 Fälle auf. Es handelt sich doch eher um einen Zug. Die Zahlen lauten, in der Formel Schweizers ausgedrückt : 12 + 2 / 11 + 1.

μαρτυρία. — Deutlich ein Zug, keine Eigentümlichkeit ! Das Wort ist stark inhaltlich betont, seine Form an sich nicht ungewöhnlich, das häufige Vorkommen im Jhev Ausdruck einer inhaltlichen Gegebenheit. Man könnte allerdings darauf hinweisen, daß sich die Form μαρτυρία außer im Jhev, den Jhbr und der GO im NT nur siebenmal findet, während μαρτύριον in den genannten Schriften nur einmal (GO), sonst aber ziemlich häufig erscheint. Da aber die GO jh Stileigentümlichkeiten im Sinne Schweizers sonst kaum enthält, muß sie aus Gründen des Vorgehens auch hier auf die Seite des übrigen NT gestellt werden.

d. *Weitere Eigentümlichkeiten.* — Menoud wies darauf hin, daß die Liste der jh Eigentümlichkeiten immer noch erweiterungsfähig sei [1]. Ich habe versucht, eine neue Anzahl solcher zu sammeln. Die eine oder andere wird auch jetzt noch fehlen, doch dürfte die vermehrte Liste ziemlich vollständig sein, soweit es sich um Merkmale in der Art derer von Schweizer handelt. Ich glaube allerdings, daß man im Verfahren Schweizer auch mit eigentlichen Satzstücken und Sätzen arbeiten könnte, soweit sie ganz persönliches, aber zugleich typisches, nicht rein zufälliges Gepräge tragen [2]. Dieser Weg wäre erst noch zu gehen. — Zunächst folgt eine Aufzählung und Erörterung der aufgefundenen Eigentümlichkeiten. Die Nummern stimmen mit denen meiner Liste überein (siehe unten).

---

[1] AaO 13.   [2] Vgl BROOKE, Jhbr (Ep) I-V.

4. Ἱεροσόλυμα mit Artikel (τά) [1]. — Die Eigentümlichkeit findet sich in den biblischen Büchern (LXX + NT) nur noch 2 Makk 11,8 ; 12,9. Die Zahlen sind : 4 + 0 / 0.

11. Ersatz einer Mehrzahl von Personen durch die Einzahl des Neutrums [2]. — In Frage kommen nur die Fälle Jh 6,37. 39 ; 17,2. 24, nicht aber 3,6 ; 1 Jh 5,4. An den letztern Stellen kann nämlich, wie gerade 1 Jh 5,4 zeigt, auch an Verhaltungsweisen, Gesinnungen, Werke usw gedacht werden. Wahrscheinlich wäre auch 10,29 zu zählen ; allein der Fall ist textkritisch doch unsicher (ὁ πατήρ μου, ὃ κτλ). Die Zahlen sind : 4 (5) + 0 / 0.

14. οὐχ' ὅτι ... ἀλλ' ὅτι. — Die Eigentümlichkeit dürfte etwas nicht Alltägliches darstellen, auch wenn der einzelne Fall möglicherweise von einem andern Urheber stammen könnte. Das läßt sich aber auch von dem οὐ ... ἀλλ' ἵνα, dem καθὼς ... καί ua theoretisch sagen. Die Zahlen sind : 2 + 2 / 1.

15. ὥρα ἵνα ; ὥρα ὅτε ; 49. ὥρα ἐν ᾗ [3]. — Am ungewöhnlichsten ist das ὥρα ἵνα [4], wo das ἵνα zugleich epexegetisch, folgernd und zeitlich ist. Da aber auch (ὥρα) ὅτε jedesmal nicht nur zeitlich, sondern auch epexegetisch gebraucht ist, zähle ich es mit. Von einem andern Urheber kann es kaum stammen. Das zeigt sich sogleich, wenn man die Fälle vergleicht. Das ὥρα ἐν ᾗ ist nicht so ungewöhnlich wie die beiden erstern. Es kann aber noch als schwache Eigentümlichkeit gelten. Wie ὥρα ἵνα und ὅτε kommt es im übrigen NT nie vor, während ἡμέρα immerhin in einer ganzen Anzahl von Fällen, καιρός und χρόνος wenigstens vereinzelt mit ὅτε oder ἐν ᾧ (usw) oder entsprechend verbunden werden (zB ὅταν). Ein einziges Mal trifft man χρόνος ἵνα, wo das ἵνα allerdings rein final gemeint ist (GO 2,21). ὥρα tritt anderseits außerhalb des Jhev mehrmals so auf, daß eine entsprechende Verbindung möglich gewesen wäre. Die Zahlen sind : ὥρα ἵνα : 4 ; ὥρα ὅτε : 4 ; zusammen 8 + 0 / 0 ; ὥρα ἐν ᾗ : 3 + 0 / 0.

20. οὐ μή ... εἰς τὸν αἰῶνα. — Die Eigentümlichkeit dürfte gut sein. Ein Fall kommt außerhalb des Jhev vor : 1 Kr 8,13. Die Zahlen : 6 + 0 / 1.

21. παροιμία im Sinne von Rätselrede. — Das Wort hat im Griechischen sonst nur den Sinn von « Sprichwort ». Diese Bedeutung liegt

---

[1] BJhev 59 Anm 8.
[2] Vgl BROOKE aaO VI f ; HOWARD, Criticism. Appendix B II.
[3] HOWARD aaO appendix B II ; vgl. LAGRANGE, Ev CIX.
[4] Vgl HOWARD aaO 120.

ihm zunächst auch Sir 39,3 zugrunde, dem einzigen biblischen Fall, wo man noch an das jh παροιμία denken könnte. Der Zusammenhang färbt hier gewiß auf das Wort ab, aber der Grundsinn erscheint nicht verändert. Im Jhev jedoch wird παροιμία geradezu für das biblische παραβολή gebraucht und zugleich eingeengt auf die Bedeutung : *dunkle* Gleichnisrede (uneigentliche Rede) = Rätselrede. An Nachahmung wird, wenn man die Stellen vergleicht, kaum zu denken sein. Die Zahlen : 4 + 0 / 0.

24. Σίμων Πέτρος. — Daß die Zusammenstellung von Σίμων und Πέτρος ungewöhnlich ist, geht aus ihrem seltenen Vorkommen im NT außerhalb des Jhev klar hervor. Die zwei (oder drei) Stellen, wo sie erscheint, zeigen auch deutlich, daß sie ungewöhnlich sind. Mt 16,16 soll das Petrusbekenntnis feierlich eingeleitet und seine Bedeutung hervorgehoben werden ; Lk 5,8 handelt es sich um die erste Nennung des Apostels, 2 Pt 1,1 um den Briefanfang (Συμεών). Im Jhev aber ist die Zusammenstellung unbetont ; sie wechselt unterschiedslos mit Πέτρος allein. Man könnte sich allerdings auch vorstellen, daß der Vf der Erwähnung des Petrus umgekehrt möglichst immer Nachdruck verleihen wollte und nur, um nicht zu ermüden, auch wieder Πέτρος allein wählte. Der feierliche Gang des Ev wäre einer solchen Auffassung nicht ungünstig. Darauf scheint auch die Tatsache hinzuweisen, daß, wo Petrus nur einmal im Zusammenhang genannt wird, er immer Σίμων Πέτρος heißt, ebenso dann, wenn er in einem Zusammenhang erstmals auftritt ; nie findet sich im Jhev Πέτρος allein, wenn der Apostel gerade erscheint. — Wie dem auch sei, jedenfalls ist es eine ungewöhnliche Zusammenstellung, die wir im Jhev so häufig treffen. War sie leicht nachahmbar ? An sich gewiß. Aber die Tatsache des erwähnten regelmäßigen Gebrauches, der stete Wechsel mit dem zusatzlosen Πέτρος macht es unwahrscheinlich, daß Nachahmung stattfand. Die Zahlen sind folgende : 17 + 0 / 2 (3).

28. φανερόω rückbezüglich = sich offenbaren, sich zeigen (von Personen ausgesagt). — Dafür steht im Griechischen sonst φανεροῦμαι DP. Dieses ist auch im Jhev und den Jhbr zusammen verhältnismäßig noch häufiger als im übrigen NT. Zweimal aber steht statt dessen das Aktiv mit ἑαυτόν. Unpersönlich ist ein solches im NT nicht anzutreffen. Die Zahlen : 2 + 0 / 0.

29. μεταβαίνω vom Übergang aus dem Kreis des Ungöttlichen in den des Göttlichen. — Die Zahlen : 2 + 1 / 0.

30. μαρτυρέω περί τινος (persönlich) [1]. — Gutgriechisch wäre eher ὑπέρ τινος, wenn es sich um Personen handelt. Jedenfalls ist die Wendung nicht gebräuchlich. Im NT findet sich nur einmal μαρτυρία περί τινος : AG 22,18. μαρτυρέω ohne περί ist im Jhev wie im übrigen NT häufig. Nachahmung unserer Eigentümlichkeit wäre möglich. Dementsprechend wurde sie weit hinten angesetzt. Die Zahlen : 17 + 2 / 0. μαρτυρέω περί τινος = alicuius rei findet sich : 2 + 0 / 0. Dieses Vorkommen ist in der vorigen Zahl nicht enthalten. Hingegen wurden jene Fälle mitgezählt, wo φῶς oder κόσμος im persönlichen Sinne Gegenstand des Zeugnisses ist : 1,7. 8 (φῶς) ; 7,7 (κόσμος).

33. οὐ ... πώποτε. — Die Zahlen sind folgende : 4 + 1 / 1. πώποτε kommt im NT nur verneint vor.

34. μικρός von der Zeit gebraucht. — Die Zahlen sind folgende : 11 + 0 / 3 + 1. Demgegenüber kommt ὀλίγος im zeitlichen Sinne 0 / 7 mal vor. μικρός scheint also eher ungewöhnlich zu sein.

35. ἀνθρακιά. — Das Wort dürfte ungewöhnlich sein. Die Zahlen : 2 + 0 / 0. Zum Fall Jh 18,18 vgl Mk 14,54 ; Lk 22,55 f.

36. ἐκ τούτου = von da an. — Die Zahlen : 2 + 0 / 0.

37. πάλιν + δεύτερος. — Die Zahlen : 2 + 0 / 2.

41. πορεύομαι = ὑπάγω = von dieser Welt scheiden, um ins Jenseits einzugehen. — Die Eigentümlichkeit ist mit ὑπάγω als eine einzige zu rechnen. πορεύομαι erscheint nur als Wechselwort von ὑπάγω. Ein Vergleich der Stellen beider Wörter zeigt, daß zwei Urheber kaum in Frage kommen. Die Zahlen für πορεύομαι : 6 + 0 / 2. Gesamtergebnis : 20 + 0 / 2 + 1.

43. μετὰ τοῦτο. — Die Zahlen : 4 + 0 / 1. Demgegenüber lauten die Zahlen von μετὰ ταῦτα : 8 + 0 / 12. Das ist nicht Zufall, sondern μετὰ τοῦτο ist tatsächlich an sich einigermaßen ungewöhnlich.

48. ἐντεῦθεν. — 6 + 0 / 4.

Im folgenden seien noch die wichtigeren Wörter, Wendungen, Konstruktionen angegeben, die außer den eben erörterten auf ihre Verwendbarkeit im Verfahren Schweizer geprüft wurden, sich aber als untauglich erwiesen.

ἀπεκρίζη'ν) (ἀποκρίνεται usw) ohne weiteres verbum dicendi. — Ein stark ausgeprägter jh Zug. Aber auch die AG weist 9 (11) Fälle auf, den 45 jh gegenüber immerhin ein Zeichen, das zur Vorsicht mahnt.

[1] Vgl VAGANAY, RB 1936, 518.

βρῶσις statt βρῶμα. — Die Zahlen sind : 4 + 0 / 5. Die 5 nichtjh Fälle sind rein paulinisch. Damit wird eine Verwendung für uns unmöglich, trotzdem die Zahlen für βρῶμα (1 + 0 / 16) zeigen, daß βρῶσις eher ungewöhnlich ist.

εἶναι μετά τινος. — Es handelt sich um einen jh Zug, nicht aber um eine Eigentümlichkeit. Die Wendung kommt auch im übrigen NT verhältnismäßig häufig vor und ist an sich nicht ungewöhnlich.

ἴδε statt ἰδού (Ausruf). — Die Zahlen sind folgende : 15 + 0 / 15. Von den 15 nichtjh Fällen stellt aber Mk allein 9. Freilich hat er daneben auch 8 ἰδού, während Jh nur 4 aufweist. Es dürfte also von vornherein wahrscheinlicher sein, daß ἴδε durchweg vom gleichen Vf stammt. Vorsichtiger ist es aber, hier nur einen Zug des Ev zu sehen. Er ist zu wenig ungebräuchlich.

ἴδιος als Hauptwort gebraucht. — Die Zahlen sind : 7 + 0 / 7. Die AG allein hat 4 Fälle, dazu kommt Lk : 1. Die Seltenheit im NT scheint auch eher inhaltlich gegeben zu sein.

ὄχλος in der Einzahl. — Jh braucht, von 7,12 abgesehen, ausschließlich ὄχλος in der Einzahl, nie ὄχλοι. Aber ὄχλος kann nicht als Eigentümlichkeit gelten, da es auch von Mt und Lk häufig verwendet wird und Mk genau wie Jh ὄχλοι (wiederum mit einer Ausnahme : 10,1) vermeidet. Die Form ist offensichtlich ganz gewöhnlich. Sie ist stilkritisch auch kaum da wertvoll, wo etwa ein glossenartiger Satz als echt zu erweisen wäre.

ὑπηρέτης. — Die Zahlen sind : 9 + 0 / 9 + 1. Auf die GO trifft es 5 Fälle.

Voranstellung des genetivus possessoris vor das Hauptwort mit Trennung des Genetivs vom Hauptwort durch ein dazwischengeschobenes Zeitwort oder anderes. — Wenn man nur die Fälle zählen wollte, wo das Hauptwort den Artikel hat, könnte man mit einer Eigentümlichkeit rechnen ; die Zahlen wären : 9 + 0 / 7. Da aber der Wegfall des Artikels die Trennung des Genetivs vom Hauptwort kaum erleichtert, sind auch die artikellosen Fälle zu zählen. Damit werden die Ziffern für Jh ungünstig.

Außerdem seien erwähnt : ἀλέκτωρ — διὰ τοῦτο — εἰς τοῦτο — εἶτα — Γεωρέω — κῆπος — ἐν κρυπτῷ statt ἐν τῷ κρυπτῷ — ὀθόνιον — οὔπω — πάλιν — πιστεύω διά — πλοιάριον — πόθεν — ῥάπισμα.

e. *Die Liste der jh Eigentümlichkeiten.* — Menoud wünschte, die Liste der jh Eigentümlichkeiten hätte von Schweizer nach einem *strengeren Ordnungsgrund* angelegt werden mögen [1]. Schweizer teilt jedoch an sich richtig ein, indem er die für sein Verfahren wertvolleren Eigentümlichkeiten den weniger wertvollen voranstellt. Den Wert der Merkmale aber mißt er an ihren beiden Wesenseigenschaften, ihrer Seltenheit (Ungewöhnlichkeit) und Unnachahmlichkeit. Was die 12 von Schweizer zuerst angeführten Merkmale angeht, mischt er nun allerdings dem ersten noch einen andern Ordnungsgrund bei, indem er zunächst Wörter, Wendungen und Konstruktionen aufzählt und dann einige Eigentümlichkeiten des jh Satzbaues erwähnt, die er vielleicht eher höher einschätzt als die unmittelbar vorausgehenden Kennzeichen. Es ist aber auch zu sagen, daß die ersten 12 Nummern der Liste Schweizers durchgehend sehr wertvoll sind und die Reihenfolge unter ihnen darum keine erhebliche Rolle spielt.

Ich habe nun versucht, die von Schweizer, Jeremias, Menoud und mir gesammelten und verwendbaren Eigentümlichkeiten ausschließlich nach ihrem Wert für das Verfahren zusammenzustellen, indem ich möglichst alle bis jetzt (vornehmlich unter B. 1. a.) entwickelten Grundsätze zu ihrer Wertung erwog. Im einzelnen wird man manchmal verschiedener Auffassung sein. Verstellungen von Nachbarnummern tun auch nichts oder sehr wenig zur Sache. Hingegen scheint mir zwischen 19. und 20. ein deutlicher Einschnitt zu sein, ebenso zwischen 31. und 32. Der letztere trennt die Eigentümlichkeiten, die noch für das Verknüpfungsverfahren wertvoll sind, von jenen ab, die nur noch für das Verteilungsverfahren und die Nachprüfung unternommener Scheidungen in Frage kommen. Diese Unterscheidung darf gemacht werden, da das einzelne Merkmal für das Verknüpfungsverfahren ausschlaggebender ist als für die beiden andern. Eine einzige schlechte Eigentümlichkeit kann das erstere gefährden, unter Umständen sogar entwerten, nicht aber die letzteren. Aus dem gleichen Grunde wird man im Verknüpfungsverfahren vor allem auf die ersten 19 Eigentümlichkeiten Gewicht legen. — Es folgt die Liste. Die Klammerzahlen geben die Nummern Schweizers an.

1. τότε οὖν (4).
2. οὖν historicum (3).
3. ἄν = ἐάν (wenn) (15).
4. τὰ Ἱεροσόλυμα.
5. ἵνα epexegeticum (2).

---

[1] Recherches 16.

6. Asyndeton epicum (10).
7. Wiederaufnahme (11).
8. Nachgestelltes pronomen possessivum mit Artikel (ἡ χαρὰ ἡ ἐμή) (1).
9. Hauptwort mit Artikel als Attribut verwendet (7).
10. Ungewöhnliche Wörtertrennungen (12).
11. Ersatz einer Mehrzahl von Personen durch die Einzahl des Neutrums.
12. καθώς ... καί (9).
13. οὐ ... ἀλλ ἵνα (8).
14. οὐχ’ ὅτι ... ἀλλ’ ὅτι.
15. ὥρα ἵνα ; ὥρα ὅτε.
16. ἀπεκρίθη καὶ εἶπεν (Menoud).
17. ἐκεῖνος (6).
18. ὥρα mit persönlichem Fürwort (Jeremias).
19. παρρησίᾳ im präpositionslosen Dativ (25).

20. οὐ μὴ ... εἰς τὸν αἰῶνα.
21. παροιμία = Rätselrede.
22. σκοτία statt σκότος (20).
23. λαμβάνω τινά = einen aufnehmen, der von Gott kommt (23).
24. Σίμων Πέτρος.
25. τίθημι ψυχήν (28).
26. μέντοι (17).
27. γύναι als Anrede der Mutter Jesu (Jeremias).
28. φανερόω rückbezüglich.
29. μεταβαίνω = aus dem Ungöttlichen ins Göttliche eingehen.
30. μαρτυρέω περί τινος (persönlich).
31. ἀφ’ ἑαυτοῦ (21).

32. (ἐν) τῇ ἐσχάτῃ ἡμέρᾳ (24).
33. οὐ ... πώποτε.
34. μικρός von der Zeit gesagt.
35. ἀνθρακιά.
36. ἐκ τούτου.
37. πάλιν + δεύτερος.
38. ἑλκύω (26).
39. ὀψάριον (27).
40. ἀμὴν ἀμήν (Menoud).
41. ὑπάγω + πορεύομαι = von der Welt ins Jenseits gehen (22).
42. πιστεύω εἰς τινα (Jeremias).

43. μετὰ τοῦτο.
44. οὐ ... ἐὰν(εἰ) μή (16).
45. ἐκ partitivum (13).
46. εἶναι, γεννηθῆναι ἐκ (14).
47. (ἐ)ὰν (μή) τις (15).
48. ἐντεῦθεν.
49. ὥρα ἐν ᾗ.
50. πιάζω (29).

Schweizer fügt seiner Liste noch einige *negative* Eigentümlichkeiten an. Schon oben war von ihnen die Rede. Lediglich das σύν scheint nicht gut zu sein, da es im Vergleich zu μετά auch in Mt und Mk und sonst selten ist. Es kann also kaum anzeigen, daß unser Ev im großen und ganzen von einem einzigen Vf stammt. — Negative Eigentümlichkeiten sind (ua) noch folgende:

	Jh	Mt	Mk	Lk	AG	Rest NT
ἀποκριθεὶς εἶπεν (usw)	0	46	15	38	7	0
ἄρχομαι ποιεῖν τι . .	1	13	26	31	6	1
γραμματεύς	0	23	21	14	4	2
ἔ(ι)νεκεν (-κα)	0	————————————→				26
ὀλίγος	0	7	3	6		24
ὅπως	0	17	1	7	15	13
ὄχλοι	(1)	32	1	16	7	1
παραβολή	0	17	13	17		2
πίστις	0 + 1	8	5	11	15	202
πρεσβύτερος	0 + 2	12	7	5	19	22
ὥστε	1	15	13	5	8	42

Die besten dieser Merkmale sind ἀποκριθεὶς εἶπεν — γραμματεύς — πίστις — πρεσβύτερος.

2. Die Tabellen zum Verknüpfungsverfahren

a. *Allgemeines.* — Schweizer gibt in einer ersten Tabelle eine Übersicht über die Stellen, an denen seine Eigentümlichkeiten zu zweien (oder mehr) gemeinsam vorkommen [1]. In einer graphischen Darstellung werden hierauf alle Eigentümlichkeiten, die mit einer andern an mehr als einer Stelle gemeinsam vorkommen, miteinander verknüpft. Es er-

[1] AaO zu 101 f.

gibt sich eindeutig, daß eine Ausscheidung von unabhängigen Gruppen unmöglich ist, das Ev also einheitlich sein muß [1].

Die unerläßliche Voraussetzung zur Richtigkeit des gewonnenen Ergebnisses ist allerdings, wie wir früher sahen, die Güte der gesammelten Merkmale, das heißt die Unwahrscheinlichkeit, daß ein solches mehr als einem Schriftsteller eigentümlich sein kann. Diese Unwahrscheinlichkeit aber ist dann vorhanden, wenn das Merkmal selten = ungewöhnlich und überdies einigermaßen unnachahmlich ist. Es schien mir deswegen notwendig, das Verknüpfungsverfahren auf Grund der neuen Liste nochmals durchzuführen, und zwar zunächst ausschließlich mit den ersten 19 Eigentümlichkeiten. Nur so kann das Verfahren Sicherheit gewährleisten. Wie Schweizer [2] prüfte auch ich jedes gemeinsame Vorkommen zuerst textkritisch, um alle zweifelhaften Stellen einer Eigentümlichkeit auszuschalten, auch wenn die Lesarten, die sie nicht enthielten, nur wenig Gewicht hatten. Wie Schweizer [3] zog ich ferner die literarkritischen Untersuchungen von Schwartz, Wellhausen, Wendt, Spitta, Hirsch und Bultmann heran, um überall da, wo wenigstens einer dieser Literarkritiker eine Schnittlinie mitten durch einen Vers zog und so zwei oder mehr Eigentümlichkeiten verschiedenen Urhebern zufielen, das gemeinsame Vorkommen nicht zu zählen [4].

Es schien mir aber anderseits gerechtfertigt, unter Umständen auch da ein gemeinsames Vorkommen anzunehmen, wo mehrere Eigentümlichkeiten in Nachbarversen (ganz ausnahmsweise auf drei Verse verteilt) vorkamen. Es wurde hier jedoch zum vornherein äußerste Vorsicht angewendet. Nur wenn eine Notwendigkeit vorhanden schien, zwei Verse dem gleichen Urheber zuzuweisen, wurde ein gemeinsames Vorkommen von jh Merkmalen gerechnet. Die Abhängigkeit eines Verses von einem andern mußte *gegenseitig* erscheinen, ehe gemeinsame Urheberschaft angenommen wurde. Auch wurde im eigentlichen Ver-

---

[1] Item.   [2] Siehe aaO 101.
[3] Siehe aaO 100 Anm 142.
[4] Man darf ruhig gestehen, daß diese Maßnahme im Grunde genommen zu streng ist. Es ist nämlich ausgeschlossen, daß die Scheidungen aller dieser Quellenteiler *cumulative* richtig sind. Darum wäre es an sich natürlicher, das Verknüpfungsverfahren für jede vorgelegte Scheidung zu wiederholen und nur auf die jedesmal einschlägigen Schnittlinien zu achten. Der Einfachheit halber wurde aber das angegebene Vorgehen gewählt. Umso zwingender wird jedoch dementsprechend das Ergebnis sein. Anderseits kann es auch nichts mehr ausmachen, wenn hier die (übrigens unvollständige) Quellenteilung Broomes (siehe S 17-19 dsAr) nicht mehr berücksichtigt wurde.

fahren (2. Tabelle) wiederum textkritisch ausgeschieden, was irgendwie verdächtig erschien. Ebenso wurde allen Trennungslinien der genannten Literarkritiker sowie den Textumstellungen Bultmanns Rechnung getragen. So verblieben zuletzt noch zehn derartiger Fälle, alle mit je zwei Versen.

Die strengere Auswahl der Eigentümlichkeiten hatte zur Folge, daß nur 6 von den 19 Nummern und 2 gesondert so miteinander verknüpft werden konnten, wie Schweizer es für seine graphische Darstellung machte, indem nämlich von den guten Fällen nur jene zugelassen wurden, wo eine Eigentümlichkeit mehr als einmal mit derselben andern gemeinsam vorkommt. Mit dem genannten Ergebnis war natürlich wenig anzufangen. Die Vorsichtsmaßnahme Schweizers darf jedoch füglich als ungerechtfertigt und nicht mehr notwendig angesehen werden, nachdem jedes gemeinsame Vorkommen textkritisch und anhand der frühern Quellenscheidungen geprüft wurde. Damit ist nach menschlichem Ermessen gewährleistet, daß die jh Stellen aller fraglichen Fälle je nur von *einem* Vf stammen können [1]. Es ließe sich höchstens an die oder jene Ausnahme denken. Eine solche aber würde das Ergebnis nicht mehr fälschen. Das geht auch aus der Tatsache hervor, daß die meisten Eigentümlichkeiten, die nur einfach verknüpft erscheinen, doch, wie aus den graphischen Darstellungen 2. b) und c) erhellt, nach mehr als einer andern Eigentümlichkeit hin verbunden sind, also an mehreren Stellen mit je einem andern Merkmal vorkommen. Wenn nun ein Unterbruch der einen oder andern Linie nach einer Richtung noch eine gewisse Wahrscheinlichkeit haben mag oder wenigstens noch sachmöglich erscheint, so doch kaum mehr der Unterbruch nach zwei oder drei Richtungen. Damit bleibt die Verknüpfung im aufgefundenen Umfang voll gewährleistet und erhalten.

---

[1] Schweizer kann allerdings einwenden, er schalte durch seine Maßnahme die Möglichkeit aus, daß ein Merkmal zufällig eben doch einmal von einem Urheber gebraucht worden wäre, den es sonst nicht gekennzeichnet hätte. Die Möglichkeit ist denkbar. Aber eben darum habe ich zunächst nur die 19 Eigentümlichkeiten erster Güte verknüpft ; hier ist die Möglichkeit praktisch kaum mehr vorhanden. Ferner gilt, was oben gesagt wird : denkbar wäre nur die eine oder andere Ausnahme, und eine solche wird das Bild nicht mehr trüben. Wenn ferner zwei Eigentümlichkeiten nicht nur geradlinig, sondern auch noch über andere Eigentümlichkeiten hin verknüpft sind, also den gleichen Vf kennzeichnen, fällt die gemachte Annahme dahin ; denn sonst müßten auch die andern Verbindungslinien falsch sein !

TABELLE 1 (Kapitel 1-8)

		I	II	III	IV	V	VI	VII	VIII
1	τότε οὖν								
2	οὖν historicum		18 (20+19)		33+34	(10+11) 19a	(28+29) (67+68)	(6)11(28) 16+17 25+26 30	(12) 13 (28) (31)
3	ἄν = ἐάν		.			19b			
4	τὰ Ἱεροσόλυμα		(23)						
5	ἵνα epexegeticum				34+33		29(+28) (39)		
6	Asyndeton epicum	(40)				(12+11)			
7	Wiederaufnahme								15 f+16
8	«ἡ χαρὰ ἡ ἐμή»			29+30		30	38+37	(6)	16+15 f (31)
9	Hauptwort als Attribut		23)						(44)
10	Wörtertrennungen							(12+13)	
11	Einzahl statt Mehrzahl						37+38 (39)		
12	καθὼς ... καί						57		
13	οὐ ... ἀλλ' ἵνα	8							
14	οὐχ' ὅτι ... ἀλλ' ὅτι						26		
15	ὥρα ἵνα oder ὅτε								
16	ἀπεκρίθη καὶ εἶπεν		18 (19+20)	(27+28)		19a	26 29(+28)	16+17	(14)
17	ἐκεῖνος	8		(28+27) 30+29		(11+10) (11+12) 19b 37 43	29(+28) 57	11	42 (44)
18	«ὥρα μου»		4						30
19	παρρησία							13(+12) 26+25	
20	οὐ μὴ ... εἰς τὸν αἰῶνα								
21	παροιμία								
22	σκοτία statt σκότος								(12)
23	λαμβάνω τινά					43			
24	Σίμων Πέτρος	(40)					(68+67)		
25	τίθημι ψυχήν								
26	μέντοι							13(+12)	
27	γύναι		4						
28	φανερόω ἐμαυτόν								
29	μεταβαίνω								
30	μαρτυρέω π. τς.	8				37			13 (14)
31	ἀφ' ἑαυτοῦ					(19b) 30		17+16 (28)	(28) 42

TABELLE 1 (Kapitel 9-21)

	IX	X	XI	XII	XIII	XIV	XV	XVI	XVII	XVIII	XIX	XX	XXI
1			14(+13)										
2	(8+9) 10+11 (16) 25	24	54	(29+30) (35+35 f)	6+7(+8) (24+23+25) (26) (27)					(10) 17 (16+15) 25	21 (26)	2 6 21	7
3					20								
4		(22)											
5	30						13+12	19					
6	9(+8)16 (35+36)	(22)		(29+30)	(23+24+25)			19					(3) (11) (12)
7			35 f(+35)							36			
8		27+28					9 12+13		(24)	(35+34) 36			
9			(13+14)		(1)	26	26			(17)			
10													(12)
11									(24)				
12							9					21	
13													
14													
15					1			25					
16	30 (36+35)			(30+29)	7+6(+8)								
17	9(+8)25 11+10 (36+35)				(25+23+24) (26) (27)	26	26	(13)		17 25	21		
18					1								
19		24	14(+13) 54					25					
20		28+27	·		(8+6+7)								
21								25					
22				(35+)35 f									
23					20								
24					6+7(+8) (24+23+25)					(10) (25) (15+16)		2 6	7 (3) (11)
25		18					13+12						
26													
27											(26)		
28													
29					1								
30							(26)						
31		18						(13)		(34+35)			

TABELLE 2

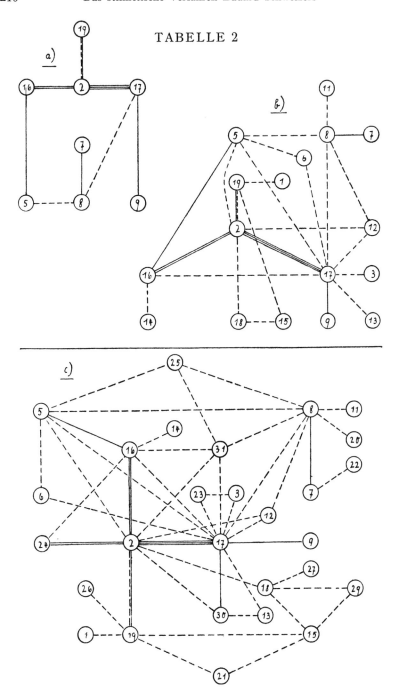

b. *Erklärungen zum Verständnis der Tabellen*. — Tabelle 1 enthält alle Stellen, wo jh Eigentümlichkeiten von 1-31 gemeinsam vorkommen. Die römischen Zahlen am obern Rand geben die Kapitel des Ev an, die arabischen Zahlen links die Eigentümlichkeiten in der Reihenfolge der neuen Liste. Die Felderzahlen zeigen die Verse an. Mit einem Blick über die Felder eines Kapitels kann das Auge die gleichen Verszahlen erfassen und am linken Rande ablesen, welche Eigentümlichkeiten an der fraglichen Stelle miteinander erscheinen. Alle eingeklammerten Verse wurden für das Verfahren ausgeschieden. Wo zwei oder mehr Verse mit + auf der gleichen Höhe vorkommen, zeigt die erste Ziffer immer den Vers an, der die am linken Rand genannte Eigentümlichkeit enthält.

Tabelle 2. — Zeichnung a) veranschaulicht die Verknüpfung jener Eigentümlichkeiten von 1-19, die mehr als einmal mit derselben andern vorkommen. Eine ganze Verbindungslinie zeigt zwei, eine gestrichelte *ein* Zusammentreffen an. Die Ziffern stimmen mit den Nummern der Merkmale überein [1]. Zeichnung b) enthält alle guten Treffnisse, auch die einmaligen der Merkmale von 1-19. Zeichnung c) verknüpft die Merkmale von 1-31. Man achte in allen drei Zeichnungen darauf, daß die Beweiskraft der geradlinigen wie der nicht geradlinigen Verbindung eigen ist!

c. *Das Ergebnis*. — Das Ergebnis der Verknüpfung unserer ersten 19 Eigentümlichkeiten wird durch die Zeichnung b) veranschaulicht (2. Tabelle). Nur zwei Merkmale (4 ; 10) konnten nicht mit andern verbunden werden, trotzdem beide, wie aus Tabelle 1 hervorgeht, je zweimal mit andern zusammen erscheinen. Alle andern sind in der Zeichnung vorhanden und, wenn nur einfach, so doch in der Mehrzahl der Fälle nach mehr als einer Richtung verknüpft. Fünf Merkmale machen da eine Ausnahme (1 ; 3 ; 11 ; 13 ; 14). Der Zusammenschluß aller ist ziemlich innig ; nirgends könnte man ursprünglich getrennte Gruppen vermuten. Auch eine natürliche Scheidung hebt sich nirgends ab. Ausgesprochene Erzählungsmerkmale wie οὖν historicum (2), Asyndeton epicum (6), ἀπεκρίθη καὶ εἶπεν (16) sind mit ausgesprochenen Redeeigentümlichkeiten wie ἵνα epexegeticum (5), nachgestelltem pronomen possessivum mit Artikel (8), καθὼς ... καί (12) ua geradlinig verknüpft. Und das, trotzdem die Forderung der Ausscheidung einer Quelle von

---

[1] Nach SCHWEIZER aaO 101.

Offenbarungsreden durch Bultmann, die keine Redeeinleitungen gekannt hätte [1], die Verknüpfung hier sehr erschwerte. Der Schluß auf die literarische Einheit des Ev drängt sich also gebieterisch auf.

Die Güte dieses Schlusses wird nun durch die Verknüpfung der Merkmale 1-31 nicht etwa wesentlich gemehrt, aber nachdrücklich unterstrichen ; denn auch die Reihe 20-31 ist immer noch von erheblichem Wert. Auch hier zeichnen sich keine Gruppen ab, die an eine ursprüngliche Trennungslinie denken ließen. Von der zweiten Reihe fehlt nur Merkmal 28 : φανερόω ἐμ. τόν. Das οὖν historicum ist jetzt auch mit der Redeeigentümlichkeit μαρτυρέω περί τινος (30) geradlinig verbunden, das ἀπεκρίθη καὶ εἶπεν ebenso mit ἀφ' ἑαυτοῦ (31).

3. Die Nachprüfung der Scheidungen Bultmanns [2]

a. *Erklärungen zur Tabelle.* — Neben jeder Eigentümlichkeit stehen die Zahlen der Fälle, die es auf die verschiedenen Schichten Bs. trifft, und zwar oben die absoluten, unten die Verhältniszahlen mit Rücksicht auf die Größe der Schichten. Die Schicht des Evglisten (Evst) wurde dabei zu rund 1090 Zeilen (Merk), die der Offenbarungsreden (OR) zu 320, die der Semeia-Quelle (Σ) zu 305, die der übrigen Erzählungsquellen (EQ) zusammengezählt zu 205, die des Redaktors und weniger Glossen (R) zu 140 Zeilen gerechnet. Zweifelhafte Fälle wurden entweder unter x eingetragen oder nach den Angaben Bs. vorsichtig auf die in Frage kommenden Schichten verteilt. Kapitel 21 wurde als Ganzes dem Redaktor zugewiesen, trotzdem nach B. von ihm auch wiederum Erzählungsquellen verwendet worden waren.

---

[1] Jedenfalls entnimmt nach B. der Evglist den OR nur immer einzelne rhythmische Gruppen, Zeilen oder Zeilenstücke. Der Rahmen, die geschichtliche « Einkleidung », die « Dialogisierung » ist ausschließlich das Werk des Evglisten. Man sehe sich die OR-Verse an, die B. abdruckt ! Vgl ferner Jhev 91-93 ; 273 ; 321. Es ist kein Zweifel möglich, daß die Redeeinleitungen immer der Schicht des Evglisten angehören, wenn sie OR-Sätzen vorausgehen. Menoud hat dies bei der Nachprüfung der Aufteilungen Bs. für sein ἀπεκρίθη καὶ εἶπεν übersehen (Recherches 19 Anm 2).

[2] Menoud gibt Recherches 17 Anm 2 die Zahlen, die er bei der Nachprüfung der Schichten Bs. fand, nur für 7 Eigentümlichkeiten an.

		Evst	OR	Σ	EQ	R	x
1	τότε οὖν	1 1		1 4	2 11		
2	οὖν historicum	79 79		27 96	28 149	9 70	
3	ἄν = ἐάν (wenn)	1 1	1 3		3 16		
4	τὰ Ἱεροσόλυμα	2 2		2 7			
5	ἵνα epexegeticum	11 .					
6	Asyndeton epicum	17 17		13 46	3 16	5 39	1
7	Wiederaufnahme	1 1	3 10				2
8	« ἡ χαρὰ ἡ ἐμή »	17 17	10 34				2
9	Hauptwort als Attribut	7 7	1 3		1 5	1 8	1
10	Wörtertrennungen	7 7		2 7		2 16	1
11	Einzahl statt Mehrzahl	4					
12	καθώς ... καί ...	4 4	1 3			1 8	
13	οὐ ... ἀλλ' ἵνα	5					
14	οὐχ' ὅτι ... ἀλλ' ὅτι	2					
15	ὥρα ἵνα oder ὅτε	5 5	3 10				
16	ἀπεκρίθη καὶ εἶπεν	22 22		5 18	3 16		
17	ἐκεῖνος	32 32	4 14	6 21	3 16	2 16	
18	« ὥρα μου »	5 5		1 4			
19	παρρησία	6 6		1 4			
20	οὐ μὴ ... εἰς τ. αἰῶνα	2 2	4 14				
21	παροιμία	4					
22	σκοτία statt σκότος	1 1	5 17	1 4	1 5		
23	λαμβάνω τινά		3 10		2 11		
24	Σίμων Πέτρος	7 7		2 7	3 16	5 39	
25	τίθημι ψυχήν	7 7	1 3				

		Evst	OR	Σ	EQ	R	x
26	μέντοι	4 4				1 8	
27	γύναι	1 1		1 4			
28	φανερόω ἐμαυτόν	1 1				1 8	
29	μεταβαίνω	1 1	1 3				
30	μαρτυρέω π. τς.	11 11	6 20				
31	ἀφ' ἑαυτοῦ	4 4	8 27				1
32	τῇ ἐσχάτῃ ἡμέρᾳ	2 2				5 39	
33	πώποτε	2 2	2 7				
34	μικρός temp.	6 6	5 17				
35	ἀνθρακιά				1 5	1 8	
36	ἐκ τούτου	2					
37	πάλιν + δεύτερος			1 4		1 8	
38	ἑλκύω		2 7		1 5	2 16	
39	ὀψάριον			2 7		3 23	
40	ἀμὴν ἀμήν	21 21			2 11	2 16	
41	ὑπάγω + πορεύομαι	10 10	10 34				
42	πιστεύω εἴς τα.	23 23	12 41				1
43	μετὰ τοῦτο	1 1		2 7	1 5		
44	οὐ ... ἐὰν (εἰ) μή	12 12	4 14		2 11	1 8	
45	ἐκ partitivum	25 25		2 7	2 11	2 16	
46	εἶναι ἐκ	11 11	9 31				4
47	(ἐ)ὰν (μή) τις	12 12	9 31		3 16		
48	ἐντεῦθεν	2 2		1 4	3 16		
49	ὥρα ἐν ᾗ			2 7		1 8	
50	πιάζω	6 6				2 16	

b. *Das Ergebnis.* — Die Liste zeigt ganz eindeutig die Unrichtigkeit der literarkritischen Aufstellungen und Scheidungen Bs. Zwar erscheinen einige Merkmale ausschließlich in der Schicht des Evglisten, so ἵνα epexegeticum (5), der Ersatz der Mehrzahl von Personen durch die Einzahl des Neutrums (11), das οὐ ... ἀλλ᾽ ἵνα (13), das οὐχ᾽ ὅτι ... ἀλλ᾽ ὅτι (14), παροιμία (21) und ἐκ τούτου (36). Allein das ist durchaus nichtssagend. Das ἵνα epexegeticum wird von B. als eine Prosaeigentümlichkeit von vornherein für den Evglisten in Anspruch genommen [1], ist also mit der inhaltlichen Eigenart der Schicht und ihrer natürlichen Kennzeichnung verknüpft ; das οὐ ... ἀλλ᾽ ἵνα gilt ihm als rabbinische Wendung [2] und damit ebenfalls als Prosaeigentümlichkeit. Ähnlich steht es mit dem οὐχ᾽ ὅτι ... ἀλλ᾽ ὅτι, das zudem wie das ἐκ τούτου nur an zwei Stellen vorkommt.

Alle andern Eigentümlichkeiten sind nun immer auf verschiedene Schichten verteilt, und zwar ziemlich gleichmäßig, wenn man auf ihre Natur und die Eigenart der verschiedenen Schichten Bs. achtet. So wird man etwa die Verhältniszahlen des Asyndeton epicum (6) sehr ausgeglichen finden, wenn man sich vor Augen hält, daß der Evglist auch viele Redestücke hat. Einzig die Verhältniszahl des Redaktors scheint groß ; aber sein Anteil ist meistenteils Erzählung (Kapitel 21). — Die Verhältniszahlen für die Wiederaufnahme (7) überraschen auch nicht, da diese natürlicherweise eher stark gehobene Rede kennzeichnet, solche aber von B. vornehmlich den OR zugewiesen wird. — Da die Schicht des Evglisten alle Redeeinleitungen zu Sätzen der OR enthält, ist auch dessen Zahl für das ἀπεκρίθη καὶ εἶπεν (16) angemessen. — Das οὐ μὴ ... εἰς τὸν αἰῶνα (20) ist Eigentümlichkeit stark gehobener oder nachdrücklicher Rede. — σκοτία (22) : ein Schlagwort der Gnosis ! — Die Zahl des Redaktors für Σίμων Πέτρος (24) ist durch den Inhalt von Kapitel 21 gegeben. — ἀφ᾽ ἑαυτοῦ (31) kennzeichnet die OR wiederum natürlicherweise mehr als die Schicht des Evglisten. — τῇ ἐσχάτῃ ἡμέρᾳ (32) : die eschatologischen Stellen gehören nach B. a priori dem Redaktor. — εἶναι ἐκ (46) : Stichwort der Gnosis, muß also vor allem die OR auszeichnen. — Die Unterschiede der Zahlen gehen also in einer Reihe von Fällen darauf zurück, daß B. Schichten voneinander trennte, die sich ihrer Natur nach unterscheiden, ohne dadurch einen andern Urheber notwendig zu machen oder zu verraten. Anderseits darf man auch nicht einfach bei unserer Prüfung auf ausgeglichene

---

[1] Jhev 29 Anm 1.   [2] Item.

Zahlen drängen ; das würde voraussetzen, daß der Vf des Ev zum vornherein festgesetzte Stellenzahlen für jede Eigentümlichkeit auf das Ev
arithmetisch genau verteilt hätte : eine ganz unmögliche Annahme !

4. Zur Verteilung der Eigentümlichkeiten
Zusammenfassung der Ergebnisse

Die Scheidungen von Spitta, Wendt und Hirsch anhand der neuen
Liste nochmals [1] nachzuprüfen, ist nicht notwendig, da diese ja zum
größern Teil die Liste Schweizers darstellt. Hingegen habe ich untersucht, ob die neugefundenen Eigentümlichkeiten besondere Schichten
des Ev kennzeichnen könnten (Verteilungsverfahren). Das ist nicht
der Fall. Jene, die sich nur in inhaltlich gleichgearteten Stücken des
Ev finden, hängen fast immer mit deren Eigenart zusammen, wie etwa
das ἀμὴν ἀμήν (40), das μαρτυρέω περί τινος (30) ua. Eine Reihe von
Merkmalen kommen dann in verschiedenartigen Teilen des Werkes vor.
Auffallend in dieser Hinsicht ist eine inhaltlich so stark ausgezeichnete
Wendung wie πιστεύω εἴς τινα (42). Man trifft auf sie im Prolog, in
schlichter wie in stark gehobener Rede, in redaktionellen Stücken, in
Anmerkungen, nicht aber in zusammenhängender Erzählung. Das ist
natürlich zu erklären.

Geben wir uns nun wie Schweizer [2] noch über die Dichte der Verteilung unserer Eigentümlichkeiten Rechenschaft und prüfen wir auf
die Durchsetzung mit solchen vor allem einige Stücke, die schon hie
und da im Kreuzfeuer der Literarkritik standen ! Es sei zunächst
darauf hingewiesen, daß der Abschnitt von der *Ehebrecherin*, 7,53-8,11
auch jetzt, nach der Sammlung von 50 Eigentümlichkeiten, immer noch
keine aufweist. Das ist eine klare Sprache. Nicht einmal das eine oder

---

[1] Ego Eimi 103-105. — Der Scheidungsversuch Bacons (siehe S 12 f dsAr)
ist hier nicht zu prüfen, da Bacon zugesteht, daß alle Teile des Ev (mit Kapitel 21)
sprachlich gleichartig seien und der Bearbeiter entweder den Stil des Evglisten
übernommen oder das ganze Ev in seinem Stil neugeschrieben habe (Gospel 135 f ;
231 ua). Bacon verficht erstaunlicherweise, was eine ganz allgemein verworfene
Ansicht ist, daß : « in distinguishing between the primary and secondary elements
of any text, content and motive (nicht Sprache und Stil) must always be primary
considerations » (aaO 231). Dieser Grundsatz öffnet jeder Willkür Tür und Tor
und übersieht vollkommen, daß Unebenheiten und Sprünge des Aufbaues wie des
Gedankenganges mit der Einheit der Vfschaft voll vereinbar und einer Reihe
von Erklärungen zugänglich sind.
[2] AaO 100.

andere überleitende οὖν historicum findet sich, hingegen etwa 10 δέ! Auch die unjh Ausdrücke γραμματεύς und πρεσβύτερος (negative Eigentümlichkeiten) kommen vor (8,3. 9), das ἀρξάμενος ἀπό (8,9), ein Zug des Lkev und der AG, ferner verschiedene verba composita, wie sie Jh eher vermeidet (ἐπιμένω, καταγράφω, κατακρίνω, κατακύπτω, καταλαμβάνω). Schweizer fiel die Erzählung von der *Hochzeit zu Kana* auf. Sie enthielt keines der von ihm gesammelten Merkmale. Jeremias machte dann auf das γύναι (27) und das ὥρα μου (18) in 2,4 aufmerksam [1]. B. weist auf das πόθεν in Vers 9 (vgl 7,27 f; 8,14; 9,29 f; 19,9) und auf die Antithese von Wissen und Nichtwissen im selben Vers hin [2]. Auch die Trennung des Hauptwortes daselbst von dem einen Relativsatz vertretenden Partizip mit Artikel ist ganz jh. Entsprechungen sind 7,50; 9,40; 11,45; 2 Jh 7. Auffallend scheint mir vor allem das Fehlen des οὖν historicum. Von allen jh Erzählungen ist das sonst nur noch Kennzeichen von 1,35-51. Gerade dieser Abschnitt ist aber mit unserer Erzählung stilistisch stark verwandt. Seine «auffallend trockene Erzählungsweise» [3], die den Ernst des Rufes zur Nachfolge Jesu, seinen Ursprung aus der Überwelt, den Bruch mit allem Vergangenen und Irdischen, den er schroff einleitet, deutlich macht, hat auf das Nachbarstück sichtlich abgefärbt. Beide Stücke sind übrigens durch den Rahmen der Tageszählung verbunden. 1,35-51 enthält auch nur 3 Nummern unserer Liste (6; 16; 24), eine freilich viermal, das Asyndeton epicum. In 2,1-10 finden sich zwei asyndetische Redeeinleitungen (5. 7). Das Zeitwort steht in beiden Berichten gewöhnlich am Satzeingang. Dies und das Asyndeton epicum kennzeichnen aber alle jh Erzählungen [4]. Für das mangelnde οὖν historicum ist weder in 1,35-51 noch in 2,1-10 ein Ersatz vorhanden. Unjh trifft man auch sonst nicht, weder hier noch dort. Mir scheint darum der Schluß, daß für keine der beiden Erzählungen eine schriftliche Quelle verwandt wurde, nahe zu liegen [5]. Einige *Parallelstücke zu syn Erzählungen* (2,13-19; 4,46-53; 12,1-8).

---

[1] JhLkr 35. [2] Jhev 82 Anm 9.
[3] BJhev 75. [4] Vgl S 100-102 dsAr.
[5] Dieser Schluß ist sogar recht kräftig; denn in concreto ist es doch ziemlich unwahrscheinlich, daß eine schriftlich festgehaltene Erzählung, die der Evglist übernommen und nur wenig überarbeitet hätte, nicht auch Unjh enthielte. — Man muß übrigens darauf achten, daß die Verteilung der Merkmale eines Schriftstellers auf ein Schriftstück durchaus nicht regelmäßig zu sein braucht und daß verschiedene Umstände es wohl mit sich bringen können, daß ein Abschnitt nur wenige solcher aufweist.

12-15) enthielten nach Schweizer [1] ebenfalls wenig jh Kennzeichen. Das gleiche ist auch jetzt festzustellen ; die Stücke sind aber auch recht kurz ! An schriftliche Quellen möchte ich nicht denken. Es scheint mir unannehmbar, daß der Vf in einen ihm vorliegenden Bericht gerade nur das eine oder andere οὖν historicum eingearbeitet und jeweilen ein καί oder ein δέ dafür getilgt haben sollte [2]. Das οὖν historicum kommt eben in den genannten Abschnitten durchaus nicht nur in überleitenden Versen vor, die zum ursprünglichen Bericht hinzugefügt sein könnten. Sachlich möglich scheint mir darum nur, daß Jh entweder aus mündlicher Überlieferung schöpft oder dann aus der Erinnerung an Selbsterlebtes oder daß er schon formuliertes Überlieferungsgut frei aus dem Gedächtnis wiedergibt. Diese Möglichkeiten können natürlich gemischt verwirklicht sein.

Daß *Kapitel 21* vom Vf des Ev stammen muß, dürfte jetzt endgültig gesichert sein [3]. Es finden sich in ihm insgesamt *30* jh Eigentümlichkeiten von *13 verschiedenen* Nummern, darunter 12 Eigentümlichkeiten dreier Nummern der ersten Gruppe (2 ; 6 ; 10), 7 Eigentümlichkeiten dreier Nummern der zweiten Gruppe (24 ; 26 ; 28), 11 Eigentümlichkeiten von 7 Nummern der dritten Gruppe (35 ; 37 ; 38 ; 39 ; 40 ; 45 ; 50). Mehr kann man nicht wünschen.

Wir können am Schlusse dieses Abschnittes seine Ergebnisse wie jene des ersten Hauptteils als Antwort auf die Frage nach der literarischen Einheit oder Zusammensetzung unseres Ev in folgende Sätze zusammenfassen [4].

1. Das vierte Ev ist ein durchaus *einheitliches* Werk, dem der Vf einen *deutlichen Bauplan* zugrunde gelegt und einen *einheitlichen Geist* einverleibt hat.

2. Das Ev ist auch eine ungewöhnlich starke *stilistische Einheit*, die sozusagen alle Teile eigentümlich jh prägt.

3. Der Abschnitt 7,53-8,11 kann *nicht von der gleichen Hand wie das Ev* stammen. Hingegen ist Kapitel 21 stilkritisch als *Stück des Evglisten* erwiesen ; es dürfte eher als ursprünglicher Teil des Werkes denn als Nachtrag aufzufassen sein.

---

[1] AaO 100.
[2] An aramäische Quellen wird man wohl nicht denken können ; siehe BJhev 5 ; LAGRANGE, Ev CI-CXIX.
[3] Vgl Ego Eimi 108 Anm 158.
[4] Vgl die Zusammenfassung SCHWEIZERS aaO 108 f.

4. Die *Aporien* des Ev im Aufbau und in der Gedankenführung rechtfertigen die Annahme, daß dieses aus mehreren Händen hervorgegangen sei, *keineswegs*. Man wird sie vor allem nicht übertreiben dürfen, soweit sie aber wirklich vorhanden sind, anders erklären müssen [1].

5. Die gedankliche Einheit des Ev läßt auch die Annahme, daß ein (kirchlicher) *Redaktor* das Ganze mit fremdartigen Zusätzen und Verbesserungen in seinem Sinne versehen habe, *nicht* zu.

6. An *schriftliche Quellen* wird man angesichts der stilistischen Einheit des Ev und der Widerlegung aller bisherigen Aufteilungen *kaum* mehr denken [2]. Unzweifelhaft ist die Annahme *stilkritisch nicht erweisbar*, vornehmlich auch deswegen, weil die jh Eigentümlichkeiten einigermaßen vollständig gesammelt sein dürften.

7. Am wenigsten wird man die *Jesusreden* des Ev als erweiterte und überarbeitete schriftliche Quellen verstehen können. Ihre einheitliche stilistische und gedankliche Durchformung ist zu stark.

8. Die *Parallelstücke zu syn Erzählungen* könnten von der Erinnerung an die gelesenen oder gehörten syn Abschnitte mitgestaltet sein. Daher würde sich eine gewisse Abhängigkeit von diesen und ihre zugleich jh Prägung erklären. Ebensogut, wenn nicht besser, wäre aber diese Tatsache auch durch die Abhängigkeit des Evglisten von der mündlich überlieferten festgeformten Urkatechese erklärt.

9. Die *Verwendung mündlicher Überlieferung* oder von Erinnerungen an Gelesenes für gewisse andere Erzählungen ist *möglich und wahrscheinlich*. Vielleicht ist 5,1-16 zu diesen Stücken zu rechnen.

10. *Glossen* sind durch die gemachten stilistischen Untersuchungen *nicht ausgeschlossen*. Sie sind aber in jedem Fall mit einiger Sicherheit nachzuweisen, sei es textkritisch oder stilkritisch. Die Einheit des Ev spricht zunächst immer zu Ungunsten einer solchen Annahme.

---

[1] Vgl den Versuch SCHWEIZERS aaO 109-111 (Textumstellungen).

[2] Vgl auch noch die unvollständige Nachprüfung der Aufteilungen von Raney und Sievers nach dem Verfahren Schweizers durch JEREMIAS, JhLkr 36-38.

Auseinandersetzung mit Joachim Jeremias über die Echtheit von Jh 6, 51b-58

Unter den wenigen Zusätzen, die Joachim Jeremias in seinem schon mehrmals erwähnten Aufsatz « Johanneische Literarkritik » im vierten Ev noch annimmt, ist der umfangreichste Jh 6,51b-58, die *eucharistische Rede* im engern Sinn. Es dürfte eine lohnende Aufgabe sein, im Anschluß an die vorausgehenden Untersuchungen den Weg zu verfolgen, auf dem J. zur Ausscheidung des genannten Abschnittes aus dem ursprünglichen Ev kommt, um den stilkritischen Nachweis für seine Echtheit zu erbringen [1].

A. Stilkennzeichen eines Herausgebers des Ev ?

Mit der überwiegenden Mehrzahl der Kritiker nimmt J. an, Jh 21,24 stamme *nicht vom Evglisten*, sondern sei eine Aussage über ihn *von fremder Hand* [2]. Er glaubt, das Ev sei nicht von jenem selber der Öffentlichkeit übergeben worden ; vielmehr habe ein Mann aus dem Kreise um den Vf es nach seinem Tode herausgegeben. J. ist der Auffassung, dieser Hg des Jhev habe ihm nicht nur 21,24 angefügt, sondern auch an einigen andern Stellen des Ev eingegriffen ; die Glossen

---

[1] Dieser Teil der vorliegenden Arbeit erschien wesentlich unverändert als Aufsatz in DTh 23 (1945), 162 (153)-190 ; 301-333.

[2] Siehe hiezu und zum folgenden JhLkr 43 f. — L. Vaganay schrieb 1936 in einem Aufsatz der RB Jh 21,24 dem Vf des Ev zu und suchte dies stilkritisch zu stützen (517-524). Es muß unzweifelhaft zugestanden werden, daß der Vers eine Reihe von stilistischen Übereinstimmungen mit dem Ev aufweist, aber der klaffende Unterschied zwischen dem οὗτός ἐστιν und dem οἴδαμεν scheint unüberbrückbar und nur erklärlich, wenn man 21,24 vom Hg oder jedenfalls nicht vom Evglisten stammen läßt. Das οἴδαμεν könnte, wenn der Vers auf den letztern zurückginge, eben nur paraphrastisch mit « man weiß » übersetzt werden. Der Form nach und auch sachlich bleibt es erste Person Mehrzahl, und der Evglist schlösse sich, wie Vaganay zugibt, ein, so daß die Kluft gegen das οὗτός ἐστιν offen bliebe. Siehe auch S 225-227 dsAr.

des Ev seien wenigstens teilweise auf ihn zurückzuführen und dies könne stilkritisch nachgewiesen werden. Zu diesem Zwecke untersucht J. Jh 21,24 auf stilistische Eigentümlichkeiten, um da, wo er sie im Ev wiederfindet, die Hand des Hg anzunehmen. Auf diesem Wege kommt J. dazu, auch Jh 6,51b-58 als Zusatz des Hg zu erklären. Wir haben also zu prüfen, ob sich aus Jh 21,24 wirklich Stilkennzeichen seines Urhebers gewinnen lassen, die geeignet sind, dessen Hand mit Sicherheit oder Wahrscheinlichkeit auch anderswo im vierten Ev zu entdecken. Wir müssen zunächst verlangen,

a. daß ein Merkmal in 21,24, das die zweite Hand verraten soll, nicht *seinerseits* ein jh Stilkennzeichen oder ein Zug des vierten Ev sei. Der Vers könnte zwar in diesem Falle trotzdem nicht vom Evglisten stammen, aber das gefundene Merkmal würde uns auch *keinen Aufschluß* über andere unechte Stellen geben.

b. Ein Merkmal, das den Hg kennzeichnen soll, dürfte *überhaupt nicht in sicher jh Stellen vorkommen;* das wäre ein Zeichen, daß ein solches « Merkmal» nicht eine Eigentümlichkeit des Hg wäre, ihn also auch nicht kenntlich machen könnte.

c. Auch der Gegensatz eines Kennzeichens von der Hand des Hg zu einer jh Eigentümlichkeit ist erst dann wertvoll, wenn er mit diesem Nichtvorkommen in jh Stellen zusammengeht. Ein Stilmerkmal kann nämlich eine von zwei oder mehr Gestaltungsmöglichkeiten sein, ohne daß der Schriftsteller es verschmäht, auch die andern Möglichkeiten gelegentlich oder sogar häufig zu wählen.

d. Es muß endlich verlangt werden, daß man nicht, um ein Kennzeichen des Hg ausfindig zu machen, Stellen zum Vergleich heranzieht, die nicht schon ohnehin als unecht oder sehr zweifelhaft erwiesen sind. Das wäre eine petitio principii.

Wie steht es nun mit solchen Eigentümlichkeiten des Hg in Jh 21,24 ? J. glaubt mehrere gefunden zu haben. Prüfen wir zuerst diejenige, die an keiner Stelle vorkommt, welche von ihm als unecht angesehen wird, nur in 21,24 selber ! Es handelt sich um die *Wiederholung des Artikels vor dem zweiten Partizip* im Satz : οὗτός ἐστιν ὁ μαθητὴς ὁ μαρτυρῶν περὶ τούτων καὶ ὁ γράψας ταῦτα. Diese Eigentümlichkeit findet sich, wenn man von jenen Stellen absieht, wo die beiden Partizipien nicht durch καί verknüpft sind, im *ganzen* Jhev *nirgends* [1].

---

[1] 9,8 kommt die Verbindung eines Eigenschaftswortes mit einem Partizip durch καί vor, und beide nomina haben den Artikel. Der Grund liegt wohl darin, daß sie nicht den gleichen Träger meinen.

Neunzehnmal hingegen sind zwei Partizipien, die vom gleichen Träger gelten, durch καί verbunden, und nur das erste hat jeweils den Artikel [1]. Die Wiederholung des Artikels unterscheidet also wirklich den Stil von Jh 21,24 von dem des Evglisten, wenn wir auch nichts darüber aussagen können, ob sie dem Hg geläufig war. Schließlich könnte er den Artikel hier auch nur wiederholt haben, um auf das γράψας einen gewissen Nachdruck zu legen. *Ein einziger Vers ist eben eine reichlich schmale Grundlage, um zu einer Stilkennzeichnung seines Urhebers zu gelangen.*

Eine zweite Stileigentümlichkeit des Hg ist nach J. das *konjunktionslos den Satz einleitende* οὗτός ἐστιν. Wenn wir aber daran festhalten, daß ein Ausdruck oder eine sprachliche Bauweise nicht als Stileigentümlichkeit angesehen werden kann, wo sie durch den Inhalt oder gewisse Umstände notwendig gemacht wird oder wenigstens sich aufdrängt und von einem andern Vf auch angewendet worden wäre [2], dann lautet unser Urteil über das οὗτός ἐστιν nicht günstig. Gewiß hätte der Hg seinen Zusatz mit einem καί oder einem δέ an Vers 23 anschließen können, aber die *asyndetische* Anfügung an das von anderer Hand stammende Ev lag unzweifelhaft *näher*. Das οὗτός ἐστιν wird also kaum als Unterscheidungsmerkmal für den Stil des Evglisten und des Hg gelten dürfen.

Wir können ferner prüfen, ob die fraglichen und ähnliche Wendungen nicht auch jh Sätze unverbunden einleiten [3]. Ich habe 8 Stellen gezählt, die als strenge Parallelen gelten können [4]. Zum voraus nicht mitgerechnet wurden die Fälle, wo die Konstruktion unmittelbar von einem verbum dicendi abhängt ; hier ist das Asyndeton meistens natürlich. Aber auch an vier von den so gefundenen Stellen ist das Fehlen des Bindewortes natürlich zu erklären [5]. Es bleiben somit vier asyndetische Fälle. Ihnen stehen sechs gegenüber, in denen durch ein Bindewort engerer Zusammenschluß mit dem vorgängigen Satz erstrebt wird [6]. Davon ist mindestens eine Stelle natürlich zu erklären : 5,39b.

---

[1] 1,40 ; 3,29a ; 5,35 ; 11,31 ; 12,29 ; 11,45. — 6,40. 45b ; 11,26. — 5,24 ; 6,33. (54. 56) ; 8,50 ; 9,8 ; 11,2 ; 12,48a ; 14,21a ; 20,29.

[2] Vgl S 192 dsAr.

[3] Wir erinnern uns da auch an das Asyndeton epicum des Ev !

[4] 1,2. 30 ; 3,8b ; 5,35 ; 6,50 ; (6,58a) ; 8,44b ; 15,12.

[5] 1,2. 30 ; 3,8b ; 5,35 ; (6,58a).

[6] 1,19 ; 3,19 ; 5,39b ; 6,39 f ; 17,3.

Das gewonnene Verhältnis 4 : 5 zeigt, daß Jh sicher nicht eine ausgesprochene Vorliebe für den verbundenen Gebrauch unserer Wendung
hat. Dazu kommt nun aber, daß unser οὗτός ἐστιν von Rechts wegen
als Sonderfall mindestens in den nächstweitern Zusammenhang von
Wendungen hineingestellt werden muß, wo hinweisende Fürwörter einen
Satz einleiten. Wenn wir aus ihnen die jh Erzählungsschlüsse heraus-
greifen, erhalten wir von 11 Fällen 8 asyndetische, von denen zwar der
eine und andere natürlich erklärt werden kann [1]. Mit Sicherheit geht
aber das daraus hervor, daß unser in Frage stehendes οὗτός ἐστιν nicht
geeignet ist, Aufschluß über Stellen im vierten Ev zu geben, die vom
Hg eingesetzt worden wären.

Wir kommen zum dritten Merkmal, das nach J. den Stil des Hg
kennzeichnet. Es handelt sich um die *Voranstellung des Fürwortes* in
αὐτοῦ ἡ μαρτυρία aus dem zweiten Satz unseres Verses. Diese Eigentümlichkeit ist, wie früher erwähnt [2], in die Reihe jener Wendungen zu
stellen, wo der *genetivus possessoris* prädikativ einem *Hauptwort mit
Artikel voransteht*. Ich habe das ganze NT auf das Vorkommen der so
gefaßten Eigentümlichkeit geprüft, um herauszufinden, ob sich für den
Vf des vierten Ev eine schriftstellerische Vorliebe dafür nachweisen
läßt, die ihn vom übrigen NT unterscheidet [3]. Die Stellen, wo der
gen. poss. einem artikellosen Hauptwort vorausgeht, kamen für einen
Vergleich nicht in Frage, weil die Neigung, in diesem Fall den Genetiv
vorauszunehmen, natürlicherweise groß ist. Ebenso wurden die Fälle
ausgeschieden, wo der Genetiv ein pronomen relativum war ; denn hier
ist eine andere Stellung nicht möglich. Mit ihnen wurden auch die
Fälle übergangen, wo das unbestimmte τὶς, τὶ im Genetiv voranstand [4],
weil sie natürlich zu erklären sind. Ferner wurden jene Stellen nicht
mitgezählt, wo der Genetiv von einem andern nomen als dem folgenden
Hauptwort oder dann von einem Zeitwort abhängig sein kann [5]. Hin-

---

[1] Asyndetisch : 1,28 ; 2,11 ; 6,59 ; 8,20. 30 ; 10,6 ; 12,36b ; 21,14. Rest :
4,54 ; 7,9 ; 12,37. Vgl 20,30 f ; 21,25.
[2] S 192 dsAr.
[3] Schweizer führt zwar die Stellung des Genetivs vor dem mit Artikel versehenen Hauptwort als jh Zug auf (aaO 94 Nr 30 und Anm 83), übergeht aber
dabei die zahlreichen Fälle vorangestellter Genetive von pronomina personalia.
[4] Jh 20,23 ; 1 Kr 3,14 f ; 1 Tm 5,24.
[5] Mt 7,24. 26 ; Mk 5,30 (vgl 31) ; Lk 6,47 ; Jh 12,47 ; 18,37 ; AG 9,18 ; 19,20
(vgl 8,4 ; 10,36 ; 14,25) ; 1 Kr 9,2 ; 14,33 ; 2 Kr 1,24 ; Php 1,7 ; Kl 4,18 ; 1 Ths 1,3 ;
1 Tm 4,12 ; 2 Tm 1,4 ; Jk 1,3 ; 1 Pt 1,7.

gegen unterschied ich zwischen betonten und tonlosen Fällen zunächst
nicht, da die Vorausnahme des Genetivs gewöhnlich nicht das einzige
Mittel ist, um seine Betonung zu ermöglichen. In Wegfall kamen endlich noch mit Jh 21,24 die von J. angefochtenen Stellen 6,51b-58 und
19,35. Die syn Parallelstellen wurden wie früher nur einmal gezählt.
    Auf diese Weise ergaben sich für das Vorkommen unserer Kon-
struktion im NT folgende Zahlen : Jhev 50 ; Jhbr + GO 16 ; Syn 62 ;
Rest NT 56. Wenn man nun in Anschlag bringt, daß unser Ev ungefähr
$^1/_8$ des übrigen NT ohne die Jhbr und die GO ausmacht, so findet sich
die Stellung des gen. poss. vor dem Hauptwort mit Artikel, die oben
genannten Fälle ausgenommen, in ihm rund 3,4 mal häufiger als in den
nichtjh Schriften. Das Ergebnis wird ungünstiger, wenn man das Jhev
mit Mt vergleicht. Wenn man die syn Parallelen mitrechnet, die übrigen
Fälle aber, von denen die Rede war, wieder ausscheidet, so weist das
Mtev 30 Stellen auf mit unserer Wendung. Diese Häufigkeit ist im
ganzen NT außer dem Jhev die höchste. Das Jhev macht ungefähr
$^4/_5$ des Mtev aus. Das Verhältnis, in dem die Häufigkeiten unserer
Wendung in beiden Ev zueinander stehen, ist also rund 2 : 1. Das
gleiche Verhältnis ergäbe sich übrigens auch, wenn man in beiden Ev
die Stellen ausschiede, wo der voranstehende gen. poss. betont ist [1].
Allein dieses Verhältnis ist zu schematisch errechnet. Wenn wir vergleichen, wie manchmal jeder der beiden Vf unsere Stellung im Verhältnis zu jenen Fällen wählt, wo er trotz der gleichen Möglichkeit den
gen. poss. nachstellt [2], lautet das Ergebnis für Jh wieder günstiger. Er
entscheidet sich für die Vorausnahme des Genetivs nicht ganz dreimal
häufiger als Mt.
    Eine noch genauere Untersuchung aller Stellen, die für unsere Ver-
gleiche in Frage kamen, würde die einzelnen Zahlen nochmals ein wenig
verändern, die Verhältnisse aber nicht mehr wesentlich verschieben.
Was für uns wichtig ist, steht jedenfalls fest : Man darf zweifellos von
einer hervorstechenden *schriftstellerischen Vorliebe* unseres Evglisten
für die fragliche Konstruktion reden. Das heißt nicht, sie sei eine
jh Eigentümlichkeit im früher festgelegten Sinn. Dafür ist sie im
übrigen NT zu wenig selten, an sich auch nicht gerade ungewöhnlich

---

[1] Mt 1,18a ; 5,20 ; (6,4) ; 8,8 ; 10,2. 30 ; 13,16 ; Jh 8,17 ; 10,5 ; 13,6. 14 bis. 18 ;
15,10 bis ; 19,32. — Schweizer ist der Ansicht, es sei in den meisten Fällen wohl
sehr schwer zu entscheiden, ob der vor dem Hauptwort stehende gen. poss.
betont oder unbetont sei (aaO 99).

[2] Mt enthält rund 750, Jh rund 400 solcher Fälle.

und ebensowenig unnachahmlich. Auf Grund unserer Wendung könnte man über die Einheitlichkeit unseres Ev *nicht* urteilen; jede einzelne Stelle, wo sie erscheint, könnte an sich von je einem andern Vf stammen. Es handelt sich also nur um einen *Zug* des jh Stiles, der hier in Frage steht. Dieser Zug aber kann niemals dazu dienen, eine Stelle des Ev als *unecht* zu erweisen. Wir dürfen sogar ohne Zaudern sagen, daß eine strittige Stelle, nachdem die Einheitlichkeit des Ev gesichert ist, durch diesen Zug dem Ev erhalten werden kann, wenn nicht alio ex capite ihre Unechtheit feststeht. Auch 21,24 müßte als jh angesehen werden allein um dieses Zuges willen, wenn nicht gewichtige Gründe gegen die Echtheit ständen [1].

Wenn daher J. mit Hilfe des αὐτοῦ ἡ μαρτυρία aus Jh 21,24 auch den Vers 19,35 auf den Hg des Ev zurückführen will, so ist dieses Vorgehen unzweifelhaft falsch. J. spricht zwar zuerst von einer inhaltlichen Gleichung beider Verse; aber auch das läßt sich nicht halten. Im Rahmen seiner gewohnten Zurückhaltung verwendet der Evglist 19,35 die dritte Person, um auf seine Eignung zur Zeugnisgabe hinzuweisen [2]. In 21,24 aber heißt es: « und *wir* wissen, daß *sein* Zeugnis wahr ist ».

Da J. 19,35 zusammen mit 21,24 ausbeutet, um weitere Stileigentümlichkeiten des Hg zu gewinnen, sollen mehrere sprachliche Einzelheiten angeführt werden, die noch klarer zeigen, daß der Vers vom Evglisten stammen muß. Zunächst enthält die Stelle eine jh Stileigentümlichkeit im Vollsinn, das ἐκεῖνος als selbständigen personalen Singularis (17). Wir finden dann ferner außer der Voranstellung des αὐτοῦ noch zwei weitere Züge des jh Stiles. Das αὐτοῦ wird nämlich (anders als in 21,24) von seinem Hauptwort μαρτυρία durch eine Form von εἶναι getrennt. Schweizer führt diesen Zug am Schluß seiner Liste der jh Eigentümlichkeiten auf [3]. Daß nun aber die Voranstellung des gen. poss. und diese Worttrennung sich verbinden, ist wiederum ein hervorstechender Zug des vierten Ev, der fast als Eigentümlichkeit gelten könnte, wie wir früher sahen [4]. Unser Vers ist dann mit dem vorhergehenden und so mit dem ganzen Abschnitt durch καί verknüpft. Das weist eher auf den gleichen Vf hin als auf einen fremden Zusatz.

---

[1] Vgl S 188-190 dsAr.
[2] Vgl Vaganay aaO 518.
[3] Ego Eimi 94 Nr 32a.
[4] S 202 dsAr. — Die jh Stellen sind : 2,15 ; 3,19 ; 9,6 (vgl 1,27) ; 11,32 ; 13,6. 14 ; 19,32. 35 ; 20,23.

Endlich ist das αὐτοῦ ... ἡ μαρτυρία im Abschnitt 19,31-37 nur der letzte von 5 Fällen, wo der gen. poss. vor einem mit Artikel versehenen Hauptwort steht [1].

Ein letzter Grund, und zwar ein gewichtiger, für die Echtheit der Stelle 19,35 ist dann seine innere und äußere Verwandtschaft mit 14 Stellen des Ev und 3 des ersten Jhbr, an denen Jesus von seinem Offenbarungswort oder von sich selber oder andere von Jesus Zeugnis ablegen [2]. In 9 von diesen Stellen wird das Zeugnis gerade wie in 19,35 von einem vorausgehenden Sehen und (oder) Hören abhängig gemacht [3], in 4 Stellen ist es eng mit einem εἰδέναι verbunden [4]. Dann stehen die Zeitwörter ὁρᾶν, θεᾶσθαι, ἀκούειν und μαρτυρεῖν an 11 Stellen auffallend häufig im Perfekt [5], wohl um auszudrücken, daß das Sehen und Hören eine unverlierbare Eignung zur Zeugnisgabe geschaffen hat, daß ein abgelegtes wahres Zeugnis durch Wiederholung oder Überlieferung andauert und infolge seines innern Wertes auch für die Gegenwart Geltung hat. Diese Eigenart prägt auch 19,35. Ferner wird in 8 von unsern 17 Stellen wie in 19,35 das Zeugnis mit der Wahrheit in Verbindung gebracht [6]. Auffallend ist auch die Ähnlichkeit unseres Verses mit 5,32 und 8,13 f [7]. In 3,33 finden wir die Wendung αὐτοῦ τὴν μαρτυρίαν. In 11 von den 17 Stellen wird als Ziel des Zeugnisses ausdrücklich oder der Sache nach und gleichwertig der Glaube oder (und) das nach Jh im Glauben zu erwerbende Leben angegeben [8]. So auch in 19,35.

Aber wie kommt es denn eigentlich, daß auch Jh 21,24 mit den genannten Zeugnisstellen so viel Ähnlichkeit hat ? Wenn diese die Echtheit von 19,35 stützen sollen, warum nicht mit gleichem Recht die von 21,24 ? — Darauf ist erstens zu antworten, daß wir oben für die Echtheit von 19,35

---

[1] Die ersten 4 Fälle sind 19,31. 32. 33. 34.

[2] Jh 1,7 f. 32-34 ; 3,11-13. 31-36 ; 4,39-42 ; 5,31-47 ; 8,12-18 ; 18,36 f ; 1 Jh 1,1-3 ; 4,14 ; 5,5-12. Vgl 3 Jh 3. 12. Die folgenden Stellen sind innerlich ebenfalls zu den angeführten zu zählen : 1,19 f ; 6,45-47 ; 8,37-47 ; 15,22-24. 27 ; 20,30 f.

[3] 1,32-34 ; 3,11-13. 31 f ; 4,39-42 ; 5,36-38 ; 1 Jh 1,1-3 ; 4,14. — 6,46 ; 8,38-40. Vgl 15,27.

[4] 3,11 ; (4,42) ; 5,32 ; 8,14. Vgl 3 Jh 12b.

[5] 1,32-34 ; 3,11. 32 ; (4,42) ; 5,31-38 ; 1 Jh 1,1-3 ; 4,4 ; 5,9 f. Vgl 3 Jh 12a. — 6,46 ; 8,38 ; (15,24). Vgl 20,30 f.

[6] 3,33 ; (4,42) ; 5,31-33 ; 8,12-18 ; 18,36 f ; 1 Jh 5,6b. 10b. Vgl 3 Jh 3. 12. (1,19 f) ; 8,44-47.

[7] Vgl 3 Jh 12b.

[8] 1,7 ; 3,11-13. 31-36 ; 4,39-42 ; 5,36-47 ; 18,36 f ; 1 Jh 1,3 ; 5,5-12. — 6,45 ; 8,37-47 ; 20,31.

noch andere Gründe anführten, uns also nicht ausschließlich auf diese Zeugnisstellen stützen. Für 21,24 aber fehlen weitere Gründe. Eine nähere Prüfung deckt sogar eine gewisse unjh Prägung des Verses auf, die Vaganay entgangen ist. Am auffallendsten ist sicher die Wiederholung des Artikels vor γράψας, von der wir gesprochen haben. Unjh mutet ferner die Zusammenstellung zweier Zeitstufen in den Partizipien μαρτυρῶν und γράψας an. Nur ein einziger der 19 Fälle, wo unser Vf zwei Partizipien mit καί verknüpft, enthält eine solche Verbindung [1]. Wenn sich der Hg jh hätte ausdrücken wollen, so hätte er also sagen müssen : ὁ μαρτυρήσας περὶ τούτων καὶ γράψας ταῦτα. Man kann freilich einwenden, die Zusammenstellung des μαρτυρῶν im Präsens mit γράψας sei inhaltlich gefordert und der Hg denke entweder an das im geschriebenen Ev nun immer gegenwärtige Zeugnis des Lieblingsjüngers oder fasse das in der Vergangenheit abgelegte Zeugnis als in die Gegenwart hineinwirkend auf oder das μαρτυρῶν drücke nur eine andere Aktionsart als γράψας aus und entspreche einem Imperfekt der Wiederholung. — Unjh an 21,24 scheint auch die Stellung des ἐστίν im zweiten Satz zu sein. In 5,32 und 8,14 wird es natürlicherweise an ἀληθής angeschlossen, in 19,35 aber eigentümlich jh zwischen αὐτοῦ und das dazugehörige Hauptwort gestellt ; in beiden Fällen kann es rhythmisch wohlgefällig angelehnt werden. Auch in 8,13 fügt es sich rhythmisch gut ein. Seine Stellung in 21,24 hingegen und die sich so ergebende Betonung heben es unnatürlich hervor. — Von diesen stilkritischen Aussetzungen ist mindestens die erste (Wiederholung des Artikels vor γράψας) gewichtig. Sie und der Gegensatz des οἴδαμεν zum οὗτός ἐστιν dürften doch zusammengenommen die Unechtheit von 21,24 ziemlich erhärten. Trotzdem bleibt der Vers inhaltlich und sprachlich mit dem Ev verbunden. Der Hg lehnt seinen Zusatz, wie dies auch ganz natürlich ist, offensichtlich an die genannten jh Zeugnisstellen an, vor allem an 5,32 ; 8,13 f und 19,35. Aus dem letztern Vers stammt wohl die Wortstellung αὐτοῦ ἡ μαρτυρία [2].

Außer Jh 19,35 verwertet J. auch *die beiden kleinen Jhbr*, um aus Jh 21,24 seine stilkritischen Schlüsse zu ziehen und in der Folge die eucharistische Rede des Ev als unecht zu erweisen. Es ist darum notwendig, hier auch noch auf die Annahme Js. einzugehen, die kleinen Jhbr seien ebenfalls nicht echt und vielleicht auch vom Hg des Ev verfaßt. Die Gründe, die J. zur Stütze der letztern Ansicht heranzieht [3], sind durch die vorausgehende Untersuchung schon hinfällig geworden.

---

[1] 12,29 ; die Zusammenstellung ist natürlich. 3,29 und 9,8 sind nicht Ausnahmen, da dort Perfekt = Präsens ist.

[2] Wenn der Empfänger des dritten Jhbr (Gaius) der Hg des Ev wäre, so ließe sich Jh 21,24 der Form nach gut als eine Art antwortende Wiederholung von 3 Jh 12b erklären. Jh 21,24 darf jedenfalls als Echo der mündlichen Zeugnisreden des Evglisten angesehen werden.

[3] JhLkr 43.

Sicher kann uns das asyndetische οὗτός ἐστιν in 2 Jh 7 die Hand des
Hg nicht verraten. Außerdem steht in Vers 6a das genaue Gegenstück
dazu mit dem *Bindewort* καί. J. hat aber vor allem gar nicht darauf
Rücksicht genommen, daß 2 Jh 7 inhaltlich und sprachlich eng verflochten ist mit zwei Parallelstellen des ersten Jhbr [1], dessen Herkunft
vom Vf des Ev ihm nicht zweifelhaft ist [2]. Diese Stellen enthalten ua
auch die entsprechenden Parallelen zum zweiten Satz von 2 Jh 7, den
unser οὗτός ἐστιν einleitet : In 1 Jh 2,22b finden wir dieses als solches
und ebenso unverbunden als Gegenstand der gleichen Aussage wie in
2 Jh 7b ; 1 Jh 4,3b ändert die Form und den Inhalt der ersten Stelle
leicht, aber die Entsprechung bleibt ; hingegen erreicht hier ein καί
engeren Anschluß an den vorausgehenden Satz.

Die Folgerung liegt zu Tage. An der inhaltlichen und sprachlichen
Abhängigkeit des zweiten und dritten Jhbr vom ersten wird, sollten
sie nicht den gleichen Vf haben, kaum jemand zweifeln. In dieser Voraussetzung wäre also das asyndetische οὗτός ἐστιν im siebten Vers des
zweiten Briefes mitsamt der Aussage, die dazu gehört, dem ersten Brief
entnommen und hätte den Vf des Ev zum letzten Urheber. Auf keinen
Fall kann es uns glaubhaft machen, daß der zweite Brief und mit ihm
der dritte vom Hg des Ev stammen soll, sogar wenn das οὗτός ἐστιν
ein Zug seines Stils wäre.

3 Jh 12b ist nach J. ein weiterer Hinweis, daß der Hg des Ev
die kleinen Jhbr verfaßt hat. Wir haben die Ähnlichkeit dieses Verses
mit Jh 19,35 und 21,24 schon angemerkt. Wie sollen wir darüber
urteilen ? Ist es möglich und klug, die Stelle unmittelbar nur von
Jh 21,24 abhängig sein zu lassen und zu schließen, sie stamme vom
Hg des Ev ? Wenn wir sogar jenen seinen Zusatz teilweise jh geprägt
finden, warum sollen wir dann die fragliche Stelle des dritten Br, die
der jh Herkunft nichts in den Weg legt und der gegenüber Jh 21,24
wie eine antwortende Wiederholung im Munde eines andern klingt,
gerade dem Hg zuschreiben ? Die 18 jh Zeugnisstellen (mit Jh 19,35)
zeigen, daß ihr Vf ganz erfüllt war von seiner Augenzeugenschaft und
der ihm anvertrauten Sendung, von Jesus Christus zu zeugen, und daß
er aus dieser Sendung heraus lebte, sprach und schrieb. Zugleich sind
diese Stellen von einer durchgehenden und einheitlichen sprachlichen
Prägung, die nicht nur inhaltlich gegeben ist. Ist es da nicht selbstverständlich, den Vers 3 Jh 12, der die gleiche Prägung aufweist, zu-

---

[1] 2,18-23 ; 4,1-6.   [2] AaO 46.

nächst auf den Vf des Ev zurückzuführen ? Man könnte allerdings einwenden, daß ja das Zeugnis, um das es sich dort handelt, nur ein analoges sei zum Zeugnis von Jesus Christus. Allein das sagt nichts aus über die Herkunft der Stelle. Wir können uns aber gut vorstellen, daß Jh, dessen Sprache im Ev und im ersten Brief so einheitlich ist, sich auch im Alltag kaum von seiner religiösen Anschauungswelt und seiner ihm eigenen Denkweise und Sprache frei machen konnte. Übrigens ist auch das Zeugnis in 3 Jh 12 ein vom Zeugnis über Christus abhängiges.

J. findet dann im dritten Jhbr den Genetiv des persönlichen Fürwortes vor dem Artikel des Hauptwortes wieder. Auch darüber müßten wir eigentlich nicht mehr länger reden. Aber man könnte sich ja schließlich fragen, warum denn im ersten Brief dieser jh Zug nur einmal vorkomme, in den wenigen Zeilen des dritten aber gleich viermal. Darauf weiß ich keine Antwort als die : Jh war nicht gezwungen, sich, wenn er schrieb, in regelmäßigen Zeitabständen an die Vorliebe für eine gewisse Konstruktion zu erinnern. Daß ein solches Ansinnen an einen Schriftsteller sinnlos wäre, zeigt die Tatsache, daß der zweite Jhbr den gen. poss. auch nie vorausnimmt, sondern in 6 Fällen das persönliche Fürwort im Genetiv dem Hauptwort mit Artikel nachstellt, während im dritten von 5 Fällen viermal die Entscheidung zugunsten der Voranstellung des Fürwortes getroffen ist. Trotzdem hat die Kritik, soweit sie für die Jhbr nicht gleiche Vfschaft annahm, wie J. immer die zwei kleinen *gegen* den ersten Brief gemeinsam ausgespielt.

Unsere Auseinandersetzung mit J. über die Vfschaft am zweiten und dritten Jhbr hat bis jetzt ein günstiges Vorurteil dafür ergeben, daß sie den gleichen Urheber haben wie Ev und großer Brief. Ich möchte jetzt stilkritisch zeigen, daß sie nur von diesem Urheber geschrieben sein können. Zunächst die Tatsache, daß der *zweite* Brief auf 34 Zeilen 7 jh Stileigentümlichkeiten unserer Liste enthält. In Vers 6 finden wir zweimal das ἵνα epexegeticum (5) [1]. In den Versen 2 f und 10 f kommt die Wiederaufnahme eines Satzendes mit denselben Wörtern in umgekehrter Reihenfolge vor (7). In 5 und 7 sind zusammengehörige Wörter stark auseinander gerissen (10) [2].

---

[1] Das ἵνα in 6b hat zwar zugleich einen adhortativen (imperativen) Unterton, aber der epexegetische Sinn nimmt ihn auf in sich und verdeckt ihn fast ganz, anders als in Jh 11,57 ; 13,34 bis ; 15,12. 17. Vgl vor allem Jh 6,39 f ; 1 Jh 3,11, aber auch 1 Jh 3,23 ; 4,21. Für den erläuternden Sinn spricht auch der Parallelismus zu 6a. — Das ἵνα in 6b ist nicht final aufzufassen, so daß ἐντολή mit αὕτη Satzgegenstand wäre. Das scheint der Parallelismus zu 6a unmöglich zu machen. Die Nachsetzung von ἐστίν ist chiastisch.

[2] 5 : ἐντολὴν γράφων σοι καινήν. 7 : πολλοὶ πλάνοι ἐξῆλθον εἰς τὸν κόσμον, οἱ μὴ ὁμολογοῦντες. Die angeführte Lesart von Vers 5 vereinigt auf

In Vers 10 steht das jh λαμβάνω τινά (23). — Dazu kommen nun noch Züge
des jh Stils. Zwei Chiasmen in Vers 6 (ἐστὶν — ἀγάπη + ἐντολή [sachlich
= ἀγάπη] — ἐστιν ; περιπατῶμεν — Ergänzung + Ergänzung — περιπατῆτε)
enthalten in gleichgeordneten Sätzen eine Wiederaufnahme gleicher Wörter ;
das ist nach Schweizer ein starker Zug des Ev [1]. Es sind auch noch 11 andere
an sich zu wenig eigentümliche Chiasmen zu nennen [2], die doch ganz an
das vierte Ev gemahnen. Eine solche Häufung von Chiasmen auf kleinstem
Raum findet sich auch im NT außer in den jh Schriften kaum. Besondere
Aufmerksamkeit verlangen hier die Verse 5 f. Sie sind ein hochkünstliches
Gebilde von 5 Chiasmen (2 wurden eben als Fälle eines jh Zuges genannt,
die gleiche Wörter oder Begriffe wiederaufnehmend ineinanderflechten. Die
Eckpfeiler dieses Gebäudes sind die folgenden chiastisch geordneten Ausdrücke : ἐντολὴν — ἀγαπῶμεν + ἀγάπη — ἐντολάς + ἐντολή — αὐτῇ (= ἀγάπη).
Diese zwei Chiasmen sind so miteinander verkettet, daß das zweite Glied
der ersten Paarung gleicher Ausdrücke zugleich das erste Glied des zweiten
Chiasmus darstellt. Ähnliche Gebilde finden sich im Ev drei : 1,1 f [3] ;
6,54 f [4] ; 18, 36. Wie hier, ist auch in Jh 1,1 f einmal das Fürwort statt
des entsprechenden Ausdruckes gebraucht ; entsprechend finden wir in
18,36 einmal ἐντεῦθεν statt ἐκ τοῦ κόσμου τούτου. Wie hier das περιπατεῖν
einen dritten Chiasmus bildet (περιπατῶμεν — ἐντολάς + ἐντολή — περιπατῆτε), so wird Jh 1,1 f noch das ἐν ἀρχῇ in die Kreuzstellung der andern
Wörter hineinverflochten. Wer diese 4 Fälle von Chiasmen prüft, muß
gestehen, daß man sich hier nur den gleichen Schriftsteller an der Arbeit
denken kann.

Ich füge hier noch die sachlichen und (oder) stilischen Parallelen des
ersten Jhbr zum zweiten an. Sie werden in unserm Urteil über dessen
Herkunft noch eine Rolle spielen [5]. 1 : ἀγαπῶ ἐν ἀληθείᾳ : 3,18. — 1 : οἱ
ἐγνωκότες τὴν ἀλήθειαν : 2,4 ; 4,6c ; 5,20. — 2 : τὴν ἀλήθειαν τὴν μένουσαν
ἐν ἡμῖν, καὶ μεθ' ἡμῶν ἔσται : 1,8 ; 2,24. 27 f. — 3 : ἐν ἀληθείᾳ καὶ ἀγάπη :
3,18. — 4 : περιπατοῦντας ἐν ἀληθείᾳ : 1,6 f. — 5 (1) : οὐχ' ὡς ἐντολὴν γράφων
σοι καινήν, ἀλλὰ ἣν εἴχομεν ἀπ' ἀρχῆς : 2,7. — 5 (2) : ἵνα ἀγαπῶμεν ἀλλήλους :

sich die Mehrzahl der Zeugen und die gewichtigeren. Eine solche Umstellung ist
übrigens nicht das Werk eines Abschreibers, während es anderseits leicht verständlich ist, daß diese seltene Trennung nach der Parallele 1 Jh 2,7 « verbessert »
wurde. — Da die Trennung von ἐρωτῶ σε und ἵνα in Vers 5 natürlich erklärt
werden kann, zähle ich sie nicht. Sie scheint allerdings doch etwas ungewöhnlich
zu sein und in der Linie der jh Wörtertrennungen zu liegen. Jedenfalls hätten
der Partizipialsatz und der ἵνα-Nachsatz ebensogut vertauscht werden können.
Jetzt ist das ἵνα wohl auch noch von ἣν εἴχομεν ἀπ' ἀρχῆς abhängig zu denken.

[1] Ego Eimi 96 f (Nr 33).
[2] 2. 4. 5 f ter. 8. 9 bis. 10 bis. 12.
[3] Vgl Anm 1 S 69 dsAr.
[4] Vgl S 244 f dsAr.
[5] Die Zahlen vor den Wortgruppen geben den Vers des zweiten Briefes an,
die Zahlen nachher die Stelle im ersten. Zu den kleinen Klammerzahlen siehe
Anm 2 S 232 dsAr.

3,10 f. 14. 23 ; 4, 7. 12. 19 ; 5,2. — 6a : καὶ αὕτη ἐστὶν ἡ ἀγάπη, ἵνα περιπατῶμεν κατὰ τὰς ἐντολὰς αὐτοῦ : 5,2 f. — 6b (¹) : αὕτη ἡ ἐντολή ἐστιν : 3,23 ;
4,21. — 6b (²) : καθὼς ἠκούσατε ἀπ' ἀρχῆς : 2,18. 24 ; 3,11. — 7 : πολλοὶ πλάνοι :
2,18. 26 ; 4,1. — 7 : ἐξῆλθον εἰς τὸν κόσμον : 2,19 ; 4,1. — 7 : οἱ μὴ ὁμολογοῦντες : 2,23 ; 4,2 f. 15. — 7 : ἐρχόμενον ἐν σαρκί : 4,2. — 7 : Zusammenstellung von Einzahl und Mehrzahl in ὁμολογοῦντες ... οὗτος ... : 2,18.
22 f ; 4,1-6. — 7 : ἀντίχριστος : 2,18. 22 ; 4,3. — 9 (¹) : καὶ μὴ μένων ἐν
τῇ διδαχῇ : 2,26-28. — 9 (²) : θεὸν οὐκ ἔχει ... καὶ τὸν πατέρα καὶ τὸν υἱὸν
ἔχει : 2,23 ; 5,12. — 11 : κοινωνεῖ τοῖς ἔργοις αὐτοῦ τοῖς πονηροῖς : 1,3. 6 f ;
3,12. — 12 : ἵνα ἡ χαρὰ ἡμῶν ᾖ πεπληρωμένη : 1,4.

Im *dritten* Jhbr finden wir auf 34 Zeilen nur 2 jh Eigentümlichkeiten
im Vollsinn. In Vers 4 kommt das epexegetische ἵνα vor (5). Die Stelle
entspricht Jh 15,13. Vers 11 weist ein ἐκ auf mit der Angabe, woher der
das Gute Tuende dauernd bestimmt sei (46). Gute Züge sind die Wörtertrennungen in den Versen 2 und 4 ¹. Außerdem sind 5 an sich wenig eigentümliche Fälle von Chiasmus zu verzeichnen ². Dazu kommen die 4 Fälle,
wo in unserm Brief das persönliche Fürwort dem Hauptwort mit Artikel
voraussteht ³.

Es folgen die Parallelen des dritten zum zweiten Brief. 1 : ὁ πρεσβύτερος : 1. — 3 : ἐχάρην γὰρ λίαν : 4. — 1 : ὃν ἐγὼ ἀγαπῶ ἐν ἀληθείᾳ : 1. —
3 : καθὼς σὺ ἐν ἀληθείᾳ περιπατεῖς : 4. — 8 : ὑπολαμβάνειν : 10 (λαμβάνειν) ⁴. —
13-15 : Schlußformel : 12-13. — Die Parallelen zeigen deutlich, daß der
dritte Jhbr vom gleichen Vf geschrieben ist wie der zweite. Die Beweiskraft liegt vor allem darin, daß fast alle diese Parallelen nebensächliche,
formelhafte und doch persönlich gefärbte Wendungen sind. Man achte
auch auf den leichten Wechsel im Ausdruck in den beiden Schlußformeln.
Das schließt Nachahmung aus !

Wenn wir uns nun alle die genannten stilkritischen Tatsachen vor
Augen halten und überdies feststellen, daß unsere beiden Briefe fast nur
Gedankengut des Jhev und, wie die angeführten Parallelen für den zweiten
Brief zeigen, des ersten Jhbr in durchaus jh Gewande enthalten, dann
scheidet zur Erklärung von vornherein der Zufall und ein von der jh
Gedankenwelt und Sprache unabhängiger Vf aus. Wir sind gezwungen,
für Ev, ersten Brief und kleine Briefe entweder den gleichen Vf anzunehmen

---

¹ 2 : περὶ πάντων εὔχομαί σε εὐοδοῦσθαι. 4 : μειζοτέραν τούτων
οὐκ ἔχω χαράν. Die Trennungen in Vers 6 (οὓς καλῶς ποιήσεις προπέμψας)
und in Vers 8 (ἵνα συνεργοὶ γινώμεθα τῇ ἀληθείᾳ) sind natürlich und darum
nicht zu rechnen. — Die Trennung in Vers 4 unterscheidet ihn von Jh 15,13.
Parallel ist aber Jh 5,20.
² 2. 3. 4. 10. 14. Vgl zu 14 : 2 Jh 12.
³ 2. 3. 6. 10.
⁴ Der Vf braucht hier ὑπολαμβάνειν im Sinne des jh λαμβάνειν wohl wegen
der Nähe des λαμβάνοντες in 7, das einen ganz andern Sinn hat.

oder die letztern einem Vf zuzuschreiben, der nicht nur die jh Lehre mit ihren inhaltlichen Formulierungen übernommen hat, sondern auch den jh Stil bis in die kleinsten und unscheinbarsten Einzelheiten nachahmte.

Doch gehen wir etwas näher auf diese Frage der Nachahmung ein ! Wäre es vielleicht denkbar, daß ein Schüler des vierten Evglisten mit der Lehre seines Meisters und den jh Formeln wenigstens einige jh Stilmerkmale übernommen hätte ? Das ist möglich. Die Wiederaufnahme eines Satzendes mit dessen Wörtern in umgekehrter Reihenfolge konnte unter Umständen zur Nachahmung geradezu reizen. Man denke an die Häufigkeit dieses Zuges in der mandäischen Literatur ! Auch das λαμβάνω τινά im zweiten Brief könnte ein Jhschüler aufgenommen haben, ebenso das ἐκ τοῦ θεοῦ im dritten. Schließlich läßt sich auch die Übernahme der beiden epexegetischen Sätze 2 Jh 6 als solcher und an sich vorstellen [1]. Wie aber sollte ein Nachahmer dazu kommen, eine Worttrennung wie etwa die in 2 Jh 7 durchzuführen ? Ganz ausgeschlossen scheint es mir aber dann, daß ein Nachahmer das chiastische Gebilde 2 Jh 5 f geformt hat. Er hätte es mindestens straffer gebaut. Und auch dann noch wäre eine *Wiederholung des jh Denkvorganges in jh Denkgeleisen* erfordert. Ebenso würde die Häufung jh Merkmale und Züge in einem so kurzen Schriftstück wie es der zweite Jhbr ist, voraussetzen, daß der Nachahmer vollständig zu einem *geistigen Doppelgänger des vierten Evglisten* geworden wäre, so daß es ihm auch im Alltag nur noch möglich war, jh zu denken und zu reden ; denn die kleinen Jhbr sind eben reine Briefe, vertrauliche persönliche Mitteilungen und Ermahnungen, ausgesprochene Gelegenheitsschriften ohne jeden literarischen Charakter, eben Äußerungen eines alltäglichen Denkens. Dieser geistige Doppelgänger müßte sich selber sozusagen aufgegeben haben, um ganz sein Vorbild zu werden, ein so ursprüngliches und eigenartiges Vorbild. Die innere Wahrscheinlichkeit, daß dieser Doppelgänger lebte, ist wirklich kaum vorhanden.

Das gleiche legen uns übrigens die oben angeführten Parallelstellen des ersten zum zweiten Jhbr dringend nahe. Wenn der Vf des zweiten von dem des ersten verschieden wäre, so würden einige Parallelen in Verbindung mit der Stelle 1 Jh 2,7 ganz deutlich seine *literarische Abhängigkeit vom ersten Brief* nachweisen [2]. Die andern Parallelen aber zeigen ein so *freies sprachliches Schalten und Walten mit den jh Formulierungen*, ohne daß je der Rahmen der jh Art durchbrochen würde, daß man sich wirklich hier keinen Nachahmer an der Arbeit denken kann, der nicht geistiger Doppelgänger des vierten Evglisten wäre. Aber dieser Doppelgänger ist nur ein Erzeugnis der Einbildung. Seine starke literarische Abhängigkeit vom ersten Brief, vor allem auch von 1 Jh 2,7, wäre ein *Zeichen von geistiger Unselbständigkeit und Unreife*, und diese wäre *unvereinbar mit der*

[1] Vgl Jh 15,12 ; 1 Jh 3,11. 23 ; 5,3.
[2] 2 Jh 5 (1) = 1 Jh 2,7. — 5 (2) = 3,11. 23 ; 4,7. 12. — 6b (1) = 3,23. — 6b (2) = 2,18. 24 ; 3,11. — 9 (2) = 2,23. — 12 = 1,4. Die kleinen Zahlen verweisen auf jene in der Zusammenstellung der Parallelen oben S 230 f dsAr.

Freiheit, die er sonst gegenüber den jh Formulierungen des genannten Briefes an den Tag legt. Und wäre es denkbar, daß ein Nachahmer, der schon die Stelle 1 Jh 2,7 übernimmt, durch eine ungewöhnliche Änderung noch eine jh Eigentümlichkeit (Worttrennung) anbringt ? In diesem Zusammenhang müssen die Parallelen 2 Jh 7-11 und 1 Jh 2,18-26 ; 4,1-6 noch eigens erwähnt werden, näherhin der allen drei Stellen eigentümliche *Wechsel von Einzahl und Mehrzahl*, da wo es sich um den Antichrist handelt. Das parallele Vorkommen dieser Erscheinung in beiden Briefen könnte sozusagen *allein* genügen, ihren gemeinsamen Vf zu erweisen. Sie ist so individuell und persönlich, das Durcheinanderspielen der Einzahl und Mehrzahl so frei und ungezwungen und zugleich so ungewöhnlich, daß es kaum nachahmbar wäre. Die Stellen des ersten Briefes hätten höchstens tales quales, auch gekürzt, übernommen werden können. Aber 2 Jh 7-11 ist trotz aller Ähnlichkeit der Art und des Inhaltes doch wieder so verschieden von den Parallelen des ersten Briefes, daß man von einer Übernahme nicht reden kann. Nur der gleiche Geist, der den ersten Jhbr dachte und schrieb, konnte so etwas neu denken und wieder schreiben.

Schließlich muß auch darauf hingewiesen werden, daß die Aufstellung von diesem Nachahmer sich auf keine *sachliche* Grundlage stützen kann ; denn wir finden in den kleinen Jhbr keine sprachlichen Eigenheiten, die ihn sichtlich vom Vf des Ev und des ersten Briefes abheben würden. Nun ist aber eine unüberbrückbare Kluft zwischen einer nur *denkbaren* und einer *sachlichen* Möglichkeit. Jülicher und Fascher stellen zwar in ihrer Einleitung (236 f) einige sprachliche und andere Unterschiede der kleinen Briefe zum ersten und zum Ev zusammen, gestehen aber selber, damit nur den Zweifel an der Überlieferung rechtfertigen zu können, die alle diese Schriften von einer einzigen Hand verfaßt sein läßt[1]. Auch das ist noch zu viel gesagt. Kann denn jedes Wort und jede Wendung, die sich nur im zweiten und dritten Brief findet, einfach als Zeichen für einen andern Urheber genommen werden ? Hat nicht eine andere literarische Gattung notwendigerweise auf die Wortwahl und die ganze sprachliche Gestaltung Einfluß ? Müssen wir uns nicht geradezu wundern, daß diese Briefe aus dem Alltag so kräftig jh geprägt sind ! Schreibt nicht ein Schriftsteller zu verschiedenen Zeiten seines Lebens manchmal recht verschieden ? Solche Selbstverständlichkeiten scheint übrigens die genannte Einleitung auch nicht leugnen zu wollen, wenn sie sagt, daß niemand zu φιλοπρωτεύειν, zu φλυαρεῖν und μέλαν Parallelen aus dem Ev und dem ersten Brief erwarten dürfe. Aber dann zählt sie einige wenige Wendungen auf, die an die Synoptiker, an den ersten Petrusbrief, an Paulus erinnern sollen, so ἐχάρην λίαν (2,4 ; 3,3), βλέπετε ἑαυτούς (2,8), ἀπολαμβάνειν μισθὸν πλήρη (2,8), συνεργοὶ γινώμεθα (3,8), ἀγαθοποιεῖν (3,11), πιστὸν ποιεῖν (3,5). Allein, was kann das heißen, wo doch auch das Ev einzelne syn gefärbte Stücke

---

[1] J. stützt sich ua auf Jülicher-Fascher (JhLkr 43 Anm 39).

hat und der Prolog sogar paulinische Gedanken und Worte aufweist (πλήρωμα, χάρις, νόμος) ! Ist es denn denkbar, daß der Vf der jh Schriften im täglichen Leben mit dem jh Wortschatz allein auskam ? Das ist ganz ausgeschlossen.

Jülicher und Fascher entdecken dann Abweichungen der kleinen Jhbr zum Ev und dem großen Brief in parallel verlaufenden Stellen. Diese Abweichungen sind aber so gering und ganz im Rahmen der gleichen Art gehalten, daß man in ihnen nur Zeichen der gleichen Urheberschaft sehen kann. Zudem erinnern sie teilweise an die früher erwähnte jh Vorliebe für sprachliche Abwechslung und kleine Änderungen in ähnlich lautenden Sätzen oder Satzstücken [1].

Wie kann man nur den Mut haben, in diesem Zusammenhang das πλάνος und πλάνοι aus Vers 7 des zweiten Briefes (Ausdrücke, die 1 Jh 2,18-26 und 4,1-6 nicht vorkommen) anzuführen und in einer Klammer zu gestehen, daß freilich in 1 Jh 4,6 vom πνεῦμα τῆς πλάνης die Rede sei (und das πλανώντων in 2,26 ?) ! Der Wechsel von ἀντίχριστος, ψεύστης, πλανῶντες, ψευδοπροφῆται (πνεύματα), in den zwei erwähnten Absätzchen des ersten Briefes zeigt doch klar genug, daß Jh geneigt war, seine Gegner mit bunten Farben zu kennzeichnen und daß in seiner Schatzkammer gewiß auch noch Raum für die Worte πλάνος und πλάνοι war.

2 Jh 7 spreche vom Antichrist nur in der Einzahl, während 1 Jh 2,18 von den ἀντίχριστοι neben dem ἀντίχριστος spreche. Wenn das einem Zweifel an der jh Herkunft des zweiten Briefes ruft, dann muß man notwendig an der Echtheit von 1 Jh 4,1-6 ebenfalls zu zweifeln anfangen ; denn auch dort tritt nur der Antichrist auf. Allein wir können uns die Mühe ersparen, weil sowohl die ψευδοπροφῆται in 1 Jh 4,1 wie die πλάνοι in 2 Jh 7 mit den ἀντίχριστοι in 1 Jh 2,18 die gleiche Rolle spielen und zu allem Überfluß in 2 Jh 7 die Gleichung zwischen dem πλάνος und ἀντίχριστος einerseits und den πλάνοι anderseits auch grammatisch vollzogen wird.

Jh schreibt dann im ersten Brief 4,2 f von den falschen Geistern, die leugnen, daß Jesus Christus im Fleische gekommen (ἐληλυθότα) sei. Im zweiten Brief 7 aber werden die Verführer genannt, die leugnen, daß Jesus Christus im Fleische komme (ἐρχόμενον). Ist das ein unvereinbarer Gegensatz ? Nein ! Sprachlich könnte das ἐρχόμενον als Zukunft aufgefaßt werden. Aber die Ähnlichkeit beider Stellen ist so groß, daß man so oder anders auf ihre Abhängigkeit voneinander oder vom gleichen Vf schließen und in jenen verschiedenartigen Ausdrücken zunächst den gleichen Sinn suchen muß, wenn das möglich ist. Die Schwierigkeit löst sich dann leicht, wenn man in ἐρχόμενον eine « bekenntnismäßige Bezeichnung » [2] oder eine « lehrsatzmäßige Formulierung » [3] für ἐληλυθότα sieht. Jedenfalls spricht die inhaltliche und sprachliche Umgebung dagegen, daß der Unterschied der fraglichen Ausdrücke als Zeichen verschiedener Vf aufzufassen sei.

---

[1] Vgl Anm 1 S 46 dsAr.
[2] HOLTZMANN-BAUER, Briefe 366.
[3] WINDISCH, Briefe 138 f.

Man könnte sich auch hier schließlich einen Wechsel vorstellen, wie er etwa in der eucharistischen Rede Jh 6,26-58 zwischen dem καταβαίνων und dem καταβάς vorliegt oder zwischen dem ἦλθον und dem ἔρχομαι in 8,14. Das wäre wiederum eben jh!

3 Jh 11 : : « Wer Böses tut, hat Gott nicht gesehen » soll Jh 1,18 ; 1 Jh 4,12. 20 entgegengesetzt sein. Aber wie aus dem ersten Glied der Antithese klar hervorgeht, ist das οὐχ' ἑώρακεν nicht nur wörtlich, sondern vor allem als Zeichen und Bild für das Nicht-aus-Gott-Sein, für die fehlende Gottgemeinschaft zu nehmen [1]. Man kann daraus keineswegs folgern, daß der das Gute Tuende Gott im buchstäblichen Sinne oder im geistigen Vollsinn gesehen habe oder sehe, und der Vf meidet im ersten Glied der Antithese absichtlich diesen Ausdruck, weil er verwirren könnte, während das οὐχ' ἑώρακεν im Zusammenhang des Parallelismus ohne weiteres richtig verstanden wird. — Als letztes stilkritisches Zeichen, daß der Vf der kleinen Jhbr ein anderer sei als der des Ev und des ersten Briefes, wird von Jülicher-Fascher die starke Verschiedenheit der brieflichen Einkleidung hervorgehoben. Das zu erwähnen ist schon eine Widerlegung.

Stellen wir uns jetzt wieder auf den Boden der Wirklichkeit, und nehmen wir unsere Auseinandersetzung mit Jeremias wieder auf der geraden Linie auf ! Wir haben in unsern Untersuchungen über Jh 19,35 und über die Vfschaft am zweiten und dritten Jhbr den Ausgangspunkt gewonnen, von dem aus wir fruchtbar über das *vierte* Merkmal reden können, das nach J. [2] den Stil des Hg unseres Ev kennzeichnet. Dieses Merkmal soll die *unterschiedslose* Verwendung von ἀληθής und ἀληθινός sein, da die μαρτυρία Jh 21,24 und 3 Jh 12 ἀληθής, dagegen Jh 19,35 ἀληθινή genannt werde. Da nun aber 19,35 sicher vom Vf des Ev stammt, ist der Aufstellung von J. die sachliche Grundlage entzogen. Überdies steht für uns fest, daß der dritte Jhbr weder vom Hg des Ev noch von einem andern Vf als Ev und erster Brief geschrieben ist. Wir können also mit Grund urteilen, daß *der Vf des Ev selber* ἀληθής *und* ἀληθινός «*promiscue*» [3] braucht, und zwar *im Sinne von* «*wahrheitsgemäß*». Wir sind darum nicht wie J. gezwungen, die Stelle Jh 4,37, wo ἀληθινός auch «wahrheitsgemäß» heißt [4], unserm Vf abzuerkennen [5].

---

[1] Wir haben hier einen der Fälle, wo Jh Ausdrücke, die in ihrem ursprünglichen Zshg zunächst einen andern Sinn hatten (Jh 6,46 !), uneigentlich verwendet oder sonst umdeutet. Es ließe sich wohl nachweisen, daß dies eine jh Eigentümlichkeit ist. Ein ähnlicher Fall ist 3 Jh 12. Es handelt sich dabei um Parallelen zu dem, was wir Akkommodationen biblischer Stellen nennen.

[2] JhLkr 44.   [3] Item.   [4] Vgl GO 22,6.

[5] Man könnte zwar von einem Grund, der zwänge, die Stelle Jh 4,37 für unecht zu halten und sie dem Hg des Ev zuzuschreiben, auch dann nicht reden, wenn man einerseits nachweisen würde, daß dieser ἀληθινός und ἀληθής promiscue

J. sucht, um nicht gestehen zu müssen, daß Jh selber ἀληθινός für
« wahrheitsgemäß » verwendet, die Stelle 8,16 zu Gunsten seiner Annahme zu deuten. Hier heißt das Gericht, das Urteil Jesu über die
Menschen ἀληθινή. J. findet darin den Sprachgebrauch der LXX und
übersetzt mit « gerecht » [1]. Er übersieht aber, daß die κρίσις auch in
der LXX nur darum ἀληθινή genannt werden kann, weil und insoweit
sie ein Urteil ist oder sich auf ein Urteil stützt, das dem Sachverhalt
entspricht und darum wahr ist. In Jh 8,16 steht zudem dieses Urteil
und nicht der davon abhängige Straf- oder Freispruch durchaus im
Vordergrund, und die Bedeutung « gerecht » klingt in dem ἀληθινή

für « wahrheitsgemäß » brauchte, und wenn anderseits Jh ἀληθινός sonst ausschließlich für « wirklich, echt, eigentlich » einsetzte. Ein solcher Grund dürfte
nur als Stütze anderer dienen, die gewichtiger wären. J. sucht darum (aaO 44)
unter der Voraussetzung, daß jener Nachweis geleistet sei und daß Jh ἀληθινός
nur im angegebenen Sinn brauche, noch einen inhaltlichen Gegensatz zwischen
4,35 f und 4,37 f zu finden. Nach ihm soll in 4,35 f davon die Rede sein, daß Saat
und Ernte zusammenfallen, in 4,37 f aber, daß sie auseinanderfallen. Allein das
in 4,37 angeführte Sprichwort sagt nur, daß der Sämann (häufig) ein anderer
sei als der Schnitter. Will man darin den Sinn sehen, den J. hineinlegt, so muß
eben die ganze Stelle 4,35-38 auf ihren Gehalt untersucht werden. Der Abschnitt
dürfte so aufzufassen sein : Jesus sagt zu den Aposteln : « Ihr habt ein Sprichwort,
welches heißt : Geduld ! noch geht es vier Monate bis zur Ernte. Aber der Same,
den mein Vater heute gesät hat, ist schon aufgegangen und hat Frucht getragen
gleich der Saat, deren Frucht schnittreif vor euern Augen steht. Schon führt
der Schnitter (und das bin ich) jene Frucht in die Scheunen des ewigen Lebens,
so daß sich der Sämann an der ausgestreuten Saat und der Schnitter an der ein-
gebrachten Ernte zur gleichen Stunde freuen können. Jenes zweite Sprichwort
aber, daß der Sämann ein anderer ist als der Schnitter, ist wahr und gilt auch
vom Ackerbau der Herzen. Wie ich heute nur ernte, was mein Vater gesät hat,
und so sein Werk vollende (4,34), so habt auch ihr, als ich euch aussandte, nur
geerntet, was andere vor euch gesät haben. » — J. führt zur Stütze seiner Ansicht
noch an, daß ἀποστέλλω nur hier im vierten Ev und im ersten Jhbr mit dem
Infinitiv konstruiert sei. Aber dieser Grund ist gewichtlos ; denn die Zahl von
drei Fällen im vierten Ev (1,19 ; 3,17 ; 7,32) und von einem Fall im ersten Jhbr
(4,9), wo nach ἀποστέλλω ein ἵνα-Satz statt der Grundform folgt, ist als Ver-
gleichsstoff viel zu gering. Zudem ist 1 Jh 4,9 natürlich zu erklären.

[1] J. verweist auf BULTMANN, Jhev 212 Anm 1, wo dieser zur Erklärung
des ἀληθινός in Jh 8,16 auch den Sprachgebrauch der LXX anführt. In seinem
Artikel ἀληθινός im ThWNT übersetzt es B. aber mit « wahr, richtig » und stellt
es dem ἀληθής in Vers 17 gleich. Daneben findet er noch den Sinn von « eigentlich, definitiv » darin. Es ist nicht anzunehmen, daß B. durch seine Anmerkung
im Jhev sich selber verbessern wollte, sonst hätte er das wohl angemerkt. In
jener Anmerkung sagt er übrigens, im Einklang mit seinem Text, zunächst nur,
daß der Vf des Ev, der nach ihm die Stelle 8,16 aus der aramäisch geschriebenen
Quelle der OR übersetzte, ἀληθινός statt ἀληθής wählte, weil er den häufigen
Ausdruck κρίσις ἀληθινή der LXX im Ohr hatte. Das ist aber Wasser auf unsere
Mühle. Nachher freilich klingt es wieder anders.

kaum mit. Das ergibt sich zwingend aus dem Zusammenhang. Innerhalb des Abschnittes 8,12-20 ist die κρίσις ganz mit der μαρτυρία verflochten, fast eins mit ihr, und es geht darum, daß sowohl die μαρτυρία wie die κρίσις der Wirklichkeit entsprechen, wahrheitsgemäß, wahr sind, weil nicht nur einer zeugt und urteilt, sondern der Sohn mit dem Vater. Die κρίσις des Sohnes muß wahr (ἀληθινή) sein, weil im Gesetz geschrieben stehe, daß die μαρτυρία zweier Menschen wahr (ἀληθής) sei [1]. Weniger eng verflochten ist die κρίσις mit der μαρτυρία in Jh 5,19-47 ; aber dort ist sie als Urteilsspruch, Verurteilung, Strafspruch aufzufassen, sogar als Zustand des Verurteilten, als Verdammnis (5,22 f. 29). In diesem Zusammenhang wird sie nun verständlicherweise δικαία genannt (5,30), sofern sie dem zu sühnenden Verbrechen angemessen ist, und das ist gerade ein Zeichen, daß für Jh ἀληθινός nicht « gerecht » hieß [2].

Jeremias hat dann die Stelle Jh 7,28 übersehen, wo unser ἀληθινός zwar nicht « wahrheitsgemäß », aber « wahrhaftig » heißt. Diese beiden Bedeutungen gehen Hand in Hand und stehen gleichweit ab von der Bedeutung « wirklich, echt, eigentlich », die das ἀληθινός im Jhev vor-

---

[1] Bauer faßt die κρίσις in 8,16 als Gericht, worin die Wahrheit zu Tage kommt (WNT : ἀληθινός).

[2] Gegen diese Auffassung könnte man die Verse 18 und 24 innerhalb des Zshges Jh 7,14-24 ins Feld führen. Allein die Verschiedenheit der Aussagen in Jh 8,16 einerseits und 7,18. 24 anderseits ist größer als die Ähnlichkeit. In 7,24 mahnt Jesus die Juden, nicht nur die äußere Tat und den Buchstaben des Gesetzes zu vergleichen. So werde ein Teil der Wahrheit unterschlagen und das Urteil « ungerecht ». Sie seien verpflichtet, auch alle Umstände der Tat und den Sinn des Gesetzes zu erwägen. — Der Ausgangspunkt für die Aussage Jesu in 8,16 ist ein ähnlicher. Das Urteil der Juden über Jesus ist nur oberflächlich und stützt sich auf seine scheinbare Abstammung von Josef von Nazareth (1,45 f ; 6,41 f ; 7,14 f. 50-52 ; vgl 7,15 f. 25-27). Jesus rügt diese voreilige Art zu urteilen und abzuurteilen und so die Wahrheit zu vergewaltigen. Er urteile nicht, dh nicht nach dem äußern Schein. Wenn er aber urteile, so urteile er in Einheit und Übereinstimmung mit dem göttlichen Vater, der ihn gesandt habe ; das Urteil zweier Zeugen aber sei zuverlässig und wahr. Jesus stellt also hier sein Urteil unter den Gesichtspunkt der Wahrheit, das Urteil der Juden jedoch in 7,24 unter den Gesichtspunkt der Gerechtigkeit, trotzdem an sich beiden Urteilen beide Eigenschaften zukommen oder zukommen sollten. — In 7,18 handelt es sich um Jesu Verkündigung. Auch sie ist beides, wahr und gerecht, und hier wird auch beides hervorgehoben. Jesus stellte vorher fest, daß seine Lehre von Gott stammen müsse, weil er, der Gesandte Gottes, nicht seine Ehre suche, sondern die Ehre des Senders. Das sei volle Gewähr, daß er den Juden die Lehre, die zu verkünden er gesandt sei, aufrichtig und ehrlich vorlege und niemanden zu täuschen suche. Das ἀληθής in 7,18 heißt also in diesem Zshg « aufrichtig, ehrlich », dann überdies « wahrhaftig » ; der Ausdruck ἀδικία aber meint die *ungerechte* Absicht, die Wahrheit vorzuenthalten. Indem Jesus aufrichtig und wahrhaftig ist, erfüllt er seine Pflicht und ist gerecht. — Vgl GO 15,3 ; 16,7 ; 19,2.

wiegend hat [1]; beide werden von unserm Vf gewöhnlich durch ἀληθής wiedergegeben. 7,28 zeugt also für den gleichen unterschiedslosen Gebrauch von ἀληθινός statt ἀληθής im Jhev wie 19,35 ; 4,37 ; 8,16. Diesen 4 Fällen stehen nur 5 gegenüber, wo ἀληθινός « wirklich, echt, eigentlich » heißt [2]. Davon schwingt in 2 Fällen ein « wahrhaftig » ziemlich deutlich mit (4,23 ; 17,3). Wir können also nicht daran zweifeln, daß der Vf des Ev ἀληθινός und ἀληθής im Sinne von « wahrheitsgemäß, wahrhaftig » promiscue verwendet. Das ἀληθής hat freilich den Vorzug vor ἀληθινός und wird elfmal so gebraucht [3]. Nur in 6,55 steht ἀληθής dann umgekehrt im Sinn von « wirklich, echt, eigentlich » an Stelle des ἀληθινός. Das ist ein Mitgrund, warum die eucharistische Rede im engern Sinn von vielen Kritikern für unecht gehalten wird [4].

Gibt nun jene Verwendung von ἀληθινός für ἀληθής = wahrheitsgemäß, wahrhaftig ein günstiges Vorurteil dafür, daß Jh auch ἀληθής für ἀληθινός = wirklich, echt, eigentlich brauchte ? Ich glaube nicht. J. zögert zwar nicht, seine unrichtige Aufstellung, daß der Hg des Ev ἀληθινός und ἀληθής promiscue für « wahrheitsgemäß » einsetze, dafür ins Feld zu führen, daß auch das ἀληθής in 6,55 im Sinne von « wirklich, echt, eigentlich » den Hg verrate. Aber das ist, auch wenn die Voraussetzung richtig wäre, ein *Fehlschluß;* jener Hg könnte ἀληθινός und ἀληθής unterschiedslos für « wahrheitsgemäß » verwenden, ohne je « eigentlich » mit ἀληθής wiederzugeben.

Schließt aber auf der andern Seite der Umstand, daß Jh für « wirklich, echt, eigentlich » fünfmal ἀληθινός einsetzt und ἀληθής elfmal im Sinne von « wahrheitsgemäß, wahrhaftig » braucht, aus, daß es ihm einmal « wirklich » bedeuten kann genau wie ἀληθινός ? Nicht notwendigerweise [5]. Auch dann, wenn wir zu Gunsten dieser Annahme

---

[1] Nach B. (ThWNT : ἀληθινός) heißt das ἀληθινός in 7,28 zugleich « Wirker der Offenbarung ».

[2] 1,9 ; 4,23 ; 6,32 ; 15,1 ; 17,3.

[3] 3,33 ; 4,18 ; 5,31. 32 ; 7,18 ; 8,13. 14. 17. 26 ; 10,41 ; 19,35.

[4] So auch SCHWEIZER aaO 155 f. — Es ist nicht ganz ausgeschlossen, daß der ursprüngliche Text statt des zweimaligen ἀληθής je ein ἀληθῶς hatte, aber ziemlich unwahrscheinlich, nicht nur der Textzeugen wegen, die einander gegenüberstehen, sondern auch weil ἀληθής *lectio difficilior* ist.

[5] Umso weniger, als ἀληθής im ntlichen Griechisch und allgemein in der hellenistischen Sprache auch « wirklich, echt, eigentlich » heißt. Siehe WNT und ThWNT (hier unter ἀλήθεια). Im übrigen können ja die Stilkritik und verwandte Hilfswissenschaften (Textkritik usw) nie die Sicherheitsstufe der Naturwissenschaften, geschweige denn der Mathematik oder der Metaphysik erreichen. Ihre « zwingenden » Schlüsse vermitteln nur *moralische Sicherheit*, und häufig reicht es auch nicht soweit.

keine weitern Gründe anführen könnten, wäre sie nicht einfach erledigt. Aber es gibt solche Gründe.

Es soll kein Gewicht darauf gelegt werden, daß unser ἀληθής nach B.[1] an 3 Stellen des Jhev den Sinn von « wirklich » hat ; denn es ist nicht genau das « wirklich » im Sinn von « echt, eigentlich » und kann von seiner Verbindung mit einem *verbum dicendi* nicht gelöst werden[2]. Es drückt das Dasein von etwas Ausgesagtem in der Sachwelt aus. Auch will ich nur erwähnen, nicht hervorheben, daß ἀληθής nach B. in weitern 4 Stellen[3] das « wirklich, echt, eigentlich » im Sinne von « *göttlich* » mitausdrücke. B. läßt sich da von seinen umstrittenen Anschauungen über das Jhev leiten. In 2 von jenen 4 Stellen[4] legt der Zusammenhang nahe, ihm nicht Recht zu geben. Demgegenüber vermute ich, daß Jh[5] in 6,55 gerade deswegen ἀληθής statt ἀληθινός für « wirklich, echt, eigentlich » wählte, weil für ihn in ἀληθής die göttliche Wirklichkeit nicht mitklang, wohl aber in ἀληθινός, das an den 5 Stellen, wo es « wirklich, echt, eigentlich » heißt, immer diese göttliche Wirklichkeit oder die Teilhabe an ihr meint[6]. Das ἀληθινός dient hier zur Unterscheidung der Gotteswelt von der Welt der Lüge und der Finsternis, die eine Scheinwelt gegenüber der Welt des Wahren, des Eigentlichen und Göttlichen ist. Der vor ἀληθινός wiederholte Artikel

[1] ThWNT : ἀληθής. — Jh 4,18 ; 10,41 ; 19,35.

[2] Das scheint allerdings in 1 Jh 2,8 der Fall zu sein. Aber Jh wendet sich im Zshg (2,3-11) gegen jene, die zwar eine christliche Sprache führen, aber nicht christlich handeln. Er nennt sie Lügner, weil ihren Worten keine Wirklichkeit in ihnen entspricht. Unter den Lesern seines Briefes sind jedoch solche, die angefangen haben, es mit der Bruderliebe und den andern Geboten ernst zu nehmen. Ihren Worten entspricht eine neue Wirklichkeit ; in ihnen ist das Gebot der Bruderliebe nun verwirklicht (ὅ ἐστιν ἀληθές) ; darum stehen sie nunmehr im wahren, göttlichen Licht (τὸ φῶς τὸ ἀληθινὸν ἤδη φαίνει). Auch da geht es also um die Entsprechung von Wort und Sachverhalt.

[3] 3,33 ; 7,18 ; 8,14 ; 8,26. ThWNT : ἀληθής.

[4] 7,18 ; 8,14.

[5] In den folgenden Ausführungen über das ἀληθής in 6,55 wird die Echtheit von Jh 6,51b-58 nicht etwa schon vorausgesetzt. Es soll nur gezeigt werden, daß sich das ἀληθής ausgezeichnet verstehen ließe, wenn der Abschnitt dem Vf des vierten Ev zugeschrieben würde. Es wird also nachgewiesen, daß jenes ἀληθής allein keinen Zweifel an der Echtheit des fraglichen Abschnittes rechtfertigt, sondern ein Zeichen für seine jh Herkunft ist.

[6] Vgl ThWNT : ἀληθινός. In 1,9 ist freilich das ἀληθινός, wie S 78-81 dsAr gezeigt wurde, zunächst im Gegensatz zu 1,8 als « wahr, echt » im formalen Sinne aufzufassen. Weil der Vers aber die sachliche Gleichung zwischen Schöpfungslicht und Offenbarungslicht enthält und aussagt, spielt das ἀληθινός doch auch zu « göttlich » hinüber, freilich nicht im Sinne von « offenbarend », sondern im Sinne von « echt », sofern nur das, was göttlich ist, auch im Vollsinn echt sein kann.

soll die Ausschließlichkeit und Einzigartigkeit mit aller Kraft hervorheben. In 6,55 aber finden wir gar keinen Artikel, trotzdem vorher
von *der* eigentlichen Speise, der unvergänglichen und einzig wirklichen,
von *dem* göttlichen Brot, von *dem* lebendigen Brot des Lebens, das
allein Leben spendet, die Rede war [1]. Der Grund für diese Weglassung
des Artikels ist ganz augenscheinlich der, daß hier etwas anderes ausgedrückt werden soll als die göttliche Wirklichkeit und Ausschließlichkeit der Speise, die das Fleisch Jesu, und des Trankes, der das Blut
Jesu ist. Jesus will sagen, daß sein Fleisch *eine* für den Augenschein
ganz gewöhnliche Nahrung und Speise und sein Blut *ein* ebenso gewöhnlicher Trank sei. Dieses Anstoßerregende wird nun von Jh gesteigert
und eindrücklich herausgehoben dadurch, daß er nicht das ἀληθινός der
göttlichen Eigentlichkeit, sondern das ἀληθής braucht, das diesen Klang
nicht einmal als Unterton führt. Daß diese gewöhnliche Speise, von
der hier die Rede ist, doch zugleich die göttliche Wirklichkeit birgt
und solche dem Genießenden vermittelt, wird zum Eingang des Abschnittes in den Versen 48-51a und zum Ausklang in Vers 58 gesagt;
auch durch die innere Verbindung mit dem vorausgehenden Redestück
wird das deutlich.

Diese Auffassung von unserm ἀληθής in Jh 6,55 wird auch durch
die eigentümliche Verwendung von ἀληθῶς im vierten Ev erhärtet. Es
fällt schon auf, daß dieses ἀληθῶς wenigstens in 5 von den 7 Stellen,
an denen es vorkommt [2], nicht nur « tatsächlich » heißt, sondern auch
dem Eigenschaftswort « wirklich, echt, eigentlich » entspricht [3] und
innerlich einem Hauptwort so nahe steht, daß es leicht in jener Form
und jenem Sinn mit ihm verbunden werden könnte. In den verbleibenden 2 Fällen hat das ἀληθῶς nicht ganz die gleiche Stellung und
Eigenart, aber ein « wirklich, echt, eigentlich » ist sicher mitgemeint [4].
Wenn wir uns nun die 7 Stellen genauer ansehen, so finden wir, daß
es sich entweder nicht um die überweltliche Wirklichkeit handelt [5] oder

---

[1] 6,32 f. 35. 48-51b; vgl 39 f.
[2] 1,47; 4,42; 6,14; (7,26); 7,40; 8,31; (17,8).
[3] WNT: ἀληθῶς.,
[4] In 7,26 gehört ἀληθῶς zunächst zu ἔγνωσαν; die Parallelstellen 4,42; 6,14;
7,40 zeigen jedoch, daß es innerlich auch mit ὁ Χριστός verbunden ist. Etwas
Ähnliches gilt auch von 17,8. Wir finden dort zwar kein Hauptwort, dem
ἀληθῶς nahestände. Aber Christus will nicht nur sagen, daß die Erkenntnis der
Apostel von seinem Ausgang vom Vater jetzt geläutert und ungemischt, vollkommen, echt ist, sondern auch, daß sie jetzt erkannt hätten, daß er der wahre,
echte Gottgesandte, Offenbarer, Sohn Gottes sei.
[5] 1,47; 8,31.

daß, eine nicht zufällige Ausnahme abgerechnet [1], Menschen von Jesu messianischer Würde reden, die nicht oder unvollkommen glauben oder erst zum rechten Glauben gekommen sind ; sie erkennen die volle, letzte Wirklichkeit Jesu nicht oder nur ahnungsweise. Demgegenüber wird das ἀληθινός im Sinne von « wirklich, echt, eigentlich » erstens, wie erwähnt wurde, nur von der göttlichen Wirklichkeit oder einer Teilnahme an ihr ausgesagt, und zweitens findet es sich, mit einer Ausnahme (1,8 f), wo der Evglist und amtliche Zeuge Christi vom wahren Lichte spricht, nur im Munde Jesu selber, der die eigene oder des Vaters klar erkannte Überweltlichkeit, Eigentlichkeit und Einzigkeit ins helle Licht heben will [2]. Was geht daraus hervor ? Daß ἀληθινός im obigen Sinne für Jh nur die göttliche Wirklichkeit bedeuten sollte und daß er sich offenbar scheute, dieses ἀληθινός von Menschen in einem gewöhnlichen Sinne zu sagen oder Menschen für Christus in den Mund zu legen, die mindestens den Vollsinn und die Ausschließlichkeit seines Anspruchs noch nicht erkannt hatten. Das wird umso deutlicher, als die 4 Stellen, wo das ἀληθῶς sich auf Christus bezieht [3], immer eine Wortverbindung enthalten, die den von Schweizer abgegrenzten jh « Ego-Eimi-Aussagen » [4] auffallend ähnlich ist und ihnen sozusagen ebenbürtig wäre, wenn man die dritte Person in die erste und das ἀληθῶς in das ἀληθινός mit Artikel verwandeln wollte. Aber gerade dieses ἀληθινός durfte da nicht gesetzt werden. Und gerade deswegen, weil die Einzigartigkeit des göttlichen Lebensbrotes und die Ausschließlichkeit seiner Lebensvermittlung nicht in Frage stand und nicht hervorgehoben, sondern verhüllt werden

---

[1] 17,8. Hier redet Jesus von sich selber ; aber es fehlt ein Hauptwort, dem das ἀληθινός mit Artikel verbunden werden könnte. Darum ist nur ἀληθῶς möglich.

[2] 4,23 redet Jesus von den an der göttlichen Wirklichkeit teilnehmenden Anbetern Gottes der messianischen Zeit.

[3] 4,42 ; 6,14 ; 7,26. 40.

[4] Diese « sind folgendermaßen gebaut : 1. ἐγώ, 2. εἰμί, 3. das 'Bildwort' (Licht, Leben, Brot usw.) mit Artikel, 4. evtl. noch ein Adjektiv mit wiederholtem Artikel (ἀληθινός, καλός) oder einmal ein Genetiv (τοῦ κόσμου), die die Einzigartigkeit ausdrücken ... Eine weitere Ergänzung tritt nur dazu in Form eines Partizips : 6,51 : ὁ ἄρτος ὁ ζῶν, in Form eines Genetivs 10,7 : ἡ θύρα τῶν προβάτων ». SCHWEIZER aaO 33. — In diesen so gebauten Aussagen ist grammatisch *das « ich » Prädikat, der mit ihm verbundene Titel Subjekt*, weil sie auf die Frage antworten : Wer ist der Erwartete ? Das « ich » trägt deswegen den Hauptton im Satz. Der Redende stellt sich als den einzig wahren Träger des Titels vor. Er, Christus, verbindet damit wenigstens einschlußweise die Aufforderung zur Anerkennung seiner Ansprüche. Durch seine Worte und Zeichen will er sich als den ausweisen, der zu sein er in den Ego-Eimi-Aussagen vorgibt. Siehe SCHWEIZER aaO 124-131. 27. 31-33.

sollte, darum kam das ἀληθινός auch in 6,55 nicht in Frage [1]. Was konnte statt dessen gesetzt werden ? Entweder ἀληθής oder dann ἀληθῶς. In diesem Licht erhält jene andere Lesart eine gewisse Wahrscheinlichkeit.

[1] Weil B. geneigt ist, im hellenistischen Schrifttum in der ἀλήθεια möglichst immer die göttliche Wirklichkeit zu finden (vgl seinen Artikel : Johanneische Schriften und Gnosis. OLit 160 f), darum sucht er nicht nur in das ἀληθινός, sondern auch in das ἀληθής des Jhev, wo es irgendwie angeht, etwas Göttliches hineinzulegen, dies letztere, wie mir scheint, zu Unrecht. So in ThWNT : ἀλήθεια, ἀληθής, ἀληθινός, ἀληθεύω. Folgerichtig versteht er ebd (ἀληθής) in Jh 6,55 ἀληθὴς βρῶσις als die *göttliche* Speise, ἀληθὴς πόσις als den *göttlichen* Trank. Allein das ist deswegen *unmöglich*, weil dann der Artikel vor ἀληθής *nicht fehlen* könnte. Man vergleiche nur die Parallelstellen 6,27. 32 f. 35. 41. 48-51a ! In 35 achte man auf die Wirkung, die dem Lebensbrot zugeschrieben wird ! Es ist *das* Allbrot, *die* Allspeise, weil, wer es genießt, nicht mehr hungern *noch dürsten* kann (vgl SCHWEIZER aaO 131). Genau wie in 33 und den folgenden vorhin erwähnten Stellen « das Himmelsbrot» usw den Artikel hat, weil es Subjekt ist, müßten auch βρῶσις und πόσις damit versehen sein, wären sie mit dem Himmelsbrot eins ; auch sie könnten *nur als Subjekt* verstanden werden. Vgl SCHWEIZER aaO 10 ; 117 Anm 25 ; 126 f ; BJhev 167 Anm 2.

Dagegen wird man einwenden, ich könne das nur aufrecht erhalten, wenn ich die *Echtheit* von 6,51b-58 schon *voraussetze*. Aber das stimmt nicht. Es wird zu zeigen sein, daß dieser Abschnitt von der jh Art ganz durchtränkt ist. Wenn er nicht vom Vf des Ev stammte, so hätte ihn ein Nachahmer zusammengestellt, der jedenfalls mehr als geschickt genannt werden müßte. Er hätte nun gar nicht anders gekonnt, als nach dem Vorbild der genannten Stellen βρῶσις und πόσις mit dem Artikel versehen. Daran kann man nicht zweifeln, da dieser Artikel sich schon in Vers 51b findet, wo die Gleichung zwischen dem Himmelsbrot und Jesu Fleisch vollzogen wird. Daß in diesem Vers ὁ ἄρτος eben auch der Stellung nach Subjekt sei und nur deswegen den Artikel habe, wird niemand einwenden wollen, hat ihn doch sogar das Prädikat σάρξ.

Wem das alles noch nicht genügt, der sei auf *Vers 54* verwiesen. Da zeigt wenigstens das τρώγειν eindeutig, worum es dem Vf des Abschnittes geht und was sein Jesus den Juden einprägen will : eben nichts anderes, als daß Jesu Fleisch (zunächst und für den Augenschein) eine ganz gewöhnliche Speise mit allen Eigenschaften einer solchen sei. Hatten denn nicht die Juden in Vers 52 gerade daran Anstoß genommen ? Nein ! Diesmal hatten sie Jesus nicht mißverstanden ; aber an der Möglichkeit dessen, was er sagte, und an der Art und Weise, wie das geschehen sollte, zweifelten sie. Doch Jesus nahm nichts zurück. Im Gegenteil ! Mit aller nur wünschbaren Deutlichkeit wiederholte und erläuterte er seine vorausgehenden Worte. Wahrhaftig ! Wenn man den Abschnitt unvoreingenommen liest und nichts « hineingeheimnissen» will, so ist Vers 55 die unterstreichende Linie von Vers 54 und ἀληθὴς βρῶσις heißt « *eine* wirkliche = gewöhnliche Speise», ἀληθὴς πόσις « *ein* wirklicher = gewöhnlicher Trank».

B. muß sich übrigens ähnliche Überlegungen auch gemacht haben ; denn im Jhev 176 sagt er zu 6,54 f : « Andrerseits wird in Vers 54 der Anstoß dadurch gesteigert, daß das φαγεῖν durch das stärkere τρώγειν ersetzt ist : es handelt sich also um reales Essen, nicht um irgendeine geistige Aneignung. Es liegt deshalb am nächsten, den begründenden Vers 55 in diesem Sinne zu verstehen : es ist

B. Nachweis der Echtheit von Jh 6, 51b-58

1. Das johanneische Gepräge des Abschnittes

Wir kommen zur stilkritischen Prüfung des umstrittenen Abschnittes Jh 6,51b-58. J. findet darin fast alle jene Merkmale, die nach seiner Annahme der Sprache des Hg unseres Ev eigentümlich sind [1]. Leider ist diese, wie wir feststellen mußten, in Wirklichkeit durch *keines* von ihnen so ausgezeichnet, daß sie sich von der jh Sprache *abheben* würde, die Zusammenstellung zweier Partizipien mit wiederholtem Artikel ausgenommen. Gerade dieses Merkmal fehlt jedoch in Jh 6,51b-58, und wir treffen statt dessen zweimal ausgerechnet die Verbindung zweier Partizipien, von denen nur das erste den Artikel hat (54. 56). Ist das nicht ein jh Zug ? Oder ist sich der Hg etwa untreu geworden ? — J. hat ferner nachgewiesen [2], daß Jh, wo es grammatisch möglich ist, fast immer ὁ Ἰησοῦς schreibt, während der Hg den Artikel weglassen soll. Nun steht aber in Vers 53 eben dieses ὁ Ἰησοῦς. Auch das unverbundene οὗτός ἐστιν in Vers 58 mutet uns, abgesehen davon, daß es nicht den Hg verraten kann, eher jh an. Die fünfmalige Voranstellung des gen. poss. vor das mit Artikel versehene Hauptwort aber (53-56) gibt uns schon das Recht, die Echtheit des Stückes für wahrscheinlich zu halten. Zu unserer Freude hat sich alsdann das ἀληθής in Vers 55 als Anzeichen der jh Urheberschaft erwiesen. Und deutet es nicht auch auf den gleichen Urheber hin, wenn der ganze Abschnitt Jh 6,51b-58 mit καὶ-δέ (nach B. ein Zug des jh Stils [3]) an das Vorausgehende angeschlossen wird ?

Suchen wir jetzt in unserm Abschnitt nach den jh Eigentümlich-

---

wirklich so ! Jesu Fleisch ist wirkliche, d. h. reale Speise, und sein Blut ist realer Trank ! Möglich ist immerhin, daß ἀληθής (wie sonst meist ἀληθινός) im Sinne eines 'Dualismus' aufzufassen wäre . . . : alle übrige Nahrung kann nur scheinbar, nicht wirklich Leben spenden ; allein das Sakrament ist wirkliche, echte Nahrung, da es Leben vermittelt.» — Diese Möglichkeit haben wir für Vers 55 oben ausgeschlossen. B. weist dann in Anm 3 S 176 noch darauf hin, daß diesem Verständnis von Vers 55 sachlich nur die Lesart ἀληθῶς entspreche. Hat der Vf des Abschnittes vielleicht nicht gewußt, daß ἀληθής im hellenistischen Schrifttum nur die göttliche Wirklichkeit wirklich und eigentlich nennen durfte ? Meiner Auffassung nach genügen jedenfalls das dargelegte Verständnis von dem ἀληθής in 6,55 und der gewöhnliche jh Sprachgebrauch nicht, um es gegen die bessern Textzeugen durch ἀληθῶς zu ersetzen.

[1] JhLkr 44.   [2] Ebd 44 f.   [3] Jhev 174 Anm 8.

keiten unserer Liste! In den Versen 52 f findet sich zweimal das οὖν historicum (2). Vers 57 wird vom jh καθὼς ... καί eingefaßt (12). Im gleichen Vers stoßen wir auf den selbständigen personalen Singular ἐκεῖνος (17). Auch τῇ ἐσχάτῃ ἡμέρᾳ in Vers 54 ist eine jh Eigentümlichkeit (32). Dazu kommt in Vers 53 das ἀμὴν ἀμήν (40), ferner das ἐὰν μὴ ... οὐ im gleichen Vers (44). — An Zügen ist noch zu erwähnen das εἰς τὸν αἰῶνα in 58 (Menoud) und die zweimalige Trennung des Beiwortes vom Hauptwort in 55 (Nr 32b der Liste Schweizers).

Für 8 Verse ist das nicht wenig, um die stilkritische Gleichung mit dem Ev vollziehen zu können. Auch die Frage der Nachahmung wäre nicht zu erheben, wenn nicht die Kritik in unserm Abschnitt auch Zeichen für die Herkunft von fremder Hand geltend machte. Wir werden diese später prüfen. Was aber die Nachahmung angeht, so war es zweifellos nicht unmöglich, Vers 52 nach dem Vorbild von 41 f zu bilden. Die einleitende Doppelformel zu 53 konnte aus 32 übernommen werden, abgesehen davon, daß die Vorlagen dafür auch sonst zahlreich waren. Für die zweite Hälfte von Vers 54 ließe sich an eine Übernahme aus 39, 40 und 44 denken, für das ζήσει εἰς τὸν αἰῶνα in 58 an eine solche aus 51. Damit wären von den gefundenen zehn Merkmalen fünf ausgeschaltet, wenn sich in unserm Abschnitt auch Zeichen der Unechtheit finden sollten.

Nun gelingt es jedoch, in diesem Abschnitt noch eine ganze Reihe anderer *Züge jh Gepräges* zu entdecken. Schon ihre Häufung dürfte die Möglichkeit einer fremden Herkunft und somit der Nachahmung ausschließen. Man kann sich kaum vorstellen, daß ein Nachahmer eine Stelle von so durch und durch jh Eigenart und zugleich Eigenwüchsigkeit innerhalb des jh Schrifttums hätte schaffen können. So sind die Verse 53-56 ein Meisterstück jh Gestaltung. Zwar ist der antithetische Parallelismus, der die Verse 53 und 54 einander gegenüberstellt und zugleich verbindet, nicht ausschließlich jh. Aber daß dieser antithetische Bau erst möglich wurde durch die Verwendung des eigentümlich jh ἐὰν μὴ ... οὐ, ist kaum ein Zeichen von Nachahmung. In Vers 55 werden dann die beiden Ergänzungen τὴν σάρκα und τὸ αἷμα, die in 53 wie 54 je zweites Tonwort der zweigliedrigen ersten Satzhälfte waren, als Satzgegenstand und erstes Tonwort wieder aufgenommen, während das φάγητε und πίητε, das τρώγων und πίνων in βρῶσις und πόσις wieder erscheinen. Das ist echt jh. Auf diese Weise entsteht eine chiastische Stellung und kunstvolle Verzahnung der Tonwörter. Durch nochmalige

Wiederaufnahme wird diese in 56 weitergeführt und abgeschlossen ; hier sind die Aussagenomina βρῶσις und πόσις des vorhergehenden Satzes in die Subjektpartizipien τρώγων und πίνων, dessen Subjekte σάρξ und αἷμα aber wieder in Ergänzungen zurückverwandelt. Die so entstandene (zweifache) chiastische Doppelschlinge (τρώγων — σάρκα + σάρξ — βρῶσις + τρώγων — σάρκα ; πίνων — αἷμα + αἷμα — πόσις + πίνων — αἷμα) ist *das genaue Gegenstück zu der in 2 Jh 5 f*, die wir früher gelöst haben (ἐντολὴν — ἀγαπῶμεν + ἀγάπη — ἐντολὰς + ἐντολή — αὐτῇ). Die Kunst ist aber damit noch nicht zu Ende. Wer sich in die Bauweise der Verse 53-56 vertieft, dem kann es nicht entgehen, daß auch die Stellung der verschiedenen genetivi possessoris in ihnen der chiastischen Verschränkung dienen muß und daß dies ein Hauptgrund für die viermalige Vorausnahme des μου ist. So wird in jede der beiden Doppelschlingen, die wir getroffen haben, je eine weitere hineinver- flochten : μου — τὴν σάρκα + ἡ σάρξ — μου + μου — τὴν σάρκα ; μου — τὸ αἷμα + τὸ αἷμα — μου + μου — τὸ αἷμα. Wir erinnern uns da, daß auch in 2 Jh 5 f noch drei weitere Verschränkungen vorkamen. Etwas einfacher ist die Doppelschlinge der beiden ersten Sätze des Prologs, und der Fall 18,36 könnte als die reine Grundform einer solchen Schlinge gelten [1]. — Auch durch die Vorausnahme des zweiten gen. poss. in Vers 53 entsteht eine chiastische Stellung : Ergänzung — gen. poss. + gen. poss. — Ergänzung. Das ist ebenfalls gutjh. Im vierten Ev finden sich eine ganze Reihe von solchen und ähnlichen Fällen [2].

Ein ziemlich deutliches Zeichen der jh Urheberschaft unseres Stückes ist dann die Wiederholung von ζωή in den Versen 53 f. Wegen ihrer Unauffälligkeit als jh Merkmal kann man da kaum an Nach- ahmung denken. ζωή ist an sich das Wort, das im Jhev wohl am meisten Gewicht hat und darum sehr leicht übernommen werden konnte. Es ist aber inhaltlich gewichtlos, wenn der Vf dieses Wort an der gleichen Stelle oder wenigstens im gleichen Zusammenhang so wiederholt, daß die Wiederholung deutlich ein *Ausdrucksmittel*, ein *Formelement* ist.

---

[1] Es ist klar, daß diese vier Fälle von Chiasmen eine ganz hervorragende Eigentümlichkeit des Jhev sind (+ 2. Brief). Sie wurde nicht gezählt, weil sie sich dreimal über mehr als einen Vers erstreckt und vermöge ihrer Natur Wieder- holungen enthält. Vielleicht mag das zu vorsichtig sein. Jedenfalls ist diese stilistische Erscheinung so eigenartig und unnachahmlich, daß sie meines Erachtens allein genügt, um Jh 6,51b-58 als echt zu erweisen, wenigstens nachdem die Ein- heit des Ev nachgewiesen ist.

[2] So 2,23 ; 3,20 f. 32 f ; 4,34 ; 9,28 ; 20, 25. Vgl 1 Jh 2,4 f.

Außerhalb des Jhev wird im ganzen NT von 6 Fällen, wo es im gleichen engern Zusammenhang mehr als einmal vorkommt, ζωή nur einmal in stilistischer Absicht wiederholt [1]. In unserm Ev treffen wir das Wort sechzehnmal allein und zehnmal wiederholt, und zwar mit einer einzigen Ausnahme immer, auch an unserer Stelle, *in Verbindung mit einer stilistischen Absicht* [2]. So wird es aber auch im ersten Jhbr an 5 von 7 Stellen wiederholt [3].

In Vers 56 wird der Genuß des Fleisches und Blutes Jesu als Grundlage einer dauernden Gemeinschaft zwischen Jesus und dem Genießenden, in Vers 57 als Ursache einer steten Lebensmitteilung durch Jesus an den Genießenden dargestellt und diese verglichen mit der Lebensmitteilung vom göttlichen Vater an den Sohn. Die beiden Verse dienen *einem* Gedanken ; er ist in 56 mehr statisch, in 57 mehr dynamisch gefaßt. Sowohl das μένειν ἐν in 56 wie der Vergleich des Lebensverhältnisses zwischen Jesus und den Gläubigen mit dem zwischen Vater und Sohn ist nun ausschließlich jh Gedanken- und Formgut [4]. Inhaltlich ist dieses so gewichtig, daß es sich einem Nachahmer, der im jh Geist und in der jh Art schreiben möchte, zweifellos aufdrängen würde, wenn er das sagen wollte, was es ausdrückt. Wäre es aber wahrscheinlich, daß ein solcher, wenn er unsern Abschnitt verfaßt hätte, auch die *eucharistische* Gemeinschaft in das jh μένειν ἐν gekleidet und sie mit der Lebensgemeinschaft zwischen Vater und Sohn verglichen hätte ? Ich glaube nicht. Denn nicht nur fehlt ein entsprechender Gedanke in *allen* eucharistischen Texten des NT [5], sondern *auch in der unserm Stück vorausgehenden Rede vom Lebensbrot*. Anderseits steht im vierten Ev weder das μένειν ἐν (im Sinne einer dauernden übersinnlichen Lebensgemeinschaft) noch jener Vergleich irgendwo in einem Zusammenhang, der eucharistisch gedeutet werden müßte. Erst wenn unser Abschnitt als ursprünglich jh ausgewiesen ist, kann man das μένειν ἐν im fünfzehnten Kapitel und damit die ganze Bildrede vom Weinstock und entsprechende Teile der Abschiedsreden auch eucharistisch auffassen.

---

[1] Mt 19,16 f ; AG 13,46 + 48 ; Rm 5,17 f + 21 ; 6,22 f ; 2 Kr 4,10-12 (Wiederholung stilistisch bedingt) ; Kl 3,3 f.

[2] 1,4 ; 3,15 f. 36 ; 5,24. 26. 39 f (nicht stilistisch gegeben) ; 6,35 + 48. 40 + 47. (53 f) ; 17,2 f.

[3] 1,1 f ; 3,14 f ; 5,11. 12. 12 f ; nicht wiederholt : 5,16. 20.

[4] ThWNT : μένω.

[5] Mt 26,26-29 Par ; 1 Kor 11,23-29 ; 10,16. 21 ; Hb 13,10.

Für Vers 57 verbietet uns eine andere Feststellung ebenso entschieden, an Nachahmung zu denken. Der hier angestellte Vergleich ist nämlich trotz der vielen Parallelstellen und trotzdem er grundjh klingt und ist, so neu und kühn gebaut, daß Nachahmung im Sinne einer *Übernahme und Zusammensetzung aus vorliegenden Stellen ausgeschlossen* ist, Nachahmung aber im Sinne *freier Nachgestaltung* wieder einen zweiten Jh verlangt hätte. Es ist das Hauptanliegen des Jhev zu zeigen, daß Jesus allein der Welt das wahre, eigentliche Leben spenden kann und daß er vom göttlichen Vater gesandt wurde, um eben dieses Leben, das vom Vater ausgehend in ihm flutet, an die Welt weiterzugeben [1]. Dieses Hauptanliegen ist das unmittelbare Ziel der jh Bildreden wie auch zahlreicher anderer Stücke [2]; es sind die Parallelstellen zu unserm Vers 57. In ihnen wird bald der eine, bald der andere Teil des genannten Vergleiches dargeboten oder abgewandelt oder auch gelegentlich ein ähnlicher Vergleich gezogen. Das ὁ τρώγων με ist natürlich immer durch anderes ersetzt. Auch fehlt meist die äußere Form eines Vergleiches. Nirgends aber wird unser Vergleich so wie in 6,57 durchgeführt. Nirgends wird die Lebensmitteilung vom Vater an den Sohn so wie hier ausgesprochen oder deutlich mit der durch den Sohn an die Gläubigen verglichen. Und doch wird in jenen Stellen alles das gesagt und manches auch ähnlich gesagt, was hier zusammengefaßt, scharf umrissen, aber lebendig und ganz jh formuliert ist. Das soll im folgenden noch eingehender aufgezeigt werden [3].

Daß der göttliche Sohn Geschöpfen und sündigen Menschen von seiner Lebensfülle mitteilen wollte, war nicht denk- und seinsnotwendig. Das Jhev nennt uns in 3,16 den Grund, der den Vater veranlaßte, sein Leben durch den Sohn in diese sündige Menschheit auszugießen; es war seine freie, erbarmende Liebe. Aus dieser Liebe heraus gab er dem Sohne Auftrag, als sterblicher Mensch vom Himmel auf die Erde hinabzusteigen, sein menschliches Leben für die Sünder im Tode hinzugeben und ihnen so jenes Leben aus des Vaters Schoß zu erwerben [4].

---

[1] Vgl 20,30 f etwa mit 17,3.
[2] 5,17. 19-30 ; 6,26-51a ; 8,12-20. 26. 28 f. 38. 40 ; 10,14 f. 30 ; 12,36a. 44 f. 49 f ; 13,20 ; 14,1-14. 19-21 ; 15,9 f. 20b-25 ; 16,3. 15 ; 17,6-11. 14-26 ; 20,17b.
[3] Wie ein Nachahmer, Jh und Unjh mischend, hier gearbeitet hätte, zeigt der Zusatz D zu 56, der in die Rede das λαμβάνειν und das τὸ σῶμα anderer euch. Texte trägt und stilfremd mit einem ὡς zu τὸ σῶμα noch τ. ἄρτ. τ. ζωῆς fügt.
[4] Vgl 1,14. 29 ; 3,14-17 ; 10,17-19 ; 12,30-36 ; 14,30 f ; 17,9.

Dieser Auftrag war die Sendung des Gottessohnes, und diese Sendung war das Mittel, das die Verbindung zwischen dem göttlichen Leben des Sohnes und den Menschen herstellte. Das ist *ein* Grund, warum fast überall, wo im vierten Ev der oben genannte Doppelvergleich (Vater : Sohn ; Sohn : Gläubige) anklingt oder ausgeführt wird, Jesus auch seine Sendung vom Vater erwähnt. Er weist sich nun darüber aus durch die Worte, die er dem Vater abgelauscht hat, und ebenso durch die Werke, die er ihm abgeschaut hat. Diese Worte und Werke sind das unwiderlegliche Zeugnis des Vaters und des Sohnes, daß Jesus und kein anderer der Gottgesandte und daß in ihm den Menschen wirklich göttliches Leben angeboten und zugänglich geworden ist. Das ist der andere Grund, warum Jesus gewöhnlich von seiner Sendung, seinen Worten und Werken redet, wenn er miteinander vergleicht, was im Himmel und was jetzt auf Erden geschieht. Damit verstehen wir, warum auch in 6,57 von jener Sendung die Rede ist. Dem oberflächlichen Leser muß dieser Hinweis im Zusammenhang ganz unverständlich sein. Jesus aber will sagen, daß er nur darum Fleisch und Blut angenommen habe und dieses nur darum wie gewöhnliche Speise, wie gewöhnlicher Trank genießbar, aber gerade so Spender ewigen Lebens sein werde, weil der Vater ihn als Lebensspender *in die Welt gesandt* habe. Darin liegt zugleich die Aufforderung, die Zeugen seiner Sendung, seine Worte und Werke anzuerkennen, ihm zu glauben und die Austeilung seines Fleisches und Blutes als Speise und Trank gläubig zu erwarten.

Hätte ein Nachahmer, auch ein freier Nachgestalter, diesen jh Einfall gehabt, hier die Sendung Jesu zu erwähnen ? Hätte er, wenn ihm der geniale Einfall gekommen wäre, ihm nur diesen flüchtigen Ausdruck verliehen, worin die Sendung Jesu hier aufblitzt ? Und wenn er es verstanden hätte, so meisterhaft ein hellendes Streiflicht darauf zu werfen und die ganze Fülle der jh Welt in unerreichter Kürze dem eucharistischen Gedanken dienstbar zu machen, hätte er dann nicht wenigstens gesagt : καθὼς ζῇ ὁ πέμψας με πατὴρ κἀγὼ ζῶ ... [1], um so die Einheit zwischen dem Leben des Vaters und dem Leben des Sohnes klarer und deutlicher darzustellen ?

---

[1] Vgl Jh 5,23. 37 ; 6,44 ; 8,18 ; 12,49 ; 14,24. — Jh braucht, um seine Sendung vom Vater auszudrücken, für den Indikativ ausschließlich ἀποστέλλω im Aorist oder Perfekt, πέμπω dagegen nur im Partizip Aorist. Auch diese Eigentümlichkeit zeichnet 6,57 aus.

Wir haben die Beweiskraft unseres Verses noch nicht ganz durchmessen. Er birgt auch zwei Wortverbindungen, die wir, so jh sie anmuten, im ganzen Ev vergeblich suchen : ὁ ζῶν πατήρ und ζῆν διά [1]. Beide liegen, wenn wir jene Parallelstellen lesen, « in der Luft ». Hätte ein Nachahmer, der den Anschein wecken mußte, als stamme der eucharistische Zusatz 6,51b-58 wirklich vom Vf des Ev, gewagt, diese neuen Wortverbindungen zu schaffen und zu verwenden ? — Ganz jh und dem Sprachschatz unseres Vf tale quale entnommen ist dann freilich das καθώς ... καί wie das κἀκεῖνος in unserm Vers. Beide sind, wie wir sahen, jh Eigentümlichkeiten und kommen auch an Parallelstellen zu unserm Vers vor. Sie hätten an sich übernommen werden können ; aber die übrige Gestalt des Verses zwingt uns, sie eben als das zu nehmen, was sie sind, als Kennzeichen des Vf unseres Ev. Wenn die Freiheit in der Gestaltung des Verses einen Nachahmer ausschließt, so weisen uns jene Merkmale den Weg zum Urheber. Übrigens nimmt das jh ἐκεῖνος noch an 6 andern Stellen des Ev [2] ein Partizip des gleichen Satzes (gewöhnlich ist es Subjekt) wieder auf, wie es hier der Fall ist. In zwei weiteren Fällen [3] erfüllt ein οὗτος diese Aufgabe. Gutjh ist dann schließlich auch noch der Chiasmus, der sich im ersten Glied unseres Verses findet : ὁ ζῶν πατὴρ κἀγὼ ζῶ. Echte Geschwisterfälle dazu kommen im vierten Ev mehrere vor [4].

Wenn wir jetzt den Vers Jh 6,57 noch einmal verstehend lesen, so wird es uns nicht mehr übertrieben erscheinen, wenn ich ihn ein Wunder jh Gedankenfülle und jh Gestaltungskraft nenne. Er enthält tatsächlich *auf engstem Raum eine Zusammenfassung des ganzen Ev nach Gehalt und Form.* Er ist ein kleines, aber lebenssattes Abbild dieses Ev, ganz jh und trotzdem eigenwüchsig und ursprünglich. Den Abschnitt, in den dieser Vers unlösbar verflochten ist, einem Nachahmer zuschreiben, heißt Jh ohne Grund verdoppeln.

Doch vollenden wir die Musterung und stilkritische Prüfung unseres Abschnittes ! Eben wurden die neuen Wortverbindungen ὁ ζῶν πατήρ

---

[1] Eigenartig (aber nicht unjh : vgl 15,3 ; 4,39) ist hier die Verwendung von (ζῆν) διά c. acc. zur Angabe des *Quellgrundes,* aus dem das Leben hervorfließt ; der engere und weitere Zshg läßt aber kaum eine andere Deutung zu. Der Vf wird es gewählt haben, um die Vorstellung einer *wirkursächlichen* Vermittlung *abgeleiteten* Lebens vom Vater an den Sohn abzuwehren. Vgl 5,21. 26 !

[2] 1,33 ; 5,11 ; 9,37 ;10,1 ; 14,12. 21.

[3] 7,18 ; 15,5.

[4] 10,15. 38 ; (14, 15 f. 20) ; 15,9 ; (20,15).

und ζῆν διά genannt. Auch in Vers 51b und in 53 stehen zwei ganz
jh Wendungen, die doch innerhalb des jh Schrifttums nur hier vorkommen. In 51b ist es der Ausdruck (ὑπὲρ) τῆς τοῦ κόσμου ζωῆς, in 53
der Nachsatz οὐκ ἔχετε ζωὴν ἐν ἑαυτοῖς. Was die erste Wendung angeht,
redet Jesus im Jhev einmal vom φῶς τοῦ κόσμου und vom φῶς τῆς ζωῆς
(8,12), und anderseits wissen wir, daß φῶς und ζωή für Jh den gleichen
Inhalt haben [1]. Was liegt näher, als daß der jh Jesus auch von der ζωὴ
τοῦ κόσμου spricht, nachdem er unmittelbar vorher gesagt hat, er sei der
ἄρτος ζωὴν διδοὺς τῷ κόσμῳ (6,33) und der ἄρτος τῆς ζωῆς (6,35 Par)? —
Ebenso steht es mit der Wendung ζωὴν ἔχειν ἐν ἑαυτοῖς von Menschen
ausgesagt. Auch sie fehlt außer an unserer Stelle, wie schon gesagt
wurde, im Jhev und den übrigen jh Schriften ganz. Hingegen wird
einmal vom göttlichen Vater und gleich nachher vom Sohn gesagt, daß
sie Leben in sich haben (5,26), und zwar im Sinne eines ihnen kraft
der ureigenen, vollkommen unabhängigen Seinsfülle zukommenden
Lebens, auf Grund dessen sie alle Toten lebendig zu machen vermögen
(5,21). Von Gläubigen aber heißt es nur, daß sie die Liebe (5,42) oder
die Freude (17,3) in sich haben. Den Juden wirft Jesus einmal vor,
sie besäßen Gottes Wort, seine Botschaft nicht als etwas in ihnen
Bleibendes (5,38). Im ersten Brief verneint Jh von einem Menschen-
mörder und Hasser seines Bruders, daß er ewiges Leben in sich *bleibend*
habe (3,15). Das sind die sprachlichen Vorstufen zu unserer Wendung.
Nur ein kleiner Schritt ist nötig, um auch zu sagen, daß die Christus-
gläubigen oder jene, die Jesu Fleisch und Blut genießen, Leben *in sich*
haben. Sachlich findet sich dieser Gedanke 4,14, wenn auch nur
nebenher [2].

Wir haben bis jetzt geprüft, wie sich die eucharistische Rede im
engern Sinn *in das Ganze des Jhev* einordnet, wie sie vor allem sprach-

---

[1] Vgl 1,4.
[2] Die Stelle 7,37 f kommt meines Erachtens hier nicht in Frage. Wenn man
die jh Art der Anmerkungen und auch der Trennung zusammengehöriger Sätze,
Satzstücke oder Wörter sich vor Augen hält, dürfte es das Wahrscheinlichste sein,
daß nicht nur, wie heute ziemlich allgemein angenommen wird, ὁ πιστεύων εἰς
ἐμέ zu πινέτω gehört, sondern daß καθὼς εἶπεν κτλ *grammatisch* als Erläuterung
des Evglisten mit ὁ ᾿Ιησοῦς ... ἔκραξεν zu verbinden ist, so daß sich nur
das τοῦτο δὲ εἶπεν in 39 *unmittelbar* auf ἐάν τις ... εἰς ἐμέ bezieht. Damit ist
schon gesagt, daß ἐκ τῆς κοιλίας αὐτοῦ von Christus gilt, der nur deswegen die
Menschen einladen kann, zu ihm zu kommen und zu trinken, weil er gemäß der
Schrift die Quell lebendigen Wassers ist. Ähnlich weist 19,36 auf 33 und 34a
zurück, während 35 auf 34b geht; ebenso 5,22 (γάρ) auf 20; 21,19b auf 18. Vgl
auch 10,12 f; 21,8 (ἦλθον ... σύροντες).

lich, stilistisch jh Gepräge trägt, aber auch ganz jh eigentümliche Gedanken enthält. Prüfen wir jetzt, wie sich der Abschnitt sprachlich und im Zusammenhang mit der Sprache auch inhaltlich zur vorausgehenden *Rede vom Lebensbrot* verhält ! — Erinnern wir uns zunächst, daß diese Rede oben als Parallelstück zu Vers 57 gewertet wurde ! Der Grund liegt darin, weil Jesus sich in ihr als den Lebensspender der Menschen vorstellt und der Sache nach sagt, daß seine Sendung durch den Vater ihnen einen Zugang zum göttlichen Leben geschaffen habe. Jesus pocht hier auch auf das Siegel seiner Sendung, seine Wunderwerke (6,27), und verlangt von den Juden den Glauben an ihn und seine Worte. Vers 57 ist also auch eine knappe, lebendige Zusammenfassung der Lebensbrotrede und kann teilweise schon aus ihr verstanden werden.

Wir haben dann früher gesehen, daß Vers 52, die doppelte Eingangsformel von 53, der Nachsatz von 54 sich an diese Rede anlehnen. Das gleiche gilt aber auch von Vers 58 ; er wiederholt kürzend, was die Verse 49-51a enthalten. Was heißt das ? Falls sich im Abschnitt 51b-58 auch positive Anzeichen einer fremden Hand finden sollten, könnte das alles übernommen sein. Diese Wiederholungen müssen zunächst nur im Verein mit den jh Merkmalen und Zügen, die wir auch sonst in unserm Abschnitt gefunden haben, jh gedeutet werden. Wenn wir dann aber nicht an der Oberfläche bleiben, sondern in die Tiefe graben, erkennen wir, daß der Nachsatz von 54 und daß Vers 58 als Wiederholungen von Sätzen der Lebensbrotrede auch für sich allein jh Ursprung verraten.

. Verfechter der literarischen Aufteilung unseres Ev wie Hirsch und Bultmann haben die « *Wiederholungen* », die wohl seit Abbott als jh Eigentümlichkeit galten, auf ihre verschiedenen Schichten verteilt [1]. Schweizer urteilt richtig [2], daß sie jedenfalls aus sich die Einheitlichkeit des Ev nicht nachzuweisen vermögen ; denn der zweite und folgende Fälle könnten von einem andern Urheber als der erste stammen. Allein, nachdem die Einheitlichkeit des Ev gesichert ist, wird die Folgerung unabweisbar, daß diese « Wiederholungen » wirklich jh sind. Es bleibt auch dann möglich, daß eine Wiederholung unecht ist, sei es, daß sie eine Doppelschreibung oder einen absichtlichen Zusatz darstellt. Aber

---

[1] ABBOTT 2587-2627 ; 2546-2551 ; 2570-2586. — HIRSCH, Studien 53 zu Jh 4,21-24 ; 73 zu 8,23 f usw. — B. hält die Wiederholungen teils für ursprünglich, teils für Zusätze ; vgl etwa Jhev 162.

[2] AaO 99.

solange nicht textkritische Gründe *gegen* die Echtheit geltend gemacht werden können und solange keine andern *positiven* Zeichen auf nichtjh Ursprung hindeuten, muß eine Wiederholung für echt angesehen werden. Es ist nicht möglich, im Rahmen der vorliegenden Arbeit die Frage der Wiederholungen im ganzen Umfang aufzurollen. Immerhin sei mit einigen Strichen eine Charakterisierung versucht. Es ist angezeigt, zwei Arten dieses Stilmittels und Denkvorganges zu unterscheiden, die *wörtlichen* und die *sachlichen* Wiederholungen.

a. Die erstern wiederholen schon geschriebene Sätze oder Satzteile, wie der Ausdruck sagt, wörtlich, allerdings mehr oder weniger [1]. Es ist zunächst ein Zurückgreifen auf schon Gesagtes und der Form nach. Manchmal wird auf diese Weise eine kürzere oder längere Rede (oder Darstellung) oder nur ein Stück davon « *umrahmt* » ; der fragliche Satz oder Satzteil steht am *Anfang* und am *Ende* [2]. In Wirklichkeit ist es nicht eine Umrahmung, sondern die Rede (oder die Darstellung) selber entfaltet sich *kreisförmig* und *biegt* wieder da *ein,* wo sie ihren Ausgang genommen hat. Der Ausgangssatz kann in diesem Fall eine Aufstellung sein, die nachher ins Licht gerückt wird und sich zuletzt als *Folgerung* aus dem Gesagten ergibt [3]. — Häufig ist die wörtliche Wiederholung nicht Abschluß, sondern *Einleitung* zu einer neuen und weiter ausholenden oder vom Allgemeinen zum Einzelnen vordringenden Ausführung des im ersten Satz angeschlagenen und vielleicht nachher schon ein wenig entfalteten Themas : *Jh zieht Kreise, die sich erweitern oder verengen.*

b. Damit sind wir zur *sachlichen* Wiederholung gekommen. Sie *entwickelt* ein Thema durch *mehrere* Reden oder Redestücke oder Darlegungen hindurch, so daß jeder folgende Abschnitt den ersten oder auch den vorausgehenden *näher ausführt, erhellt und ergänzt* [4]. ALLO nennt in seinem Kommentar zur Apokalypse diese sachlichen Wiederholungen *Wellenkreise* und vergleicht die so miteinander verbundenen und einander entsprechenden Abschnitte auch mit *Spiralen* und *Schnecken-*

---

[1] Vgl 5,22 + 27 ; 8,26b + 28b + 38a. 38b + 41a + 44 ; 10,3 + 8 + 16 + 27. 7 + 9. 11 + 14 ; 14,7 + 9. 10 f + 20 ; 17,14 + 16.

[2] Vgl 5,19a + 30a ; 7,6a + 8b ; 10,25 f + 37 f ; 14,15 + 21 ; 15,12 + 17 ; 18,36. LAGRANGE, Ev XCIX redet hier von « inclusio » ; auch GÄCHTER braucht aaO häufig das Wort « Inklusion ».

[3] Vgl 8,32 + 36 ; 10,30 + 38 ; 12,35b + 36a ; 15,18 f ; 17,1 + 5 (δοξάζω).

[4] Vgl 1,4 f + 1,9-12 + 3,14-21 + 4,13 f + 5,19-30 + 8,12 + 11,25 f + 12,35 f + 12, 46 f ; 3,31-36 + 5,19-30 ; 3,31-36 + 5,31-47 + 7,14-18 + 8,12-20 ; 10,25-38 + 12,44-50 + 14,1-11.

windungen [1]. Er weist darauf hin, daß dieses Stilmittel dem semitischen *Parallelismus* verwandt ist [2]. Das gilt übrigens auch und noch mehr von den wörtlichen Wiederholungen. Es handelt sich aber doch um eine Entwicklung über jenen Parallelismus hinaus, und man kann die eigentlichen Wiederholungen, auch die wörtlichen, von den mit ihnen häufig verflochtenen Parallelismen ziemlich trennscharf scheiden.

Wörtliche und sachliche Wiederholungen kommen, wie schon angedeutet wurde, oft gemeinsam vor und dienen dem gleichen Zweck, ein Thema allseitig abzuwandeln, zu klären und mehr oder weniger auszuschöpfen [3]. Wenn die erstern allein auftreten, sind sie manchmal nur ein Mittel, um einen Gedanken einprägsam und nachdrücklich zu gestalten [4]. Zusätze und Veränderungen gegenüber der Erstform werfen aber doch hie und da ein neues Licht auf das so Gesagte oder verschieben seinen Sinn, so daß auch die Sache entfaltet wird [5].

Auch die Lebensbrotrede enthält eine ganze Reihe wörtlicher und sachlicher Wiederholungen zusammen mit einigen Fällen von Wiederaufnahme [6]. Ich zeige hier nur die Hauptlinien auf. Das Thema wird angeschlagen in 6,27, wiederholt und jedesmal « *verengt* », konkreter *gefaßt* und eindrücklicher vorgeführt in 32 f und 35. Zuerst redet Jesus von der unvergänglichen, ewigen Speise, die der Menschensohn geben werde, dann vom Himmelsbrot, das der Vater den Menschen schon austeile, das als Person vom Himmel herabsteige und der Welt Leben spende. Schließlich verkündet er, daß er selber dieses Lebensbrot sei. In 41 hallt das so Gesagte im Munde der Juden nach. In 48-51a wiederholt Jesus den Inhalt dieser Stellen sachlich und teilweise wörtlich noch einmal, eindrücklich alles zusammenfassend.

Die wörtliche und sachliche Wiederholung in Vers 35 ist zugleich die Einleitung zu einer nähern Darlegung dessen, was die Bildrede vom Lebensbrot an Sachwerten in sich schließt. Sozusagen jedes Satzstück und jeder Satz in dieser Darstellung ist dem andern parallel. Wiederaufnahmen verbinden die Glieder des Verses 37, die Verse 38 und 39. Der Schluß des Verses 40 wiederholt den Schluß von 39 in gleicher

---

[1] ALLO, Apc LXXXV f; CLXIX; 175. Vgl LOEWENICH 263-266.
[2] Ebd CLXIX.   [3] 5,19-30 ua.
[4] Vgl 18,36.   [5] Vgl 8,38b + 41a + 44.
[6] Die Wiederaufnahmen sind mit den Wiederholungen verwandt und manchmal mit ihnen verbunden. Vgl S 68 f dsAr. — Zum folgenden oben ist auch zu vergleichen GÄCHTER, ZKTh 1935, 431-437.

Form. Vers 40 ohne das Schlußglied ist die mehr sachliche Wiederholung des Einleitungsverses 35, so daß ein vollkommener und *ge-
schlossener Kreislauf* des Redestückes entsteht.

Das Echo der Worte Jesu, das uns aus Vers 41 entgegentönt, und
der Einspruch der Juden in 42 geben Jesus Anregung zu einer Ausführung, die wirklich nur die vorausgegangene erläutert und ergänzt
(44-47). Sie ist das Muster einer sachlichen Wiederholung, wiederholt
aber einzelne Satzstücke aus dem ersten Wellenkreis (35-40) auch wörtlich, so in 44 den jeweiligen Schluß von 39 und 40, ebenfalls in 44 und
auch in 45 das Kommen-zu-Jesus aus 35 und 37. Dieses Kommen-zu-
Jesus beginnt und schließt den Kreislauf der Verse 44 und 45. Die
wörtliche Wiederholung eines Gliedes aus Vers 40 in 47 zieht diesen
Kreis dann *spiralisch* in den vorausgegangenen zurück.

Wenn wir nun die eucharistische Rede im engern Sinn mit der vorausgehenden Lebensbrotrede vergleichen, erkennen wir sogleich, daß
auch sie nicht nur durch wörtliche Wiederholungen mit dieser verflochten ist, sondern auch durch sachliche. Was in Vers 27 anklingt,
in 32 und 33 greifbarer wird, in 35 sich zur Person Jesu verdichtet,
was in 48-51a zusammengeballt ist, das erfährt in 51b seine *letzte Kon-
kretwerdung*: das Wort und geistige Lebensbrot ist wiederum Fleisch
geworden.

Wie die Juden nun Anstoß nahmen, daß Jesus, der Sohn Josefs,
des Zimmermanns, und Marias, die sie beide kennen, sagte, er sei als
Brot des Lebens vom Himmel heruntergestiegen (41 f), so ärgern sie
sich auch darüber, daß er ihnen sein eigenes Fleisch zu essen geben
will (52). Jesus aber nimmt ihren neuen Einspruch wieder zum Anlaß,
um das Gesagte weiter auszuführen und zu vervollständigen. Zugleich
ist diese Darlegung der dritte Wellenkreis, der, was die beiden ersten
(35-40. 44-47) vorlegten, eucharistisch anwendet. Das führt zu den
Wiederholungen von Wörtern und Satzteilen aus jenen Wellenkreisen,
wie wir sie hier antreffen. Es sei auch darauf hingewiesen, daß die
Sätze mit den zwei Partizipien τρώγων und πίνων (54. 56) sachlich und
baulich den Sätzen in 40 und 45b parallel laufen. Vers 58 aber ist
Wiederholung von 48-51 und schließt das Stück spiralisch an die ganze
Lebensbrotrede an. Es sei in diesem Zusammenhang auch nochmals
auf Vers 53 und das kunstreiche chiastische Gebilde 54-56 aufmerksam
gemacht. Hier *kreist* die Rede wirklich in sich.

Anschließend erwähne ich noch die hier wie in der Lebensbrotrede

und an einzelnen Stellen im übrigen Ev vorkommende Erscheinung,
daß eine wörtliche Wiederholung, die ein Stück der Darstellung spiralisch an das vorausgehende fügt oder sich mit der Erstform zu einem
Kreisrahmen darum schließt, dieses Vorbild der Erstform *gekürzt*
wiedergibt, und zwar offensichtlich, um ein *künstlerisches Abklingen*
und *Ausschwingen* zu ermöglichen. So ist das Verhältnis von Vers 58
zu 48-51 und das von 40 (ohne Schlußglied) zu 47. Ein weiteres gutes
Beispiel aus dem Ev ist 15,12. 17 ; ferner die Stelle 18,36. Ähnlich ist
10,7. 9a zu erklären ; jedenfalls will die Kürzung im zweiten Satz ein
Ermüden verhindern.

Ist das alles *Zufall* ? Sicher nicht ! Ist es *willentliche* Nachahmung ?
Das ist kaum anzunehmen. Wem aber diese Erscheinungen und stilkritischen Tatsachen alle noch nicht genügen, der sei noch auf einige
andere aufmerksam gemacht. — Wer die Lebensbrotrede aufmerksam
liest, der entdeckt, daß sie von Jesus bald in der ersten, bald in der
dritten Person spricht. Hirsch hat das seinerzeit « *ein wildes Durcheinander von Er-Stil und Ich-Stil* » genannt [1]. Wenn man aber nicht
an der literarkritischen Krankheit leidet, findet man das schon rein
künstlerisch nicht schlecht ; es macht die Rede dynamisch und span-
nungsreich. Zwischen den Versen 27 und 34 ist die Rede aber deswegen
im Er-Stil gehalten, um ihrer steigenden Verdichtung vom Allgemeinen
zum Einzelnen zu dienen, bis Jesus die gemachten Aussagen vom Brot
des Lebens, das vom Himmel herniedersteigt, für sich selber in Anspruch nimmt.

Das erwähnte « Durcheinander » zeichnet auch unsere eucharistische
Rede aus. Auch sie wechselt vom Ich zum Er und umgekehrt, um am
Schluß wieder in den Er-Stil einzulenken. Ein solcher Wechsel ist auch
mehreren andern Jesus-Reden im vierten Ev [2] eigentümlich, und zwar
nicht nur da, wo Jesus vom Menschensohn spricht. Das schönste Beispiel dafür ist 5,19-30. Nur in der vertrauten Luft der Abschiedsreden
fehlt dieses offensichtlich jh Merkmal ganz. Da braucht es kein Ver-
hüllen und blasses Andeuten, kein Weiterschreiten vom Allgemeinen
zum Konkreten mehr ; die Jünger wissen und glauben, daß Jesus der
Sohn Gottes und das Leben ist.

Geben wir zu, daß dieser Wechsel vom Ich zum Er vom Nachahmer

---

[1] Studien 56 zu Jh 5,22-24.
[2] So 1,50 f ; 3,10-15 ; 4,4-26 ; 5,19-30 ; 8,34-38 ; 10,1-18.

aus der Rede vom Lebensbrot in die eucharistische Rede aufgenommen sein könnte! Wenigstens das könnte man sich zunächst vorstellen, daß Vers 58 in Anlehnung an 48-51a einfach mechanisch an das Vorausgehende angeschlossen worden und dem Nachahmer das Hinübergleiten vom Ich-Stil zum Er-Stil selber nicht aufgefallen wäre. Eine mechanische Übernahme ist allerdings deswegen ausgeschlossen, weil die Folge der Sätze in Vers 58, die nicht jene der Vorlage ist, eine sehr feine und geübte Hand verrät. Wenn wir trotzdem eine Übernahme annehmen wollen, bleibt es aber immer noch unwahrscheinlich, daß ein Nachahmer von der σάρξ und dem αἷμα τοῦ υἱοῦ τοῦ ἀνθρώπου geredet hätte, nachdem er vorher schon die Verbindung ἡ σάρξ μου im Ich-Stil gebraucht hat (51b. 53).

Was soll übrigens der *Menschensohn* in diesem Zusammenhang? Gerade aus der jh Auffassung vom Menschensohn wird der Ausdruck auch hier sinnvoll. In seiner Rede 5,19-30 lehrt Jesus, daß seine Erdenzeit messianische Endzeit sei, in der sich das Gericht über die Ungläubigen vollziehe und die Gläubigen vom geistigen Tode zum wahren Leben hinübergehen (21-26). Die Endzeit wird aber hier, wie wir früher sahen, zugleich als etwas noch Kommendes dargestellt;[1] Jesus redet in 28 auch von der leiblichen Auferweckung am « Ende » der irdischen Endzeit. In diesem Zusammenhang sagt er, ihm sei vom Vater das Gericht übertragen, *weil* er der Menschensohn sei (27). Als solcher werde er einst die Toten aus den Gräbern rufen, die einen zur Auferstehung des Lebens, die andern zur Auferstehung des Gerichtes. Als Menschensohn kommt es nach dem vierten Ev Jesus ferner zu, erhöht (3,14; 8,28; 12,34) und verherrlicht zu werden (12,23; 13,31) und in den Himmel aufzufahren (6,62; 3,13), aus dem er als der Menschensohn herabgestiegen ist (3,13; 6,62).

Wenn wir nun annehmen, daß Jesus und mit ihm Jh in 6,53 an Leib und Blut des Erhöhten und Verherrlichten, des Auferstandenen und Aufgefahrenen denken und eben deswegen deren gläubigem Genuß in 54 auch die Wirkung zuschreiben, daß der Genießende am Jüngsten Tage zum ewigen Leben auferstehen werde, erhält der Menschensohn hier einen tiefen Sinn, sonst aber überhaupt keinen[2]. Übrigens wird in dem δώσω und dem ὑπέρ in 51b eine Anspielung auf den Opfertod Christi gesehen[3]; man kann auch nur das Blut eines (Verletzten oder)

---

[1] Siehe S 167-169 dsAr.
[2] Vgl CULLMANN, Gottesdienst 63-65.
[3] LAGRANGE, Ev zSt; CULLMANN, Gottesdienst 62; 65 f.

Getöteten trinken [1]. Das kann meine Auffassung vom Menschensohn an unserer Stelle nur stützen ; denn nach Jh ist eben die « *Erhöhung* » ans Kreuz Jesu Verherrlichung. Der Menschensohn wird also hier sinnhaltig, wenn er mit der jh Anschauung von diesem verbunden wird. Das deutet wohl kaum auf einen Nachahmer als den Vf der eucharistischen Rede hin.

Der Menschensohn in 6,53 macht erneut auch die innere Einheit der eucharistischen und der Lebensbrotrede sichtbar. Wir sahen eben, daß im Sinne des Jhev gerade vom Menschensohn [2] gilt, daß er vom Himmel herabgestiegen ist und als Erhöhter und Verherrlichter wieder zum Himmel emporsteigt. Deswegen ist es durchaus nicht kühn, den Ausdruck ὁ καταβαίνων (καταβάς 3,13) ἐκ τοῦ οὐρανοῦ (6,33) mit dem Menschensohn gleichzusetzen und sich durch die verschiedenen Stellen, wo die Lebensbrotrede das Heruntersteigen vom Himmel oder das Brot vom Himmel erwähnt (31-33. 38. 41 f. 50 f), an ihn erinnern zu lassen. Daß wir damit auf dem rechten Wege sind, zeigt schon 6,27 : das Lebensbrot ist die Gabe des Menschensohnes. Er selber ist das Lebensbrot und Himmelsbrot (33. 35. 41. 48. 51). Ist es da nach dem oben Gesagten nicht ganz in der Ordnung, ganz jh gedacht, wenn Jesus, der Menschensohn, schon hier von der Auferweckung der Toten am Jüngsten Tage spricht (39 f. 44) ? Das braucht durchaus nicht aus einer unechten eucharistischen Rede in die vom Himmelsbrot hineingetragen zu sein, um sie unter die Anschauung jener zu stellen, wie B. und andere glauben [3]. Aber auch wenn man die genannten Stellen von der Auferweckung des Leibes wie 5,27-29 mit der radikalen Kritik alle streichen wollte, wäre die Lebensbrotrede immer noch durchtränkt mit der jh Anschauung vom Menschensohn. Ist es also nicht selbstverständlich, daß wir die eucharistische Rede, die von der gleichen Anschauung lebt (51. 53 f. 58), dem gleichen Vf wie jene zuweisen ?

Wir haben schon davon gesprochen, daß die Kürzung des Verses 58 gegenüber der Vorlage jh und daß die Änderung der Satzfolge sehr geschickt gemacht ist ; sie ermöglicht nämlich den reibungslosen Anschluß an das Vorausgehende. Wir haben auch gesehen, daß die Wiederholung, die in diesem Vers vorliegt, als solche jh ist. In der Tat ! Man kann sich nicht vorstellen, daß ein Nachahmer hier noch einmal die

[1] Vgl A. SCHLATTER, Evglist 178.
[2] Vgl LAGRANGE, Ev zu Jh 3,13 ; 6,62.
[3] BJhev 161 f ; 177 ; 195-197.

Verse 48-51 wiederholt hätte, um die eucharistische Rede der Rede vom Lebensbrot auf diese Weise spiralisch anzuschließen. Aber es ist nicht nur ein äußerlicher Anschluß, der durch diesen Vers zustande kommt, sondern die beiden Reden sind hier so fein und wunderbar ineinander gewoben und zu einem gemeinsamen Abschluß gebracht, daß darin einerseits eine ganz hohe Kunst der Darstellung aufleuchtet, anderseits auch die Absicht des Vf klar wird, das Lebensbrot, dessen innerste Eigenart erkannt ist, und die Eucharistie als innigste Einheit aufzufassen.

Vom Brot kann man nicht gut sagen, es sei Fleisch *und Blut*, es sei Speise *und Trank*, wenn man Fleisch und Blut, Speise und Trank im gewöhnlichen, alltäglichen Sinne auffaßt. Darum wurde das Lebensbrot vom Vf der eucharistischen Rede in 51b zunächst nur mit dem Fleische Christi gleichgesetzt. Um nun die Verse 48-51a wiederholen zu können, und zwar so, daß sie zugleich Abschluß der eucharistischen Rede und Abschluß der Lebensbrotrede wurden und die beiden Reden miteinander verschmolzen waren, mußte in Vers 58 etwas Ähnliches geschehen wie in Vers 51b. Der Vf löste die Aufgabe aber noch schöner und kunstvoller. Er ließ das Trinken des Blutes schon in 57 weg und verwendete zudem, in Rücksicht auf den Charakter dieses Verses, nicht mehr den Ausdruck Fleisch, sondern setzte die Person Jesu an dessen Stelle. Was ist dadurch erreicht? Wie gesagt, ist das einmal Vers 57 angemessen, weil er von der persönlichen Lebensgemeinschaft handelt, die der Genuß der Eucharistie zwischen Mensch und Christus herstellt. Dann wird auf diese Weise dem Blute Jesu kein Eintrag getan. Endlich wird dadurch die Eucharistie schon rein sachlich mit dem Lebensbrot verknüpft, weil Jesus zuvor *sich selber* als dieses enthüllt hat. Jetzt kann in Vers 58 durch das wiederaufnehmende οὗτός ἐστιν auch sprachlich die Eucharistie mit dem Lebensbrot gleichgesetzt werden. Die Härte aber, die entstanden wäre, wenn Jesus hier noch von seinem Fleisch und Blut geredet hätte, ist wie von selber vermieden. Daß die ganze Wiederholung nicht nur der Eingliederung der eucharistischen Rede in die erste vom Lebensbrot dienen muß, sondern auch umgekehrt diese der eucharistischen dienstbar machen soll, das wird zuletzt noch einmal eindrücklich durch das ὁ τρώγων τοῦτον τὸν ἄρτον unterstrichen.

Eine wahre Überfülle von jh Eigentümlichkeiten und jh Zügen hat uns den sprachlichen, baulichen und auch den sachlichen Zusammen-

hang zwischen Jh 6,51b-58 und 6,26-51a wie auch dem ganzen Ev aufgedeckt. Wenn die einzelnen Übereinstimmungen je nachdem verschieden zu werten sind und verschieden gewertet werden mögen, so
ist doch das *Gewicht aller Anzeichen,* die für die Urheberschaft des
gleichen Vf zeugen, in ihrer Gesamtheit einfach *erdrückend.* Es ist ausgeschlossen, daß ein noch so geschickter und dem Vf des Ev eben-
bürtiger Schriftsteller in einen so kurzen Abschnitt auf die unauffälligste
und natürlichste Weise eine solche Fülle jh Züge hätte verweben können.
Wenn uns überdies der Nachweis gelingt, daß *kein einziger nichtjh Zug*
darin aufgezeigt werden kann oder daß scheinbare Anzeichen einer
andern Vfschaft nicht ernst zu nehmen sind und vielleicht gar für den
Vf des vierten Ev zeugen, ist auch der letzte Zweifel daran, daß die
eucharistische Rede im engern Sinne echt ist, ausgeschlossen.

Zuvor ist aber noch ein jh Zug unseres Abschnittes nachzutragen,
den ich bis jetzt aufsparte, weil er zur Prüfung der von der Kritik
geltend gemachten nichtjh Züge überleiten soll. Es handelt sich um
den Ausdruck σάρξ, der die Rede von den andern eucharistischen Texten
des NT unterscheidet und der auch außer in den Briefen des heiligen
Ignatius von keinem apostolischen Vater eucharistisch verwendet wird [1].
Geben wir zu, daß ein Nachahmer mit Ignatius den Ausdruck aus einer
allfälligen außerjh Überlieferung geschöpft haben könnte [2]. Aber wenn
er ihn hier gebraucht hätte, so jedenfalls nur deswegen, weil er eben
zugleich jh war. Damit ist die Möglichkeit zu entscheiden, ob er vom
Vf des vierten Ev oder von einem Nachahmer herrühre, hinfällig
geworden. Zunächst muß er dann wohl oder übel Jh zugesprochen
werden. Es kann aber überdies auch gezeigt werden, daß die σάρξ, wie
sie hier verwendet wird, sich passend und sinnvoll in den Zusammenhang der Rede vom Lebensbrot wie des ganzen Ev fügt, daß durch
sie wirklich vorhandenen Absichten des vierten Evglisten entsprochen
ist, und so gewinnt die Annahme, daß sie von ihm und keinem andern
hier eingesetzt wurde, auch eine innere Wahrscheinlichkeit, die mit Fug
und Recht Sicherheit genannt werden darf, falls unser Abschnitt frei
ist von nichtjh Zügen.

---

[1] Siehe BAUER, Jhev 99 ; vgl auch BJhev 175 Anm 4. Darnach wird σάρξ
von Ignatius euch. verwendet Rm 7,3 ; Phld 4 ; Smyrn 7,1 ; Trall 8,1.
[2] Die Annahme einer solchen Überlieferung verwirft mit Harnack LAGRANGE,
Ev XXV. Dann können wir aber mit ihm die großen Übereinstimmungen
zwischen Jh und Ignatius nur durch die Abhängigkeit des letztern von Jh erklären :
XXV-XXVII. Ignatius hätte also σάρξ im euch. Sinn dem Jhev entnommen,
und dieses hätte darnach um 107 oder 115 nChr die euch. Rede sicher enthalten.

Es ist ein *Hauptziel* unseres Vf zu zeigen, daß Jesus trotz seiner vermeintlich geringen Abstammung und trotz der Niedrigkeit seines Fleisches (σάρξ) der wahre Sohn Gottes und gottgesandte Heiland der Welt war, ja, wie gerade durch diese Niedrigkeit der σάρξ hindurch die göttliche δόξα umso strahlender hervorbrach. Dieses Ziel wird schon 1,14 programmatisch angekündet. Die Juden sündigten nach Jh dadurch, daß sie das blendende Licht der Gottheit nicht sehen wollten, daß aber anderseits ihre blinden Augen hell genug waren, um sich an Jesu Fleisch und Herkunft zu stoßen. Willentlich waren sie für die göttlichen Absichten blind, die gerade darin kund wurden. Gott wollte in Jesu Niedrigkeit zeigen, worauf es ihm allein ankam, wo und wie das Heil zu suchen war, daß es nicht in politischer Macht und irdischem Glanz, nicht in einem irdischen Paradies sich erfülle. Dieses hätte zwar dem Menschen die Verantwortung für sich und die ihm anvertrauten Mitmenschen abnehmen können, ihm alle diesseitigen Güter gesichert und ihn so aller Daseinssorgen enthoben, aber auch der den Menschen über seine Sinne und sich selber emporhebenden Aufgabe, sich Gottes Führung ins menschlich Ungewisse anzuvertrauen, auf seine Pläne einzugehen und seinem seligmachenden Aufruf zu Entweltlichung und Vergöttlichung Folge zu leisten. Die Niedrigkeit Jesu war der Prüfstein, der die wahre Gesinnung des Menschen kundtat, an dem der Glaube zu einer Großtat des geistigen Menschen werden mußte und durfte, geboren aus der rechten Vorstellung von Gottes Weisheit, Allmacht und Größe, geboren aus Gehorsam und wahrer Freiheit, aus einer neuen, nicht mehr ichverklammerten Gottesliebe.

Diese Gedanken werden in unserm Ev immer wieder in mancherlei Form und Gestalt ausgesprochen [1]. Sie durchziehen auch die Rede vom Lebensbrot. Gleich als Einleitung wirft Jesus den Juden vor, sie hätten ihn aufgesucht, um wieder irdisches Brot und andere Güter ihres messianischen Wunschreiches zu erhalten (26). Diesen stellt er sein unvergängliches und überweltliches Brot entgegen (27). Und schon folgt der Hinweis auf seine Werke und die Forderung zu glauben, das irdische Denken, den irdischen Menschen aufzugeben, den vollen Selbsteinsatz zu wagen, auf Gottes Großmut zu bauen (27-29). Aber die Juden verstehen Jesus nicht. Sie verlangen ein neues Zeichen, durch das er sich

---

[1] Vgl 1,13 f. 29. 45-51 ; 2,11 ; 3,1-21 ; 4,4-26. 48 ; 5,36-47 ; 6,60-71 ; 7,1-9. 14-24. 25-31. 37-52 ; 8,12-30. 31-59 ; 11,45-57 ; 12,1-11 ; 13,1-20 ; 14,15-24. 27a ; 15,18-25 ; 16,1-4 ; 17,14-16. 25 f ; 18,36 f ; 20,24-29.

und seinen Anspruch rechtfertigen solle (30 f). Was für ein Zeichen das
allein sein darf, geht hervor aus ihrem Hinweis auf das Manna, das
ihre Väter aßen. Um die Juden trotzdem zum geistigen Hunger zu
wecken, antwortet Jesus verschleiernd, auch seine und des Vaters Gabe
sei Brot, ja das einzig wahre Brot, derjenige, der vom Himmel herab-
stieg, um der Welt Leben zu spenden (32 f). Sie aber meinen immer
noch, es handle sich um ein irdisches Gut, um leibliche Nahrung und
Speise und äußern ihr Verlangen danach (34). Jetzt wird Jesus deutlich : *Ich* bin das Brot des Lebens, das allen Hunger und Durst des
Menschen, all sein Verlangen nach Glück und Seligkeit voll und ganz
und für immer stillt. Ich bin vom Himmel herabgestiegen, um Leben,
ewiges, göttliches Leben zu spenden (35-40).

Das hat eingeschlagen. Das können die Juden nicht hören. Der
will vom Himmel herabgestiegen sein ? Kennen wir denn nicht seinen
Vater und seine Mutter (41 f) ? In ihrer oberflächlichen Sinnengebunden-
heit können sie sich nicht vorstellen, daß die Worte dessen, der das
Brotwunder und so manches andere Wunder vor ihren Augen gewirkt
hat, allem gegenteiligen Schein zum Trotz doch wahr sind, so oder
anders. Jesus verweist ihnen ihr Murren, weiß aber, daß Worte gegen
Mauern schlechten Willens nicht anrennen können. Gott muß die ver-
härteten Herzen erweichen ; er muß von innen her die tauben Ohren
öffnen und die blinden Augen sehend machen (43-47). Er allein vermag
es aber auch. Darum läßt sich Jesus durch die Verstocktheit der Juden
nicht abhalten, seiner Sendung treu alles zu verkünden, was der Vater
ihm aufgetragen hat. So führt er denn die Rede weiter und verdichtet
seine Worte vom Lebensbrot zur Botschaft von der eucharistischen
Speise und dem eucharistischen Trank.

Hier legt nun der Vf Jesus den Ausdruck σάρξ in den Mund, um
recht deutlich das hervorzuheben, was Jesus mit dem Lebensbrot jetzt
meint, seinen den Juden *sichtbaren* Menschenleib. Diesen will er ihnen
wirklich zur Speise geben, und er soll ihnen Leben, überweltliches,
ewiges Leben mitteln. Wie im Prolog statt ἄνθρωπος in Vers 14 σάρξ
gewählt ist, um herauszuheben, daß sich der Logos eine *greifbare*
Menschennatur, nicht einen *Scheinleib* verbunden hat, so hier in
Vers 51b und nachher statt σῶμα, um zu unterstreichen, daß es sich
hier nicht um eine Bildrede, nicht um einen Leib im übertragenen
Sinne handle, sondern um Jesu *wahren* Menschenleib. σάρξ ruft zugleich das Vergängliche, Sterbliche dieses Leibes in Erinnerung. Das
paßt zu den Worten δώσω und ὑπέρ, die das Opfer Jesu am Kreuze,

wo er sein leibliches Leben für die Welt dahingab, mitenthalten. Daß
der Leib Jesu vor allem nach seiner Verklärung den Menschen als Brot
des Lebens gereicht werden soll, ist damit nicht ausgeschlossen.

Es ist verständlich, daß sich nun die Juden, so wie sie einmal
eingestellt sind, an dieser Redeweise Jesu stoßen, sich wiederum nicht
gläubig über das Hier und Jetzt des Augenscheins und des vernommenen
Wortes erheben können, um im Vertrauen auf Gottes Allmacht und
Weisheit auf das eigene allzumenschliche Urteil zu verzichten. Wie soll
das geschehen können, was Jesus sagt ? Wie und warum soll das
Fleisch des Messias ihre Speise werden ? Was soll das ihnen nützen
und frommen ? Aber Jesus wiederholt nur eindringlicher, was er schon
gesagt hat. Nicht nur sein Fleisch sollen sie essen, auch sein Blut
sollen sie trinken — ein Gedanke, der fast unvollziehbar ist für einen
Juden. Jetzt ersetzt Jesus auch den Ausdruck φαγεῖν durch τρώγειν,
kauen, und rückt so, was an sich schon in σάρξ liegt, recht drastisch
vor die Augen.

« Hart ist diese Rede ; wer kann sie hören ! » So äußern sich viele
Jünger nach den Worten Jesu über die Eucharistie. Nur als Erniedrigung Jesu und als Erniedrigung seiner Anhänger konnten sie es verstehen, daß er sein sterbliches Fleisch zur Speise und sein Blut als
Trank geben wollte. Der Evglist aber unterstreicht diese Erniedrigung
durch die Wahl von σάρξ statt σῶμα und den Ersatz von φαγεῖν durch
τρώγειν. Und Jesus verheißt nun gerade dem, der durch den Genuß
seines Fleisches und Blutes sich erniedrigt und Jesu Erniedrigung nicht
verachtet, das ewige Leben und die Auferstehung am Jüngsten Tage.
« Wer mein Fleisch kaut und mein Blut trinkt, bleibt in mir und ich
in ihm. » Diese Lebensgemeinschaft mit Jesus erscheint im « hohe-
priesterlichen » Gebet als Verherrlichung Gottes und Jesu (17,20-24).
So leuchtet der Zusammenhang zwischen der Niedrigkeit Jesu und
seiner Herrlichkeit auf gerade da, wo Jesus sich anschickt, die Schmach
seines Leidens auf sich zu nehmen und sein sterbliches Fleisch (σάρξ)
für das Leben der Welt dahinzugeben (6,51).

2. Das Fehlen von Anzeichen einer fremden Hand

Prüfen wir jetzt jene sprachlichen Züge der eucharistischen Rede,
die von der Kritik als Zeichen eines vom Vf des vierten Ev verschiedenen
Urhebers gewertet werden ! Die Merkmale, die nach J. den Hg des Ev
kennzeichnen, brauchen wir allerdings nicht mehr herzunehmen. Wir

haben früher gesehen, daß sie, eines ausgenommen, nicht Merkmale des Hg, sondern eher des Vf unseres Ev sind. Dieses eine aber kommt gerade in unserm Abschnitt nicht vor [1].

Greifen wir von jenen Zügen zuerst den Ausdruck τρώγειν auf! J. glaubt, er sei unjh, da Jh sonst immer φαγεῖν brauche; nur noch einmal, und zwar in einem Zitat, finde man dieses τρώγειν im Jhev [2]. Was soll das heißen? J. will jedenfalls sagen, daß dieses Zitat (13,18) nicht beweise, Jh hätte den Ausdruck von sich aus gebraucht; es könne also nicht angeführt werden, um nachzuweisen, daß das τρώγειν in unserm Abschnitt Jh wohl zuzumuten sei. Das ist aber falsch; denn wie in dem angegebenen Zitat die Umstellung μου τὸν ἄρτον *von Jh und nicht aus der LXX stammt*, so das τρώγων; die LXX hat ἐσθίων [3]. Aber auch wenn es nicht so wäre, dürfte man das τρώγειν in der eucharistischen Rede noch lange nicht als unjh ansehen. Zunächst ist nämlich der Grundsatz unrichtig, daß ein Schriftsteller, wenn er gewöhnlich *so* schreibt, nicht auch einmal *anders* schreiben kann. Ich bin geneigt, geradezu das Gegenteil zu sagen: Je häufiger von einem Schriftsteller ein Ausdruck, eine Wendung, eine Eigentümlichkeit gebraucht wird, umso wahrscheinlicher wird es, daß er jetzt seinen Gedanken auch einmal anders formuliert, wenigstens wenn dadurch nicht eine ungewöhnliche Gestaltung entsteht. Dann haben wir aber früher festgelegt, daß wir von einer stilistischen Gewohnheit, von stilistischer Vorliebe oder Abneigung nur reden können, wenn nicht die Natur der Sache die Verwendung eines Ausdrucks, einer Konstruktion usw verlangt oder verbietet. Nun ist es aber ganz klar, daß der Ausdruck τρώγειν in unserm Abschnitt eine hervorragende *inhaltliche Rolle* spielt und gar nicht den gleichen Gedanken wiedergeben soll wie das φαγεῖν. Er steht im Gegensatz dazu und geht der Verwendung von σάρξ ebenda parallel. Das τρώγειν hat, wie schon gesagt wurde, die Aufgabe, recht einprägsam zu zeigen, daß es sich in der Eucharistie um eine Speise handelt, die mittels der wirklichen Kauwerkzeuge gegessen wird. Wenn also der Vf das sagen wollte, mußte er notwendigerweise τρώγειν statt

---

[1] Siehe S 243 dsAr.

[2] JhLkr 44.

[3] Jh kennt die LXX und benutzt sie auch. Dafür zeugen die beiden Zitate 10,34 und 12,13. 10,34 übernimmt er das εἶπα der LXX *gegen* seine Gewohnheit, *nur* εἶπον für die *erste* Person zu brauchen. An der zweiten Stelle steht ἐν ὀνόματι κυρίου, während Jh ὄνομα (ausgenommen in den stehenden Redensarten ὄνομά μοι: 1,6; 3,1; 18,10 und κατ' ὄνομα: 10,3), ebenso ein folgendes bestimmendes Hauptwort *immer* mit Artikel versieht.

φαγεῖν oder dann ein entsprechendes anderes Wort brauchen. Das τρώγειν kann also jedenfalls nicht eine fremde Hand verraten.

Wir haben ferner gesehen, daß, wenn ein Nachahmer die eucharistische Rede geschrieben und der Rede vom Lebensbrot angefügt hätte, er mit einem geradezu unglaublichen Geschick gearbeitet haben müßte, mit einer übergenialen Kraft, den ganzen Gehalt des Ev seinem Zusatz dienstbar zu machen und darin eine wahre Fülle von Zügen und Eigentümlichkeiten des jh Stils zu vereinen. Zweifellos hätte es in der Absicht dieses Nachahmers gelegen, der eucharistischen Rede auf diese Weise den Anschein voller Echtheit zu geben, sie als Zusatz unkenntlich zu machen. Hätte er nicht deswegen das in keinem Abendmahlstext vorkommende, seltene τρώγειν vermieden? Gewiß! Und wenn er das nicht getan hätte, so ist doch wenigstens ganz unwahrscheinlich, daß er die *ungewöhnlich harte* Verbindung ὁ τρώγων με gewagt hätte. Ist es anderseits nicht natürlich, daß jener, der den kühnen Satz schrieb, das göttliche Wort sei Fleisch geworden — empfinden wir diese Kühnheit noch? —, auch davor nicht zurückschreckte, statt vom Essen des Fleisches Jesu von dessen Kauen zu reden und zuletzt gar noch davon, daß derjenige, der ihn, Jesus, kaue, durch ihn leben werde?

Als weiteres Zeichen für die Unechtheit unseres Abschnittes führt J. den Gebrauch von πίνειν mit dem Akkusativ statt mit ἐκ partitivum an[1]. Es war gut, in diesem Zusammenhang das φαγεῖν in Vers 53 zu übergehen; denn sonst hätte er gestehen müssen, daß Jh es nicht nur in der Lebensbrotrede, sondern auch anderwärts mit dem Akkusativ der Speise konstruiert, häufiger als mit ἐκ[2]. Das hat aber zur Folge, daß der jh Gebrauch von πίνειν mit ἐκ *nicht gegen* das πίνειν mit Akkusativ ins Feld geführt werden kann, wenn dieses mit einem φαγεῖν c. acc. verbunden ist. Aber auch wenn das φαγεῖν nicht zum Vergleich herangezogen werden müßte, um zu entscheiden, ob πίνειν vom Vf des vierten Ev mit dem Akkusativ konstruiert werden konnte, vermöchten doch die zwei Stellen, wo es mit ἐκ partitivum und dem Genetiv des Getränkes steht (4,13 f), gegen eine, wo es den Akkusativ hat (18,11), unserm Abschnitt nicht das Geringste anzuhaben. J. arbeitet allerdings mit drei Stellen. Aber eine davon (4,12) kommt nicht in Frage, weil ἐκ dort die *örtliche* Herkunft angibt und nicht auf das

---

[1] JhLkr 44.
[2] Mit: 6,26. 50. 51a; ohne: 6,23. 31. 49; 18,28.

Getränk geht. — Es muß dann endlich darauf hingewiesen werden, daß in den Versen 54 und 56 die Konstruktion des πίνειν der von τρώγειν folgt ; dieses aber konnte weniger gut als φαγεῖν mit ἐκ partitivum verbunden werden.

Auch Schweizer zweifelt an der Echtheit der eucharistischen Rede [1]. An Stelle des πίνειν hält er nun das φαγεῖν c. acc. für ein Zeichen der zweiten Hand. Aber er ist vorsichtiger als J. Er stellt nur fest, daß in der vorausgehenden Rede (6,26 usw) « *vom* » Lebensbrot gegessen werde, während in Vers 53 φαγεῖν den Akkusativ habe. Ferner merkt er an, daß φαγεῖν in jener Rede und der einleitenden Erzählung insgesamt dreimal ebenfalls mit dem Akkusativ der Speise vorkommt. Das heißt nun aber doch nichts anderes, als daß der Vf des vierten Ev ohne Hemmungen sagen konnte « vom Lebensbrot » und « das Fleisch Jesu essen ». Schweizer verlagert allerdings — an sich mit vollem Recht — die Auseinandersetzung gegenüber J. von außen nach innen, indem er darauf verweist, daß das φαγεῖν c. acc. in Vers 53 ausdrücke, Fleisch und Blut des Menschensohnes seien als *Ganzes* zu essen. Wenn nun aber der Vf des Ev gerade das sagen wollte ? Und warum hätte er es nicht sagen können ? War es nicht geradezu notwendig, den Gedanken so zu fassen, schon allein deswegen, um nicht die anthropophagische Auffassung der Rede zu fördern ?

Mit Schweizer hält J. dann das ἐξ οὐρανοῦ in 6,58 für nichtjh. Nun ! man könnte darauf hinweisen, daß auch ἐκ τοῦ οὐρανοῦ an dieser Stelle ziemlich gut bezeugt ist. Entscheiden wir uns aber für die lectio difficilior ! Wir finden nun im Jhev dreizehnmal ein ἐκ τοῦ οὐρανοῦ [2], achtmal allein in der Rede vom Lebensbrot. Ist das ein genügender Grund, um anzunehmen, ἐξ οὐρανοῦ sei ein Zeichen fremder Hand ? Durchaus nicht. Die Vorliebe für eine Formulierung muß, wie schon gesagt, keinen Schriftsteller hindern, statt dessen *gelegentlich* eine andere *gebräuchliche* Formulierung zu verwenden. Dafür ließe sich aus dem vierten Ev manches Beispiel anführen. Ich erwähne das jh Kennzeichen παρρησία im präpositionslosen Dativ (19). Neben den 7 Fällen ohne Vorwort [3] treffen wir zweimal (7,4 ; 16,29) ἐν παρρησίᾳ [4]. Übrigens zeugt

---

[1] Ego Eimi 155-157.
[2] 3,13. (13). 27. 31 ; 6,31. 32 bis 33. 41 f. 50 f ; 12,28. Das zweite ἐκ τοῦ οὐρανοῦ in 3,13 ist sehr schlecht bezeugt.
[3] 7,13. 26 ; 10,24 ; 11,14. 54 ; 16,25 ; 18,20.
[4] Das ἐν in 16,29 ist sehr gut bezeugt, so daß man es nicht mit dem Hinweis auf die jh Gewohnheit einfach weglassen kann.

das ἐκ τοῦ οὐρανοῦ selber für meine Aufstellung; Jh braucht daneben auch einmal ἀπὸ τοῦ οὐρανοῦ, und zwar gerade in der Lebensbrotrede (6,38) mitten in der Umwelt jener 8 Fälle mit ἐκ und in der gleichen Verbindung mit καταβαίνω wie in 5 von diesen 8 Fällen. Nun ist aber zudem das ἐξ οὐρανοῦ in 6,58 nicht einmal die einzige Ausnahme, die der Vf des Ev von seiner Gewohnheit macht : auch in 1,32 kommt es vor. Freilich ist es nicht ausgeschlossen, daß hier, wie Schweizer annimmt [1], Lk 3,22 einen Einfluß ausübte ; aber die Stelle zeigt doch, daß für das geschulte Ohr unseres Vf die artikellose Verbindung ἐξ οὐρανοῦ nicht unerträglich war, umso mehr, als er sich, wie der Vergleich ergibt, wohl nur gedächtnismäßig an die lukanische Überlieferung anlehnte.

Auch das οἱ πατέρες in Vers 58 weist nach Schweizer [2] und J. [3] einen Mangel auf, der seine Unechtheit kennzeichnen soll ; ausgenommen hier und 7,22 fügt nämlich das vierte Ev dem οἱ πατέρες (oder einem ὁ πατήρ), wenn damit die jüdischen Vorfahren gemeint sind, immer ἡμῶν oder ὑμῶν an (siebenmal [4]). Auch da gilt, was für ἐξ οὐρανοῦ galt. Es ist ganz gut möglich, daß der Vf einmal eine Ausnahme machte und οἱ πατέρες ohne ergänzendes Fürwort schrieb ; ein Nachahmer hätte das vielleicht gar nicht gewagt. In 7,22 ist freilich das οἱ πατέρες natürlich, weil Jesus dort nicht Abstand nimmt von der jüdischen Überlieferung [5]. Dieser Vers kann also nicht zur Verstärkung meiner Ansicht herangeholt werden. Aber doppelt ungerechtfertigt ist es, wenn J. mit dem οἱ πατέρες in 6,58 zeigen will, daß auch der Klammersatz in 7,22 vom Hg des Ev stamme [6].

Nun läßt sich aber auch noch der wahrscheinliche Grund angeben, warum der Vf des vierten Ev in 6,58 nicht nur οἱ πατέρες *ohne* ὑμῶν, *sondern auch* ἐξ οὐρανοῦ *statt* ἐκ τοῦ οὐρανοῦ *schrieb.* Dieser Vers ist nämlich gerade jener, der die Stelle 6,48-51a *gekürzt wiederholt,* um die eucharistische Rede in die Lebensbrotrede ausmünden und künstlerisch abklingen zu lassen. Ich kann kaum zweifeln, daß *nur des-*

---

[1] AaO 156 Anm 95. [2] Ego Eimi 156.
[3] JhLkr 44. [4] 6.31. 49 ; 8,38 f. 41. 44. 53.
[5] SCHWEIZER aaO 156 Anm 96.
[6] Nach J. ist zunächst das τοῦ Μωϋσέως 7,22 unjh, da sich im Jhev der Artikel vor Μωϋσῆς nur hier finde (JhLkr 39). Aber der Artikel steht auch 9,28 ! Diesen 2 Fällen mit stehen 10 ohne Artikel entgegen (ohne 8,5). Das entspricht schwach dem Verhältnis, in dem bei Jh die Fälle der Eigennamen mit Artikel zu denen ohne Artikel stehen.

wegen der Artikel vor οὐρανοῦ und das ὑμῶν nach οἱ πατέρες fehlt ; eine hervorragende Kunst der Darstellung wird hier sichtbar [1]. Man möge, um urteilen zu können, ob wir das Jh zutrauen dürfen, noch einmal die Stellen 6,40 und 47 ; 15,12 und 17 ; 10,7 und 9a miteinander und mit 6,48-51a. 58 vergleichen.

C. Auswertung des Ergebnisses

Wir stehen am Schluß unserer stilkritischen Untersuchungen zur eucharistischen Rede im engeren Sinn. Zuerst hatten wir die von J. angegebenen Stilmerkmale des Hg unseres Ev geprüft und gefunden, daß sie sachlich, eines ausgenommen, in Jh 21,24 nicht grundgelegt und deswegen zur Aufspürung von Einlagen des Hg im Ev untauglich sind. Es gelang jedoch, nachzuweisen, daß sie, jene Ausnahme abgerechnet, als Zeichen der jh Vfschaft, wenn auch nicht als solche erster Güte, gewertet werden dürfen. Sie konnten also die Verse Jh 6,51b-58 nicht als unjh kennzeichnen, aber ihre Einheit mit dem Ev andeuten. — Jetzt machten wir uns auf die Suche nach andern jh Merkmalen und Zügen des genannten Abschnittes und brachten solche in einer Zahl auf, die jeden klugen Zweifel, er stamme nicht vom Vf des Ev selber, unmöglich macht. Endlich konnten wir auch den wenigen Anhaltspunkten, an die sich die Kritik noch klammerte, die Stützkraft entziehen und so unsern Echtheitsnachweis zum runden Abschluß bringen.

Es bleibt uns die Aufgabe, das gewonnene Ergebnis auszuwerten. Sicher ist in uns im Laufe der Untersuchung die Erkenntnis gereift, daß die eucharistische Rede mit der Rede vom Lebensbrot eine innere Einheit bildet und daß jede nur im Lichte der andern ihre volle Klarheit und ihren letzten Sinn erhält. Wir dürfen, ohne verwegen zu sein, sagen : Jesus hat nach dem Speisungswunder am See Genesareth nur *eine* Rede gehalten [2], die vom Lebensbrot. Dieses Lebensbrot ist *er selber*. Der geistige Mensch kann es sich als Innengut aneignen und so das ewige Leben erwerben, indem er an Jesus glaubt und die eucharistische Speise genießt. Aber der Glaube spielt in dieser Rede zunächst die Rolle eines Toreinganges zur Eucharistie [3], dann die einer seelischen

---

[1] Von daher kann ich auch den Lesarten ἐκ τοῦ οὐρανοῦ und οἱ πατέρες ὑμῶν für Vers 58 nur den Sinn einer Angleichung an die Verse 48-51 zuerkennen. Gleiches Streben verraten die Lesarten τὸ μάννα, ἐν τῇ ἐρήμῳ, καταβαίνων.

[2] So auch GÄCHTER, ZKTh 1935, 439 f ; ebenso BROMBOSZCZ, Einheit 176-180.

[3] Vgl GÄCHTER aaO ; CULLMANN, Gottesdienst 62 ; 67 f.

Kraft, welche das, was Fleisch und Blut Jesu in den Menschen als ontische Wirklichkeit hineintragen, geistig erfassen, erfahren und erleben soll. Jedenfalls zeigt die Steigerung der Rede und das Ineinander-greifen der beiden Teile, daß *der erste ganz auf den zweiten angelegt* ist ; der zweite aber wird wiederum in den ersten zurückgeleitet, damit deutlich werde, daß die Verbindung mit der Person Jesu und das ewige Leben in der Gemeinschaft mit ihr Wirkung und Ziel der eucharistischen Speise ist. Wir müssen also *das erste Redestück im Lichte des zweiten* [1] und *das zweite im Lichte des ersten* lesen. So wird Jesus, wenn er in 6,27 von der Nahrung redet, die ins ewige Leben eindauert, schon die Eucharistie vor Augen haben. Das wird noch stärker nahegelegt durch den Nebensatz : « ... die der *Menschensohn* euch geben *wird.*» Es ist ferner nicht abwegig, Vers 35 so auszulegen, daß Jesus da den Hunger dessen, der gläubig zu ihm kommt, mit dem eucharistischen Brot und seinen Durst mit dem eucharistischen Trank zu stillen gedenkt. Das schließt die früher angeführte Deutung vom Allbrot nicht aus, soll doch das Doppelzeichen der Eucharistie gerade zeigen, daß der in ihr ent-haltene Heiland Erfüllung aller Lebenssehnsüchte ist.

Nachdem wir die Echtheit des Abschnittes 6,51b-58 erkannt haben, dürfen wir nun auch untersuchen, ob nicht der *Einschnitt* zwischen den beiden Stücken der Lebensbrotrede *früher,* nämlich *zwischen den Versen 47 und 48* zu machen sei. Wer die Rede unvoreingenommen liest, wird das eigentlich selbstverständlich finden [2] ; nur derjenige zieht die Verse 48-51a zum Vorausgehenden, der sie noch für den Vf des Ev retten möchte. Eine genauere Prüfung zeigt, daß sie als *Überleitung* und Eingang zum eucharistischen Abschnitt verständlicher sind und einen natürlicheren Zusammenhang ergeben denn als Abschluß des ersten Teiles. Dafür zeugt das von Jesus hier erstmals aufgenommene φαγεῖν aus Vers 31 (das unmöglich übertragen aufgefaßt werden kann) in Verbindung mit dem die Eigenart des ἄρτος erläuternden epexege-tischen ἵνα in Vers 50, ferner das καὶ-δέ in 51b, das den ἄρτος der vorhergehenden Verse aufnimmt und mit der σάρξ Jesu gleichsetzt. Deswegen fällt das Verständnis von 58 als eines Rückeinbaues in den ersten Teil der Rede nicht dahin, da die Verse 48-51b eben selber Wieder-

---

[1] Vgl CULLMANN, Gottesdienst 62-65.
[2] Die Untersuchung GÄCHTERS, ZKTh 1935 zeigt diese Einteilung über-zeugend auf. Vgl auch CULLMANN, Gottesdienst 61 f.

holungen sind (vor allem von 31-35) und diesen Einbau schon voraus-
nehmen. Von hier ergibt sich dann auch noch einmal und deutlicher,
daß der Vers 35 als Parallele zu 48. 50. 51. 58 am natürlichsten im
angegebenen Sinne eucharistisch aufgefaßt wird.

Im Lichte der eucharistischen Rede vom Lebensbrot kann auch
das Speisungswunder, das ihr voraufgeht, nicht nur als Hindeutung
(σημεῖον) auf den Spender göttlichen Lebens verstanden werden ; man
muß es vielmehr als Einstimmung des Volkes auf die Eucharistie nehmen,
wo der eine Leib Jesu und sein Blut genügen sollen, alle Gläubigen
zu nähren und zu tränken.

Die Echtheit der eucharistischen Rede macht es auch unmöglich,
Jh als reinen Pneumatiker gegen das übrige NT auszuspielen. Aus der
Einheit der Lebensbrotrede geht aber anderseits hervor, daß Sakra-
mentalität nicht Ungeistigkeit ist, sondern im Dienste an Christus und
im Dienste am göttlichen Leben aufgeht. Ziel der Eucharistie ist die
Persongemeinschaft mit Jesus.

Eine weitere wichtige Folgerung wird hier sichtbar. Jh *übergeht*,
trotzdem er die Verheißung der Eucharistie erzählt, ihre *Einsetzung*.
Wer nüchtern, sachlich und geschichtlich denkt, kann für diese Tatsache, wenn jene Echtheit der eucharistischen Rede feststeht, nur eine
Erklärung haben. Als Jh schrieb, waren schon drei Ev im Umlauf.
Sie erzählten das Leben Jesu zwar *nicht vollständig*, hielten aber doch
die wichtigsten Ereignisse daraus und die Kernstücke der Lehre Jesu
fest. Diese gebräuchlichen Ev wollte und konnte Jh nicht durch ein
eigenwilliges, neues Ev verdrängen und ersetzen, wohl aber *ergänzen*,
und zwar *in einem höheren Sinne*. Die Synoptiker hatten zunächst
einmal die Wunder Jesu oft weniger als Siegel seiner göttlichen Sendung
denn als Erlösung von den Folgen der Sünde und als Offenbarung der
Güte Gottes und der Menschenfreundlichkeit des Heilandes aufgefaßt
und demgemäß auch seine *apologetische* Wortwirksamkeit eher vernachlässigt ; anderseits hatten sie mehr Jesu Lehre vom christlichen Tugendleben als seine Botschaft von der Erschließung des göttlichen Lebens
durch ihn dargestellt. Jh schrieb nun sein Ev, um diese Botschaft und
die apologetische Tätigkeit Jesu *als solche* auf den Leuchter zu heben.
Anhand der Wunder und Verteidigungsreden Jesu selber wies er nach,
daß dieser trotz der Niedrigkeit seiner Herkunft und seiner Erscheinung

der gottgesandte Messias und Gottessohn und daß in ihm und keinem
andern den Menschen göttliches, ewiges Leben zugänglich geworden sei
(Jh 20,30 f). So sollte das vierte Ev nach der Absicht seines Vf vor
allem Glauben und den Hunger nach lebendiger Gottgemeinschaft mit
Jesus und durch Jesus wecken [1]. Weil nun die Einsetzung der Eucharistie Jh *keine Gelegenheit mehr* bot, diese Absicht in ein neues Licht
zu rücken, nachdem er ihr schon die Verheißung gewidmet hatte, ließ
er jene Heilandstat Jesu einfach weg ; man konnte sie ja in den andern
Ev nachlesen.

Eine meines Erachtens *mögliche Anspielung* auf die eucharistische
Rede und die Einsetzung der Eucharistie ist das Zitat in Jh 13,18. In
einem Aufsatz der « Schweizerischen Kirchenzeitung » [2] versuchte ich
nachzuweisen, daß Jh mit dem hier angeführten Psalmvers sagen wolle,
Judas habe mit den übrigen Aposteln am eucharistischen Mahle teilge-
nommen, oder vielmehr : die Wiedergabe der Worte Jesu durch Jh deute
diese im angegebenen Sinne. Die Hauptpunkte meiner Ausführungen
waren folgende : Es kann gezeigt werden, daß Jh für seine atlichen
Zitate im Ev die Übersetzung der LXX voraussetzt [3]. Nun weist aber
das Zitat in 13,18 gegenüber der LXX eine Änderung auf. Dort lautet
der Text : ὁ ἐσθίων ἄρτους μου . . ., hier : ὁ τρώγων μου τὸν ἄρτον . . .

---

[1] Die angegebene Zielsetzung der zwei Evarten ist an sich zu *schematisch*
gefaßt, *vereinfachend* und *unvollständig*. Es würde aber den Rahmen der vorliegenden Arbeit sprengen, hier auf die außergewöhnlich schwierige Frage dieser
Zielsetzung näher einzugehen. Jedenfalls haben die Synoptiker aus dem ihnen
zur Verfügung stehenden Erlebnis- und Überlieferungsstoff für ihre Darstellung
unter *volkskatechetischen* Gesichtspunkten eine sorgfältige Auswahl getroffen oder
sich an schon vorliegende Muster der katechetisch-missionarischen Unterweisung
angeschlossen. So ist es verständlich, daß sie, was die Lehre Jesu angeht, vor
allem seine *Volkspredigt* von der christlichen *Lebensführung* und vom *kommenden*
Gottesreich der Kirche, des Himmels und der Vollendung, für das jene Lebensführung geeignet macht, in ihre Schriften aufnahmen. Damit tauchten Jesu
Verteidigungsreden vor den Führern des Volkes und seine Botschaft vom jetzt
schon in den Seelen der Gläubigen gegenwärtigen göttlichen Leben in den syn Ev
unter die Oberfläche. Das empfand der Lieblingsjünger Jh, der gerade für diese
Botschaft Jesu und den göttlichen Glanz seiner Verteidigungsreden empfänglich
und aufgeschlossen gewesen war, wohl schon immer als einen Mangel. Umso
mehr mochte er im Kreise von Gefährten und vor seinen Gemeinden auch von
dieser Seite des Lebens und der Lehre Jesu erzählen, bis er endlich, vielleicht
auf Drängen seiner Schüler, sein Ev schrieb.
[2] *Hat Judas beim letzten Abendmahl die Kommunion empfangen ?* 112 (1944)
595 f (unter « Biblische Miszellen »).
[3] Siehe Anm 3 S 263 dsAr.

Durch ein Zurückgehen auf den hebräischen Text ist diese Änderung nicht erklärbar. Das Zitat erhält aber durch sie nach Klang und Satzfluß eine auffallende Ähnlichkeit mit Jh 6,54. 56 : ὁ τρώγων μου τὴν σάρκα (= ὁ ἄρτος ὁ ζῶν : 6,51). Anderseits, und darin ruht die Hauptkraft des Beweises, *kann Jh das Wort* τρώγειν *kaum brauchen, ohne an die Eucharistie zu denken.* Dieses Wort ist nämlich äußerst selten, kommt in der LXX nie, im NT außer dem Jhev nur einmal (Mt 24,38), im Jhev nur in der eucharistischen Rede und in 13,18 vor. Jh wählte es 6,54 und 56, wie oben ausgeführt wurde, um dadurch so wirklichkeitssatt als möglich ausdrücken, daß das Fleisch Jesu nicht im übertragenen Sinne verstanden werden dürfe [1]. Wenn nun Jh das ἐσθίων der LXX in ein τρώγων und ihr ἄρτους in ein ἄρτον mit Artikel verwandelt, so ist es doch naheliegend anzunehmen, *er wolle so deutlich zu verstehen geben, daß Jesus mit seinem Schriftwort die unwürdige Kommunion des Verräters vor Augen hatte.* Der erzielte Gleichklang und Gleichfluß mit 6,54. 56 dürfte das sinnvolle Mittel sein, um den Leser an die eucharistische Rede zu erinneın und so den eucharistischen Zusammenhang wachzurufen. — Jh erzählt 6,60-71, wie sich an dieser Rede die Geister schieden und einige Jünger, unter ihnen der Verräter, nicht glauben wollten. Nur der war aber dann nicht so ehrlich, um sich von Jesus zu lösen und seine eigenen Wege zu gehen. Jesus wußte, daß er ihn verraten würde, und sagte offen heraus, daß einer der Jünger ein Teufel sei. Es mag wohl der Gedanke an die unwürdige Kommunion des Judas gewesen sein, der Jh veranlaßte, gerade im Anschluß an die eucharistische Rede zweimal (64b. 70) den Verrat des Judas zu erwähnen, und der Ausspruch Jesu 6,70 erhält von 13,18 her ein neues Licht.

---

[1] Wenn Schweizer aaO 157 Anm 102 glaubt, τρώγειν brauche in der eucharistischen Rede wie in Mt 24,38 und Jh 13,18 *keine besondere Bedeutung* zu haben, so ist einmal zu sagen, daß es *gerade in Mt 24,38 auch seine eigentliche, besondere Bedeutung* haben kann und haben soll, sonst würde es auch anderswo im *neutralen* Sinn von « essen » gebraucht ; übrigens ist der Zusammenhang deutlich genug. Wenn ferner die euch. Rede echt ist, kann Jh 13,18 jedenfalls nicht für die Möglichkeit einer neutralen Bedeutung angeführt werden.

UIOGD

ERRATUM

Seite 271, 10. Zeile von oben, ersetze «ausdrücken» mit «auszudrücken».

I. VERZEICHNIS DER SCHRIFTSTELLEN

Das Verzeichnis umfaßt alle wichtigeren Stellen, vor allem jene, die kritisch oder exegetisch behandelt sind. Die Tabelle S 208 f wurde übergangen.

1. Altes Testament

2 Makk	11,8	199	Weish	9,4	73
	12,9	199		9	73[2]
Jb	28,1-28	73[2]	Sir	1,1-20	73[3]
Spr	1,20-33	73[2] 74[2] 75[1]		1-30	73[2]
	3,19	73[2]		6,20-22	73[2]
	8,1-4	75[1]		15,7	73[2]
	1-9,6	73[2]		16,24-18,14	73[3]
	22	73		24,1-34	73[2,3]
	9,1-6	75[1]		32 f	73[3]
Weish	7,21	73		32-34	73[2]
	21-8,8	73[2]		32,14-33,19	73[3]
	26	73		39,3	200
	27	73		42,15-43,33	73[3]
	8,3 f	73		51,23-30	73[2] 75[1]
			Bar	3,9-4,4	73[2]

2. Johannesevangelium und Johannesbriefe

a. Zusammenhängende Texte

1,1 f	43 f 69 93 f 97 230 245	1,11 f	79[3]
1-5	65 70 f 82 89-93 95 f	13 f	260[1]
1-18	38 63-97 159[1]	14-18	71-73 83 88 92-94
5-9	27	15-17	173
6-8	27 38 45[5] 63-65 68 f	17 f	52[2]
	71 f 75 78 80-83 86 f	19 f	226[2,6]
	91 93 f 97[1]	19-34	33 f 149-159
6-9	86 f	32-34	226[2,3,5]
6-13	90 93-95 97	35-51	65 102[1] 110-113 137[2]
6-18	89 93		148 217
7 f	201 226[2,8]	45-51	260[1]
9-13	63-65 70 f 74 f 77 f 82	50 f	255[2]
	91[2]		

b. Einzelverse

3. Rest NT

II. AUTORENVERZEICHNIS

III. SACHVERZEICHNIS

a. Deutsch

b. Griechisch

ANHANG

LISTE DER JOHANNEISCHEN STILMERKMALE MIT ALLEN BELEGSTELLEN AUS DEM JOHANNEISCHEN SCHRIFTTUM

VORBEMERKUNGEN

1. Eine solche Liste wurde in diesem Werk schon mehrmals vermißt.

2. Sie entspricht der Reihenfolge der Merkmale, wie sie sich auf den Seiten 203-205 dieses Neudrucks findet.

3. Die Liste verzeichnet alle jh Stellen, die sich im Haupttext der Ausgabe N[26] finden, auch wenn sie dort in eckigen Klammern stehen.

4. Sie läßt hingegen alle Stellen weg, die in der vollständigen Konkordanz zum griechischen Neuen Testament (neu zusammengestellt unter der Leitung von Kurt Aland und erstmals 1983 in Berlin herausgegeben) mit einem Stern hinzugefügt wurden. Dadurch soll die einwandfreie Verwendung der Stilmerkmale für die Nachprüfung der literarischen Einheit des Johannesevangeliums erleichtert werden.

5. Die anhand der genannten Konkordanz durchgeführte Zählung der jh Belegstellen wie auch der entsprechenden Stellen aus dem übrigen Neuen Testament ergab gegenüber den von Eduard Schweizer und in meiner Arbeit – S. 193-203 – angeführten Stellenzahlen mehrmals Änderungen, die im Zahlenspiegel, der jedem Merkmal der vorliegenden Liste zugefügt ist, aufscheinen.

6. Die einzelnen Stilmerkmale setzen die Bestimmungen und Abgrenzungen Eduard Schweizers und meiner Arbeit voraus. Von ihnen hängt die Wahl und Anzahl der Belegstellen wesentlich ab. Mehrere dieser Bestimmungen und Abgrenzungen sind in der Liste, wenn es notwendig schien, auch leicht verändert worden. Das wird an Ort und Stelle in jedem Fall sichtbar gemacht.

7. Einzelne Ergebnisse, die durch die vorgenommene Neuzählung unmittelbar nahegelegt wurden, sind in dieser Liste aufgeführt.

LISTE – BEGRÜNDUNGEN –
BELEGSTELLEN – ERGEBNISSE

1. τότε οὖν

Jh 11,14; 19,1. 16; 20,8
Zahlenspiegel: 4 + 0 / 0

2. οὖν historicum

Dieses Stilmerkmal hat schon manchen Forschern und Auslegern
zu schaffen gemacht. Um eine tragfähige Unterlage zu erhalten,
zählte ich zunächst alle jene Stellen des Jhev, an denen mit über-
wiegender Wahrscheinlichkeit ein οὖν consecutivum im strengen
Sinn vorliegt, das mit «also», «folglich» oder so ähnlich zu übersetzen ist. Ihnen entspricht die große Mehrheit der nichtjh οὖν-
Vorkommen im NT. Anderseits haben die meisten neutestamentlichen Fälle von οὖν, wie sie ausserhalb des jh Schrifttums vorliegen und nicht deutlich folgernd sind, weder im Jhev noch in den
Jhbr eine echte Entsprechung.
Ich untersuchte dann die auffällig zahlreichen οὖν-Vorkommen im
Jhev, die nicht als οὖν consecutiva verstanden werden konnten. Sie
finden sich – mit der Ausnahme 6,62 – nur in erzählenden Texten,
dem erzählerischen Ablauf angehörende Redeeinleitungen eingeschlossen. Alle hier mitgezählten οὖν-Fälle können als οὖν historica
gedeutet werden. Vorsichtiger und zugleich durchsichtiger wären
sie als οὖν narrativa einzustufen. Eine sorgfältige Überprüfung der
Aufgabe dieser οὖν narrativa im jeweiligen Zusammenhang führte
zum Ergebnis, dass fast zwei Drittel davon nicht vor allem die
zeitliche Folge, sondern immer auch eine innere Verknüpfung der
damit verbundenen Aussagen mit dem vorausgehenden Geschehen anzeigen. Alle diese Fälle von οὖν sind, wenn man sie genau
werten will, mit «daraufhin», «darum», «so» oder entsprechend zu
übersetzen. Sie lassen durch ihre Setzung im Zusammenhang
unverkennbar darauf schließen, daß der Erzähler nicht einfach
eine Folge von zeitlichen Abläufen aneinanderreihte, sondern eine
Folge von ursächlich miteinander verknüpften Begebenheiten
schildern wollte, eine Geschichte, deren Lebensfäden dem Hörer
oder Leser sichtbar werden sollten. Diese innere Verknüpfung der
Abläufe, gehört zur Erzählstruktur des vierten Evangeliums, er-

klärt einen Teil seiner dramatischen Wucht und weist auf den gleichen Verfasser hin.

Dieses Ergebnis läßt sich folgendermaßen verdeutlichen:

οὖν consecutivum		übersetzt: also, folglich
οὖν narrativum	historicum	übersetzt: dann, da, nun
	connexivum	übersetzt: daraufhin, deswegen, so (Jh 6,62: nun aber)

a. Fälle von οὖν consecutivum

Jh 1,21. 25. 39; 3,29fin; 4,11; 6,10. 13; 8,36. 38; 9,10b. 11fin. 19fin; 11,17. 41. 53; 12,50; 13,6. 14. 25. 26. 30; 16,18. 22; 18,3. 8. 12. 39; 19,5. 16bis. 24b. 32. 38fin. 40. 42; 20,11; 21,6. 21 3 Jh 8

b. Fälle von οὖν narrativum historicum

Jh 2,22; 3,25; 4,1. 45. 46; 6,5. 11. 19. 24; 7,45; 8,12. 21. 28; 9,18. 20. 24; 10,7. 24; 11,6. 20. 21. 32. 33. 56; 12,1. 9. 21; 13,12. 31; 18,4. 6. 7. 10. 17. 19. 24. 25. 27. 28. 33; 19,6. 8. 20. 23. 30. 31; 20,6. 8. 10. 19. 20fin. 21. 30; 21,5. 9. 15

c. Fälle von οὖν narrativum connexivum

Jh 1,22; 2,18. 20; 4,5. 6. 9. 28. 33. 40. 48. 52bis. 53; 5,10. 18. 19; 6,14. 15. 21. 28. 30bis. 32. 34. 41. 52. 53. 60. 62. 67; 7,3. 6. 11. 15. 16. 25. 28. 30. 33. 35. 40. 43. 47; 8,13. 19. 22. 24. 25. 31. 41. 52. 57. 59; 9,7fin. 8. 10a. 15. 16. 17. 25. 26; 10,39; 11,3. 12. 14. 16. 31. 36. 38. 45. 47. 54; 12,2. 3. 7. 17. 19. 28. 29. 34. 35; 13,24. 27; 16,17; 18,11. 16. 29. 31. 37. 40; 19,1. 10. 13. 21. 24a. 26. 29; 20,2. 3. 25; 21,7bis. 11. 23
Zahlenspiegel für b. (56) und c. (104): 160+0/0

3. ἄν = ἐάν
Jh (5,19a: HS SB); 13,20; 16,23; 20,23a. 23b
Zahlenspiegel: 4(5)+0/0

4. Ἱεροσόλυμα mit Artikel (τά)
Jh 2,23; 5,2; 10,22; 11,18
Zahlenspiegel: 4+0/0

5. ἵνα + ὅτι epexegeticum
in folgenden syntagmatischen Verbindungen:

a. οὗτός ἐστιν ..., ἵνα (ὅτι)

Jh 3,19; 6,19. 39. 40. 50; 17,3

1 Jh 1,5; 3,11; 5,3. 9. 11

2 Jh 6a

b. ἐν τούτῳ ..., ἵνα (ὅτι)

Jh 9,30; 15,8

1 Jh 3,16; 4,9. 10a. 10b. 13 (ὅτι epex. an 2. Stelle). 17

c. ἔχειν ..., ἵνα

Jh 15,13

3 Jh 4

d. gewichtige, leicht erkennbare analoge Fälle,

die der gleichen Denkstruktur einzuordnen sind:

Jh 4,34; 13,35 (ἐάν); 16,19

1 Jh 2,3 (ἐάν); 3,1a; 5,2 (ὅταν)

Zahlenspiegel: 9 (12) + 13 (16) / 0 (2)

Die zwei außerjh Fälle (Lk 1,43; 1 Kr 9,18) sind wenigstens vergleichbar.

6. Asyndeton epicum

Hier führe ich unter a. zunächst die Fälle an, die der Zählung von Schweizer entsprechen. Unter b. führe ich zusätzlich die zahlreichen Fälle an, wo Sätze asyndetisch mit einer finiten Form von ἀποκρίνομαι oder mit der Formel ἀπεκρίθη καὶ εἶπεν oder analog dazu beginnen. Diese asyndetischen Formen und Formeln haben nämlich kaum eine Parallele im übrigen NT und finden sich auch im hellenistischen Schrifttum kaum. Sie bilden damit einen wesentlichen Bestandteil unseres Stilmerkmals. Das ἀπεκρίθη καὶ εἶπεν ist aber aus andern Gründen zudem eine eigene Nummer unserer Liste (16).

a. Jh 1,40. 41. 42. 45. 47; 2,17; 4,6c. 7. 30. 50b; 5,12. 15; 6,23; 7,32. 41; 8,27; 9,9ter. 13. 16c. 35. 40; 10,21. 22b; 11,35. 44; 12,22a. 22b. 29b; 13,22. 23; 16,19; 19,29; 20,18. 26b; 21,2. 3c. 13. 17b

Zahlenspiegel: 40 + 0 / 6

b. Jh 1,26. 48b. 49. 50; 2,19; 3,3. 5. 9. 10. 27; 4,10. 13. 17; 5,7; 6,7. 26. 29. 43. 68. 70; 7,20. 21. 46. 52; 8,14. 19b. 33. 34. 39. 48. 49. 54; 9,3. 11. 27. 30. 34. 36; 10,25. 32. 33. 34; 11,9; 12,30; 13,7.

8b. 26. 36b. 38; 14,23; 16,31; 18,5. 8. 20. 23. 30. 34. 35. 36. 37b;
19,7. 11. 15c. 22; 20,28; 21,5b
Einzige synoptische Parallele ist Mk 12,29.
Zahlenspiegel: 66 + 0 / 1

7. Wiederaufnahme

Jh 1,1; 3,12. 20f. 31. 32f; 5,31f; 6,46; 8,15f. 18; 10,4f. 14f. 38;
12,35f; 13,31; 14,1; 15,2. 4; 16,27f; 18,36
1 Jh 2,19. 24; 3,20f; 2 Jh 1-3. 4-6. 10f
Zahlenspiegel: 19 + 6 / 0

8. Nachgestelltes pron. poss. mit Artikel (ἡ χαρὰ ἡ ἐμή)

Jh 3,29; 5,30bis. (43); 6,38; 7,6bis; 8,16. 17. 31. 37. 43bis. 56;
10,26. 27; 12,26; 14,15. 27; 15,9. 11. 12; 17,13. 17. 24; 18,36qua-
ter
1 Jh 1,3
Zahlenspiegel: 28 (29) + 1 / 0

9. Hauptwort mit Artikel als Attribut verwendet

Jh 2,23; 6,4. 27fin; 7,2; 8,44; 11,13; 13,1; (14,26; 15,26); 18,1.
17
Dazu als einziges syn Beispiel Mk 14,67
Zahlenspiegel: 9 (11) / 1

10. Ungewöhnliche Wörtertrennungen

Jh 4,39; 5,20; 7,12. 38. 44; 10,32; 11,15; 12,11. 18. 37; 17,5;
19,20
Zahlenspiegel: 12 + 0 / 0

11. Ersatz einer Mehrzahl von Personen
durch die Einzahl des Neutrums
Jh 6,37. 39; (10,29); 17,2. 24
Zahlenspiegel: 4 (5) + 0 / 0

12. καθὼς ... καί (= οὕτως)

Jh 6,57; 13,15. 33; 15,9; 17,18; 20,21
1 Jh 2,(6). 18; 4,17
Zahlenspiegel: 6 + 2 (3) / 1

13. οὐ ... ἀλλ᾽ ἵνα (= elliptisch)

Jh 1,8; 9,3; 11,52; 13,18; 14,30f; 15,25
1 Jh 2,19
Einzige außerjh Parallele ist Mk 14,49
Zahlenspiegel: 6 + 1 / 1

14. οὐχ ὅτι ... ἀλλ᾽ ὅτι

Jh 6,26; 12,6
1 Jh (2,21); 4,10
Einzige Parallele ist außerjh 2 Kr 7,9
Zahlenspiegel: 2 + 1 (2) / 1

15. a. ὥρα ἵνα; b. ὥρα ὅτε

a. Jh 12,23; 13,1; 16,2. 32
b. Jh 4,21. 23; 5,25; 16,25
Zahlenspiegel (gemeinsam): 8 + 0 / 0

16. ἀπεκρίϑη καὶ εἶπεν (+ analoge finite Formen)

Dieses Stilmerkmal unterscheidet sich vom Merkmal Nr 6 (Asyndeton epicum b.) dadurch, daß es dem syn sehr häufigen ἀπο-
κριϑεὶς εἶπεν gegenübertritt, das jh nie vorkommt. Zudem werden
unter Nr 16 auch alle nicht asyndetischen Fälle mitgezählt.
Jh 1,48b. 50; 2,18. 19; 3,3. 9. 10. 27; 4,10. 13. 17; 5,19; 6,26. 29.
43; 7,16. 21. 52; 8,14. 39. 48; 9,20. 30. 34. 36; 12,30; 13,7; 14,23;
18,30; 20,28
Außerjh finden sich parallel nur Mk 7,28; Lk 13,15.
Zahlenspiegel: 30 / 2

17. ἐκεῖνος als personaler Singularis,
nicht attributiv gebraucht

Jh 1,8. 18. 33; 2,21; 3,28. 30; 4,25; 5,11. 19. 35. 37. 38. 43. 46. 47;
6,29; 7,11; 8,42. 44; 9,9. 11. 12. 25. 28. 36. 37; 10,1; 11,29; 13,25.
26. 27. 30; 14,21. 26; 15,26; 16,8. 13. 14; 18,17. 25; 19,21. 35;
20,15. 16
1 Jh 2,6; 3,3. 5. 7. 16; 4,17
Zahlenspiegel: 44 + 6 / 11

18. ὥρα mit besitzanzeigendem Fürwort,
persönlich oder sachlich

Jh 2,4; 7,30; 8,20; 13,1; 16. 4. 21
Einzige außerjh Parallele ist Lk 22,53.
Zahlenspiegel: 6 + 0 / 1

19. παρρησίᾳ im Dativ ohne Vorwort und Attribut
Jh 7,13. 26; 10,24; 11,14. 54; 16,25; 18,20
Einziges außerjh Beispiel: Mk 8,32.
Die Kraft dieses Stilmerkmals wird verstärkt durch die zwei
Gegenbeispiele im Jhev: 7,4; 16,29 (ἐν π.) und durch die 4 außerjh
Gegenbeispiele: Apg 2,29: 4,4. 29. 31; Hb 4,16 (μετὰ π., wovon
einmal mit nachfolgendem πάσης Apg 4,29; vgl. 28,31).
Zahlenspiegel: 7 + 0 / 1

20. οὐ μὴ ... εἰς τὸν αἰῶνα
Jh 4,14; 8,51. 52; 10,28; 11,26; 13,8
Außerjh nur 1 Kr 8,13
Zahlenspiegel: 6 + 0 / 1

21. παροιμία = dunkle Gleichnisrede
Jh 10,6; 16,25bis. 29
Das Wort hat in 2 Pt 2,22 einen andern Sinn, gehört also nicht
hierher.
Zahlenspiegel: 4 + 0 / 0

22. σκοτία statt σκότος
Jh 1,5bis; 6,17; 8,12; 12,35bis. 46; 20,1
1 Jh 1,5; 2,8. 9. 11ter
neutestamentlich sonst nur Mt 4,16; 10,27 par Lk 12,3
Zahlenspiegel: 8 + 6 / (1 + 1)

23. λαμβάνω τινά = jemanden persönlich «aufnehmen» und so aner-
kennen
Jh 1,12; 5,43bis; (6,21); 13,20 quater; (19,27)
2 Jh 10
Die Kraft dieses Stilmerkmals wird verstärkt durch das jh Gegen-
beispiel Jh 4,45 (δέχομαι) und durch die syn Parallele zu Jh 13,20:
Mt 10,40; vgl auch 18,5 und Gl 4,14b (überall hier δέχομαι).
Zahlenspiegel: 7 (9) + 1 / 0

24. Σίμων Πέτρος
    Jh 1,41; 6,8. 68; 13,6. 9. 24. 36; 18,10. 15. 25; 20,2. 6; 21,2. 3. 7.
    11. 15
    Außerjh nur: Mt 16,16; Mk 3,16; Lk 5,8: 2 Pt 1,1.
    Die Kraft dieses Stilmerkmals wird verstärkt durch die jh Verwen-
    dung der andern Namen für Σίμων Πέτρος: Σίμων (1mal), Κηφᾶς
    (1mal), Σίμων Ἰωάννου (3mal) und Πέτρος (17mal) und durch sein
    seltenes Vorkommen im übrigen NT, wo der Träger des Namens
    häufig nur Σίμων oder Πέτρος oder Κηφᾶς genannt wird.
    Zahlenspiegel: 17 + 0 / 4

25. τίθημι ψυχήν
    Jh 10,11. 15. 17. 18bis; 13,37. 38; 15,13
    1 Jh 3,16bis
    Zahlenspiegel: 8 + 2 / 0

26. μέντοι
    Jh 4,27; 7,13; 12,42; 20,5; 21,4
    Zahlenspiegel: 5 + 0 / 3

27. γύναι als Anrede der Mutter Jesu
    Jh 2,4; 19,26
    Zahlenspiegel: 2 + 0 / 0

28. φανερόω
    personal und rückbezüglich von Christus gebraucht
    Jh 7,4; 21,1a. (1b)
    Gegenbeispiele: Jh 21,14; 1 Jh (1,2bis); 2,28; 3,2b. 8; Kl 3,4; 1 Tm
    3,16; 1 Pt 1,20; 5,4
    Zahlenspiegel: 2 (3) + 0 / 0

29. μεταβαίνω = aus der Todeswelt in Gottes Welt umsiedeln
    Jh 5,24; 13,1
    1 Jh 3,14
    Zahlenspiegel: 2 + 1 / 0

30. μαρτυρέω περί τινος (personal)
    Jh 1,7. 8. 15; 2,25; 5,31. 32bis. 36. 37. 39; 7,7; 8,13. 14. 18bis;
    10,25; 15,26
    1 Jh 5,9. 10
    Zahlenspiegel: 17 + 2 / 0

31. ἀπ' ἐμαυτοῦ + ἀφ' ἑαυτοῦ

Jh 5,19. 30; 7,17. 18. 28; 8,28. 42; 10,18; 11,51; 14,10; 15,4; 16,13

An diesen Stellen ist von der Vollmacht die Rede, die Jesus von Gott her hat, oder von einem Ursprung des Handelns und Redens aus göttlicher Eingebung. Wer nicht von Gott ermächtigt über Dinge urteilt oder redet, die nur Gott oder Gottes Gesandten und Sprechern zustehen, handelt aus Eigennutz oder sucht seinen eigenen Ruhm. Gegenbeispiele zu den jh Stellen sind Lk 12,57; 21,30; sie zielen auf das dem Menschen zustehende oder von ihm verlangte Urteilen. Anders als an unsern Stellen auch Jh 18,34. Vergleichbar mit dem jh Gesichtspunkt ist nur 2 Kr 3,5. Zahlenspiegel: 12 + 0 / 1

32. (ἐν) τῇ ἐσχάτῃ ἡμέρᾳ

Jh 6,39. 40. 44. 54; 7,37; 11,24; 12,48
Zahlenspiegel: 7 + 0 / 0

33. οὐ ... πώποτε

Jh 1,18; 5,37; 6,35; 8,33
1 Jh 4,12
Außerjh nur Lk 19,30
Zahlenspiegel: 4 + 1 / 1

34. μικρός von der Zeit gesagt

Jh 7,33; 12,35; 13,33; 14,19; 16,16bis = 17bis = 19bis. 18
Außerjh Mt 26,73 par Mk 14,70; Hb 10,37; OffJh 6,11; 20,3
Zahlenspiegel: 7 + 0 / (0 + 1) + 3

35. ἀνθρακιά

Jh 18,18; 21,9
Die Gegenbeispiele Mk 14,54; Lk 22,55f erhöhen das Gewicht des Merkmals
Zahlenspiegel: 2 + 0 / 0

36. ἐκ τούτου (von da an)

Jh 6,66; 19,12
Zahlenspiegel: 2 + 0 / 0

37. πάλιν + δεύτερον

Jh 4,54; 21,16

4,54 ist das πάλιν δεύτερον vermutlich wie 21,16 adverbial gebraucht; es handelt sich um eine dem Verfasser geläufige Prägung.
Die formalen Gegenbeispiele Mt 26,42; Apg 10,15 verstärken die
unterscheidende Kraft der jh Wendung.
Zahlenspiegel: 2+0/0

38. ἕλκω (ἑλκύω)
    Jh 6,44; 12,32; 18,10; 21,6. 11
    Zahlenspiegel: 5+0/3

39. ὀψάριον = jh Tauschwort für ἰχθύς
    Jh 6,9. 11; 21,9. 10. 13
    Jh 21,8-10 zeigt durch die unterschiedslose Verwendung von ἰχθύς
    und ὀψάριον für die eben gefangenen Fische, die im Netz zappeln,
    daß ὀψάριον für den Erzähler nur ein Tauschwort für ἰχθύς ist.
    Zahlenspiegel: 5+0/0

40. ἀμὴν ἀμήν
    Jh 1,51; 3,3. 5. 11; 5,19. 24. 25; 6,26. 32. 47. 53; 8,34. 51. 58; 10,1.
    7; 12,24; 13,16. 20. 21. 38; 14,12; 16,20. 23; 21,18
    Zahlenspiegel: 25+0/0

41. a. ὑπάγω – b. πορεύομαι – c. ἀπέρχομαι – d. ἀφίημι
    Alle 4 Ausdrücke bedeuten: durch den Tod aus dieser Welt schei-
    den, um ins Jenseits Gottes einzugehen.

    a. Jh 7,33; 8,14bis. 21bis. 22; 13,3. 33. 36bis; 14,4. 5. 28; 16,5bis.
       10. 17
       Außerjh nur Mt 26,24 par Mk 14,21.
       Zahlenspiegel: 17+0/(0+1)

    b. Jh 7,35; 14,2. 3. 12. 28; 16,7. 28
       Außerjh Lk 22,22
       Zahlenspiegel: 7+0/1

    c. Jh 16,7bis
       Zahlenspiegel: 2+0/0

    d. Jh 16,28
       Zahlenspiegel: 1+0/0
       Gesamtzahlen: 27+0/(1+1)

42. πιστεύω εἲς τινα

Jh 1,(12); 2,11. (23); 3,16. 18. (18c). 36; 4,39; 6,29. 35. 40; 7,5. 31.
38. 39. 48; 8,30; 9,35. 36; 10,42; 11,25. 26. 45. 48; 12,11. (36). 37.
42. 44bis. 46; 14,1bis. 12; 16,9; 17,20
1 Jh 5,10. (13)
Alle Stellen in Klammern entsprechen letztlich den Stellen mit
dem personalen εἲς τινα.
Zahlenspiegel: 32 (36) + 1 (2) / (0 + 1) + 7

43. μετὰ τοῦτο

Jh 2,12; 11,7. 11; 19,28
8 jh Gegenbeispiele mit μετὰ ταῦτα verstärken die Kraft des Merkmals erheblich. Außerjh Parallelen: Hb 9,27; OffJh 7,1.
Zahlenspiegel: 4 + 0 / 2

44. a. οὐ (μη) ... ἐὰν μή
    b. οὐ (μὴ) ... εἰ μή

a. Jh 3,2. 3. 5. 27; 4,48; 5,19; 6,44. 53. 65; 7,51; 12,47; 13,8;
   15,4bis; 16,7; 20,25
   Zahlenspiegel: 16 + 0 / 15 (19)

b. Jh 3,13; 6,22. 46; 9,33; 10,10; 13,10; 14,6; 15,22. 24; 17,12;
   18,30; 19,11. 15
   Zahlenspiegel: 13 + 0 / (18 + 10) + 26

   Wenn man die angegebenen Zahlen mit der Größe der einschlägigen neutestamentlichen Schriften vergleicht, ergibt sich
   für a. ein Verhältnis der Verteilung auf das Jhev und auf die
   außerjh Schriften von 130:19 = 6,84, für b. ein entsprechendes
   Verhältnis von 105:54 = 1,94. Das Verhältnis von a. für das
   Stilkennzeichen οὐ(μὴ) ... ἐὰν μή ist also noch aussagekräftig und
   für die Nachprüfung der literarischen Einheit des Jhev brauchbar, nicht aber das Verhältnis für das Merkmal b. οὐ(μὴ) ... εἰ μή.
   Wir müssen deswegen 44 b. aus unserer Merkmalliste ausscheiden und dürfen nur noch 44a hier aufführen, wenn wir bei einer
   späteren Erweiterung und Verbesserung dieser Liste nicht andere und neue Gesichtspunkte geltend machen können.

45. ἐκ partitivum

Jh 1,16. 24. 35; 3,1; 6,11. 39. 50b. 51b. 60. 66b; 7,19. 31. 40; 9,40; 10,20. 26; 11,19. 45; 12,3fin. 9a. 42; 16,5. 14. 15; 17,12; 18,3bis. 9. 17. 25; 21,2
1 Jh 2,19fin; 4,13; 2 Jh 4
Zahlenspiegel: 31 + 3 / (9 + 5) + 39
Das ergibt, wenn man den Umfang der jh Schriften mit der Größe des übrigen NT vergleicht, ein Verhältnis von 232 : 53 = 4,37, was an dieser Stelle unserer Liste noch brauchbar ist.

46. a. εἶναι ἐκ;   b. γεννηϑῆναι ἐκ
= geprägt sein durch seine Herkunft von oder durch seinen Ursprung aus (gewöhnlich in einem analogen oder übertragenen Sinn)

   a. Jh 3,31bis; 8,23quater. 44. 47bis; 10,26; 15,19bis; 17,14bis. 16bis; 18,36bis. 37fin
   1 Jh 2,16bis. 19ter. 21;3,8. 10. 12; 4,1. 4. 5. 6bis; 5,19; 3 Jh 11
   Zahlenspiegel: 19 + 16 / 1

   Vergleichbar mit den jh Stellen ist Mt 5,37, allenfalls noch Apg 5,38f und vielleicht Lk 12,15fin, aber kaum 1 Kr 12,15bis. 16bis. Das εἶναι ἐκ in diesen Korintherstellen ist m.E. unter Nr 45 als ἐκ partitivum einzureihen. Was 1 Jh 2,19 angeht, so sind alle drei Fälle ἐκ partitiva, gehen aber zugleich auf die Herkunft der abtrünnigen Johanneschristen und ihre Prägung durch die Gemeinde; nach der Auffassung des Briefschreibers war sie nicht echt. Im dritten Fall könnte der Gesichtspunkt des ἐκ partitivum und die Verneinung der früheren Zugehörigkeit der Abtrünnigen zur Gemeinde im Vordergrund stehen.

   b. Jh 1,13; 3,5. 6bis. 8; 8,41
   1 Jh 2,29; 3,9bis; 4,7; 5,1bis. 4. 18bis
   Zahlenspiegel: 6 + 9 / 0
   Gesamtzahlen Nr. 46: 25 + 25 / 1

47. ἐάν (μή) τις ...
Jh 3,3. 5; 6,51; 7,17. 37; 8,51. 52; 9,22. 31; 10,9; 11,9. 10. 57; 12,26bis. 47; 13,20; 14,23; 15,6
1 Jh 2,1. 15; 4,20; 5,16
Zahlenspiegel: 19 + 4 / (3 + 3) + 15

48. ἐντεῦθεν

Jh 2,16; 7,3; 14,31; 18,36; 19,18bis

Zahlenspiegel: 6 + 0 / 4

49. ὥρα ἐν ᾗ

Jh 4,52. 53; 5,28

Zahlenspiegel: 3 + 0 / 0

50. πιάζω

Jh 7,30 32. 44; 8,20; 10,39; 11,57; 21,3. 10

Zahlenspiegel: 8 + 0 / 4

SPRACHE UND STIL
IM JOHANNEISCHEN SCHRIFTTUM
DIE FRAGE IHRER EINHEIT
UND EINHEITLICHKEIT

(Neubearbeitung und deutsche Übersetzung von: Johannine Language and Style. The question of their Unity: BETL, 44, 1977, 125-147).

VORBEMERKUNG

Dem hier als zweiter Anhang angefügten Aufsatz liegt der englische Vortrag zugrunde, den ich am 26. Colloquium Biblicum Lovaniense 1975 gehalten habe. Der Organisator und Vorsitzende dieser Tagung war M. De Jonge. Er hatte mich ersucht, angesichts der damals häufiger zu hörenden Gegenstimmen meine Stellung in der Frage der literarischen Einheit des Jhev öffentlich darzulegen. Der Vortrag erschien, etwas erweitert und vor allem, wie es üblich ist, mit vielen Anmerkungen versehen, im 44. Band der BETL (1977) unter der Überschrift: Johannine Language and Style. The question of their unity. Seine Bedeutung liegt vor allem in der ausführlichen Stellungnahme des Verfassers zur Wiederherstellung der sogenannten Semeia-Quelle. Die Übersetzung ins Deutsche wurde von mir besorgt und erfolgte mehr in der Art einer flüssigen Übertragung. Eine Bearbeitung liegt insofern vor, als ich einige frühere Aussagen etwas weiter ausgeführt und verdeutlicht habe.

I. Die stilkritische Methode Schweizer-Ruckstuhl
Ein kritischer Rückblick

Wer die Geschichte der Johannesforschung im Lauf unseres Jahrhunderts mit Einschluß der letzten Jahrzehnte studiert, kann die Tatsache nicht übersehen, daß die meisten Fachleute in diesem Zeitraum die Überzeugung vertreten haben, das vierte Evangelium vermittle den Eindruck einer sprachlichen und stilistischen Einheit und Ganzheit. Sogar jene Forscher, die im Jhev Quellen und Schichten entdeckt zu haben glaubten, sprachen häufig von diesem Eindruck, den der unbefangene Leser des Evangeliums gewinne. Im übrigen wichen die verschiedenen Vorschläge für Quellen- und Schichtenscheidungen so stark voneinander ab, daß ihre Glaubwürdigkeit empfindlich darunter litt.

Angesichts dieses Sachverhalts wagte Eduard Schweizer 1939 [1] den Versuch, die jh Literarkritik auf eine neue Grundlage zu stellen. Er sammelte 33 jh Stilkennzeichen, die im übrigen Neuen Testament entweder fehlten oder nur selten vorkamen und zugleich so unauffällig und unbedeutend waren, daß sie keinen Anreiz zur Nachahmung ausübten. Daraus ergab sich die Wahrscheinlichkeit, daß jedes dieser Merkmale je einen einzigen Verfasser oder eine einzige Schicht des Evangeliums kennzeichnete. Wenn deswegen zwei oder mehr aus ihnen an einer Stelle des Evangeliums, die von keinem Forscher auf verschiedene Schichten aufgeteilt wurde, gemeinsam vorkamen, durfte man annehmen, daß auch jede andere Stelle des Evangeliums, an denen sie einzeln oder gemeinsam erschienen, vom gleichen Verfasser stammte. Wenn man auf diese Weise mehrere dieser Stilkennzeichen miteinander verknüpfen und allenfalls mehrere voneinander unabhängige Gruppen ermitteln konnte, dann ließ sich das Dasein verschiedener Verfasserschichten des Evangeliums kaum mehr leugnen. Waren aber alle oder sozusagen alle jh Stilmerkmale fest und in verschiedener Weise miteinander vernetzt, dann war die stilistische Einheit des Evangeliums erwiesen. Das aber schien tatsächlich der Fall zu sein [2].

Wie stand es dann aber mit den verschiedenen schon vorgelegten Modellen zur Schichtenscheidung im Jhev? Schweizer prüfte seine Annahme nach, indem er sie auf die Schichtenscheidungen von Spitta, Wendt und Hirsch anwandte. Seine Stilkennzeichen erwiesen sich als ziemlich gleichmäßig über alle von diesen Forschern angenommenen Schichten des vierten Evangeliums verteilt [3]. Dieses Ergebnis zeigte, daß ihre Arbeit einer gesunden Stilkritik kaum standzuhalten vermochte.

Sieben Jahre nach der Veröffentlichung der Dissertation von Schweizer wurde meine Doktoratsthese zur literarischen Einheit des

---

[1] Ego Emi. Die religionsgeschichtliche Herkunft und theologische Bedeutung der johanneischen Bildreden, zugleich ein Beitrag zur Quellenfrage des vierten Evangeliums (FRLANT, NF 38), Göttingen [1]1939, Teil III: Die Frage nach den Quellen des Johannesevangeliums, 82-112.

[2] Siehe Ego Eimi, 100-102. SCHWEIZER machte von Anfang an klar, daß er mit dem Nachweis der literarischen Einheit unseres Evangeliums keineswegs Quellen ausschloß, die Jh verwendet haben könnte; vgl. 87-88. 100. 105-109. So war SCHWEIZER in der Lage, seine Ergebnisse im Satz zusammenzufassen: «Im großen und ganzen ist also das Johannesevangelium ein einheitliches Werk, dessen Verfasser benutztes Material selbständig mit seinem Geist und Stil prägt.» 108-109.

[3] Siehe Ego Emi, 103-107.

Jhev in Freiburg angenommen. 1951 wurde sie veröffentlicht [4]. Ihr erster Teil stellte die Schichtenscheidung von Rudolf Bultmann in diesem Evangelium vor und prüfte sein entsprechendes Vorgehen und dessen Ergebnisse. Der zweite Teil untersuchte, erläuterte und erweiterte Schweizers stilkritisches Vorgehen und wandte es auf die Schichtenscheidungen B. an. Die Liste der jh Stilkennzeichen Schweizers wurde im Zusammenhang entsprechender Vorschläge von Joachim Jeremias und Philippe Menoud auf 50 ausgedehnt [5]. Es schien aber notwendig, sie mit Rücksicht auf ihre Verwendbarkeit zu ordnen und die einzelnen Merkmale in drei Gruppen von absteigendem Gewicht einzuteilen [6]. Es wurde auch ein Unterschied zwischen ihnen und sogenannten Zügen des jh Stils gemacht. Als solche wurden Eigentümlichkeiten der jh Sprache eingestuft, die zur Nachahmung verleiten konnten oder auch in nichtjh Schriften gebräuchlich waren. Sie waren, nachdem die literarische Einheit des Evangeliums anhand unserer Liste nachgewiesen war, verwendbar, um einzelne Stellen und Abschnitte weiter zu überprüfen [7].

Im Blick auf meine Kritik an B. Schichtenscheidungen im Jhev gestehe ich heute gerne, daß ich damals ein junger Kämpfer war und der Ton meiner Sprache gelegentlich recht angriffslustig klang. Seither ist viel Wasser den Rhein hinuntergeflossen, Pluralismus und Ökumenismus sind erstarkt, und ich bin zur Einsicht gekommen, daß B. eine bedeutende Gestalt war, ungeachtet aller Wenn und Aber, die er und sein Werk ausgelöst haben. Dennoch bin ich überzeugt, daß meine Kritik an seiner Stellungnahme zum jh Schrifttum wesentlich richtig war. Wenn man darüber urteilen will, genügt es keineswegs, nur auf meine entsprechenden Tabellen und Zeichnungen und ihre Anwendung auf B. zurückzugreifen [8]. Ebenso wenig genügt es, allgemein klingende Zweifel an der Durchschlagskraft unserer Stilkennzeichen zu äußern. Im ersten Teil meiner Dissertation habe ich B. literarkritische

---

[4] Die literarische Einheit des Johannesevangeliums. Der gegenwärtige Stand der einschlägigen Forschungen (SF, NF 3), Freiburg in der Schweiz 1951.

[5] JEREMIAS J., Johanneische Literarkritik, in: ThBl 20 (1941) 33-46; MENOUD PH., L'évangile de Jean, d'après les recherches récentes (CThAP, 3), Neuchâtel-Paris ²1947, 12-16. Zu diesen Äußerungen siehe im vorliegenden Neudruck meiner Dissertation (vl.ND), 197-205.

[6] Auch SCHWEIZER hatte seine Stilmerkmale mehr oder weniger nach ihrer Beweiskraft angeordnet. Siehe Ego Eimi, 88. Dazu vl.ND, 202-203.

[7] Siehe vl.ND, 185 Anm 2, 188-189.

[8] Siehe vl.ND, 203-216.

Aufstellungen nicht nur gründlich untersucht, sondern auch schlüssig nachgewiesen, daß die Begründung seiner Schichtenscheidungen unzulänglich, ja unhaltbar war.

Was unsere Liste der jh Stilkennzeichen angeht, haben kritische und unkritische Stimmen ihre Natur, ihre Absicht und ihre Verwendbarkeit m.E. mehr als einmal verkannt. Diese Liste wollte nie alle Merkmale und Züge der jh Sprache erfassen. Es ist deswegen unannehmbar, Stellen und Verse des Jhev nur deswegen einer Quelle oder einer zweiten Hand zuzuschreiben, weil sie keines unserer Stilkennzeichen aufweisen. Das wäre ein Kurzschluß, wie Willem Nicol, dessen Äußerungen zur jh Literarkritik später noch erörtert werden, klar erkannt hat [9]. Überdies achtete unsere Liste immer auf den Gesichtspunkt der Nachahmung und Nachahmbarkeit von Stilmerkmalen [10]. Hier geht es letztlich darum, was wahrscheinlich oder unwahrscheinlich ist, und das kann man nicht einfach allgemein entscheiden. Wenn man es für möglich hält, daß irgendein Stilkennzeichen unserer Liste im Einzelfall eben doch nachgeahmt werden konnte, so ist es dennoch kaum vorstellbar, daß eine spätere Hand ein ganzes Bündel unauffälliger und unbedeutender Merkmale der jh Sprache nachgeahmt haben sollte, vor allem wenn es verschiedene Wege und Möglichkeiten gab, sich auszudrücken. Hier wird Wahrscheinlichkeit zu handgerechter Sicherheit. Solche Sicherheit vermittelt auch die Technik der Verknüpfung unserer Stilkennzeichen untereinander im Rahmen des Evangeliums. Wenn man im Zug dieser Verknüpfung allen vorgeschlagenen Schichtenscheidungen und ihren Trennungslinien Rechnung trug, war es fast undenkbar, daß die dennoch miteinander vernetzten jh Stilmerkmale von mehr als einer Hand stammen konnten [11].

Was soll man aber von der Annahme der beiden Neutestamentler Emanuel Hirsch [12] und Ernst Haenchen [13] halten, einige unserer Stilkennzeichen seien nur hellenistische Spracheigentümlichkeiten. Dazu möchte ich vorerst sagen, daß weder Hirsch noch Haenchen diese

[9] NICOL W., The Semeia in the Fourth Gospel. Tradition and Redaction (NT.S, 32), Leiden 1972, 22-27.

[10] Siehe Ego Eimi, 87-88; vl.ND, 183-184. 186. 187. 189-190.

[11] Siehe vl.ND, 183-185. 205-212.

[12] HIRSCH E., Stilkritik und Literaranalyse im vierten Evangelium, in: ZNW 43 (1950-51) 128-143, hier 138.

[13] HAENCHEN E., Aus der Literatur zum Johannesevangelium 1929-1956, in: TR, NF 23 (1955) 295-335, hier 308.

Annahme belegt haben. In 3 von 4 Fällen begnügte sich Haenchen mit einem allgemeinen Hinweis auf Epiktet. Nun hat aber eine Prüfung umfangreicher Texte aus Epiktet ergeben, daß sich zu unserem ἵνα epexegeticum, zu ἐκεῖνος, οὖν historicum und zum asyndeton epicum dort kaum echte Parallelen finden [14]. Zum οὖν historicum und zum asyndeton epicum wird man auch keine erwarten dürfen.

Wie steht es aber mit den außerntlichen Parallelen zu unseren Stilmerkmalen ganz allgemein? Das ist zweifellos ein ernstes Anliegen. Weder Schweizer noch ich konnten seinerzeit die Riesenarbeit eines Vergleichs unserer Stilmerkmale mit allen hellenistischen Texten um die Zeitenwende bis etwa 150 n. Chr. in Angriff nehmen, abgesehen davon, daß für ein solches Unternehmen wenig geeignete Hilfsmittel vorhanden waren (und sind) [15]. Man darf aber auch darauf hinweisen, daß der innerntliche Vergleich sein eigenes Gewicht hat [16]. Außerdem habe ich im Sinn, eine verbesserte und erweiterte Liste der jh Stilmerkmale zu erarbeiten, wo auch neuere Anregungen und Vorschläge wie jene von ROBERT FORTNA [17] und WILLEM NICOL aufgenommen werden sollen.

Auf dem Feld der jh Forschung wurde zur Zeit, als meine Doktorarbeit entstand, vor allem literarkritisch und religionsgeschichtlich gearbeitet. Viele Fachleute vertraten zudem die Auffassung, Formgeschichte und Überlieferungsgeschichte seien nur für die synoptische Forschung einsetzbar, nicht aber für die Arbeit am Jhev. B. setzte voraus, der vierte Evangelist wie auch der kirchliche Herausgeber seines Werkes hätten den ihnen vorliegenden Stoff im Sinn ihrer Anliegen und Zielsetzungen überarbeitet. Die neue Sicht der redaktionsgeschichtlichen Forschung war aber, als er seinen Johanneskommentar schrieb, noch nicht entwickelt worden. Unter diesen Voraussetzungen entstand meine Untersuchung. Ich verneinte aber nie die Möglichkeit, daß der vierte Evangelist den Kern seiner Erzählungen und Reden aus

---

[14] Die oben erwähnte Untersuchung erstreckte sich auch auf folgende Nummern unserer Liste: 3. ἄν = ἐάν; 5. ἵνα epexegeticum; 7. Wiederaufnahme; 10. ungewöhnliche Wörtertrennungen; 12. καθώς ... καί; 22. σκοτία statt σκότος. In einer Reihe von Kapiteln in verschiedenen Teilen von Epiktet fanden sich keine Vorkommen der angegebenen Stilkennzeichen außer für ἄν = ἐάν, das dort eher häufig vorkam.

[15] In seinem stilkritischen Teil verweist SCHWEIZER immerhin mehrmals auf nicht-neutestamentliche hellenistische Schriften.

[16] Siehe vl.ND, 190-191.

[17] FORTNA R., The Gospel of Signs. A Reconstruction of the Narrative Source Underlying the Fourth Gospel (SNTS MS, 11), Cambridge 1970.

Quellen oder mündlichen Überlieferungen geschöpft haben könnte; nur stand diese Möglichkeit nicht im Vordergrund meiner Überlegungen. Dies wird der Grund für die mißverständliche und etwas unglückliche Formulierung zweier Feststellungen gewesen sein, die sich in einer Zusammenfassung am Ende des zweiten Hauptteils meiner Arbeit finden: «4. Die Aporien des Evangeliums im Aufbau und in der Gedankenführung rechtfertigen die Annahme, daß dieses aus mehreren Händen hervorgegangen sei, keineswegs... 6. An schriftliche Quellen wird man angesichts der stilistischen Einheit des Evangeliums und der Widerlegung aller bisherigen Aufteilungen kaum mehr denken[18]».

Die Aussage über die jh Aporien mag zu vorsichtig gewesen sein. Ich würde aber immer noch annehmen, daß Forscher, die es mit Aporien zu tun haben, geneigt sind, zu stark mit Vermutungen zu arbeiten. Zweifellos gibt es im Jhev Aporien. Sie können auf einen Mangel an gedanklicher Verarbeitung und Geschlossenheit eines einzigen Verfassers zurückgehen. Es ist aber durchaus möglich, daß sie auf die Arbeit verschiedener Hände oder auf die ungenügende Verarbeitung abweichender Überlieferungen hinweisen.

Zweifellos wollte ich damals abraten, aus dem vierten Evangelium Quellen herauszulösen und wiederherzustellen. Man möge aber in der Zusammenfassung, aus der die vorhin angeführten Sätze stammen, die Nummern 8 und 9 nachlesen. Dort faßte ich im Blick auf die jh Erzählungen, die syn mehr oder weniger parallel laufen, die Möglichkeit ins Auge, daß der vierte Evangelist hier entweder von der Erinnerung an gelesene oder gehörte syn Abschnitte mitbestimmt oder von der mündlichen, aber mehr oder weniger geprägten Urkatechese abhängig sei[19]. Ähnlich könnte man sich die Abhängigkeit des Evangelisten etwa in 5,1-16 denken. Der Grund für ein solches Modell war für mich die wahrscheinliche Abhängigkeit des Evangelisten von überliefertem Erzählstoff einerseits und ihre mehr oder weniger dichte jh Prägung anderseits[20].

---

[18] Siehe vl.ND, 218–219, besonders Nr 4 und 6.
[19] Vgl die synoptikerähnlichen Abschnitte Jh 2,13-19; 4,46-54; 12,1-8. 12-15. Siehe dazu vl.ND, 217-218. 219 Nr 8 und 9.
[20] Siehe vl.ND, 219 Nr 9.

II. Die Zeichenquelle heute

An dieser Stelle möchte ich die zwei wichtigsten Veröffentlichungen zur sogenannten Semeia-Quelle oder Zeichenquelle in den letzten Jahren untersuchen. Die Monographie von ROBERT FORTNA, The Gospel of Signs, erschien 1970 [21], die Dissertation von WILLEM NICOL, The Semeia in the Fourth Gospel, 1972 [22]. Beide Verfasser setzten sich kritisch mit meiner Dissertation auseinander.

A. Das Zeichen-Evangelium nach ROBERT FORTNA

Allgemeiner Überblick

Schon der Titel des Buches weist auf den Brennpunkt des Denkens und der Aussage des Verfassers. Er suchte nachzuweisen, daß der vierte Evangelist eine vorjh Quelle verwendet hatte, die nicht nur Geschichten von Wundern Jesu, sondern noch eine Menge anderer Stoffe enthielt. Sie begann, so FORTNA, mit einer Schilderung des Wirkens Johannes des Täufers, berichtete die Berufung der ersten Jünger, erzählte verschiedene «Zeichen» Jesu und endete mit der Geschichte des Leidens und der Auferstehung Jesu. Sie war also ein eigentliches Evangelium, das der Evangelist als Grundlage seines eigenen Werkes übernahm [23].

FORTNAS Buch hat einen Untertitel: A Reconstruction of the Narrative Underlying the Fourth Gospel; er nennt die Absicht des Verfassers. Er wollte die Urkunde wiederherstellen, die der Evangelist dem Aufbau seines Werkes zugrunde legte. Als Abschluß der genauen Zergliederung und Prüfung jedes Abschnittes, wo der Evangelist Stoff aus seiner Quelle verwendet haben könnte, sammelte FORTNA alle Wendungen und Sätze, die seiner Meinung nach aus dem Zeichen-Evangelium stammten. So war er imstande, am Ende seiner Monographie dem Leser den Text dieser Quelle vorzulegen, soweit sie von ihm aus dem jh Erzählgut herausgelöst werden konnte.

---

[21] Siehe Anm 17 hier.
[22] Siehe Anm 9 hier.
[23] Siehe FORTNA, 221-223.

Wie kam FORTNA zu diesem Endergebnis? In der Einleitung seines
Buches stellte er den Weg zu diesem Ziel selbst dar. Er unterschied drei
Arten von Kriterien, um vorjh von jh Elementen des Evangeliums zu
sondern: ideologische, stilistische und mit dem Textzusammenhang
verknüpfte [24]. Die ideologischen hatten für FORTNA weniger Gewicht
als die beiden anderen Kriterien [25]. Die wichtigsten waren für ihn die
aus dem Textzusammenhang ersichtlichen, nämlich vor allem die Aporien der jh Erzählungen. Sooft er solche entdeckte, glaubte er einen
Schlüssel für Aufbau und Gestaltung einer Stelle durch verschiedene
Hände gefunden zu haben. Die Aporien waren seine Wegweiser für die
Aussonderung des vorjh Erzählstoffes. Auf diesem Weg horchte
FORTNA Schritt für Schritt auf den besonderen Klang, die jh Prägung
einzelner Worte, Wendungen und Sätze – hier machte er sogar
Gebrauch von unseren Stilkennzeichen –, alles, um jh Elemente aus
seinem Zeichen-Evangelium auszusondern. Indem so nach und nach
der vorjh Stoff Gestalt annahm, wurden auch seine stilistischen Züge
sichtbar, was den Wiederaufbau des Zeichen-Evangeliums wesentlich
erleichterte. FORTNA anerkannte aber, daß viele Einzelheiten dieser
Untersuchung nicht mit Sicherheit festgestellt werden konnten. Dennoch war er am Ende voll Zuversicht, daß seine kritische Arbeit zu
einer gelungenen und gültigen Wiederherstellung der gesuchten vorjh
Quelle geführt hatte [26].

Der logische Zirkel

Wir sehen somit, daß stilistische Kriterien zusammen mit den
Aporien für FORTNA eine entscheidende Rolle in der Zergliederung der
jh Erzählungen spielten. Sie halfen ihm, den vorjh Quellenstoff von der
jh Bearbeitung zu scheiden. Stilistische Kriterien wurden aber auch
noch gebraucht, nachdem der vorjh Stoff ausgesondert war. Die wiederhergestellte Quelle wurde von FORTNA als solche nochmals einer
stilkritischen Prüfung unterworfen, nämlich einem Test aufgrund der
Stilkennzeichen der Liste SCHWEIZER-RUCKSTUHL. War das aber nicht
ein falscher Kreisschluß, so fragte sich FORTNA selbst, wenn er die
Zeichenquelle wiederherstellte, indem er einerseits jh geprägte Wen-

---

[24] Siehe FORTNA, 15-22.
[25] Siehe FORTNA, 16-17.
[26] Der ganze Arbeitsgang, den FORTNA durchläuft, um seine Zeichenquelle wiederherzustellen, umfaßt die Teile 1-3 seines Buches, 29-202.

dungen und Sätze aus dem vierten Ev ausschied und andersteils das Ergebnis, die wiedererstandene Zeichenquelle, nochmals anhand unserer Stilkennzeichen überprüfte [27]? Diesen Kreisvorgang müssen wir uns jetzt noch etwas genauer ansehen.

1. FORTNA schied also ganze Sätze, Verse, Zusammenhänge aus seinem Quellenstoff aus, wenn sie sich für ihn als jh Deutungen herangeholter Vorlagen entpuppten, und (oder) wenn sie jh Schlüsselvorstellungen und Schlüsselprägungen enthielten. Analog zu diesem Vorgehen hatten auch schon andere Quellenforscher auf dem Gebiet der Bibelwissenschaft gearbeitet.

2. FORTNA sammelte für seine Quelle jene Verse, Halbverse, Sätze und Wendungen, die mit dem allgemeinen Gepräge, den Umrissen und der Erzähltechnik der Zeichenquelle übereinstimmten, soweit sie für ihn schon erkennbar geworden waren. Wenn er in diesen Stellen und Fällen jh Stilkennzeichen fand, nahm er nicht selten an, sie seien jh Übermalungen seiner Quelle und schied sie aus ihrem wiederhergestellten Text aus oder klammerte sie wenigstens ein. In anderen Fällen ließ er solche Johannismen stehen, um sie dann im Augenblick seiner kritischen Schlußprüfung des wiedergewonnenen Quellentextes unter die Lupe zu nehmen. Auf diese Weise scheint FORTNA sich einem falschen Kreisschluß entzogen zu haben.

Das Zeichen-Evangelium (SQ) FORTNAS im Licht der jh Stilmerkmale

SCHWEIZER hatte im stilkritischen Teil seiner Dissertation die Schichtenscheidungen von SPITTA, WENDT und HIRSCH geprüft. Er fand, daß in den von ihnen angenommenen Quellenschichten mindestens je 27 seiner 33 Stilmerkmale (= 81%) vorkamen [28]. Die von mir allein dem Test unserer 50 Stilkennzeichen unterworfene Semeiaquelle B. weist aber nach FORTNA nur 18 davon auf, und die andere Erzählungsschicht, die er als Quelle ausscheidet, zeigt ein analoges Verhältnis. Das gleiche Verhältnis ergibt sich aber auch für das Zeichen-Evangelium FORTNAS: 32 unserer Stilmerkmale fehlen dort. Das Gewicht dieser Feststellung bleibt jedoch in der Schwebe, wenn man nicht zugleich klarmacht, dass von diesen in FORTNAS SQ fehlenden Stilkennzeichen unserer Liste 15 ihrer Natur nach nur in Redestücken

---

[27] Siehe FORTNA, 203-218; dazu auch 17-19. 205; ferner NICOL, aaO, 14.
[28] Siehe FORTNA, 204-208.

vorkommen können und vorkommen; weitere 9 dieser in SQ abwesenden Merkmale finden sich nur ausnahmsweise im jh Erzählgut [29]. Es bleiben dann 8 Stilmerkmale, die sicher zum allgemeinen jh Erzählgut gehören, sich aber, wie es scheint, in SQ nicht finden. Eine Überprüfung ergibt aber doch noch den Fall einer ungewöhnlichen Wörtertrennung in SQ (Nr. 10 unserer Liste), nämlich Jh 9,6 [30]. Somit bleiben von 26 Stilmerkmalen (50 weniger 15 weniger 9), die das jh Erzählgut auszeichnen, nur 7, die in SQ fehlen. 19 von 26, das heißt 73,2%, sind SQ und dem übrigen jh Erzählgut gemeinsam.

Aber unsere Aufgabe ist noch nicht zu Ende. FORTNA versucht jetzt die stilkritische Methode SCHWEIZER-RUCKSTUHL möglichst zu schwächen, um seine eigene Stellung zu stärken [31]. Er unternimmt, um dieses Ziel zu erreichen, drei Schritte: 1. Er versucht, einige unserer Stilmerkmale genauer zu umschreiben, indem er sie in zwei oder mehr Gruppen unterteilt. Dadurch gewinnt er mehr Fälle, in denen gewisse Merkmale ausschließlich in SQ oder in Jh-SQ (= Jh minus SQ) vorkommen. 2. Er gibt Gründe an, die 6 unserer Stilmerkmale, die in SQ wie auch in Jh-SQ vorkommen, abwerten, und streicht sie von unserer Liste. 3. Die noch verbleibenden 9 Stilmerkmale, die in diesen beiden genannten Schichten vorkommen, entwertet er ebenfalls, indem er annimmt, der Evangelist habe entweder den Stil seiner Quelle nachgeahmt oder diese Merkmale im Zug seiner Bearbeitung in den Quellenstoff eingeschleust. – Das Ergebnis dieses Dreierschrittes ist folgendes: FORTNA nimmt an, er habe 4 Stilmerkmale gefunden, die nur seine Quelle auszeichnen. Ferner unterscheidet er im vierten Evangelium zwei Schichten, deren Verfasser ursprünglich ihren eigenen Stil hatten, die aber gelegentlich aufeinander einwirkten, als dieses Evangelium seine Endgestalt erhielt. Endlich wird der Wert der Liste unserer Stilmerkmale und ihrer Ergebnisse weitgehend in Frage gestellt.

---

[29] FORTNA hat, wie er 207 andeutet, selbst erkannt, daß hier eine Schwierigkeit liegt. Ich zähle nun nach der Liste FORTNAS, 206-207, die der Liste SCHWEIZER-RUCKSTUHL entspricht, alle jene 15 Nummern, die nur in jh Redestücken vorkommen, auf, und in Klammern jene 9 Nummern, die sich nur ausnahmsweise im jh Erzählgut finden: 3, 5, 7, 8, 11, 12, (13), 14, (15), 20, (21), 23, 25, 27, (30), (31), (32), 33, 34, (40), (41), 44, 46, (47).

[30] Siehe vl.ND, 196-197.

[31] Siehe FORTNA, 208-214.

Doch prüfen wir jetzt eingehend die Richtigkeit des angezeigten Dreierschrittes

1. Der Versuch, durch die Unterteilung einzelner unserer Stilmerkmale Kriterien für die Unterscheidung zweier Stile im Jhev, nämlich in dessen Erzählungsgut, zu finden, ist kaum gelungen, obschon
FORTNA da und dort eine Verbesserung unserer Liste erreicht hat.
Unter den 7 Merkmalen, die er aus 3 geschaffen hat, kann ich nur 4
anerkennen, und nur 1 von ihnen kommt ausschließlich in SQ
vor [32].

2. Noch weniger ist FORTNAS Abwertung und Verwerfung von 6
Merkmalen unserer Liste annehmbar [33]. Unter ihnen ist der Fall des
nicht attributiven und nicht wiederaufnehmenden ἐκεῖνος aus der
ersten Gruppe unserer Liste (Nr 17) zu nennen. Es erscheint 50mal in
Jh und den Jhbr, das heißt aber 35mal häufiger als im übrigen NT [34]. In
FORTNAS SQ kommt es 5mal vor. Aber er wertet es ab, weil es sich, wie
er sagt, mühelos durch den Evangelisten in den vorjh Stoff einschleu-
sen ließ. Aber das ist kaum der Fall. Jedermann, der die 5 Beispiele
prüft, wird sehen, daß verschiedene andere Möglichkeiten zur Hand
waren, die unser Evangelist ebenso gut ergreifen konnte [35]. Die Wahrscheinlichkeit, daß er ἐκεῖνος wählte, ist daher gering.

[32] Die Unterteilung von Nr 38 unserer Liste durch FORTNA, 208f in ein metapho-
risches und ein wörtliches ἑλκύω kann ich nicht anerkennen, weil dessen Unterscheidungskraft in seiner Form ἑλκύω gegenüber ἕλκω liegt. In ähnlicher Weise sind ὀψάριον
wie auch ὀψάρια jh Tauschformen für ἰχθύς und als solche ein einziges Stilmerkmal.
Zudem ist ὀψάριον in 21,9 und 13 kaum kollektiv aufzufassen, da ihm die ὀψάρια
gegenübersteht, die Petrus in 21,10f auf das Geheiß Jesu ans Ufer schleppt, und weil es
sehr wahrscheinlich auf Jesus zu deuten ist. Vgl E. RUCKSTUHL, Zur Aussage und Botschaft von Johannes 21, in: R. SCHNACKENBURG – J. ERNST – J. WANKE (Hgg), Die Kirche
des Anfangs (= FS H. Schürmann ETS, 38), Leipzig 1977, 339-363, hier 346-349.
Die Aufteilung des ἐκ partitivum (Nr 45) in 45a (τις ἐκ) und 45c (= gemacht aus),
kann ich irgendwie annehmen. 45a kommt aber in SQ nicht vor, während 45c allerdings
kein ἐκ partitivum darstellt. 45b (Nomen + ἐκ) lehne ich als Stilmerkmal von SQ ab. Die
Vorkommen, die FORTNA, 209 Anm 10 anführt, sind stilistisch ungleichartig und auch
sonst fragwürdig. Jh 3,1 gehört nicht zu SQ, sondern zum jh Erzählungsgut – SQ; auch ist
das Nomen ἄνθρωπος (+ ἐκ) nur die semitisierende Vorform für das hellenistische τις ἐκ.
4,7 hat mit einem ἐκ partitivum nichts zu tun; 18,43(bis) ist ebenfalls nicht partitiv,
obschon FORTNA dies voraussetzt. 6, (11). 13 genügen kaum, um miteinander einen
eigenen Zug darzustellen, der SQ auszeichnen würde. Siehe zu diesen Stellen auch den
Haupttext zur Überschrift: Der eigene Stil der Zeichenquelle, unter 3g, 322f.

[33] Siehe FORTNA, 210–211.

[34] Die angegebenen Zahlen stammen von SCHWEIZER, Ego Eimi, 90-91. In der Zahl
von ἐκεῖνος sind alle wiederaufnehmenden Fälle ausgeschlossen, nämlich Jh 1,18. 33;
5,11. (43); 9,37; 10,1; 14,21. 26; 15,26.

[35] Einige dieser Möglichkeiten sind die folgenden: Anstatt in 4,25 einen ὅταν-Satz
zu verwenden, hätte der Evangelist formulieren können: οὗτος (oder αὐτός) ἀναγγελεῖ

Ein weiterer Fall ist Nr 37 unserer Liste, das πάλιν δεύτερον. Es erscheint in Jh nur zweimal. Aber die 2 Beispiele aus dem nichtjh Schrifttum lauten: πάλιν ἐκ δευτέρου. πάλιν δεύτερον ist also gut jh, obschon es in der dritten Gruppe unserer Liste steht.

Ich nenne noch den Fall von ὥρα ἐν ᾗ (Nr 49). FORTNA sagt dazu: It is surely no more than accident that this usage does not appear in the NT, for the analogous expression is found with καιρός, χρόνος and ἡμέρα [36]. Ich staune über diesen Satz. Schwierig ist schon die Annahme, καιρός, χρόνος und ἡμέρα ließen sich ohne weiteres anstelle von ὥρα verwenden. Das ist nicht einmal in Jh der Fall. Nichtjh findet sich im NT nur ἡμέρα mit der entsprechenden Ergänzung, nicht aber καιρός oder χρόνος. Jh aber verwendet keinen dieser drei Ausdrücke analog zu ὥρα ἐν ᾗ, obschon ἡμέρα jh 31mal vorkommt. Überdies gibt es, wie die Konkordanz zeigt, verschiedene andere Möglichkeiten, ὥρα ἐν ᾗ gleichwertig zu ersetzen. Angesichts dieser Tatsachen bin ich jetzt geneigt, ὥρα ἐν ᾗ nicht nur weiterhin in unserer Liste zu führen, sondern es als gleichwertig mit ὥρα ἵνα und ὥρα ὅτε unter Nr 15 in die erste Gruppe einzureihen [37].

3. Ich wende mich nun den 9 jh Stilmerkmalen zu, die in SQ wie in Jh-SQ vorkommen [38]. FORTNA äußert sich dazu, wie schon angedeutet,

---

ἡμῖν ἅπαντα. In 18,17 hätte er sagen können: λέγει oder ἀπεκρίθη, ohne oder mit οὗτος oder ὁ Πέτρος. In 19,15 wäre der Satz möglich gewesen: ἐκραύγασεν οὖν ὁ ὄχλος, in 20,16: ἡ δὲ στραφεῖσα λέγει αὐτῷ, in 18,25: ἠρνήσατο (ὁ Πέτρος) καὶ εἶπεν oder ὁ δὲ ἠρνήσατο καὶ εἶπεν.

[36] Siehe FORTNA, 211.

[37] FORTNA führt noch 3 andere Stilkennzeichen unserer Liste an, die er für unbrauchbar erklärt, weil «the usage is found often enough outside the Johannine writings to account for a few instances in the source» (211). Ich führe sie mit den Zahlen nach dem Schema Jh + Jhbr / übrigens NT / SQ an:

    42. πιστεύω εἰς τινα: 36 + 3 / 8 / 2
    48. ἐντεῦθεν: 5 / 4 / 3
    50. πιάζειν: 8 / 4 / 2

Wenn wir nun den Umfang von Jh+Jhbr und vom Rest NT in Anschlag bringen, ist πιστεύω εἰς τινα 32mal dichter über Jh+Jhbr verteilt als über den Rest NT, ἐντεῦθεν 11mal und πιάζειν 17mal. Mit Rücksicht auf diese Verhältnisse kann ihre Brauchbarkeit als jh Stilkennzeichen nicht in Frage gestellt werden, und ihre Vorkommen weisen noch immer auf die Hand des gleichen Verfassers hin; jedenfalls ist dies wahrscheinlicher als das Gegenteil.

[38] Siehe FORTNA, 211-214. Ich übernehme für die oben folgenden 9 Merkmale die Zahlen von FORTNA nach dem in Anm 37 angegebenen Schema. Die Zahlen zwischen den 2 // können aufgeteilt werden in x + y; x bedeutet dann alle Fälle im Rest des NT, während y die syn Parallelen herausgreift. Zahlen in runden Klammern bedeuten zweifelhafte Fälle, Zahlen in eckigen Klammern nur syn Fälle. Siehe FORTNA, 205 Anm 3.

nur mit der Bemerkung: «Das Vermischen der verbleibenden 9 Stilmerkmale ist in jedem Fall erklärbar als das Ergebnis entweder der Nachahmung des Stils der Quelle durch Jh oder der Bearbeitung seiner Quelle [39].» – Doch schauen wir uns die Fälle näher an.

1. τότε οὖν: 4 / 0 / 2. Dieses Merkmal ist nicht nur, wie FORTNA annimmt, ein Fall des οὖν historicum, sondern ein eigenes Stilkennzeichen; sein auffallender Pleonasmus kann wörtlich nur mit «dann darnach» wiedergegeben werden. Ich kann mir nicht recht vorstellen, daß der Evangelist gerade diese merkwürdige Ausdrucksweise 2mal in seine Quelle eingefügt hätte, da er sie in Jh-SQ auch nur zweimal verwendet, sonst aber 6mal das einfache τότε.

2. οὖν historicum: 146 / 8 / 24(30). «The ease with which it could have been inserted by John in the process of adapting material from his source is obvious», sagt FORTNA (212). Diese Annahme ist anfechtbar. Der Evangelist hat nämlich eine Vorliebe für das asyndeton epicum. Ich kann nicht glauben, daß er im Zug der Bearbeitung seiner Quelle ein οὖν eingefügt hätte, wenn er ein asyndeton epicum vor sich hatte, oder daß er ein ursprüngliches καί oder δέ durch οὖν ersetzte, das er ohnehin schon häufig brauchte. Auch καί und δέ liegen ihm doch; sie kommen im vierten Evangelium ebenfalls oft vor.

3. Ἱεροσόλυμα mit Artikel: 3(4) / 0 / 2(3). Fortna tilgt als vermutlich nicht ursprünglich ἐκ τῶν Ἰουδαίων in 11,19 und ersetzt es willkürlich und ungeschickt durch ἐκ τῶν Ἱεροσολύμων, das gerade zuvor in V. 18 (SQ) erwähnt wurde. Es kann nicht als Vorkommen unseres Stilmerkmals gezählt werden. Im übrigen ist es kaum wahrscheinlich, daß Jh den Stil seiner Quelle nachahmte, indem er nur den Artikel zu Ἱεροσόλυμα hinzufügte; denn er braucht Ἱεροσόλυμα artikellos auch 8 oder 9mal und setzt in 2,23 den Artikel wegen des Gewichts und der Genauigkeit seiner Angabe.

6. Die Vorliebe des Evangelisten für das asyndeton epicum wird auch sichtbar an seinen zahlreichen asyndetischen Redeeinleitungen. Man kann der Annahme kaum entgehen, daß der Gebrauch des asyndeton epicum sowohl SQ als auch Jh-SQ auszeichnet. Es handelt sich um ein jh Stilkennzeichen ersten Rangs, das gegen die Ausscheidung und Wiederherstellung einer Zeichenquelle im vierten Evangelium spricht.

[39] Siehe FORTNA, 211.

9. Hauptwort mit Artikel als Attribut verwendet: 8(10)/−/1. «John can simply have inserted the second noun in 18,17.» So FORTNA (213). Aber in 18,17 kommen 3 unserer Stilmerkmale, alle aus der ersten Gruppe (Nr 2; 9; 17), vor. Das ist ein starker Grund gegen die mögliche Einfügung von ἡ ϑυρωρός nach ἡ παιδίσκη in den Stoff von SQ durch den Evangelisten. 18,17 mit seinen 3 jh Stilmerkmalen erster Güte kann nicht als Vers der SQ gerechnet werden.

16. ἀπεκρίϑη καὶ εἶπεν: 30/[2(3)]/5. In SQ kommt dieses jh Stilkennzeichen 5mal vor. FORTNA glaubt, daß «the evangelist has either inserted it there or possibly ... found in the source and himself widely imitated» (213). In einer Fußnote sagt er, das einfache ἀπεκρίϑη habe ohne Schwierigkeiten in das ἀπεκρίϑη καὶ εἶπεν verwandelt werden können [40]. Aber warum hätte der Evangelist das tun sollen, nachdem er das einfache ἀπεκρίϑη oder λέγει ebenso häufig wie den Doppelausdruck brauchte?

24. Σίμων Πέτρος: 17/2(3)/9(10). FORTNA sagt dazu: «This usage in place of Πέτρος alone, is easily imitated; on the other hand, Σίμων could readily be John's insertion.» (213). Wenn man aber die Stellen, wo Σίμων Πέτρος im vierten Evangelium erscheint, prüft, zeigt sich, daß diesem Doppelausdruck im Zusammenhang gewöhnlich ein einfaches Πέτρος folgt oder gelegentlich eines oder mehrere vorausgehen, wie etwa in 20, 1-10 und in 21. Diese Tatsache läßt sich sehr gut erklären als ein stilistischer Austausch zwischen einem gewichtigen und einigen unbetonten Parallelausdrücken, wodurch ein stilistisches Gleichgewicht, eine rhythmische Ausgleichlage entsteht. Das aber widerspricht der willkürlichen Annahme FORTNAS. Der Tatbestand offenbart die spontane Art des gleichen begabten Stilisten.

35. ἀνϑρακιά: 2/0/1. «If not coincidence, the instance in 21,9 may be an imitation of the source at 18,18.» So FORTNA (213).

43. μετὰ τοῦτο: 4/1/1(2). Es gibt keine Gründe gegen die Güte dieses jh Stilkennzeichens.

Am Ende dieser Überprüfung des ersten Teils des stilkritischen Tests, dem FORTNA seine wiederhergestellte Quelle unterzog, weise ich

---

[40] Siehe FORTNA, 213 Anm 5. Die Verwandlung eines einfachen ἀπεκρίϑη (λέγει) in den Doppelausdruck ἀπεκρίϑη καὶ εἶπεν wäre auch deswegen eine heikle Angelegenheit gewesen, weil Jh nach dem einfachen ἀπεκρίϑη wie auch λέγει oft das persönliche Fürwort für den Angesprochenen braucht. Das war eine psychologische Sperre für die Erweiterung der Wendung. Es gibt nur zwei Ausnahmen − 6,26; 7,16 −, beide in SQ nicht vorhanden.

darauf hin, daß ich 81 Vorkommen von rund 21 Stilkennzeichen unserer Liste gezählt habe, die in FORTNAS SQ zu finden sind [41]. Das stellt nur eine geringe Abweichung von der Zahl dar, die er angibt. Die Zahl der Merkmale entspricht einer vernünftigen Erwartung, während die Zahl der Vorkommen recht niedrig erscheint. Wenn man nämlich die Grösse von SQ (Jh-SQ = 3,7mal SQ) und die rund 780 Vorkommen unserer Stilkennzeichen in Anschlag bringt, müßte SQ 166 Fälle aufweisen [42]. Wir werden die Bedeutung dieses Tatbestandes später würdigen.

Die genannte niedrige Zahl der Vorkommen in SQ ist der Grund, warum gemeinsame Vorkommen von 2 oder mehr Stilkennzeichen in SQ nicht häufig sind. Ich konnte deswegen insgesamt nur 8 gemeinsame Vorkommen von 2 und 3 solche von 3 jh Merkmalen feststellen [43]. Auf der Grundlage dieser gemeinsamen Vorkommen war es möglich, 11 von 13 Stilkennzeichen miteinander zu verknüpfen; sie erscheinen in 1 oder 2 Fällen zusammen. Unter diesen 11 Kennzeichen sind 4 aus der ersten Gruppe und 2 aus der zweiten.

Dieses Ergebnis ist an sich nicht sehr bezeichnend. Wir dürfen aber nicht vergessen, daß entsprechend der Verknüpfungstechnik, die ich in meiner Dissertation angewandt habe, die genannten 6 jh Stilkennzeichen der ersten und zweiten Gruppe mit vielen anderen aus diesen Gruppen über das Evangelium hin verknüpft waren. So ergab sich schlüssig, daß sie untrennbar mit dem ganzen vierten Evangelium vernetzt und verwoben sind [44]. Wenn sich diese Tatsache durch den erwähnten Sachverhalt in SQ etwas abgeschwächt darstellt, so ist es doch wichtig zu sehen, daß SQ durch die dort vorkommenden Stilkennzeichen unserer Liste vom übrigen Evangelium nicht abgeschnitten oder ablösbar erscheint. Tatsächlich gibt es dafür keinen ernsthaften Anhaltspunkt.

[41] Es handelt sich um die folgenden Nummern unserer Liste: 1, 2, 4, 6, 9, 10, 16, 17, (22), 24, 35, (36), 37, 38, 39, 42, 43, 45, 48, 49, 50.

[42] Die Verhältnisse ergeben sich aus den runden Zahlen der Wörter in Jh (14 800) und in SQ (3140) = 4,7:1.

[43] 2+49, 4+45, 6+24, 6+43, 6+50, 22+24, 24+39, 38+39, 2+6+17, 2+9+17, 2+24+38.

[44] Siehe vl.ND, 205-212.

Der eigene Stil der Zeichenquelle

Nach seiner Würdigung unserer Liste jh Stilmerkmale und der aus ihr sich ergebenden Folgerungen für seine Wiederherstellung von SQ versucht FORTNA die ihr eigenen Stilkennzeichen und stilistischen Züge aufzufinden[45]. Er hofft, nachweisen zu können, daß sein Zeichen-Evangelium stilistisch nicht neutral erscheint, wie ich mir – so meint er – jede für das vierte Evangelium vermutete Quelle vorstelle[46]. Wieder geht FORTNA hier seinen Weg in drei Schritten: 1. Er verzeichnet mehrere Wörter, die im NT, vor allem aber in den syn Evangelien sehr häufig vorkommen, im Jhev aber nur in SQ. Ihr Stil sei eben «more akin to synoptic style ... in many other ways as well»[47]. 2. Einige wenige Wörter, die im nichtjh NT fehlen oder selten sind, finden sich sonst nur noch in SQ[48]. 3. Eine Reihe von Wendungen und syntaktischen Eigentümlichkeiten, die zwar neutestamentlich nicht in jedem Fall nur in SQ vorkommen, sind doch für die Sprache der Zeichenquelle kennzeichnend und in Jh-SQ entweder selten oder ganz abwesend[49]. Prüfen wir auch diese drei Schritte FORTNAS im einzelnen.

1. Unter den 9 Wörtern von syn Klang, die FORTNA verzeichnet, erscheinen 5 nur je einmal in seiner Quelle. Ihnen kann ich im Zusammenhang eines stilkritischen Tests kaum Gewicht zuerkennen. Er führt aber 4 andere Wörter an, die in SQ je 3mal vorkommen und zudem in den Synoptikern wie im übrigen NT häufig sind.

a. Das Vorwort σύν. Im Jhev stehen 3 Vorkommen von σύν 41 Vorkommen von μετά gegenüber. Aber ungefähr das gleiche Verhältnis treffen wir auch in Mt (4/59) und Mk (6/45) an. So ist es eher ein Zufall, daß alle 3 jh σύν in SQ stehen[50].

b. ἕκαστος. 1 der 3 Vorkommen von ἕκαστος findet sich Jh 16,32, ein Vers, den FORTNA zum Stoff seiner Quelle rechnet, obschon sein Wortlaut so dicht und prall jh ist wie irgendeine Stelle in den jh Reden. Dieses Urteil ergibt sich auch, wenn man den Vers mit den syn Ankündigungen der Jüngerflucht vergleicht[51].

---

[45] Siehe vl.ND, 214-218.
[46] Vgl vl.ND, 104-106 gegenüber FORTNA, 205. 214.
[47] Siehe FORTNA, 214-215.
[48] Siehe FORTNA, 215.
[49] Siehe FORTNA, 216.
[50] In Lk ist das Verhältnis 24/51.
[51] Mk 14,27; Mt 26,31.

c. εὐθέως. Außer im Jhev erscheint εὐθέως 31mal im NT[52], wovon 1mal 3 Jh 14. FORTNA stellt dem εὐθέως 3 Fälle von εὐθύς in Jh-SQ gegenüber. Er müßte aber, wenn er 19,34a schon für SQ ausscheidet, anerkennen, daß auch εὐθύς 19,34b SQ zuzuweisen ist. Gegen eine solche Zusammengehörigkeit der beiden Halbverse gibt es keinen zwingenden Grund[53].

d. πρῶτον als Umstandswort. Daß es in 1,41 und 2,10 so gebraucht wird, wie FORTNA annimmt, ist nicht sicher. Er übersah auch das jh Beispiel 7,51, während in 15,18 πρῶτον wahrscheinlich als Eigenschaftswort wie in 1,15 gebraucht wird.

Zusätzlich hebt FORTNA das seltene Vorkommen von Ἰουδαῖος in der Quelle hervor. Er hatte aber mehrere Fälle von Ἰουδαῖος aus seinem Quellenstoff gestrichen. Hier handelt es sich deutlich um einen Kreisschluß. Überdies läßt es sich nicht erhärten, daß Ἰουδαῖος, wie FORTNA voraussetzt, im vierten Evangelium immer einen polemischen Unterton hat, was auf das Ende des ersten Jahrhunderts hindeuten und so zum zeitlichen Ursprung von SQ nicht passen würde.

Ein anderer Beleg für die syn Färbung von SQ soll der genetivus absolutus sein, weil, wie FORTNA sagt, «of the sixteen .... occurrences in John, more than a half stand in the source, a frequency typical of the synoptics, but atypical of the rest of John» (215 Anm 4). Aber in Jh kommt der genetivus absolutus nur in Erzählstoff vor. Der genannte Unterschied darf also nicht zwischen SQ und Jh-SQ in Anschlag gebracht werden, sondern nur zwischen SQ und dem Rest der jh Erzählungen. Dann aber liegt der Fall völlig anders.

Endlich führt FORTNA das Fehlen der Wendung λέγειν πρός τινα in SQ an. Aber sie fehlt in Wirklichkeit nicht. Es war falsch, das πρὸς αὐτόν in 4,49 und 6,5 einfach zu streichen. Es gibt keinen vernünftigen Grund dafür. Wenn anstelle von Philippus in 6,5 ursprünglich die Jünger genannt waren, dann hätte das Satzstück gelautet: λέγει πρὸς τοὺς μαθητάς. Quellenkritik sollte nicht willkürlich streichen, was einem nicht paßt.

---

[52] FORTNAs Zahl für das Vorkommen von εὐθέως im Rest des NT: 77 ist ein Versehen.

[53] Wahrscheinlich war 19,34b auf einer früheren Entwicklungsstufe des Evangeliums nicht besonders betont und erhielt sein großes Gewicht erst später durch den Zusatz von V 35.

2. Fortna erwähnt jetzt 8 Beispiele von Wörtern, die nur oder fast nur in SQ vorkommen[54]. 5 davon finden sich dort, wie er selbst anmerkt, «only by virtue of the subject matter peculiar to it». Aber die Vorkommen von ἀπό im Sinn von «entfernt von, von ... weg» und ebenso von πρός mit Wemfall (= am Ort, an der Stelle, wo) sind ebenso inhaltlich bedingt. Das letzte hier erwähnte Wort ist κραυγάζειν, aber in allen jh Fällen zeigt es ein Rufen oder Schreien an und ist deutlich vom Zusammenhang erfordert. Es ist ein Irrtum zu meinen, der Evangelist habe anstelle von κραυγάζειν das Tauschwort κράζειν verwendet; denn κράζειν bedeutet jh ausschließlich ein prophetisches Reden.

Zu dieser Achterliste fügt Fortna dann jene nur in SQ vorkommenden Züge hinzu, die er durch die Unterteilung mehrerer jh Stilmerkmale in zwei oder drei Gruppen gewonnen hatte. Wie ich oben erwähnt habe, ist davon nur der Zug: Nomen + ἐκ (= gemacht aus) annehmbar. Fortna zählt auch das Wort πιάζειν dazu, indem er es in Fälle aufteilt, wo es «fangen» (SQ) und in Fälle, wo es «verhaften» (HJh-SQ) bedeutet. Aber diese Unterteilung scheint nicht bedeutsam zu sein. Wesentlicher ist der Gebrauch von πιάζειν anstelle von πιέζειν und anderer geläufiger Tauschwörter[55].

3. Der dritte Schritt, den Fortna unternimmt, um zu beweisen, daß sein Zeichen-Evangelium stilistisch nicht farblos sei, scheint zunächst mehr einzubringen als die ersten zwei. Prüfen wir den Sachverhalt auch hier genau und sorgfältig.

a. + b. Fortna unterscheidet a. ein einleitendes oder wiederaufnehmendes ἦν (δέ)τις von b. einem beiläufigen oder erklärenden ἦν (δέ). Die Unterscheidung ist oft schwierig, und der Unterschied ist nie entscheidend vom stilistischen Gesichtspunkt her. Ich bin auch überrascht, daß Fortna mehrere Fälle übersah. Für a. zähle ich: 24(25) / – / 16(17), für b.: 7 / – / 6 [56]. Um diese Statistik würdigen zu können, ist darauf zu achten, daß die zwei Züge sich ausschließlich im jh Erzählungsgut (EG) finden. Ferner ist darauf zu achten, daß in der ersten Zahl vor dem / die zweite Zahl nach dem / mitenthalten ist. Wenn wir

[54] Siehe Fortna, 215-216.
[55] Für «fangen» finden wir neutestamentlich ζωγρέω, ἁλιεύω, ἀγρεύω; für «ergreifen, verhaften» συλλαμβάνω und ἁρπάζω; vgl besonders Jh 6,15.
[56] Siehe Fortna, 216. Für a. finde ich die Stellen: 1,40. 44; 2,6; 3,1. 23; 4,6. (46); 5,2. 5. 9c; 6,4. 10; 7,2; 9,14; 11,1. 38. 55; 12,20; 13,23; 18,18. 25a; 19, 19. 23. 41; 21,18. Für b. sind zu zählen: 11,2. 18; 18,10. 14. 28. 40; 19,14.

also wissen wollen, wie viele Vorkommen auf JhEG-SQ entfallen, müssen wir die zweite Zahl abzählen. Für a. ergibt sich dann: 8(8)/– /16(17), für b.: 1/–/6. Aber damit ist die Verteilungsdichte noch nicht ermittelt. Dazu müssen wir den Umfang von SQ und JhEG-SQ vergleichen, soweit das annäherungsweise möglich ist. Es ergibt sich dann zwischen diesen beiden Erzählungskörpern ein Verhältnis von etwa 1,5 (SQ) zu 1 (JhEG-SQ), deutlicher greifbar: von 3 zu 2. Um die Verteilungsdichte zu bestimmen, sind die Zahlen so zu verändern, daß sie auf den gleichen Umfang auf beiden Seiten zutreffen. Die Zahlen für die Verteilungsdichte für a. lauten dann: $(8+5,3=)$ 13,3/– /16(17), für b.: $(1+2=)$ 3/–/6. Das heißt, die Verteilungsdichte der Vorkommen für a. ist auf der Seite von JhEG-SQ nicht viel kleiner als auf der Seite von SQ, macht aber für b. auf der Seite von JhEG-SQ nur die Hälfte der Dichte in SQ aus.

c. ὡς mit einem Zahlwort. Die Zahlen Fortnas: 8/–/7(8). Auch dieser Zug findet sich nur in Erzählungsstücken. In solchen erwarten wir auch konkrete Zeit-, Orts- und Abstandsangaben. So ist dieser Zug stark an den Inhalt von SQ gebunden.

d. Verb in der Einzahl bei doppeltem Subjekt. Die Zahlen lauten: 15(18)/–/7 [57].

e. οὖν nach einem Befehl. Die Zahlen lauten: 12/–/8 [58]. Auch dieser Zug ist jh ausschließlich im Erzählungsgut zu finden.

f. εἷς (δύο) ἐκ; 18,17. 25 gehören nicht hierher. Die Zahlen lauten: 13(14)/–/7(10) [59]. Jh-SQ hat 4(7) Fälle [60]. Es gibt auch analoge Fälle ohne ἐκ; sie finden sich ausschließlich in SQ: Jh(12,4); 18,22; 19,34. Das heißt, daß der Zug eher mit dem Inhalt von SQ zusammenhängt.

g. Nomen + ἐκ (= aus der Mitte einer Personengruppe oder Sachgruppe). Die fraglichen Stellen sind: 3,1; 4,7; 6,11. 13; 18,3. 3. 4,7 scheidet aus, weil ἐκ τῆς Σαμαρείας zweifellos den Ursprung oder den Ort bedeutet, woher die Frau kommt. Ebenso sind die beiden Vorkommen in 18,3 auszuschalten; denn die Diener sind nicht Glieder der

[57] 1,35. 45; 2,2. 12; 3,22; 4, (2). 12. 36. (37). 53; 6,24; 9,3; 12,22; (15,5); 18,1. 15; 19,26; 20,3.

[58] 1,39; 6,10. 13; 9,7. 11. 25; 11,41; 12,28; 13,30; 19,32. 38; 21,6.

[59] 1,35. 40; 6,8. 70.71; 7,50; 11,49; 12,2. (4); 13,21. 23; 18,26; 20,24; 21,2.

[60] FORTNA schreibt mehr oder weniger deutlich auch Jh 6,70. 71 SQ zu; siehe 238.

beiden hier genannten Gruppen, wie Andreas einer von den Zwölf war. Das ἐκ bedeutet hier die Gruppen, von denen Judas die Diener zugewiesen erhielt. Auch die Beispiele in 6,11. 13 sind nicht über alle Zweifel erhaben; ich setze sie daher in Klammern. Meine Zahlen lauten deswegen: 1(3)/−/1(3).

h. ῥαββί (ουνί): 9/−/4(5).

i. ἔρχεσϑε καὶ ὄψεσϑε. Die Vorkommen, die FORTNA zählt, sind: 1,39. 46; 4,29; 11,34. Aber der Wortlaut der Beispiele ist nicht einheitlich. Der Sprachgebrauch ist auch mehr durch den Inhalt als durch den Stil bestimmt. 4,29 sollte ausgeschieden werden. Meine Zahlen sind: 3/−/3.

j. ἔχειν mit Zeitbestimmung. Die Zahlen sind: 5(6)/−/3.

k. ὄνομα αὐτῷ. Die Wendung wird gebraucht: 1,6; 3,1; 18,10. Um die Bedeutsamkeit dieses Zuges zu erkennen, muß man darauf achten, daß in Jh keine anderen Fälle vorkommen, in denen Namen mit irgendeiner Formel verknüpft werden, während in den Synoptikern verschiedene Formeln vorkommen, um dem Leser Namen vorzustellen [61]. In Jh werden Personen in vielen Fällen nur mit ihrem Namen erwähnt, ohne einleitende Formel. Unsere 3 Fälle sind also Ausnahmen. Überdies war es eher ein gewaltsames Vorgehen von FORTNA, die Formel in 3,1 zu tilgen und sie in 19,39-42 zu verpflanzen, wo sie als Einleitung eines Quellenabschnitts dient. Meine Zahlen lauten deswegen: 3/−/2.

Ein Überblick über die Wendungen und Sprachgewohnheiten, die FORTNA für seinen letzten Versuch, dem Stil der Quelle ein Gesicht aufzusetzen, hinterläßt den starken Eindruck eines mageren Erfolgs. Fast alle erwähnten Eigentümlichkeiten sind auf beide Schichten des Evangeliums verteilt oder aus inhaltlichen Gründen auf die Quelle beschränkt. Im zweiten Fall prägen sie zwar die Quelle, weisen aber nicht auf einen anderen Verfasser hin als den Evangelisten.

Der Stil der Zeichenquelle: ein Bleichgesicht

Wir haben das Ende des Weges erreicht, auf dem wir unter FORTNAS Führung die stilistische Farbe und Prägung seiner Quelle

---

[61] Mt 27,32 usw (ὀνόματι Σίμωνα); Lk 1,5 usw (τὸ ὄνομα αὐτῆς); Lk 1,27 usw (ᾧ ὄνομα Ἰωσήφ); Lk 19,2 usw (ἀνὴρ ὀνόματι καλούμενος Ζακχαῖος). Außerdem vgl OffJh 8,11 (τὸ ὄνομα τοῦ ἀστέρος λέγεται ὁ Ἄψινϑος); 9,11 (ὄνωμα ἔχει Ἀπολλύων).

entdecken sollten. Haben wir sie entdeckt? Fortna hatte gehofft, nachweisen zu können, daß diese Quelle stilistisch nicht neutral sei, sondern dank ihrer Stileigentümlichkeiten ein deutliches Gepräge habe und vom Stil des Evangelisten und seiner Bearbeitung klar absteche. Wenn ich die möglichen mehrfach verwendeten Züge, die ausschließlich in SQ vorkommen, auszähle, komme ich auf 8 oder 9, davon mit 32 oder 35 Vorkommen [62]. Keiner dieser Züge ist so stark, daß er mit erheblicher Wahrscheinlichkeit auf einen vom Evangelisten unterschiedenen Verfasser schließen läßt. Ich versuchte dennoch, einige dieser Züge nach dem Verknüpfungsverfahren zu vernetzen, konnte aber nur 2 davon zweimal miteinander verbinden und zweimal mit je einem anderen Zug. Ein eigentliches Verknüpfungsnetz aller 8 oder 9 genannten Züge ist unerstellbar.

Die 35 erwähnten Vorkommen sind über alle Kapitel, die nach Fortna Quellenstoff aufweisen, verteilt mit Ausnahme der Kapitel 5 und 13; aber ihre Verteilung ist außerordentlich dünn. Auch von daher wird man im Fall der SQ von einer Quelle ohne eigentümlichen Stil außer den Stilfarben des Evangelisten reden müssen. Dennoch ist zuzugeben, daß die jh Farben des Zeichen-Evangeliums Fortnas auch nicht sehr kräftig sind. Wie läßt sich erklären, daß, wenn unser Evangelist eine Zeichenquelle oder sogar ein Zeichen-Evangelium als Grundlage seiner Erzählungen verwendet hat, dieser Stoff weder unmißverständliche Anzeichen eines vorjh Eigenlebens aufweist noch kraftvoll in die jh Gedankenwelt und Stilgestaltung einverleibt wurde?

Johanneischer Erzählstil?

Aber haben wir auf diese Weise die Frage richtig gestellt? Können wir uns nicht vorstellen, daß die jh Gedankenwelt und Ausdrucksgestalt mehr als eine Raumtiefe hatte? Wenn der Verfasser des Evangeliums mit einer Art Jesusüberlieferung vertraut war, wie das der Fall gewesen sein dürfte, sei sie mündlich oder schriftlich oder in beiden Gestalten vorhanden gewesen, war es dann nötig, daß er sie ganz mit seinem theologischen Denken durchdrang und verwandelte? War es nicht möglich, daß er sie unter verschiedenen geschichtlichen Voraus-

---

[62] Σύν, ἕκαστος, εὐθέως, κραυγάζειν, Nomen + ἐκ (gemacht von), ὡς mit Zahlwort, Nomen + ἐκ (aus heraus), ἔρχεσθε καὶ ὄψεσθε, (ὄνομα αὐτῷ).

setzungen und auf verschiedenen Entwicklungsstufen auch auf verschiedene Art und Weise mit seiner Gedankenwelt verband? Es ist doch durchaus denkbar, daß er diese – sagen wir einmal – jh Jesusüberlieferung etwa in seiner missionarischen Verkündigung oder in der Unterweisung seiner Gemeinden so weiterreichte, daß er seine tiefsten theologischen Absichten hier nicht oder nur andeutungsweise preisgab, aber dennoch in einer persönlichen Weise die Dinge sah und aussagte, sie auf einen Brennpunkt ausrichtete, ihren Stoff auswählte, die Erzählstrukturen und den Gang der Handlung baute und so sich selbst in dieser Überlieferung ausdrückte. Unter diesen Umständen wäre es erklärlich, daß er nicht nur den Stoff, den Fortna für seine Zeichenquelle aussonderte, sondern auch das noch verbleibende Erzählungsgut und die seine Reden in den Gang der Erzählung verwebenden und mit ihnen verknüpfenden Wendungen und Sätze in einem Stil gestaltete, der sein eigener war, der aber nicht die Dichte und Erhabenheit seiner Jesusreden und anderer Redestücke erreichte.

Synoptischer und johanneischer Erzählstil

Solche Überlegungen werden auch angeregt und gestützt durch einen begrenzten Vergleich zwischen jh und syn Erzählstil, einen Vergleich, den ich erstmals in meiner Dissertation im Hinblick auf B. Quellenscheidungen anstellte[63], hier aber auf eine Überprüfung der Zeichenquelle FORTNAS zugeschnitten habe. Ich habe 8 stilistische Züge ausgewählt, von denen 7 Einleitungen zu syn und jh Reden darstellen. Die 4 ersten Züge zeichnen Hauptsätze aus, die wörtliche Redestücke einleiten, ohne ὅτι, geformt mit λέγει, φησίν oder analogen Verben in irgendeiner Zeitform der dritten Person Indikativ.

1. Hier geht das Verb dem Subjekt entweder voraus (erste Zahl) oder folgt ihm nach (zweite Zahl). Unabhängiges ὁ δέ (ἡ δέ usw.) und Sätze, die ein Partizip enthalten, das mit dem Subjekt verbunden ist, sind ausgeschlossen, ausgenommen das Partizip λέγων (λέγοντες). Die Klammerzahlen drücken das Verhältnis der ersten Zahl zur zweiten aus. Die Zahlen lauten:[64]

---

[63] Siehe vl.ND, 100-104.

[64] Mehrere jh Zahlangaben dieser und der oben folgenden Nummern unterscheiden sich von den Zahlen im vl.ND, 102-104, weil jetzt die entsprechenden Fälle des ganzen Jhev gezählt wurden, während in meiner Dissertation nur die Fälle aus dem jh Erzählgut

Mt	47 / 31	(1,5)
Mk	18 / 19	(0,62)
Lk	58 / 25	(2,3)
Jh-SQ	137 / 9	(15,2)
SQ	40 / 5	(8)

2. Der zweite Zug prägt die gleichen Beispiele wie unter Nr. 1, sofern diese asyndetisch sind, und schließt auch die asyndetischen Parallelen ein, die kein ausdrückliches Subjekt haben. Die erste Zahl in den Klammern zeigt die Zahl der Fälle in SQ an, erhöht im Verhältnis zur Größe des entsprechenden Evangeliums. Die zweite Klammerzahl zeigt an, wie vielmal die entsprechende Dichte der Fälle in SQ die Zahl der Fälle im fraglichen Evangelium enthält [65].

Mt	38	(251 = 6,6 Mt)
Mk	4	(163 = 41 Mk)
Lk	4	(284 = 71 Lk)
Jh-SQ	109	(159 = 1,46 Jh-SQ)
SQ	43	

3. Der dritte Zug findet sich in Hauptsätzen, wie sie oben umschrieben wurden, in denen 1 oder mehrere Partizipien, ausgenommen λέγων (λέγοντες), mit dem Verb und dem Subjekt verbunden sind, ob dieses ausdrücklich genannt ist oder nicht. Die erste Zahl in Klammern erhöht die Zahl für SQ gemäß der Größe des entsprechenden Evangeliums, während die letzte Klammerzahl angibt, wie vielmal die erhöhte Zahl für SQ in der Zahl des fraglichen Evangeliums enthalten ist.

Mt	120	(23	120 = 5,2 SQ)
Mk	69	(15	69 = 4,6 SQ)
Lk	105	(26	105 = 4 SQ)
Jh-SQ	14	(14,8	14 = 0,95 SQ)
SQ	4		

aufgeführt sind, aus dem Bultmann seine Quellen ausgeschieden hatte. Siehe vl.ND, 101 mit Anm 2.

[65] Allen Klammerzahlen, die in dieser Synopse folgen, liegen die Zahlen für die Wörter zugrunde, die jedes Evangelium enthält. Aus diesen Zahlen ergeben sich die folgenden Formeln:

Umfang Mt	= 5,84 SQ
Umfang Mk	= 3,8 SQ
Umfang Lk	= 6,6 SQ
Umfang Jh	= 4,7 SQ
Umfang Jh-SQ	= 3,7 SQ

4. An vierter Stelle folgen jene Fälle von Redeeinleitungen, wo das selbständige Subjekt ὁ δέ (ἡ δέ usw.) den Satz beginnt. Die Klammerzahlen haben den gleichen Sinn wie unter 3. Die Zahlen lauten:

Mt	46	(17,5	46 = 2,6 SQ)
Mk	27	(11	27 = 2,45 SQ)
Lk	53	(20	53 = 2,65 SQ)
Jh-SQ	7	(11	7 = 0,64 SQ)
SQ	3		

5. Der fünfte Zug ist unser Stilmerkmal ἀπεκρίθη καὶ εἶπεν. Es wird hier aufgenommen, insofern es die Reihe der Redeeinleitungen weiterführt und die Richtung unterstreicht, die wir bis jetzt beobachtet haben. Die Klammerzahlen haben den gleichen Sinn wie unter 2. Die Zahlen lauten:

Mt	0	(29)	
Mk	1	(19	= 19 Mk)
Lk	2	(33	= 16,5 Lk)
Jh-SQ	25	(18,5 = 0,74 Jh-SQ)	
SQ	5		

6. ἀπεκρίθη (ἀποκρίνεται und Mehrzahlformen) ist der sechste Zug dieser Reihe. Hier werden aber außer den asyndetischen auch die syndetischen Vorkommen gezählt. Ebenso werden nicht nur die Redeeinleitungen, die das Subjekt ausdrücklich erwähnen, sondern auch jene, in deren Verbalaussage es eingeschlossen ist, gerechnet. Die Klammerzahlen sind wie unter 5. zu verstehen.

Mt	0	(58)
Mk	3	(38 = 12,7 Mk)
Lk	2	(66 = 33 Lk)
Jh-SQ	31	(37 = 1,2 Jh-SQ)
SQ	10	

7. Hier werden die Zahlen der ausschließlich syn Wendung ἀποκριθεὶς εἶπεν (in allen vorkommenden Verbindungen) aufgeführt.

Mt	46
Mk	15
Lk	38
Jh	0

8. Ausschließlich syn ist auch die nicht zu den Redeeinleitungen gehörende Wendung ἄρχομαι ποιεῖν τι. Die Zahlen lauten:

Mt   12
Mk   26
Lk   27
Jh   1

Das Gesamtergebnis ist klar. In jeder der 8 untersuchten Wendungen klaffen die syn und die jh Zahlen weit auseinander. Unverkennbar stehen SQ und Jh-SQ immer auf der gleichen Seite; ihre Zahlen und Verhältnisse stehen den syn schroff gegenüber. Der Unterschied zwischen SQ und Jh-SQ überschreitet aber nie die zu erwartende Abweichung.

Dieses Ergebnis ist vielsagend, obschon der Vergleich begrenzt war. Es gibt kaum einen Grund zu denken, ein ausgedehnter Vergleich könnte ein anderes Ergebnis bringen[66], vor allem auch, weil der Zahlenspiegel unserer jh Stilmerkmale überall ähnliche Verhältnisse zwischen Jh und den Synoptikern aufzeigt. So können wir sagen, daß Sprache und Stil des jh Erzählgutes durchgehend gleich geprägt sind, deutlich anders als Sprache und Stil der syn Erzählungen. Darum liegt die Folgerung nahe, daß die jh Erzählungen durch die gestaltende Hand eines einzigen Verfassers gegangen sind, der den ihm zur Verfügung stehenden Überlieferungsstoff umgeformt hat, ohne allen jh Erzählabschnitten seinen Stempel gleich stark aufzudrücken.

B. Der Beitrag Willem Nicols

Die Deutung der Tatsachen, die wir bis jetzt erwogen haben, mag etwas verschwommen und blaß erscheinen, was, wie wir gesehen haben, seine guten Gründe hat. Vielleicht kann das Folgende die vorhandenen blassen Farben ein wenig verstärken, wenn ich an die jh Quellenkritik anknüpfe, die Willem Nicol in seiner wertvollen Dissertation über die Frage der Überlieferung und Bearbeitung der Semeia im vierten Evangelium vorgelegt hat[67].

Ähnlich wie FORTNA versucht NICOL das Dasein einer Zeichenquelle im vierten Evangelium nachzuweisen, indem er auf Kriterien

---

[66] Ich hoffe, später einen umfassenderen Vergleich durchführen zu können.
[67] Siehe in diesem Aufsatz Anm 9.

der Form, des Stils, der Aporien und gedanklicher Spannungen und Unausgeglichenheiten in der Darstellung zurückgreift. In Kapitel 1 seines Buches geht er von den Unterschieden des jh Erzählungsstils in den Kapiteln 4; 7; 9; 11; 18 und 19 des Evangeliums einerseits und in den kurzen Wundergeschichten in 2,1-11; 4,46-54; 5,1-9; 6,1-21 und in den erzählenden Abschnitten mit syn Parallelen anderseits aus[68]. Formkritische Beobachtungen erwecken den starken Eindruck, Jh habe den Stoff dieser letzteren erzählenden Abschnitte «from the same general stream of tradition from which the Synoptic Gospels grew» empfangen[69]. Dennoch gibt es Hinweise darauf, daß ihm auch für die Wundergeschichten der Kapitel 9 und 11 Stoff zur Verfügung stand, der in Form und Gestalt syn Wundererzählungen glich.

Jedenfalls verraten, wie NICOL annimmt, nicht nur Unausgeglichenheiten und Nähte, sondern auch stilistische Gegebenheiten, dass Jh für mehrere seiner Erzählungen, vor allem aber für seine Wundergeschichten Quellenstoff verarbeitete. Nicol unterstreicht hauptsächlich die Tatsache, auf die schon Schweizer hingewiesen hatte, daß das durchschnittliche Vorkommen jh Stilkennzeichen in den kurzen Wundererzählungen auffallend niedriger ist als im übrigen, stark jh geprägten Erzählungsgut oder in den jh Reden[70]. Um diesen Nachweis zu verstärken, erweiterte NICOL unsere Liste jh Stilkennzeichen um 32 zusätzliche Nummern. Damit hat die Dichte jh Stilmerkmale und Stilzüge über das ganze Evangelium hin stark zugenommen. Es fällt auf, konnte aber erwartet werden, daß die Verteilung dieser Merkmale und Züge ihr bisheriges Gleichgewicht dennoch nicht verloren hat, sowenig wie die zuvor erwähnten kurzen Wundergeschichten deren vergleichsweise spärlichere Streuung[71].

Aus diesem Tatbestand zieht NICOL zwei Schlüsse. Erstens, daß in den 5 von ihm besonders hervorgehobenen Wundergeschichten ein nichtjh Stil sichtbar wird, den der Evangelist aus der Überlieferung übernommen haben muß[72]; und zweitens, daß er den Quellenstoff nicht mechanisch, sondern vermutlich aus seinem Gedächtnis wieder-

---

[68] Siehe NICOL, aaO, 9-40, vor allem 15-16. – Die oben erwähnten Parallelen zu syn Stücken sind Jh 2,13-18; 12,1-8. 12-15 und verschiedene Stellen aus den Kapiteln 18-21.

[69] Siehe NICOL, 15.

[70] Siehe NICOL, 11.16

[71] Siehe NICOL, 22-27.

[72] Siehe NICOL, 26.

gab, und zwar unter dem Einfluß seines eigenen Stilempfindens, wie der lukanische Stil sich auch dort zeigt, wo Lk Markus oder Q folgte[73]. Was den Quellenstoff in Jh 9 und 11 angeht, so spricht NICOL dort von «Source content in Johannine wording»[74]. Von daher verstehen wir es, daß er es ablehnt, eine Zeichenquelle wiederherzustellen, auch wenn er von ihrem Vorhandensein und ihrem Einfluß auf die Wundergeschichten unseres Evangeliums überzeugt ist[75]. Ich kann deswegen zugeben, daß ich im großen und ganzen das Vorgehen und die Ergebnisse , die NICOL im ersten Kapitel seines Buches vorgelegt hat, anerkenne. Er wird mir aber gewiß nicht zürnen, wenn ich einige Bemerkungen dazu mache.

1. Mehrmals hebt NICOL im ersten Kapitel seiner Untersuchung seine Absicht hervor, auf den Angriff von Schweizer und Ruckstuhl auf die Quellenscheidungen im Jhev zu antworten[76]. Ich bin kaum auf dem falschen Weg, wenn ich denke, NICOL habe hier vor allem meinen Angriff auf die Annahme einer Semeia-Quelle durch Faure, die B. weiter entwickelt hat, und meine Zweifel gegenüber weiteren Quellenscheidungen im Auge gehabt[77]. Im ersten Teil dieses Aufsatzes habe ich zu meiner Haltung in dieser Frage das Nötige gesagt. Ich kann die Möglichkeit einer Semeia-Quelle nicht abstreiten, wenn ich anerkenne, daß unser Evangelist sehr wahrscheinlich mündliche und schriftliche Überlieferungen in seinem Werk verarbeitete. Dennoch bin ich nicht überzeugt, daß es je eine Zeichenquelle gab, die sieben Wundergeschichten enthielt. Bin ich im Unrecht, wenn ich vermute, daß wir nie genau wissen werden, welches die Quellen waren, die unser Evangelist verarbeitete und wie er sie verarbeitet hat?

2. Ich stimme mit NICOL überein, daß der Unterschied zwischen dem Erzählstil in Jh 4; 7; 9; 18 und 19 und dem der kurzen Wundergeschichten auffällig ist. Wird aber nicht ein Vorurteil sichtbar, wenn man sagt, der Stil der ersterwähnten Kapitel sei jh, der Stil der kurzen Wundererzählungen aber nicht? Gewiß, diese kurzen Geschichten mögen wie die syn Evangelien letztlich aus dem allgemeinen Strom der frühesten Jesusüberlieferung stammen. Ihre Form stimmt mehr oder

---

[73] Siehe NICOL, 27.
[74] Siehe NICOL, 37.
[75] Siehe NICOL, 4-5.
[76] Siehe NICOL, 13, 14, 16.
[77] Siehe vl.ND, 107-111, 218-219.

weniger mit der Form der syn Wundergeschichten überein. Sind aber ihr Erzählstil und ihre Erzählstrukturen wirklich syn und nichtjh? Stellen sie nicht vielmehr eine andere Art von jh Stil dar? Werfen wir einmal einen Blick auf Jh 1,35-51. Sind Stil und Erzählstrukturen dieses Textes synoptikerähnlich? Sind sie jh oder nicht jh? Der Text ist zweifellos nicht so von jh Theologie durchdrungen wie die Kapitel 4 und 11. Er ist nicht so dramatisch wie die Kapitel 18 und 19. Aber ich bin überzeugt, daß eine gründliche Prüfung seiner Erzählstrukturen erhebliche und wichtige Entsprechungen zu den Strukturen und dem Stil der großen jh Erzählungen aufdecken würde. Sind die Erzählstrukturen in 2,1-11 und 6,1-21 nicht verwandt mit dem genannten Abschnitt in Kapitel 1? Ich denke: doch! Anderseits gebe ich zu, daß die jh Prägung von 4,46-54 und noch mehr von 5,1-9 etwas dürftig ist. Insofern aber solche Texte nicht einen eigentlichen Widerspruch zu Jh darstellen, ihn nicht Lügen strafen, sollten wir vielleicht auch hier zurückhaltend sein und auf die Rede von nichtjh Stil und nichtjh Strukturen verzichten.

3. Nɪᴄᴏʟ hat unsere Liste jh Stilkennzeichen ergänzt, indem er 32 weitere Merkmale hinzufügte. Er war sich aber völlig klar darüber, daß die Zielsetzung unserer Liste sehr verschieden war von der Zielsetzung seines Zusatzbündels von jh Merkmalen und daß die Anforderungen an unsere Stilkennzeichen strenger sein mußten als seine. Das heißt aber, daß es nützlich ist, zwei verschiedene Listen zu unterscheiden, eine Liste jh Stilkennzeichen im strengen Sinn, und eine Liste jh Züge. Das ist die technische Unterscheidung, die ich in meiner Dissertation machte[78]. Ich habe dort auch jh Züge verwendet, wenn es galt, nach der Feststellung der literarischen Einheit des Evangeliums, einzelne Abschnitte als mehr oder weniger jh geprägte Texte zu bestimmen oder umstrittene Einzelverse der Hand des Verfassers zuzuschreiben[79].

Damit bringe ich meinen Aufsatz zu einem eher unromantischen Abschluß. Er läßt gewisse Fragen noch offen. Aber gerade so ermutigt er uns, weiterzudenken und die eigenen Stellungnahmen und Meinungen nochmals zu überprüfen.

---

[78] Siehe vl.ND, 186-187, 100-104.
[79] Vgl vor allem den 3. Hauptteil des vl.ND: Auseinandersetzung mit Joachim Jeremias über die Echtheit von Jh 6,51b-58, 220-271.

Zum vorliegenden Buch

Die vorliegende Untersuchung erschien erstmals (1951) zu einer Zeit, als der Johanneskommentar von Rudolf Bultmann für eine hochentwickelte literarkritische Aufteilung des vierten Evangeliums auf mehrere Verfasserschichten warb. Ihr gegenüber wies unser Buch nach, daß die johanneischen Redestücke von einem einheitlichen Rhythmus getragen sind, der es nicht erlaubt, sie mit Bultmann in rhythmisch geprägte Bausteine aus einer gnostischen Offenbarungsquelle und unrhythmische Erläuterungen des christlichen Evangelisten aufzuspalten. Ebensowenig scheint es möglich, die Erzählungen des Evangeliums auf vorgeformte Jesusüberlieferungen und später zugefügte Anmerkungen zu verteilen. 50 johanneische Stilkennzeichen überziehen das Evangelium zudem netzartig so, daß es als geschlossene literarische Einheit und Ganzheit erscheint. Da diese von einzelnen Forschern auch gegenwärtig wieder in Frage gestellt wird, kommt dem vorliegenden Neudruck eine große Bedeutung zu.

ISBN 3-7278-0542-0 (Universitätsverlag)
ISBN 3-525-53904-5 (Vandenhoeck & Ruprecht)